聖書の経済学

Rich Christians in an Age of Hunger

格差と貧困の時代に求められる公正

ロナルド・J・サイダー

Ronald J. Sider

後藤敏夫 解説　御立英史 訳

aozora

はじめに――40年で変わったことと変わらないこと

本書の初版の出版から40年経《た》った。この間、世界は大きく変わった。共産主義が崩壊した。市場経済が浸透し、世界貿易が拡大し、新しいテクノロジーが登場し、貧困が減少した。21世紀を迎えたときには、それまでの100年間に戦わされてきた政治と経済の主要な議論に決着がつき、「民主的資本主義」の勝利が明らかになっていた。共産主義が主張していた国家による財産の所有と計画経済は非効率的で、全体主義的で、機能しないことが証明された。他方、市場経済は莫大な富を生み出した。欧米諸国だけではない。ほとんどの国が市場経済を採用した結果、貧困が劇的に減少した。1990年から2014年のあいだに、国際的な貧困ライン以下で暮らす人の数が50%以上も減ったのだ。

世界だけでなく、私の考えも変わった。経済学について、より多くのことを学んだ。その学びをふまえて、選択肢が共産主義か民主的資本主義の二つしかないなら、私は民主的な政府と市場経済を支持する者である。だが、市場経済の問題や不公正を容認するつもりはない。聖書が現在の民主主義や市場経済を支持していると言いたいわけでもない。

この40年に生じた劇的な変化は共産主義の崩壊だけではない。悲しいことに、変化のうちの多くは良いものではなく悪い変化だった。エイズという恐ろしい病気が貧しい国々で爆発的に蔓延した。イスラム過激主義のテロリストが世界の政治を変えた。環境破壊が危険なレベルに達した。特に開発途上国でそれが言える。

経済の拡大によって温室効果ガスの排出が急増し、地球の未来を脅かす気候変動をもたらしている。物質主義と消費主義が浸透し、聖書的倫理観が損なわれ、家庭の崩壊が急増している。相次ぐ企業合併のニュースは、経済の中央集権化が進んでいることを如実に示している。今日の市場経済の仕組みと動向を誠実に評価するなら、このような危険性の高まりを無視することはできない。

ほとんどの国に、生活の基盤となる資本を持たず、市場経済の恩恵を享受できていないマイノリティが存在することも忘れてはならない。そうした人口が多数を占める国さえある。

市場志向経済は、現在知られているほかのどんな経済体制よりすぐれていると私は考えている。私有財産制はすぐれた仕組みであり、だれもがある程度の資産を保有すべきだと考えている。そう考えるからこそ、その欠点を修正することに努めるべきだと思っているのである。

私の聖書理解も、ある重要な一点で変わった。私は長年、聖書が平等（equality）や公平（equity）について何を語っているかを考えているが、聖書が収入や財産の絶対的平等を説いてると考えたことはない。それはいまも変わらないが、以前はいまよりも、異なる集団のあいだに存在する収入や財産の配分の格差を問題にしていた。

いまの私は、聖書が説いている経済の平等や公平について、神が求めているのは経済における機会の平等だと確信している。すべての個人と家族が、生計を維持するのに必要な資源（農業社会における土地、事業を営《いとな》むためのお金、自立の基礎となる教育など）を利用できるという意味での機会の平等である。まじめに働けば人間らしい暮らしができ、所属する共同体の一員として胸を張って生きられる、そのために必要な資源をだれもが手にすることができる経済こそ、聖書が指し示している経済だと考えている（詳しくは第4章で論じる）。そして、その意味での平等が実現すれば、社会にはびこる問題や悪を正すことにつながると考えている。

いまも世界では、最底辺でおよそ12億人が悲惨な貧困の中で暮らしている。それよりは少しましなレベルで、さらに12億の人びとが、まともな生活の希望を持てずに苦労している。そのような中で、彼らに特別な思いを寄せる神の思いは、昔から変わらない。何百もの聖書のテキストが教えているのは、神は人間の社会を評価するとき、その社会が最も貧しい人びとをどう扱っているかを見て評価する、ということだ。同様に、イエスの言葉はいまも、富を持ちながら飢えた人に食べさせず、裸の人に服を着せない者は地獄に落ちるという厳しい警告を発している。

変わらない経済状況と変わらない聖書の教えに対し、変わったのは、貧しい人びとに力を与える《エンパワー》方法に関する私たちの知識だ。アジアの多くの国が、市場経済の基本的な枠組みの中で、最も貧しい人びとを助ける政策を実施することに成功している。その結果、何億もの人が貧困から脱している。

過去40年の成功例の一つは、マイクロローン（小口融資）の爆発的な普及だ。絶望的貧困に苦しむ何百万もの人びとが、75ドル、２００ドル、５００ドルといった少額の融資を受け、ささやかな事業を始め、家族の暮らしを向上させることに成功している。

私はクマール夫人の楽しげで自信に満ちた笑顔が忘れられない。私が訪ねたとき、彼女は南インドのバンガロール近郊の貧しい村で、一部屋だけの小さな家に住んでいた。ブリッジ財団（インドの福音派クリスチャンであるビネイとコリーンのサミュエル夫妻が設立したマイクロローン提供組織）が、彼女と夫のビジェイに２１９ドルの小口融資をしていた。夫妻はそれで安価な小型音響システムと自転車を買った。クマール夫妻はそれを使い、周辺の村々で結婚式や葬式などに音響サービスを提供する事業を行っていた。私が訪問したときには、保有する機器は３台に増えていて、従業員も数人雇っていた。

クマール夫人は、新たに購入した照明器具と3台目の音響システムを積んだ自転車を誇らしげに見せてくれた。彼女が住むわらぶき屋根の小さなセメントの家には、水道は引かれていなかったが、多くの改善がうかがえた。家族の収入も大幅に増えていた。何よりも重要なのは、クマール家に新たな尊厳と希望と自信が生まれたことだった。

貧しい人びとは、自分で稼いで生活したいと願っている。彼らは膨大な社会資本を持っている。支えあう家族、勤労意欲、誇り、高潔さ。しかし、彼らは助けを必要としている。それこそが支援団体が行っていることである。

もちろん、経済的支援だけで貧困を終わらせることはできない。第7章で述べるように、自らの間違った選択や行動のせいで貧しい人もいれば、社会の不公平な制度のせいで貧しい人もいるからだ。

先進工業国に住む私たちはお金を持っている。何をすべきかを知っている。だが、与える心があるだろうか？　１９６０年には、世界の裕福な20％の人びとは、貧しい20％の人びとの30倍の富を持っていた。２００５年には、その格差は50倍に広がっていた。それなのに、裕福な人びとがその所得から貧しい人びとに与える寄付の割合は大きく低下しているのである。

裕福なクリスチャンの多くが、イエスが教える人生の喜びと充足に至る道を見失っているのは悲しいことだ。受けるより与えるほうが幸いだとイエスは教えた。真の喜びと永続する幸福は、この逆説的な教えに従うことで得られるという事実を、私たちは無視しているのである。

世界中で、裕福な人びとは富を得て幸せになろうと空しい努力を続けている。そして、もはや偶像崇拝の域に達した物質主義によって、ストレス、アルコール依存、家庭生活の破綻、心臓発作などの病に倒れている。

私たちはそんな生き方から離れ、イエスが与えてくれる真の喜びをつかむことができる。それは、受けることによってではなく与えることによって得られる喜びだ。幸福は得ようとして得られるものではない。自分を与えるとき、思いがけない贈りものとして与えられるものなのだ。私自身がこの真理の証人だ。この本を読んだ多くの人が、私がこの本に書き、実践しようとしている生き方は困難で痛みを伴うと思い込んでいる。だが私の人生は幸福に満たされている。この本は、真の喜びと充足へと至る道案内の書でもある。

毎年、死ぬ必要のない何百万人もの人が死んでいる。それは、裕福な私たちが聖書の明確な教えを無視しているからだ。聖書には、神は私たちの信仰が本物かどうかを、私たちが貧しい人びとをどう扱っているかによって測ると書かれている。そこで本書は、第1部で飢えと貧困の悲劇的な現状を報告し、第2部で、貧しく抑圧された人びとに対する神の憐《あわ》れみについての聖書の教えを説明する。そして第3部で、何が原因で貧困が生じているのかを論じる。

最後の第4部では、世界の現状は変えることができるという希望と、貧しい人を助けるためにできる具体的な方法を紹介した。それは私たち自身を助ける行動でもある。喜びと幸せは与えることによって生まれる。自分のために使うお金を減らすことで、私たちが助けなければ死んでしまう隣人の命を救い、生活を変えることができるのだ。

私たちは、莫大な富と深刻な貧困が同時に存在する時代に生きている。私たちは貧しい人びとに力を与えるために何をすべきかを知っている。問われているのは、実行する意思があるかどうかだ。裕福な国に住むクリスチャン（この本を読む多くの読者が該当すると思われる）は惜しみなく与える者になれるだろうか？　貧しい人びとが人間らしく暮らすために、必要な資本を分かちあえるだろうか？　私たちが貧しい人びとと手を携えることができれば、この先20年で、世界の貧困を劇的に減らすことができるだろう。本書が、読者の生き方と社会を変える一助になれば幸いである。

聖書の経済学

Rich Christians in an Age of Hunger

目次

第2部　聖書は経済について何を教えているか

第3章　神と貧しい人びと――67

第4章　神が求める経済の正義――107

＊――本文および原注の［ ］内は訳者による補足・説明。
＊――本文中の行間の数字は巻末の原注に対応。
＊――聖書の引用は、『聖書 新共同訳』（日本聖書協会）と『聖書 新改約２０１７』（新日本聖書刊行会）を使用した。引用に際して、文章のつながりや本書での表記統一のため、敬体・常体、漢字・ひらがなの使い分け、読点の位置などを変更した場合がある。

第1部

Poor Lazarus and Rich Christians

経済格差はどこまで広がるのか

満腹するまで食べ、きれいな服を着て、快適な家で暮らす私たちに、貧しい人の暮らしが理解できるだろうか。父親が本代を払えないために学校で学べない9歳の子の心を、感じることができるだろうか。治療費を払えないばかりに、ありふれた病気で死んでいく幼い娘を嘆きながら見守るしかない父や母の気持ちを、本当に感じることができるだろうか。

私たちは自分の収入や生活スタイルを、まわりにいる裕福な隣人と比較する。だが、この第1部で視野を世界に広げ、世界人口の3分の1に当たる貧しい人びとの暮らしと比較してみることにしよう。

第1章　餓えと貧困に苦しむ人びと

いつも考えるんです。死んでしまえば、子どもたちの苦しむ姿を見なくてすむって。自殺を考えることもあります。お腹を空かせて子どもが泣いているのに、パンを買ってあげるお金がない。神さま、もう耐えられません、死なせてください、こんな子どもの姿をもう見たくないんです。[1]

――イラセマ・ダ・シルヴァ（ブラジルのスラムに住む母親）

貧困の現実

毎日1万8000人の5歳未満の子どもが、先進国なら簡単に防げる病気と餓えのために死んでいる。この現実を、裕福な国に住む私たちは正しく受けとめることができるだろうか。[2]

現在、世界では12億人が貧困ライン［生活を維持するのに必要な最低限の収入を示す国際的指標］以下の絶望的状況で暮らしている。先進国の人間がそれと同じ暮らしをするとしたら、何を手放さなくてはならなくなるだろう。経済学者（経済思想史）のロバート・L・ハイルブローナーが、持てなくなる〝贅沢品《ぜいたく》〟を次のように書いている。

――頭の中で典型的な米国の家の中を思い浮かべていただきたい。そこから、まず家具を運び出さなくてはならない。ベッド、ソファー、テーブル、テレビ、照明スタンドなどがなくなる。残るのは、古い毛布が数枚、食卓、そして木の椅子だけだ。収納家具といっしょに衣類もなくなり、残るのは家族1人に1着の擦り切れそうなスーツかドレス、シャツかブラウスだけだ。靴は夫に1足だけ、妻や子どもたちの分はない。

次はキッチン。冷蔵庫などの電気製品と食器棚を運び出す。……マッチはなんとか残すことができる。小麦粉、砂糖、塩も、そのままでいいだろう。カビの生えたジャガイモが何個かゴミ箱に捨てられているが、これは夕食の材料にするために逆に拾い上げる。ほかにタマネギ数個と豆を一皿、残すことにしよう。それ以外は、肉も野菜も缶詰も、ビスケットやキャンディの類《たぐい》も、すべて運び出す。

さて、こんどは家屋そのものだ。風呂とトイレは撤去し、水道を止める。電線も切る。いや、家そのものを取り壊さなくてはならない。家族は道具小屋で寝起きすることになる。

次になくなるのは情報や通信に関わるものだ。新聞も雑誌も本もなくなる。読み書きの能力もなくなるので、あっても役に立たない。町にラジオが1台だけ残される。

その次は公共サービスだ。郵便配達も消防もない。学校はあるが5キロ離れており、教室は二つだけ。近所に病院はなく、医者もいない。最寄りの診療所まで15キロ。そこに助産婦が1人いるのが頼みの綱だ。自転車があれば少しは行きやすくなるが、もちろんそんな幸運は望むべくもない。

最後はお金である。手元に残るのはコツコツ貯めた5ドルだけだ。病院の門をくぐるだけで3ドル94セント必要だと勘違いして、治るものも治せず失明したイランの貧しい農民がいたが、5ドルあれば、少なくともこの家の稼ぎ手はそんな悲劇を繰り返さなくてもすむ。[3]

貧困の中で暮らす多数の人びと

正確な数字を把握するのは難しいが、世界銀行の推計によると現在、世界では12億人が国際的に設定された１日１・25ドルの貧困ライン以下で生活している[4]〔貧困ラインは２０１５年10月に１・９ドルに変更〕。その上に、１日２ドル以下で生活している12億人がいる。つまり、世界人口のほぼ３分の１（24億人）が、１日２ドル以下という貧困状態で暮らしていることになる。[5]

餓えと病気の最大の危険にさらされているのは貧しい人びとだ。毎日１万８０００人の５歳未満の子どもが、餓えと予防可能な病気で死んでいる。その３分の１は、簡単に治療や予防ができる肺炎、下痢、マラリアによるものだ。[6]　２０１０年から12年のあいだに、８億７０００万人が慢性的な栄養不足に陥った[7]。

開発経済学者のアビジット・V・バナジーとエスター・デュフロ〔両者は２０１９年にノーベル経済学賞受賞〕は、２０１３年に出版した共著で、貧困層の苦しい生活を説明している。それによると、８億以上の貧しい人びとが置かれている状況は、物価や購買力を考慮に入れると、フロリダ州マイアミで１日99セントで生活することにたとえられるという。[8]

だが悪いニュースばかりではない。良いニュースは、21世紀の最初の10年間で、人類の歴史のどの10年間よりも多くの人が貧困から脱したという事実だ。世界的に見て、貧困ライン以下で暮らす人口の割合は、１９９０年以降、50％以上も急減しているのだ[9]（21ページの**図表1**参照）。貧困人口を半減させるという国連のミレニアム開発目標は、２０１０年に、計画より５年早く達成された。[10]

世界飢餓指数（GHI）という指標がある。文字通り世界の飢餓状態を示す指数で、栄養不足、子どもの低体重、子どもの死亡率という三つの数字から計算される。そのGHIが1990年から2013年にかけて34%減少した。

生活と福祉の実態を把握するもう一つの重要な指標が人間開発指数（HDI）だ。こちらは平均寿命、教育の普及度、まっとうな生活を送るための資源へのアクセス状況などから算出される。HDIはその程度によって4段階に区分されるが、最下位の区分に入る国の数は、1990年の33カ国から2012年の15カ国にまで減少した。[11] 世界平均で見ると、1970年から2010年のあいだに、HDIは41%改善した。[12]

改善のおもな理由は、貧困層の多くが暮らす開発途上国の一部で実現した劇的な経済成長である。1990年から2008年のあいだに、中国はなんと「5億1000万人もが貧困から脱した」。[13] 1970年から2010年のあいだに、「中国の1人当たり所得は、実に1200%という驚異的成長を遂げた」。[14] インドでは、1990年には貧困層が人口の半分を占めていたが、2012年には3分の1以下に減少した。ブラジルでは、貧困ライン以下で生活する人の割合は17%から6%にまで減った。[15]

開発途上国全体も、前例のない驚異的な経済成長を遂げた。世界経済の総生産に占める途上国の割合は1990年には約3分の1だったが、2013年には半分を占めるまでになっている。[16] 貿易量は1980年から2011年にかけて3倍に拡大した。[17] インドネシア経済は、1968年から2012年まで、年率6・2%で成長した。[18]

しかし残念なことに、多くの人びとにとって状況はそれほど明るくはなっていない。南アジアの国々は、極度の貧困状態にある人口を1981年の61%から2008年には36%にまで減らしたものの、ま

図表 1　最貧レベル(1日1.25ドル以下)で暮らす人びとの割合(%)

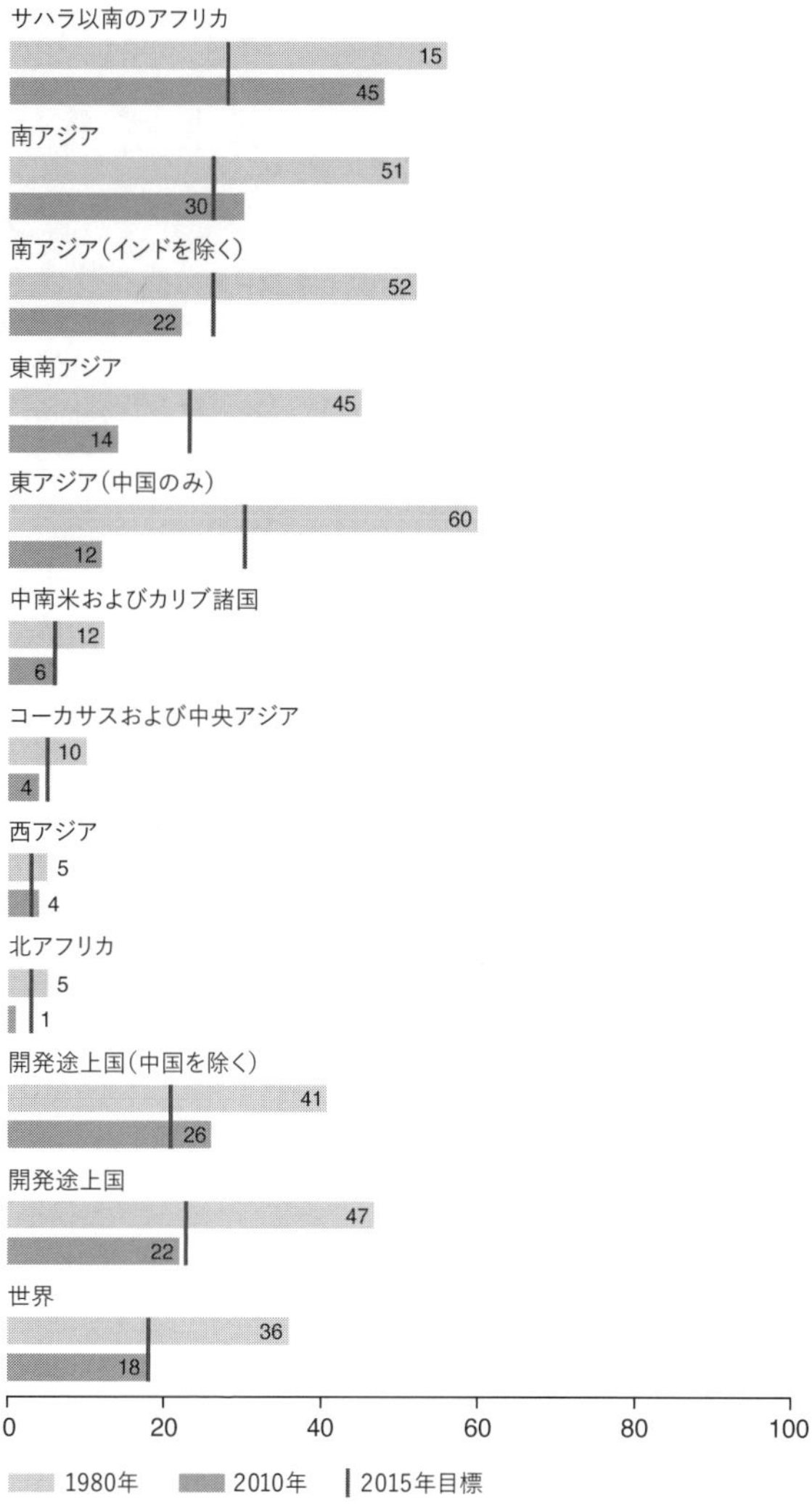

出所：United Nations, *The Millenium Development Goals Report* 2014, p.8.

だ5億人以上がそのレベルで苦しんでいる。[19]

インドでは、GDP（国内総生産）は大幅に伸びているにもかかわらず、過去10年間で飢餓状態（「活動的で健康的な生活を送るために必要なカロリーが慢性的に不足している状態」[20]）にある人の数は減っていない。2001年には2億1400万人、2011年には2億1700万人であった。[21]

サハラ砂漠以南のアフリカ諸国［サブサハラ地域］では、2007年から2010年にかけて、人口の70％近くが1日2ドル以下で生活していた。飢餓人口は絶対数でも割合でも増加しており、1970年の1億3000万人（この地域の人口の38％）から1980年には1億2540万人にまで増加した。2001年には1億9840万人となり[22]、その10年後には、2億3400万人が飢えていた。[23]

数十を数える貧困国では、子どもが5歳まで生きられる確率は、米国の子どもが65歳まで生きられる確率よりも低い。また、多くの貧困国では、25人に1人の女性が妊娠と出産に関連する病気で死亡している。[24]サハラ以南のアフリカでは、30人に1人が分娩の際に死亡している。先進国ではこの数字は5600人に1人である。[25]

私たちは、最低限の衣食住にも事欠く人びとの数を正確に知ることはできない。その数は、農産物の収穫状況や戦争、自然災害などによっても変わる。顕著な改善は見られたものの、依然として全体的には悲惨な状況にあると言わざるを得ない。

変化する貧困の「配分」パターン

絶望的に貧しい12億人のほとんどが、かつて「第三世界」と呼ばれていた国に住んでいる。長年、先進工業国以外の国は、資本主義であれ共産主義であれ、一括りに「第三世界」と呼ばれていた。しかし、この40年間の変化によって新たな区分が必要となった。

世界の新たな経済類型

世界銀行は、世界銀行アトラス法［３年間の移動平均と価格調整によって為替レートの変動を平滑化する統計処理］を用いて算出した２０１２年の国民１人当たりＧＮＩ（国民総所得）に基づいて、各国を低所得（１０３５ドル以下）、下位中所得（１０３６～４０８５ドル）、上位中所得（４０８６ドル～１万２６１５ドル）、高所得（１万２６１６ドル以上）の四つのカテゴリーに区分している。[26]

低所得国（8億４７００万人[27]）

ネパール、カンボジア、バングラデシュ、北朝鮮、アフガニスタン、そしてアフリカ諸国の多数（エチオピア、ブルンジ、チャド、タンザニア、ルワンダ、マラウイなど）が低所得国に区分される。[28]

世界開発指標（ＷＤＩ）［世界銀行が集約・作成している世界の開発状況を示す各種の指標群］によると、２０１２年の低所得国の乳児死亡率は、出生数１０００人当たり56人だったのに対し、米国では６人であった。[29]　11年の低所得国における15歳以上の非識字率は39％であった。一部の国の非識字率ははるかに高く、ギニアでは75％にも上った。[30]

低所得国の何億もの人びとが、いまだに理不尽とも言える状況の中で生活しているのである。

下位中所得国（25億人[31]）

このカテゴリーには、ボリビア（２２００ドル）などの中南米諸国、ナイジェリア（１４４０ドル）などのアフリカ諸国、ウクライナ（3500ドル）やグルジア（3290ドル）などの旧ソ連圏諸国、そして下位のベトナム（1550ドル）やラオス（1270ドル）から上位のインドネシア（3420ドル）までのアジア諸国などが含まれる。[32] まだ大勢の貧しい人びとを抱えているものの、将来に明るい見通しを持てる国々だと言える。

上位中所得国（24億人[33]）

このカテゴリーには、中南米の富裕国（ブラジルやベネズエラなど）が含まれる。中国（5720ドル）は、過去20年で低所得区分からこの区分に移った。1人当たりのGNIは、アルバニアの4030ドルからベネズエラの1万2460ドルまでの範囲である。[34]

高所得国（13億人[35]）

高所得の先進国では、1人当たりGNIは、ポーランドの1万2660ドルからノルウェーの9万8780ドル、スイスの8万7780ドルと幅がある。米国は5万2340ドル、イギリスは3万8500ドル、日本は4万7870ドル［19年の日本は4万1710ドル］である。[36]

地域によって異なる経済成長

過去半世紀をふり返ると、開発途上国の経済成長の程度は地域によって大きなばらつきがある（**図表2参照**）。[37] 1965年から73年にかけては、ほとんどの地域が成長したが、70年代に入ると地域差が出はじめた。

図表2　1人当たりGDP（国内総生産）の地域別成長率, 1965-2012年

地域	1965-73	1973-80	1980-93	1993-02	2002-09	2009	2011	2012
サハラ以南アフリカ	2.2%	0.7%	-1.5%	0.27%	2.7%	-0.6%	1.6%	1.5%
東アジアおよび太平洋地域	4.5%	4.9%	6.4%	6.7%	8.4%	6.7%	7.6%	6.7%
南アジア	0.5%	1.5%	2.9%	3.4%	5.5%	6.2%	4.7%	2.3%
中東および北アフリカ	5.2%	1.3%	-0.2%	1.5%	2.7%	1.6%	−	−
中南米およびカリブ諸国	3.7%	3.5%	0.2%	0.88%	1.9%	-2.9%	2.7%	1.8%

出所：World Bank, World Development Indicators 2014（原注37参照）

80年代、サハラ以南のアフリカでは、地域全体のGDPはわずかとはいえ年率1％で成長したが、人口の増加によって、80年から93年にかけて1人当たりGDPは年率1・5％で減少した。[38] 93年以降、マイナスは脱したが、成長率はわずか0・27％だ。2002年から09年にかけては2・7％と小幅ながら成長したが、近年は再び1・5％まで落ち込んでいる。

中南米の場合は、1人当たりGDPの成長率は1980年ごろまで手堅く成長したが、80年代から90年代にかけて大きく低下し、その後2000年過ぎからいくぶん改善した（2009年の大不況を除く）。

アジアの状況は対照的だ。東アジア（中国、韓国、台湾）は50年以上にわたって1人当たり成長率が年5・6％で成長した。インドとパキスタンを含む南アジアは、同期間に1人当たり年3％の成長を経験している。[39]

しかし、経済成長率だけを見ても実態はわからない。成長はその国の全員、とりわけ最も貧しい層の人びとが恩恵を受けるのでなければ意味がない。だが、もともと裕福な人びとだけが経済成長の恩恵を受けているケースがあまりにも多い。

ブラジルでは、68年から76年まで、米国の強力な支援を受けた軍事独裁政権がGDPを年率約10％も成長させた。さらに80年まで7％近い成長が続いた（80年から93年までは2・2％に減速した）[40]。

この経済成長でだれが利益を得たのか？　ブラジルの財務大臣も72年に、経済の驚異的成長の恩恵を受けたのは国民の5％にすぎないと認めている。74年の調査では、人口の3分の2に当たる貧困層の実質購買力がそれ以前の10年間で半分以下に低下したという結果が出たが、ブラジル政府はこれに反論しなかった。89年には、ブラジルの家庭の3分の2が月間500ドル以下で生活していた[41]。

しかし、2003年にルイス・イナシオ・ルーラ・ダ・シルヴァが大統領に就任して以来、ブラジルの状況は大きく変わり始めた。彼は「ゼロ・ハンガー」［飢餓撲滅］という目標を掲げ、貧困層の教育、保健衛生、栄養を改善するために本格的な政策を開始した。その結果、極度の貧困は04年の10％から09年には2％に減少した。貧困家庭の所得は富裕層の所得の7倍の速さで上昇した。所得格差は依然として大きいが、09年には過去50年間で最低レベルにまで低下した[42]。国の政策は、経済成長が貧困層の境遇を改善するか置き去りにするかを決定的に左右する。

インドネシアのケースは、その事実をさらに雄弁に物語っている。インドネシアは大きな人口を抱え（人口密度も高い）、ブラジル同様豊かな天然資源を持つ国だが、1968年から98年までの30年間、年率7・2％という驚異的な経済成長を実現した[43]。貧困層の生活改善のための政策により、状況は着実に改善されていった。政府の貧困削減への強いコミットメントを反映して、貧困ライン以下で生活する人口の割合は、1987年の68％から2011年の16％まで減少した[44]。11年、インドネシアでは人口のうち貧しい5分の1が享受している国民所得の割合は7・3％であった。同じ年のブラジルでは、03年からの反貧困対策が成功したにもかかわらず、その数字は2・9％でしかなかった[45]。

国の経済が成長したとき、富裕層のほうが貧困層よりも大きな利益を得ていることによって、新たな驚くべき状況が生まれている。１９９０年には、世界の貧困層の90％が低所得国に住んでいたが[46]、現在では、72％が中所得国［下位中所得国と上位中所得国を含む。以下同様］に住んでいるのである[47]。中国、インド、ブラジルといった国は、急速な経済成長を遂げた。しかし、何億もの人びとは相変わらず先の見えない貧困状態に置かれている。

世界の貧困を無視できる理由

貧しい人びとの苦悩を、フィリピンのアラリン家が物語っている。夫の仕事は氷売りで、１日に70セント稼げれば上出来だ。妻は通りで売るココナッツ菓子を作るために、月に何回か徹夜するが、その深夜労働で得られるのはわずか40セントにすぎない。ワールド・ビジョン［救援と開発を行うクリスチャンの国際組織］のスタンレー・ムーニーハムが夫人を訪ねたとき、一家はもう１カ月以上も肉類を口にしていなかった。

涙がやつれた母親の黒い瞳を濡らした。「夜中に、子どもたちが何か食べさせてと泣くと、本当に悲しいです。暮らしが変わらないことはわかっています。私に何ができるというのでしょう。子どもたちの将来を考えると、たまらなく不安です。学校に行かせたいけど、そんなお金はありません……私は病気がちだけど、医者へは行けない。診てもらうだけで２ペソ（28セント）、薬をもらえばもっとかかる。私にどうしろというんですか」。そう言うと、彼女はこらえきれなくなってすすり泣きを始めた。彼女の隣りで私も涙をこらえることができなかった[48]。

この母親の言葉が、世界中の貧しい人びとの苦悩を代弁している。貧困とは、子どもたちに食べさせることができずに泣いている何億もの母親のことなのである。

今日の富裕層が、飢えに苦しむ人びとを無視できるのは、飢餓の表れ方が昔とは違うからだ。「昔はあらゆる国が飢えと死を経験したが、今日では、流通の発達によって、食料不足の影響は貧しい国の貧しい人に集中的に表れる[49]」

お金を持っている人は、どんなときでも食料を買うことができる。食べられなくなるのは貧しい人だけだ。1972年から74年にかけて、食料不足によって開発途上国の穀物価格が3倍になったときも、中所得者や高所得者は食べることができた。しかし、すでに収入の60％から80％を食料に費やしていた貧しい人びとは栄養不足から病気になり、死期を早めることになった[50]。

最初に犠牲になる子どもたち

なかでも最初に犠牲になるのは子どもたちだ。2012年、低所得国の子どもの死亡率は高所得国の13倍であった[51]。毎年、5歳未満の子どもが660万人死んでいるが、その半分は栄養不足が原因だ[52]。

2011年、食料不足で発育不良に陥った5歳未満の子どもは1億6500万人いると推計された[53]。

しかし希望はある。1990年以降、ベトナムは「栄養不良の子どもの割合を47％から9％まで減らし、低体重の子どもの割合を1990年前後の40％超から2011年には12％に下げ、5歳未満の死亡率を半減させた」[54]。毎年200万人以上の幼い子どもの命を救えるワクチンがすでに存在する[55]。

それでも、食べる物がないわけではない国で、貧しい人びとが飢えに苦しんでいる。ブラジル最大の都市サンパウロのファベーラ［スラム街］に住むカロライナ・マリア・デ・イエススが、その恐れと苦しみを語っている。この教育こそ受けていないが聡明な女性は、生きるために苦闘しながら、自分の心の動きを毎日紙切れに書きとめていた。心ゆさぶるその日記は、『闇の中の子ども』と題する本になって出版された。

悲しい。不安だ。泣けばいいのか、気を失うまで働けばいいのか、わからない。明け方、雨が降っていたから稼ぎに出られなかった（彼女は拾い集めたゴミを売って食べ物を買っている）。……マニュエルさんのところに売りに行くブリキ缶が数個、あと小さなクズ鉄があったから、学校から帰ってきた息子のホアに売りに行かせた。13クルゼイロになった。なのにあの子はミネラル・ウォーターを買ってしまった。コップ1杯で2クルゼイロ。私は怒りをぶちまけてしまった……。

　子どもたちはたくさんパンを食べる。柔らかいのが好きだけど、仕方なく固いのを食べる。ああサンパウロ……黄金色の高層ビルで飾り立てた虚ろな女王。ビロードと絹をまとっても、裾《すそ》の下からファベーラという名の破れたストッキングが見えている。

　肉を買うお金がなかったからニンジンを入れたマカロニ料理にした。油がなかったので味はさんざんだった。ベラは文句を言いながらも、もっと欲しいとねだった。

「ママ、わたしをドナ・ユリタさんに売ってちょうだい。あの家なら食べ物があるもの」[56]

ムーニーハムが、貧しいブラジルの夫妻の家を訪ねたときの胸痛む経験を語っている。セバスチャンとマリアのナスシメント家は、土間1部屋に草ぶきという粗末な家に住んでいた。家具は腰掛けが一つ、火鉢、わらを詰めた麻袋を敷いた粗末なベッドが四つあるだけだった。

この目で見、この耳で聞いていることを、心が受けつけなかった。3歳になる裸の双子が、小さい寝台の上で、ピクリとも動かず横たわっていた。それがその子らの人生の最期の瞬間だった。あっけなく去った二人の登場人物の上に、慈悲深く幕が下ろされた。敵役《かたき》は栄養不良だった。隣りには2歳の子が寝ているが、言葉は発さない。極度の栄養不良で脳が植物状態になってしまっているのだ。

父親のセバスチャンには仕事がない。食うや食わずの暮らしだが、物乞いすることはプライドが許さない。靴磨きをしようとしている。マリアは自分たちの暮らしについて語ることができない。言葉にならないのだ。深くやさしい母の愛を持つ彼女にとって、日に日に悪化する子どもたちの姿は見るに忍びない。苦悶する胸の内を、その涙が物語っている。[57]

カロライナの幼い娘は、近所の金持ちの家に売ってくれとせがむ必要などなかった。セバスチャンとマリアの双子が死につつあったとき、世界にはあり余るほどの食べ物があった。ただ、公平に分配されていなかったのである。ブラジルの裕福な人びとには食べ物はたっぷりあったし、米国に住む2億以上の人びとは、貧しい10億人以上の空腹を満たせる食料を消費していた（穀物を直接食べず、牛の餌にして牛肉を食べていることがその一因である）。

オックスフォード大学の経済学者ドナルド・ヘイは、もし平等に分かちあわれさえすれば、世界の穀物収穫量のわずか2％で世界中の飢えと栄養不良を解消することができると指摘している。[58] 2％という数字に愕然とさせられる。

飢餓の出現パターン――「配分パターン」と言うべきかもしれない――がどう変わったか、以上でわかっていただけたと思う。金と力のある者にとっては、食料難はそれほどやっかいなものではなくなった。それは貧しく力のない者だけを狙い撃ちにする。貧しい人は遠い国でひっそり息を引き取るから、先進国に住む私たちは知らん顔をしていられる。

低い識字率

貧困は識字率の低さ、不十分な医療、病気、発育不良などを招く。子どもたちの脳は植物状態になり、早々に人生の幕を閉じることになる。

２００６年、12億のインド人のうち、文字が読めるのは63％だけだった。１９９０年の48％と比べれば改善はしているが、それでも約４億４４００万人の非識字者が残っている。人口１億７０００万人のパキスタンでは非識字率は55％である。[59]

明るい面では、１９９０年には51％だった低所得国の識字率が、２０１２年には61％に向上した。[60] 若者の識字率は、南アジアでは１９９０年の60％から２０１１年には81％に、アフリカ北部では同時期に68％から89％に上昇した。アフリカ北部では、女性の識字率が28ポイント向上した。[61]

だが残念なことに、２０１２年の時点で、15歳以上で文字が読めない人が８億２４００万人もいる。[62]

不十分な医療と公衆衛生

先進工業国の人びとは、現代医学がもたらす安全を長らく享受しているので、だれにとってもそれ

図表３ 乳幼児（5歳未満）の死亡数（出生1000人当たりの人数）

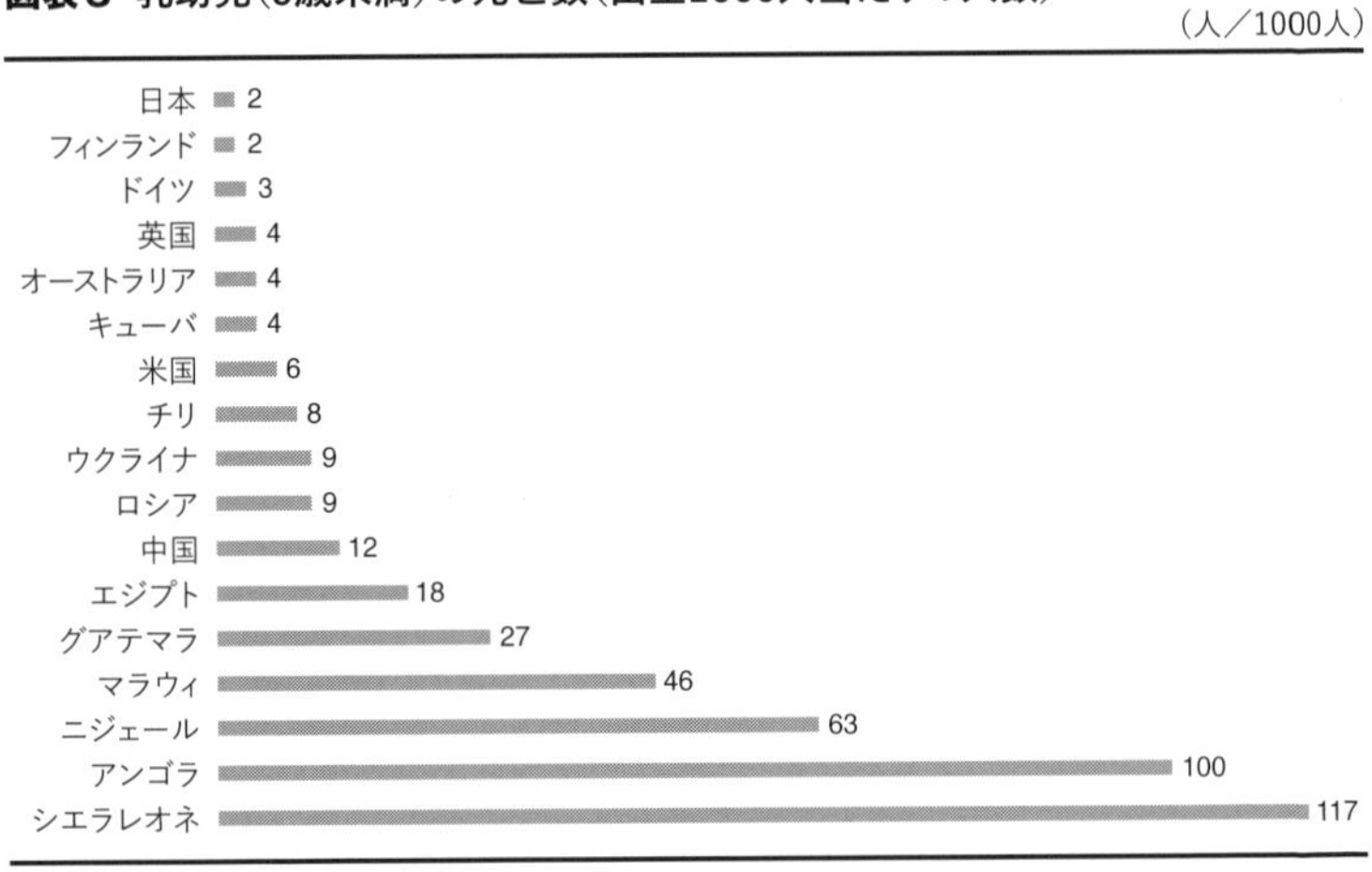

出所：World Bank, World Development Indicators 2014（原注66参照）

が当然のように思っている。確かに状況は良くなっている。現在、開発途上国全体を見れば、私たちは治療可能な病気にはうまく対処している。２０００年から10年のあいだに、１１０万の命がマラリアの治療によって救われた。１９９５年から２０１０年のあいだに、２０００万人以上の命が結核から救われた。[63] １９６０年には、低所得国と中所得国の平均寿命は46歳だったが、90年には63歳にまで改善され、２０１２年には69歳まで伸びた。高所得国は、これよりさらに10年長い。[64]

同様に、５歳未満で死亡する子どもの数は、１９６０年には１０００人中２２０人だったが、90年には99人に減少し、２０１２年には53人となっている。[65] しかし、貧困国では食料や医療が不十分なため、乳幼児の死亡率は先進国よりもはるかに高い（**図表3**参照[66]）。

前進はあるものの、世界銀行の報告によると、７億５２００万人が安全な水を利用できておらず、25億人に満足のいく公衆衛生が提供されていない。[67]

２０１２年には、毎日１万１０００人以上の５歳未満の子どもたちが、エイズ、下痢性疾患、はしか、マラリア、急性下気道感染症〔下気道は気管から肺胞まで〕、未熟児、出生時の合併症などで死んでいる。[68] 肺炎、下痢、マラリアという、十分に予防可能な三つの病気で、毎日６０００人の子どもが命を落としている。[69] 高所得国では、エイズ、下痢、はしか、マラリアで死ぬ子どもの数は１日当たり６人以下だ。[70]

きれいな水と整った公衆衛生を提供することは、莫大な経済的利益をもたらす。ＷＨＯ（世界保健機関）は２００４年に、開発途上国の主要地域では、この分野での１ドルの投資は３ドルから60ドルまでの経済的利益をもたらすと推定した。もし世界が水と公衆衛生の改善に１１３億ドル投入すれば、年間８５０億ドルの経済効果が得られ、その大部分は、最も水を必要としているアフリカやアジアの開発途上地域にもたらされる。[71] 裕福な国が１１３億ドルを確保することは十分に可能だ。食べ過ぎで太り過ぎの米国人は、体重を減らすために毎年約６００億ドルを支出している。[72]

発育不良

２０１１年には、慢性的な栄養不足のために発育不良に陥っている５歳未満の子どもが世界で１億６５００万人いた。発育不良とは、年齢に対して身長が低すぎる状態を意味するが、脳障害を含む重篤な結果をもたらす。[73] 幼少期の慢性的な栄養不良が原因で、脳に治療不可能な障害を負った貧しい子どもが何人いるか、正確な数字はわからないが、数百万の単位で存在するだろう。

リオデジャネイロに住む少女、マリは元気な６歳の女の子だ。どこから見ても普通の子と変わらない。健康で快活だ。しかし一つだけ困った点がある。学習することができないのだ。教師は当初、

マリの扱いにくさは心理的なもので、11人もきょうだいがいて親にかまってもらえないことからきているのだろうと考えた。妹にも同じ問題があったからだ。しかし、注意深い観察と検査の結果、このファベーラに住む貧しい家の娘は、栄養不良のために脳が健全に育っておらず、学習能力が欠如していることが判明したのである。[74]

タンパク質不足による脳の損傷は、貧困がもたらす最悪の影響の一つだ。脳の80％は受胎から2歳までにできあがる。開発途上国では、5歳未満の子どもの4人に1人以上が、脳の正常な発達のために必要なタンパク質を摂取できていない。[75] 1980年代初めにメキシコで行われた研究では、5歳未満の重度の栄養不良の子どもは、十分な栄養を摂取した対照群よりもＩＱ（知能指数）が13ポイント低いことが判明した。[76] 重度の栄養不良は脳に不可逆的な障害をもたらすことが医学的に証明されている。

食べ物が不足すると、最も苦しむのは子どもである。毎日ぎりぎりの生活を営んでいる家庭では、子どもが元気を失うことになっても、一家の稼ぎ手が動けなくなることだけは避けなくてはならないという厳しい現実があるからだ。栄養不良は知的発達に問題のある子どもを何百万人も生み出し、将来的に深刻な問題となる。

エイズ

エイズは、貧しい人びとにとって最も致命的な病の一つだ。特にアフリカが深刻で、世界の感染者約3500万人のうち2400万人がアフリカでの感染者だ。[77]

現在、富裕国では、エイズにかかった人には高価な抗レトロウイルス薬（ＡＲＶ）が投与され、長く生

図表４　エイズ治療の現状（米国とアフリカ諸国の比較）

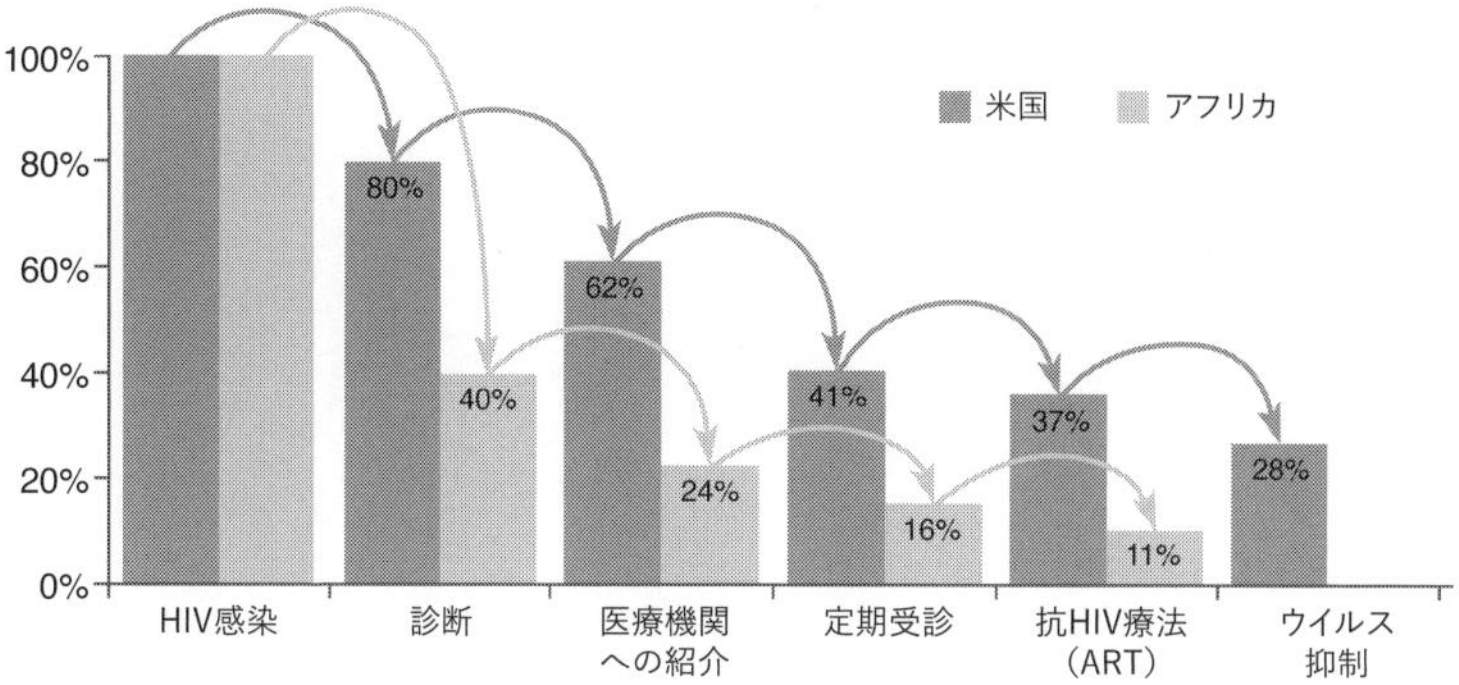

出所：原注78参照

きられるし、ほぼ普通の生活ができる。現在、世界全体のエイズ関連死のうち、裕福な国が占める割合はわずか１％だ。治療法が進歩しているにもかかわらず、貧しい国では警戒すべき割合で人びとが死につづけている。

現在ではエイズ対策について多くのことがわかっているが、貧しい国には多くの障害がある。ＷＨＯは、ＨＩＶ感染に対するケアカスケード〔段階的対応〕の状況を発表している。エイズ感染の診断を受けた患者は治療を受け、ＡＲＶを投与され、ウイルスが抑制されるまで薬を服用しつづけなくてはならないが、**図表４**が示すように、段階が進むにつれ、取りこぼされてしまう感染者が増える。この図は、米国とアフリカでエイズ治療の状況が根本的に異なることを示している。[78]

サハラ以南のアフリカでは毎日３３００人がエイズで死んでいる。[79]これまでの死者は２７００万人に上り、残された家族は貧困と孤独に陥っている。[80]１６００万のアフリカの子どもたちが、片親または両親をエイズで亡くしている。[81]親、農民、教師、指導者がいなくなり、コミュニティ全体が壊滅的な打撃を受けている。

個々のケースを知ると心が痛む。ある働き者の父親は、エイズになる前、妻と家族を養うためにヤギの乳を売っていた。エイズになったとき、子どもたちの学費を伝統的な治療の費用に充てた。最終的には2頭のヤギを売って診療所で受診したが、それでわかったことは、妻とよちよち歩きの幼い子どももエイズにかかっていたことだった。妻は夫の葬儀代のためにもう1頭のヤギを売った。妻が亡くなったとき、もう売るヤギは残っていなかった。
両親に先立たれた9歳と10歳の2人の娘は、瀕死の弟の世話をしなくてはならなかった。娘たちは祖母を頼ったが、すでにエイズで親を失った5人の孫のめんどうを見ているから、自分たちで何とかしなさいと言われた。祖母がくれたのは、弟を埋葬するための段ボールの棺桶だけだった。[82]
何百万人ものアフリカの子どもが、こんな恐ろしい未来に直面しているのである。
2011年の国連政治宣言では、エイズと闘うために年間240億ドルを支出するという目標が掲げられたが、12年に世界が支出した額は189億ドルにとどまった。前年の10％増だが、必要額の78％にすぎなかった。[83]
1996年から2013年にかけて、貧しい国でのエイズ治療薬の価格は、1人当たり年間1万ドルから100ドル程度にまで下がった。[84] 12年には、貧しい国々で970万の人びとが薬の投与を受けている。しかしこれは、WHOのガイドラインに照らせば、対象者の34％にすぎない。[85]
飢え、非識字、病気、脳障害、死――それが貧困の実態だ。世界でおよそ10億の貧しい人びとがこの苦悩を経験している。
開発途上国も、優先順位を変えなければならない。多くの国が、国民の健康状態を改善させるためにやると言ったことをやっていない。「たとえば、ナイジェリアが2013年から15年まで、公約通りに予算を執行していれば、保健衛生プログラムに２２５億ドルが追加的に支出され、全国民に１張《はり》ずつマラリア対策の蚊帳《ベッドネット》を配布し、幼い子ども全員に致死性の小児疾患（肺炎、ウイルス性胃腸炎、ジフテリア、百日咳など）に対するワクチンを接種し、ＨＩＶ陽性患者全員に抗レトロウイルス治療を提供することができていたはずだ。マラリア対策だけでも継続すれば、50万人近くの子どもたちの命を救うことができていただろう」。[86] もしサハラ以南のアフリカ諸国が、保健、教育、農業に公約通りの予算を割いていれば、13年から15年までで、貧困と闘うための追加資金は２４３０億ドルに達していたはずである。[87]

治療と予防の進歩による改善

比較的小規模な取り組みでも、目を見張るような効果をあげることがある。１９８０年代と90年代にかけて、いくつかの低予算の行動によって何百万人もの子どもたちの命が救われている。この間、開発途上国の予防接種率は20％から約80％に上昇した。[88] 80年代初頭には、世界で毎年約７５００万人の子どもがはしかに感染し、２５０万人以上が死亡していたが、２０１１までに、報告された患者数はわずか35万人にまで減少していた。[89] ワクチンは現在、毎年少なくとも２５０万人の命を救っている。すべての基本的なワクチンの接種人口を増やせば、さらに２００万人の命を救える可能性がある。[90]

ワクチン接種に要する費用は若干上昇したが、２００６年から15年のあいだに、ワクチンの接種を受けていない貧困国ですべての子どもたちに包括的な小児期ワクチンを提供する費用は、子ども１人当たり65ドルしかかからないと推定されている。[91]「年間10億ドルを予防接種に投じることができれば、15年までに、最貧72カ国の子どもたちを年間７０００万人以上、14の主要な小児疾患から守ることができる」。[92]

７０００万人の子どもたちを守るために、年間10億ドルを捻出できないはずがない。

河川盲目症（オンコセルラ症）対策の成功からも、巨額の費用をかけなくても有意義な成果が得られることがわかる。１９７４年、世界銀行やＷＨＯなど複数の国際機関が協力して、アフリカ諸国で河川盲目症と闘う活動を始めた。これは河川で繁殖する黒バエが媒介する寄生虫が原因となって起こる、激しい痒《かゆ》み、衰弱、最終的には失明を引き起こす病気だ。最初の対策として、生分解性があって環境に無害な殺虫剤が散布された。わずか５億７０００万ドルの費用で、約24万平方キロメートルの土地で農業が再開されるという大成功を収めた[93]。失明を免れた人口で計算すれば、１人当たり年間わずか約１ドルであった[94]。

最近では、製薬会社のメルク社が無償供与したメクチザンがアフリカの多くの国で使用されている。カーター・センター［カーター元大統領が設立した非営利組織］によるメクチザン管理プログラムを通じて、10億回以上の投薬治療が行われた。この薬には治療と予防の両方の効果があり、最終的には公衆衛生上の問題としての河川盲目症の撲滅につながる可能性がある。コロンビアは河川盲目症根絶の認証をＷＨＯに申請した最初の国となった[95]。

ヨウ素欠乏症は、簡単に解決できるもう一つの恐ろしい病気だ。約20億人がヨウ素の摂取不足で苦しんでいる。そのうち２億６６００万人は学齢期の子どもたちだ[96]。ヨウ素欠乏症の母親から生まれた子どもは、甲状腺腫、言語障害、難聴、クレチン症（低身長などの発育不良や知能の発達の遅れなど）のリスクがある。解決策は塩をヨウ素強化塩にすることで、１人当たり年間わずか５セントで足りる[97]。それに要する総コストは約１億ドルで、Ｆ22ステルス戦闘機１機の値段の半分ほどである[98]。

この分野では、１９９０年以降、相当な改善が見られる。劇的な成功を収めた国もある。中国のヨウ素摂取率は10年で39％から95％に上昇した。ヨルダンも５％から90％まで上昇した。世界的に見ると、家庭でヨード化塩を使っている人口の割合は、90年の20％から約70％になっている。これを１００％にするのは難しいことではない。[99]

経口補水療法（ＯＲＴ）は、子どもの下痢による脱水症状を防ぐ安価な方法である。１９８０年には、下痢性脱水症のために世界で毎日１万人の子どもが死亡していたが、99年には、その数は４１００人にまで減った。[100]現在は１６００人だ。年間では、避けることのできる下痢によって毎年約60万人が死んでいることになる。[101]経口補水液は１袋わずか10セントだ。[102]専門家がいなくても、親が自分で使うことができる。[103]もう少し支援を増強すれば、何百万もの人が命を落とさずにすむ。

１９８８年以来、「世界ポリオ根絶イニシアティブ（ＧＰＥＩ）は、世界のポリオ発生率を99％以上減少させ、ポリオ常在国の数を１２５カ国から３カ国に減少させた」[104]。世界で１０００万以上の人びとが、ポリオとその後遺症を免れたのだ。２０１２年末には、報告された患者数はわずか２２３人になった。ポリオ根絶の目標にこれほど近づいたことはかつてなかった。ＧＰＥＩは、18年までに世界のすべての国がポリオ常在国のリストから除外されることをめざしている[105]〔常在国ゼロは未達成。18年の患者数は33人〕。

エイズとの闘いも大きな成功を収めている。世界的に見ても、２００１年以降、新規ＨＩＶ感染者数は33％減少している。ＨＩＶ感染による死亡者数は、05年に２３０万人、12年には１６０万人と減少している。[106]「アフリカでエイズ治療を受けている人の数は05年から12年にかけて８０５％増加している」[107]。治療と予防対策によって、サハラ以南のアフリカでの死亡者数は04年から12年までに50％減少した。[108]「１９９５年から２０１２年までで、抗レトロウイルス治療によって、世界は６６０万人のエイズ関連死を回避した。そのうち５５０万人は低所得国と中所得国で達成された減少である」[109]

さまざまな前進がある。予算の増額により、栄養不良が減少し、予防接種のレベルが大幅に向上した。ユニセフ（国連児童基金）は、最も貧しい開発途上国50カ国に保健衛生、教育、家族計画の改善、清潔な水の供給を含む基本的社会サービスを提供するための総コスト（対象人口は8500万人）は、年間22億ドルでしかないと試算した。[110] 米国が原子力潜水艦1隻にかける金額よりも少ない。[111]

もちろん、貧困削減は医療の改善だけでもたらされているわけではない。アジアでは市場経済の拡大によって貧困が大幅に減少している（第8章参照）。私たちにも、貧しい人びとの苦しみを軽減するために、個人的なものから政治的なものまで、できることはたくさんある（第4部を参照）。

いまも続く人口爆発

人口爆発はもう一つの根本的な問題だ。世界人口が10億人に達したのは1800年前後のことである。そこから10億人増えて20億人になるまでに要した時間は130年だった。さらに10億増えて30億人になったのは30年後だった。40億に達したのは、わずか14年後の1975年だった。その後12年ごとに10億人増え、2011年の世界人口はついに70億に達した。[112] 40年後には、109億人以上に増加する可能性すらある。[113]

だが、この分野でも良いニュースはある。合計特殊出生率（女性1人当たりの生涯の出産数）は、1970年代の5・2人から2000年代の2・4人まで減少している。[114] アフリカ、アジア、オセアニアの44の開発途上国では、この数字はいまだに4人を超えており、ギニアビサウでは7・4人、ニジェールでは7・0人である。[115] とはいえ、世界的には夫婦1組当たりの出生数は2・1人、つまり人口増加がストッ

図表5　世界人口の推移シナリオ, 1950-2100年

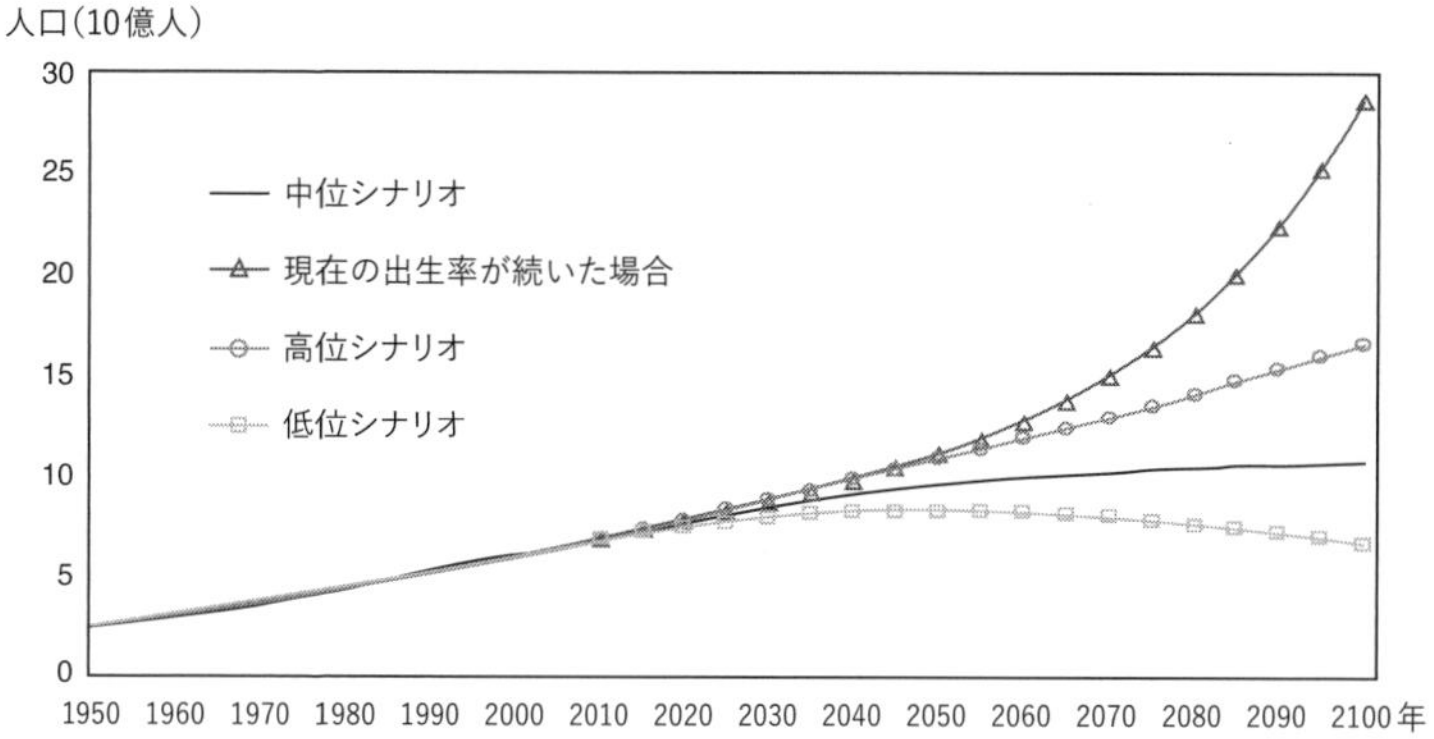

出所：United Nations, *World Population Prospects 2012*（原注119参照）

プする率に近づいており、80カ国がこの水準以下になっている。[116] ただし、今日多くの若者が生殖年齢を迎えているので、ほとんどの夫婦が以前の世代より子どもを産む数を減らしたとしても、総人口の増加は続く。[117]

　人口1億の国の人口が年率1・5％で増えたら、25年後には1億4500万人、100年後には4億4300万人になる。年率2・7％なら25年後には1億9500万人、100年後には14億3600万人にも達する（2・7％というのは9億1200万の人口を擁するサハラ以南のアフリカでの増加率である）[118]。

　2050年あるいは2100年の世界人口を正確に予測することはできない。国連は三つの予測シナリオ用意している（**図表5**参照）[119]。たとえば中位シナリオでは、世界の総人口は2025年に81億、2050年には96億に達する。その後、世紀が進むにつれて増加率は低下し、2100年に109億人に達する。

　実際にどうなるかは、どのような政策を取るかによって大きく変わる。次ページの**図表6**は、現在の地域別の人口増加率を示している。[120]

図表6　2050年の地域別人口予測（3つのシナリオ）

（100万人）

地域/国	2010年	2050年 高位	2050年 中位	2050年 低位
世界	6,916	10,868	9,551	8,342
先進諸国	1,241	1,470	1,303	1,149
開発途上諸国	5,675	9,398	8,248	7,193
アフリカ	1,031	2,686	2,393	2,119
サハラ以南アフリカ	831	2,322	2,074	1,842
アジア	4,165	5,912	5,164	4,482
中国	1,360	1,580	1,384	1,209
日本	127	121	108	96
中南米およびカリブ諸国	596	902	782	674
北アメリカ	347	500	446	395
ヨーロッパ	740	804	709	622
オセアニア	37	64	57	50

出所：UN Population Division, *World Population Prospects: The 2012 Revision* (2013).（原注120参照）

人口爆発の問題によって、終末論的ヒステリーに陥る人がいる。1976年に、『ニューヨーク・タイムズ』や『ウォールストリート・ジャーナル』を含む多くの新聞に意見広告が掲載された。ウィリアム・パドックとギャレット・ハーディンの2人の研究者によって起草された声明は次のように訴えていた。「私たちが知っている現在の世界は、おそらく2000年を迎える前に破滅するだろう。……悲劇へと突き進む勢いは大きく、おそらくそれを止める方法はない」[121]

このような主張は危機感を煽りすぎで、悲観的で、結果的に明らかに事実に反していた。[122]過去40年の人口動向には、いくらか希望の兆しがある。WDIによると、世界人口の増加率は1963年には約2・1％だったが、2012年には1・1％にまで低下している。[123]

喜ばしい改善だが、それでもまだ人口増加率は高すぎる。現在のペースが続けば、2048年の世界人口は100億を超える。[124]今日の世界人口は

70億人。その全員が十分な食料を得ているわけでもないのに、すでに私たちは環境に深刻なダメージを与えているのである。

人口問題を考えるとき、西欧や北米はいまでこそ人口増加率は低いが、19世紀後半には、1世帯当りの子どもの数は現在の一般的水準（2人以下）よりはるかに多く、乳幼児死亡率も高かったことは覚えておきたい。つまり、国が豊かになれば人口増加率は低下するということである。また、貧困層をエンパワーすることによっても人口爆発を抑制することができる（第2章および第11章を参照）。貧しい人びとが適切な食料、医療、教育（特に女性）を受けることができれば、人口増加が抑えられることがわかっている。

人類の生存は農業生産にかかっている。生きていくためには食料が必要だ。しかし、農地は砂漠化、土壌劣化、干ばつの脅威にさらされている。毎年1200万ヘクタール［日本の面積のほぼ30%］の農地が失われている。世界の農地の半分が、中程度もしくは酷《ひど》く劣化している。[125] 土地の劣化の影響を受けている人口の74%は貧しい人びとだ。[126]

環境破壊と地球温暖化が世界の貧困問題をどのように悪化させているかについては、第8章で掘り下げて論じることにする。

あなたはどこに立っているのか

私たちは、根深い貧困と膨張する富が同時に存在する時代に生きている。クリスチャンは、この状況にどう対応すればよいのだろう。神が「弱者を憐れむ人は主《しゅ》［神］に貸す人」（箴言《しんげん》19・17）だと教えていることを、忘れずにいられるだろうか。周囲にいる裕福な人びとに理解されなくても、貧しい人のための正義を求める勇気を持つことができるだろうか。

私たちはどこに立っているのだろう？　飢える貧しい人の側か、裕福な過食の人の側か？　貧しいラザロ［イエスのたとえ話に出てくる、裕福な家の門前で施しを乞いながら死んでいった男］の側か、金持ちの側か？　豊かな国の大半は、少なくとも名目上はキリスト教国ということになっている。多くの人が飢餓の淵に立たされているのに、少数の裕福なクリスチャンが富をため込み続けているというのは、何という悲劇だろう。

ある人気のあるキリスト教原理主義者が、自身の発行するニュースレターで、読者に乾燥食品の備蓄を呼びかけていた。終末論的敬虔と巧妙なセールトークを組みあわせた文章で、何人かの〝聖書学者〟の言葉を引用して、クリスチャンの中には「大艱難《だいかんなん》」と呼ばれる苦難の時を通らされる人びとがいると論じている。その期間に何が起こるかわからないから、数千ドルをかけて7年分の保存食を備蓄しておくべきだというのがその結論である[127]。

富と貧困の時代にあって、ほとんどのクリスチャンは、その神学的立場とは関係なく、世俗の物質的価値観に屈服しかかっている。消費社会の広告が、貧しい隣人の存在に目をつぶって豊かさを享受することを正当化する理屈を、私たちの耳元でささやきかける。

世界のクリスチャンの4分の1だけでも、貧しい人びとの側に立ち、より多く分かちあうことを決断したら、どんなことが起こるだろう。貧しい国に移り住み、貧困の現場で問題に取り組もうとする人が起こされるだろう。多くの人が、物質主義に抗《あらが》う生き方を選ぶだろう。消費主義の檻《おり》に囚われることを拒否し、富よりもイエスを愛する人生を選ぶだろう。キリストへの従順によって、私たちは貧しい人びとに与え、コミュニティを発展させ、より良い社会システムを築くことで、貧しい人びとに力を与えることができる。そしてそのような生き方の中で、真の幸福は与えることによって得られるという、キリストが教えた逆説的真理を再び学ぶことだろう。

理解を深めるための質問

①この章を読んで、心にいちばん強く感じたことは何か。
②はじめて知った事実はあったか。心穏やかではいられなかった事実があったか。
③「貧困」や「飢餓」についての定義は変わったか。
④貧しいとは、具体的にはどのような状態のことだと思うか。
⑤飢餓の問題を本当に理解したら、あなたが知っているクリスチャンはどう行動するだろう。

第2章　裕福な国に住む少数者

子どものころの私は、富の危険について警告するキリストのことを、ずいぶん大げさに言うものだと考えていた。しかし、少しはものごとを知った今は、金持ちになっても人間らしい心を忘れないでいることの難しさがわかる。お金には、見るものすべてを損得の尺度で測らせ、私たちの手と目と唇、そして心を凍らせてしまう危険な力がある。[1]

——エルデル・カマラ大司教

21世紀の神とその預言者

『ニューヨーク・タイムズ』紙に大きな文字で率直な広告コピーが掲載された。「欲望を創造せよ。企業の利益と成長は、さらなる欲望を生み出す営業マン《セールスマンシップ》の能力にかかっている」[2]

お金をかけた、心をそそる広告が、ひっきりなしに私たちに攻撃をしかけてくる。その目的は、情報の伝達ではなく欲望をかき立てることだ。『ベター・ホームズ・アンド・ガーデンズ』誌の豪華な住宅の写真を見ると、いま問題なく住んでいる自宅が老朽化したあばら屋のように感じられ、リノベーションでもしようかという気にさせられる。最新のファッション広告を見ると、去年買ったドレスやスーツが古くさく感じられる。

米国では、高等教育より広告に使われるお金のほうが多い。２００２年、米国は公的な高等教育に２２３０億ドル使ったが、広告宣伝には２３７０億ドル使っている。[3] ２０１４年の広告費は、３９００億ドルにも達した。[4] 世界全体の広告費は５０５４億ドルに達する見込みだ。[5] 悲しいことに、多くの広告が、「富を所有することの危険を説いたイエスの教えは間違いであったと思わせるために」使われている。[6]

驚くべきことに、裕福な少数派に属する私たちは、この豊かさはつましく暮らすために必要な最低水準でしかないと本気で思い込んでいる。ひっきりなしに襲ってくる魅惑的な広告が、破壊的な妄想を私たちに吹き込み、私たちは次々に贅沢品を買わなければ生きていけなくなっている。隣人と競争している錯覚に陥り、新しいドレス、ジャケット、新車を購入し、生活水準を上げつづけようとしている。ますます豊かになる生活水準が21世紀の神であり、広告業界がその預言者である。

広告は贅沢品を必需品だと思い込ませる。かつて米国では、郵便配達員が、超高級住宅の写真が載った優雅なパンフレットを配達した。そこには、『建築ダイジェスト』誌が「美と贅沢を求めるあなたの熱いニーズを満たします」（強調は著者）という嘘《うそ》が書かれていた。私たちはどれほどの贅沢を必要としているのだろう？

デジタル時代の広告

新しいテクノロジーが、私たちの目に入る広告の量を大幅に増やした。米国の子ども（８歳以上）の１日の平均スクリーンタイム（テレビ、コンピュータ、ビデオゲーム、タブレット、スマートフォンなどの画面を見ている時間）は７時間である。２歳から８歳の子どもは約２時間だ。[7] 成人は１日にテレビ放送を約４・５時間、それに加えてビデオ録画した番組を見るのにほぼ１時間費やしている。[8]

日々接する広告の量を計測することはほとんど不可能だ。伝統的なテレビCMに加えて、広告主は現在、「プロダクト・プレースメント〔映画やテレビドラマに実在の企業や商品を登場させる手法〕、没入型広告〔双方向アクションやバーチャルリアリティによって商品世界に没入させる手法〕、アドバゲーミング〔商品やブランドの告知を目的とすることを明示したゲーム〕、バイラル・マーケティング〔インターネットやソーシャルメディアを使って商品情報を拡散させる手法〕、モバイル広告〔モバイル端末向け広告〕、ソーシャルメディア・マーケティング〔消費者との双方向コミュニケーションを通じて行う、広告だと感じさせない広告〕、さらに行動ターゲティング広告〔ユーザーの購買や広告閲覧行動に対応した広告〕やロケーション・ターゲティング広告〔ユーザーの現在地や移動履歴に対応した広告〕を使用している。これまで以上に、広告とエンターテイメントは密接に結びついている。多くの場合、広告そのものがコンテンツとなっている」[9]。

偽りの約束

おそらく広告の最大の問題は、物を所有すれば喜びと充実感があると思わせるところにある。「物を持てば持つほど幸福になれるという考えは、人間に知られているすべての宗教や哲学によって否定されているが、テレビはその教えをひっきりなしに説いている[10]」

製品やサービスの広告は、それを使えば愛、受容、安全、性的満足といったニーズや内心の願いがかなえられると語りかける。制汗剤を使えば人に受け入れられ、友情が得られる。最新の歯磨き粉やシャンプーは、使う人の魅力を高めてくれる。ニューヨークのジュエリー・デザイナー、バリー・キゼルスタインの言葉は、物に意味と友情を求めている現代人の心を物語っている。「身になじんだ素敵なジュエリーは、いつもそばにいてくれる友だちです[11]」

ワシントンDCのある銀行は、「年老いて白髪になったあなたを、だれが愛してくれるのでしょう？」と問いかける広告で、口座の新規開設を呼びかけた。

私が使っている銀行も以前、魅力的な広告を打っていた。「少しの愛を残しておこう。だれでも雨の日にはお金が必要だから。少しの愛を、あなたの手元に」。何かあっても対処できるようにお金を蓄えておくのは管理者《スチュワード》として正しい行為だと言える。しかし、預金残高が愛を保証するという約束は、非聖書的な異端の考えであり、悪魔のささやきだ。世俗的で唯物論的な社会の嘘を語りかけている。だが、言葉づかいの妙と音楽の魅力で、一時期、私の頭の中で何度も反復再生されたのを記憶している。

無視できれば広告に害はない。しかし、広告は私たち全員に強い影響をおよぼし、子どもたちの価値観を形成する。ある意味、私たちは広告に注意を払わなさすぎだとも言える。自分では広告など無視していると思っているが、実際には、潜在意識のレベルで影響を受けている。私たちは広告を分析するのではなく、経験しているのだ。英国国教会主教のジョン・V・テイラーは、テレビからコマーシャルが流れてきたら、家族みんなで「バカなこと言うんじゃない」とつぶやくことを勧めている。[12]

なぜ人は富を追求するのか

神学者のパトリック・ケランズは、経済成長と物質的生活水準の飽くなき追求は啓蒙思想の終着点だと論じている。18世紀、西洋の多くの思想家は、科学だけが正しい知識に至る方法だと考えた。この考えが高じて、数値で測れるものの価値が高まり、数値で測れないものの価値が認められなくなっていった。つまり共同体、信頼、友情、自然の美といった無形の価値は重要と考えられなくなってしまった。友情や手つかずの自然、正義などは測定するのが難しい。その点、GNP（国民総生産）は測定が容易だ。その結果が、だれもが経済的成功と物質的所有に価値を置く競争社会なのである。[13]

もしキリスト教が真理で、ケランズの説が正しければ、社会はやがて崩壊するしかない。科学的方法だけが真理と価値を認識する手段であり、物質的な富が何よりも大事だとするような異端的な前提の上に、この社会が建てられているとすれば、それは滅びの道を突き進むしかない。

多くの広告は（すべてではないが）根本的な矛盾を抱えている。[14] 広告主は、人間はだれでも心の底にあるニーズを満たしてくれるような生活を願い、愛や喜びや自分の重要性を感じたいと願っている。マーケティングはそんな私たちの願いを察知し、そこに働きかける。より多く売りつけるために、愛や充足感は物質的な豊かさによってもたらされるという嘘をつく。

クリスチャンは当然、富が愛や美、受容や喜びを保証するものではないことを知っている。最も深い喜びは、神や人や自然との関係からもたらされるものだ。だが、偶像崇拝〔神ならぬものを神として崇め従うこと〕へと向かう人間の性質が、物やお金さえあればニーズを満たせるという広告のメッセージに説得力を与えてしまっている。そして、より多く所有することで人生の意味と充足を得ようとする空しい努力に追い立てられてしまうのだ。

その結果、個人的レベルでは苦悩と不満が生じる。社会的レベルでは、環境破壊や貧富の格差が生じる。裕福になっても私たちの心は安らぎを得ることはできない。そして、豊かになった私たちは、十数億もの飢えた隣人に食料と支援を与える気持ちさえ失ってしまっている。

私たちはどれほど裕福なのか

米国に住む人びと（世界人口の4・5％）は、貧しい数十億の隣人たちと同じ星に住む裕福な貴族である。その生活水準は、いかなる客観的基準に照らしても、1日2ドル以下で生活する24億の隣人との比較でいえば、中世の王侯貴族並みに贅沢なものだ。

北米、ヨーロッパ、日本といった豊かな国々は、ひところに比べれば陰りが差しているとはいえ、北半球の豊かな貴族であることは間違いない。貧しい国は南半球にある。南北の格差は、いまの世界にある最も危険な断層の一つである。

1960年、世界で最も豊かな国に住む5分の1の人びとは、最も貧しい5分の1の人びとの30倍の所得を享受していた。2005年には、その格差は50倍にまで広がった。[15] 1999年から2008年にかけて、上位10%の豊かな人びとが世界の所得の50%を得ていたのに対し、下位50%は9%をわずかに超えるだけの所得しか得ていなかった。[16]

2014年のオックスファム〔貧困撲滅のために活動する国際協力団体〕の報告書によると、最も裕福な1%の人びとは、世界人口の下位半数の人びとが保有する資産の65倍を保有している。なんと、世界で最も裕福な85人は貧しい35億人の合計よりも多くの富を持っているのだ。[17]

国民総所得（GNI）は――国民総生産（GNP）も国内総生産（GDP）も似たようなものだが――富む国と貧しい国を比較する一つの基準となっている。[18] ただし、どの指標も国内での所得配分状況については何も語っていないことにも注意が必要である。

GNIは、各国の通貨で計算された1人当たりGNIを米ドルに換算して示す（それはGDPやGNPでも同じだ）。GNIを人口で割ったものが1人当たりGNIだ。53ページの**図表7**からわかるように、2012年の米国の1人当たり年間GNIは5万2340ドル、バングラデシュは840ドル（6万5104タカの米ドル換算）だった。[19]

しかし、単純に1人当たりGNIを比較するだけでは認識を誤る。1996年には、ニューヨークでのヘアカットは25ドル、バングラデシュでは65セントだったが、ニューヨークのヘアカットに38倍の価値があるわけではない。[20] 経済学者は物価の違いを考慮してＧＮＩの国際比較の精度を改善しようとしている。その方法が購買力平価（ＰＰＰ）による調整である。両国で同じ取り合わせで複数の商品を選び、それを買うのに各通貨でいくらかかるかを見れば、購買力による実態的・実感的比較ができる。

図表8は、ＰＰＰで調整したバングラデシュの1人当たりＧＮＩが２０３０ドルであることを示している。[21] バングラデシュの６万５１０４タカは、為替換算では８４０米ドルだが、バングラデシュでの買い物に使えば米国で２０３０ドルに相当する商品を買うことができるということだ。[22]

ＰＰＰ調整によって貧困国の状況は、数字上ではいくらか改善される。ただし少しだけだ。調整しても貧しいことに変わりはない。年間２０３０ドルは月額約１７０ドル、４人家族で６８０ドルだ。米国では、ほとんどの街でアパートの家賃すら払えない額ではないだろうか。

国の幸福度を測るもう一つの指標が国連開発計画（ＵＮＤＰ）による人間開発指数（ＨＤＩ）だ。お金という単純な尺度ではなく、広い観点から幸福度を測定する。平均寿命、教育程度（成人識字率と平均就学年数による指標）、所得（1人当たりのＰＰＰドル）の三つの指標に等しい重みを持たせて算出する。所得だけでなく、長寿や基本的な教育という観点も加味して幸福度を測定しようとするものだ。

ＨＤＩは0から1までの値を取り、数値が大きい国ほど、総合的に恵まれた状況にあることを意味する。購買力だけではなく、教育や医療の普及度によって順位が変わる（**図表8**参照）。

医療分野の研究費からも、経済格差の問題の根深さがうかがえる。研究予算のほとんどは当然ながら富裕国が持っている。医療問題は貧しい国のほうがはるかに深刻だが、研究は自ずと豊かな国の問題を解決するために行われる。研究費の90％は富裕国のために投資されており、貧困国のための研究に向け

図表7　1人当り年間所得, 2012年(米ドル換算)

スイス	80,970
米国	52,340
日本	47,870
英国	38,620
メキシコ	9,640
エジプト	2,980
インド	1,550
ケニア	860
バングラデシュ	840
エチオピア	380

出所：World Bank, World Development Indicators 2014(原注19参照)

図表8　各種指標で見た国の豊かさ, 2012年

国	1人当たりGNI	1人当りPPP	HDI
米国	$52,340	$52,610	.937
スイス	$80,970	$55,000	.913
日本	$47,870	$36,750	.912
英国	$38,500	$35,620	.875
カナダ	$51,570	$42,270	.911
サウジアラビア	$24,310	$30,160	.782
エクアドル	$5,170	$9,490	.724
インド	$1,550	$3,820	.554
パキスタン	$1,260	$2,880	.515
ケニア	$860	$1,730	.519
バングラデシュ	$840	$2,030	.515

出所：World Bank, World Development Indicators (2012);
UNDP, *Human Development Report 2013*(原注21参照)

られているのはごく一部である。[23]

エンゲル係数（家計支出に占める食費の割合）の比較からも、富裕国と貧困国の格差がわかる（**図表9**参照）[24]。米国ではわずか6・6％、フランスでは13・2％だが、フィリピンでは42・8％にもなる。

この単純な統計に貧しい国の苦悩が表れている。支出の6・6％だけが食費という人びとにとって、食料価格の50％アップは、厄介ではあっても惨事ではない。しかし、すでに50％近くが食費という人びとにとって、それは飢え、栄養失調、そしておそらく餓死を意味する。

カロリー摂取量からも同じ状況が見える。先進国の住人が必要以上のカロリーを摂取している一方で、貧しい国の人びとは1日に必要な最低限のカロリーさえ摂れていない（**図表10**参照）[25]。貧困国では食料不足のために何百万人もが命を落としているが、富裕国では食べ過ぎのために何百万人もの人が健康を損なっている。米国疾病管理センター（CDC）によると、2009〜10年の米国では、全成人の69・2％が過体重（前肥満）もしくは肥満であった。[26]

事実はあまりにも明らかだ。GNI、PPP、HDI、エンゲル係数のいずれで測っても、北米、ヨーロッパ、日本は、世界の貧しい3分の1の人びとより何倍も裕福だということだ。

年収7万2000ドルで生活が苦しい？

1974年末の話。世界では何百万もの人が餓死していた。しかしそれは、ナイト・ニュースペーパーズのシンジケート・コラムニストであるジャド・アーネットの関心事ではなかった。北米の何百万人にも読まれ、信憑性があると思われているであろうコラムで、アーネットは、年収1万5000ドル（2014年のドル換算で7万2000ドル）の人びとが貧困転落の瀬戸際にあるという懸念を表明してい

図表9　家計消費に占める食費の割合（エンゲル係数），2012年

米国	6.6%
英国	9.1%
カナダ	9.6%
オーストラリア	10.2%
フランス	13.2%
イタリア	14.2%
エクアドル	21.9%
タイ	32.0%
フィリピン	42.8%
スリランカ	47.7%

出所：USDA, Economic Research Service（原注24参照）

図表10　地域別の1日当たりカロリー摂取量

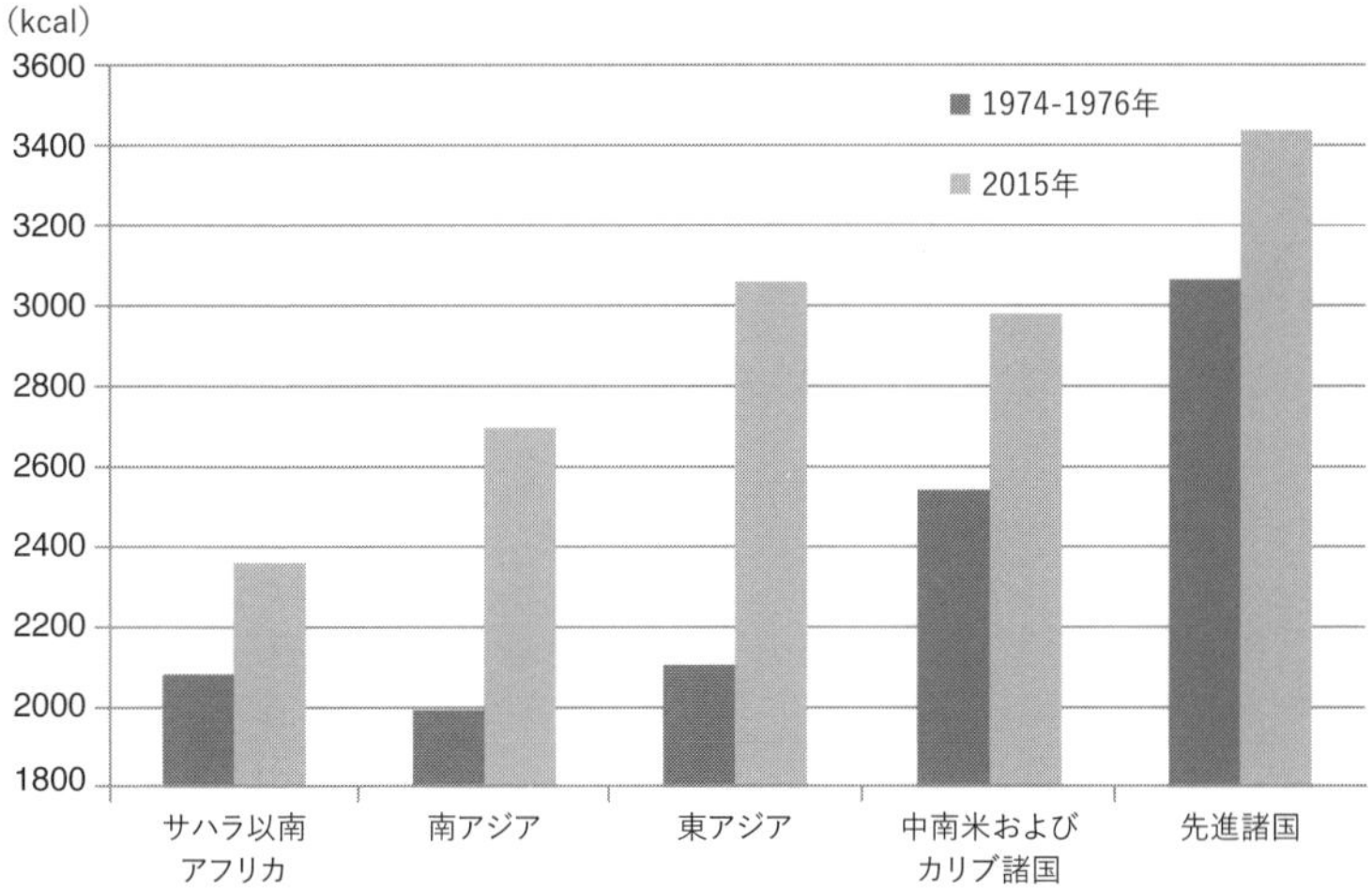

出所：World Health Organization（原注25参照）

た。[27]「私にとって人生の大きな謎の一つは、税引前の収入が1万5000ドルの世帯が、あるいは1万8000ドル（2014年ドルで8万6000ドル）でも同じだが、必要なすべての支払いをすませた上で、どうやったら子どもの教育費をひねり出せるのか、ということだ[28]」

この記事の数年後、『ニューズウィーク』誌は「中流階級の貧困」と題する記事に、年収5万8700ドル、7万4000ドル、9万8000ドルの米国市民を登場させ、生活が苦しいと語らせている。[29]年収18万ドルのニューヨーク在住者は、この所得では「この街には住めない」と嘆いている。[30]2012年の大統領選挙で、候補の1人は、年収20万ドルから25万ドルの米国人を中流階級に分類した。[31]

いずれも世界の大多数の人には理解できない話だ。確かに、車2台、高価な家具のある広い郊外の家、100万ドルの生命保険、流行の服、最新の便利家電、毎年の3週間の休暇旅行を追い求めれば、年収7万ドルでも8万6000ドルでも、あるいはそれ以上あっても足りないだろう。多くの米国人はまさにそんな暮らしを望んでいる。だが、それを「貧困転落の瀬戸際」とは言わない。

富む国は貧しい国を助けているか

米国は世界最大の経済大国だ。そしてほかのどの国よりも多くのお金を対外援助に提供している。2013年の政府開発援助（ODA）は310億ドルで、世界第2位の援助国のほぼ2倍に相当する。しかし、国民所得に占める割合で見ると米国はほぼ最下位となる。つまり、世界で最も出し惜しみしている援助国ということだ。**図表11**からわかるように、米国政府の気前の良さ（GNIに占める対外援助支出の割合）ランキングは非常に低く、イタリアをわずかに上回っているだけだ。GNIのわずか0・19%（1%

図表11　GNI（国民総所得）に占める割出で見た先進国のODA支出

（%）

国	2013年	2003年	1993年
ノルウェー	1.07	0.92	1.01
スエード	1.02	0.7	0.98
デンマーク	0.85	0.84	1.03
英国	0.72	0.34	0.31
オランダ	0.67	0.81	0.82
フィンランド	0.55	0.34	0.46
スイス	0.47	0.38	0.33
ベルギー	0.45	0.61	0.39
アイルランド	0.45	0.41	0.2
フランス	0.41	0.41	0.63
ドイツ	0.38	0.28	0.37
オーストラリア	0.34	0.25	0.35
オーストリア	0.28	0.2	0.3
カナダ	0.27	0.26	0.45
ニュージーランド	0.26	0.23	0.25
日本	0.23	0.2	0.26
米国	0.19	0.14	0.15
イタリア	0.16	0.16	0.31

出所：Organization for Co-operation and Development（原注32参照）

の5分の1以下!）しか対外援助を行っていないのだ。[32]

一般的には、米国は気前の良い国だと言われている。数十年にわたる世論調査によると、平均的な米国人は、政府が行っている対外援助の規模を、実際の20倍から50倍も大きいと錯覚していることがわかっている。[33] 同じ世論調査で、米国はどれくらいの対外援助をするべきかという質問に対しては、実際に行っている額の10倍の額を答える人が多い。[34]

そんな米国も、第二次世界大戦末期には、国を挙げて寛大さを発揮した。マーシャル・プラン（戦争で疲弊したヨーロッパを再建するために1947年に開始された復興支援プログラム）の最盛期には、GNI総額の2・79%を寄付した。[35] しかし、1960年には対外援助の数字はGNIの0・54%まで低下し、2003年にはわずか0・14%にまで落ち込んでいる。さいわい、ここ10年ほどは上昇に転じているが、ごくわずかであって、現在0・19%しか援助していない。豊かになればなるほど、他の国の人びととの分かちあいは少なくなっているのだ。

同じパターンは他の富裕国にも当てはまる。1970年以降、富裕国は対外援助をGNI全体の0・7%に増やすという目標に合意している（それ以来、合意の再確認を定期的に繰り返している）。[36] 合意前の1961年、富裕国はこの目標に近い水準にあった。総GNPの0・54%を対外援助に振り向けていたのだ。しかし、70年には0・33%、93年には0・29%、2003年には0・24%まで落ち込んでいる。13年には0・30%に上昇しているが、20年前に戻しただけのことだ。[37]

皮肉なことに、1965年から80年にかけて富裕国の経済は年率4・11%、80年から93年には2・69%、93年から2003年には2・59%、03年から12年には年率1・53%で成長している。[38] 公約を果たさなかっただけでなく、豊かになるにつれ、支援の比率を引き下げてきているのだ。

欧米諸国の対外援助と軍事費を比べると、さらに驚くべき事実が見えてくる。１９９１年、主要な援助供与国はＧＮＰの３・55％を軍事に費やしたが、経済的な対外援助にはＧＮＰの０・34％しか支出していない。[39] ２００３年の世界の軍事費は、開発途上国への援助の14倍であった。[40] 11年の世界の軍事関連支出は１兆８０００億ドルで、それは世界の最貧層の24億人の所得を合わせた額を超えている。[41] これが私たちが望む富の使い方なのだろうか？

ソ連崩壊後しばらくのあいだ、世界の軍事費は減少した。１９８７年から94年にかけて、世界の軍事費は推定年間３・６％の割合で減少した。この結果、先進国では８１００億ドル、開発途上国では１２５０億ドル、合計９３５０億ドルの「平和の配当」がもたらされた。[42] 悲しいかな、私たちは平和の配当を貧困層への対外援助の増額に充てようとはしなかった。

近年、特に同時多発テロが起こった２００１年９月11日以降、米国では軍事費が急増している。２０００年から11年のあいだにドルの絶対額で軍事費を２３６％増加［約３・４倍］させ、ＧＤＰ全体に占める割合で１５６％増加［約２・６倍］させている。[43] 国連平和維持活動（ＰＫＯ）の予算は、世界の軍事費の２日分にも満たない。[44]

過剰な富を正当化する理論

それを知っている裕福な少数者は、気兼ねなく富を楽しむために、さまざまな正当化を試みている。ここでは最も典型的なものを三つ紹介しよう。この三つを知っておけば今後の新種も見分けられるだろう。

世界が共倒れにならないため（救命ボート倫理）

生物学者ギャレット・ハーディンは、「救命ボート倫理」という概念を世に広めた。貧しい国に食料や財政の援助をするべきではない、という挑発的な記事は、広範な層を巻き込む論争に火をつけた。[45] ハーディンの論理はこうだ。豊かな国は救命ボートにすぎず、溺れかけている貧しい人びとの群に限りある資源を与えていたら、ボート上の人間の生存さえおぼつかなくなる。今日、ともに食べれば、明日、ともに飢える。貧しい国が慎みのない人口増大を「無責任にも」放任している以上、増える一方の人口を抑制できるのは飢餓だけである。貧しい人びとは、餓死でもしなければウサギのように増える一方だ。援助を増やすのは天罰の日を先送りにし、のちに飢餓で苦しむ人の数を増やすだけである。厳しいことだが、いま彼らの飢えには目をつぶり、教訓を学ばせるのは倫理的に正しいことである。

以上がハーディンの論理だが、これには致命的な欠陥がある。貧困層の境遇が改善されれば、貧困国は人口増加をかなり速いテンポで引き下げることができるし、実際に引き下げているのに、その事実を無視している。貧しい人びとに食料が安定供給され、比較的安価なヘルスケアと適切な教育機会が与えられれば、人口増加は速やかに低下する傾向がある。

環境問題の専門家であるレスター・ブラウンは次のように指摘している。

1人当たり所得が比較的低いにもかかわらず、はっきり出生率を低下させている貧しい国が増えている。……さまざまな面で異なる社会を調査した結果、出生率の低下している国には共通点があることが判明した。それは人口のかなりの部分に、教育、雇用、農業資金貸付制度など、近代的な

社会的・経済的サービスが行きわたっているということである。……貧困層を含む全国民の暮らしを改善する諸施策が、人口増加のペースを引き下げる上で最大の効果を発揮するということが、次第に明らかになっている。[46]

経済学者アマルティア・センも、１９９４年に発表した人口に関する論考の中で同じ指摘をしている。[47]人口増加を抑制するためには、女性の教育が特に重要だ。世界の食料問題に取り組むブレッド・フォー・ザ・ワールドは、「教育、特に少女の教育は、低出生率と強い相関関係がある。……バングラデシュでは、女子生徒の就学率を高めるために考案された給食プログラムの結果、６年間で出生率が25％低下した」と報告している。[48]教育は、女性の結婚と最初の出産の時期を遅らせる効果がある。また、教育によって、子どもを産むことを夫の決定にゆだねるのではなく、女性が自信を持って意思決定できるようになる。

正しい種類の援助、特に最貧困層のエンパワーメントと女性の教育を重視する援助には、人口増大に歯止めをかける大きな効果がある。[49]ハーディンの理論は、理に適った行動をとれば事態は劇的に改善するにもかかわらず、何もしないで放置することを勧めているのである。

ハーディンの議論にはもっと驚かされる欠陥がある。現在でも公平に分配されれば世界人口を養うのに十分な食料があるのに、その事実を無視しているのである。[50]裕福な人びとの船は、ぎりぎりの装備で海に漂う救命ボートではなく、ふんだんに食料を積み込んだ豪華客船なのである。

裕福な人びとに伝道するため

２番目の正当化は敬虔な装いで現われる。クリスチャンの中には、裕福な人びとに伝道するためには自分も裕福に暮らす必要があると考える人がいる。おそろしく単純な正当化である。
クリスタル大聖堂《カテドラル》の名で知られるガーデングローブ・コミュニティ教会（米国カリフォルニア州）には、何百万ドルもかけた豪華な設備がある。たとえば説教者がボタンを押すと、噴水が噴き上がったりする。同教会の牧師ロバート・シュラーは、その贅沢な施設について次のように述べている。

> フリーウェイを走り去る非宗教的で裕福な米国人に、この聖堂は壮大で美しい印象を与えています。クリスチャンに感銘を与えたいわけではありません。……福祉担当部門のソーシャルワーカーにアピールしたいのでもない。彼らに問えば、教会はドライブイン・シアターを使った青空礼拝《れいはい》で満足すべきで、余分なお金は貧しい人に施すべきだ、と答えることでしょう。
> しかし、そうしていたら、どうなっていたでしょう。お腹を空かせた貧しい人びとの数は変わらず、それなのに、神の働きのための拠点も存在していないことでしょう。この聖堂を建てたからこそ、私たちは霊的感化によって人を新しくし、成功してもっと裕福になり、寛大になり、利己心を捨てて多くを献げる人を育てるという働きのための拠点を持つことができたのです。[51]

美しい教会を建設することが適切な場合もあるかもしれない。しかし、1日1ドルで暮らす10億の人がいることを知りながら、私たちはあといくつガラスの大聖堂を建てれば気がすむのだろう。

貧しい人びとに富を滴り落とすため（トリクルダウン理論）

数年前、ある裕福な友人との会話がはずんだのだが、そこで第三の合理化が広まっていることを知った。ビジネスの世界で成功している彼は、貧しい人びとのために自分ができる最善のことは、もっと多くのお金を使って個人消費を伸ばすことだと主張した。自分が高級車を買えば経済が活性化し、貧しい人びとの雇用が増えるだろう、と彼は主張した。

これには半分の真実があるが、危険な考えだ。確かに、彼の消費がもたらす経済成長の利益のいくらかは――少なくともある程度は――貧困層にまで滴り落ちる《トリクルダウン》のかもしれない。しかし、私は友人にこう答えた。ジャガーを買うのを止め、浮いた10万ドルを、貧困層をエンパワーするための経済開発プログラムに寄付すれば、それはジャガーと同程度に経済の活性化につながるし、貧困層はどこかでジャガーが売れるよりはるかに早く、はるかに大きい恩恵を受けることができるはずだと（第９章参照）。だが友人は、ジャガーを買っても同じ効果があると主張して譲らなかった。

何が正当な理由で、何が苦しい言い逃れだろう。単純化された律法主義は排さねばならない。確かに、クリスチャンは貧しい市街地に住むだけでなく、郊外の瀟洒《しょうしゃ》な住宅地にも住んでいるべきである。しかし、富む人びとに福音を伝えるという理由で裕福なライフスタイルを擁護する人は、次のことを自らに厳しく問うべきだろう。

- この裕福さのうち、豊かな隣人に神の愛を伝えるのに直接役立っているのはどこまでだろう？
- 裕福な隣人にも福音を伝えつつ、貧しい人びとのために放棄できる富はないか？
- 貧しい者に食べさせなかった者は永遠の罰を受ける（マタイ25・45－46）と教えたキリストのことを胸を張って伝えるために、どこまで捨てるべきだろうか？

これからも、浪費的生活を正当化する議論は次々と登場するだろう。俗耳《ぞくじ》に入りやすく、説得力のあるものも登場するだろう。イエスも「はっきり言っておく。金持ちが天の国に入るのは難しい」（マタイ19・33）と言っている。しかし、神の言葉に聞き従うなら、神の力によって私たちにできないことはない。裕福な国に住む私たちが、聖書の教えに従って10億の貧しいラザロに関わっていくことができれば、世界の未来はもっと希望に満ちたものになり、私たちの生活も喜びと達成感で満たされるだろう。私たちは、惜しみなく与える生き方ができるだろうか。

理解を深めるための質問

①富む国と貧しい国の格差について、この章を読んで何か新しい発見があったか。
②経済と生活の格差を測るのに適した指標には何があるか。
③広告は貧困の問題にどのような影響をもたらしているか。神学的見地から、広告にはどのような問題があるか。
④貧困の解消と過剰な人口の抑制のあいだには、どのような関係があるか。
⑤豊かさを合理化する考えには、どのようなものがあるか。最も説得力を感じるのはどれか。
⑥生きる喜びや自己実現について、この章から何を学んだか。

第2部

A Biblical Perspective on the Poor and Possessions

聖書は経済について何を教えているか

「あらゆる観点から福音を述べ伝えたとしても、いまの時代が抱える問題を避けて通るなら、まったく福音を語っていないに等しい」とマルティン・ルターは語った。[1]

貧しい国に対する米国人の同情心に影響を与えている要因を社会学者が調べたところ、キリスト教はもはや特別な影響をおよぼしていないことが判明した。宗教に無関心な人と比べて、クリスチャンのほうが貧しい人びとの状況や支援活動に強い関心を持っているという事実は確認できなかったのである。[2]

いま十数億もの貧しい隣人が苦しい暮らしを強いられている。それは間違いなく、ルターの言う「いまの時代が抱える問題」だ。ところが、富む国のクリスチャンの多くは、貧しい人びとを助けようとする神の意思に従って生きていない。

この間違いがいつまでも続くとは思いたくない。富む国の中にも、この世の何よりもイエスを大切にするクリスチャンがいるはずだ。神がそれを求めていると確信すれば、リスクを引き受け、犠牲をいとわず、世の富を捨てるクリスチャンは多くいるにちがいない。第2部「聖書は経済について何を教えているか」が本書の中で最も重要なのは、そのためである。

第2部には聖書の言葉が多く引用されている。それでも、富と貧困について聖書が語っていることのすべてと比べれば、ほんの一部でしかない。[3]

第3章　神と貧しい人びと

弱者を憐れむ人は主に貸す人。その行いは必ず報いられる。
（箴言19・17）

わたしは主が苦しむ者の訴えをたすけ、貧しい者のために正しいさばきを行われることを知っています。
（詩篇140・12）

神は貧しい者をえこひいきするのか

神は貧しい者をえこひいきするのだろうか？　裕福な者に対するのとは違う、特別な寄り添い方をするのだろうか？　そう考える神学者もいる。[1]

だが、問いの意味を明確にしておかなければ、正しい答えを出すことはできない。この問いは、神は金持ちより貧しい人の救いを望んでいるという問いだろうか。あるいは、神と神の民は、不道徳な人びととはあまりにも違う方法で貧しい人や抑圧されている人を扱うので、特別に気づかっているように見えるということだろうか。そもそも、聖書が言う「貧しい者」とはだれのことなのか。

「貧しい者」を意味するヘブライ語［旧約聖書はヘブライ語で書かれている］は、*ani*（アニ）、*anaw*（アナウ）、*ebyon*（エビョン）、*dal*

（ダル）、そして *ras*（ラス）である。*ani* と元はほぼ同じ意味の *anaw* は「不当な理由で貧困に陥った者、剥奪された者」を意味する。[2] *ebyon* は施しを懇願する物乞いを指す言葉だ。*dal* は、たとえば、虐《しいた》げられたせいで痩《や》せおとろえた農民のような存在を連想させる言葉だ。[3] *ras* はそれらとは違い、本質的には中立的な言葉だ。預言者たちは、貧しい人への抑圧に対して執拗に抗議したが、その中で *ebyon*、*ani*、*dal* を使った。

新約聖書で貧しい人を表すおもな言葉は、*ani* と *dal* に当たるギリシャ語〔新約聖書はギリシャ語で書かれている〕の *ptochos*（プトコス）[4]で、たとえば物乞いのような、他者の助けがなければ生きていけない極貧の人びとを指している。このように、聖書で「貧しい者」と言えば、たいてい災害やなんらかの抑圧によって生じた経済的困窮と関係がある。

聖書はまた、本人が怠惰でだらしないために貧しくなる人がいることも指摘している（たとえば箴言6・6－11、19・15、20・13、21・25、24・30－34）。もちろん、神の国のために自発的に貧しさを選ぶ生き方についても語っている。

だが、なんと言っても、聖書が「貧しい人びと」というときの最も一般的な意味は、災難や搾取によって経済的に困窮している人びとに関連するものである。[5] 本章が論じる「貧しい人びと」も、そのような人びとのことだ。

神は貧しい人びとをえこひいきするのか、という冒頭の問いに正しく答えるために、関連する次の五つの質問について聖書が何と言っているかを調べることにしよう。

①神が歴史の重要な転換点で自らを現されたとき（特に出《しゅつ》エジプト、イスラエルとユダの滅亡、そしてキリ

ストの受肉のとき）、貧しい人びとに対してどのような配慮を示したか。
②神はどのような意味で、ご自身を貧しい人びとと重ね合わせたのか。
③神が貧しい者や虐げられている者を通して働いたという事実には、どんな意味と重要性があるか。
④神は富む者を滅ぼし貧しい者を高くする、という聖書の教えには、どういう意味があるのか。
⑤神は神に従う者に対し、貧しい人びとに特別の配慮をすることを命じているか。

歴史の転換点に現れた神

聖書は、私たちが見落としがちな基本的な教えを繰り返し語っている。その一つが、神が大いなる業《わざ》を通してご自身の性質と意思を明らかにした歴史的瞬間は、神が貧しく抑圧された人びとを解放するために介入した瞬間だったということだ。

出エジプト

神は「出エジプト」［モーセが奴隷となっていたユダヤ人を率いてエジプトから脱出した出来事］という歴史的事件において大いなる力をふるったが、それは虐げられた奴隷を解放するためでもあった。燃える柴の中からモーセを呼んだとき、神は民の苦悩と民を苦しめている不正を終わらせることも意図していた。「わたしは、エジプトにいるわたしの民の苦しみをつぶさに見、追い使う者のゆえに叫ぶ彼らの叫び声を聞き、その痛みを知った。それゆえ、わたしは降《くだ》って行き、エジプト人の手から彼らを救い出す」（出エジプト記３・７―８）。

このテキストは、出エジプトという大きな出来事の記録の中で、他と切り離されて存在する視点を反映したものではない。イスラエルの民は毎年、収穫祭の儀式の中で、かつて貧しく抑圧されていた国を解放するために神が何をなされたかを思い起こすために、次のような告白を繰り返している。

わたしの先祖は、滅びゆく一アラム人であり、わずかな人を伴ってエジプトに下り、そこに寄留しました。しかしそこで、強くて数の多い、大いなる国民になりました。エジプト人はこのわたしたちを虐げ、苦しめ、重労働を課しました。わたしたちが先祖の神、主《しゅ》に助けを求めると、主はわたしたちの声を聞き、わたしたちの受けた苦しみと労苦と虐げを御覧になり、力ある御手《みて》と御腕《みうで》を伸ばし、大いなる恐るべきこととしるしと奇跡をもってわたしたちをエジプトから導き出し……

（申命記26・5－8）

聖書の神は、だれかがほかの人を奴隷にし、抑圧することを見過ごすことができない。出エジプトにおいて神は、経済的な抑圧を終わらせ、奴隷に自由をもたらすために行動した。もちろん、奴隷を解放することだけが出エジプトの唯一の目的ではなかった。アブラハム、イサク、ヤコブとの契約のためでもあり、特別な民を創造してご自身を啓示するためでもあった。[6] 両方が神の行動の根底にあったが、貧しく抑圧された人びとの解放も神の計画の中心にあったのである。次の一節は、出エジプトにおける神の多面的な目的を明らかにしている。

わたしはまた、エジプト人の奴隷となっているイスラエルの人びとのうめき声を聞き、わたしの契約（アブラハム、イサク、ヤコブとの契約）を思い起こした。それゆえ、イスラエルの人びとに言い

> なさい。わたしは主である。わたしはエジプトの重労働の下からあなたたちを導き出し、奴隷の身分から救い出す。腕を伸ばし、大いなる審判によってあなたたちを贖《あがな》う。そして、わたしはあなたたちをわたしの民とし、わたしはあなたたちの神となる。あなたたちはこうして、わたしがあなたたちの神、主であり、あなたたちをエジプトの重労働の下から導き出すことを知る。
> （出エジプト記６・５－７、カッコ内は著者による補足）

ヤハウェ［ヘブライ語の四つの子音文字で構成された神の名］は民に、民を奴隷の抑圧から解放した存在として記憶に刻んでほしかったのである。

十戒［出エジプトの際にモーセが神から授かった10の戒律］の前文は、おそらくイスラエルにとって律法全体の中で最も重要な部分だと考えられるが、それもやはり革命的な真理への言及から始まっている。律法を刻んだ２枚の石版をモーセに与える前に、ヤハウェは自分自身をこのような言葉で示している。

> わたしは主、あなたの神、あなたをエジプトの国、奴隷の家から導き出した神である。
> （申命記５・６、出エジプト記20・２）

ヤハウェは束縛の縄目を解いてくれる方だ。聖書の神は、虐げられた者の解放者として知られることを望んでおられる。

出エジプトは、選ばれた国民の創造という点で決定的な出来事だった。このとき宇宙の主が貧しい民を抑圧から救い出し、解放するために働かれていたことを見落とすなら、この出来事の聖書的解釈を歪《ゆが》めることになる。

エルサレム崩壊とバビロン捕囚

エジプトから逃れ、約束の地に定住して間もなく、イスラエルの民はヤハウェの正義への情熱は自分たちにとって両刃の剣であることを知った。エジプトに抑圧されていたとき、神の正義は自由をもたらしてくれた。しかし、自分たちが抑圧する側に回ったとき、それは国家の滅亡をもたらした。イスラエルをエジプトから救い出して契約を結んだとき、神は彼らが平和と正義の下で共に生きることができるように、律法を与えた。しかし、イスラエルは契約の律法に従うことに失敗した。それで神はイスラエルを滅ぼし、彼らを再び捕囚の民とした。なぜ、そんなことをしたのか？

預言者たちは、神はイスラエルが貧しい人びとを正しく扱わなかったから破壊したのだと糾弾していた。選ばれた民が捕囚の民となったのは、偶像崇拝も大きな理由だが、私たちはあまりにもしばしば、「霊的」な罪にだけ意識を向け、経済的搾取も大きな理由であったという驚くべき聖書の教えを見落としてしまっている。

紀元前8世紀の半ば、イスラエルはソロモン王の時代以来の政治的成功と経済的繁栄の時代を迎えていた。[7] しかし、神が預言者アモスを遣わし、北イスラエル王国が破壊されるという不穏なメッセージを伝えたのは、まさにそんなときだった。

アモスは大いなる繁栄と経済成長の陰で、貧しい人びとが抑圧されているさまを目の当たりにした。金持ちが「弱い者の頭を地の塵《ちり》に踏みつけ、悩む者の道を曲げている」（アモス書2・7）のを見た。金持ちの生活が貧しい人びとの抑圧の上に成り立っているのを見た（同6・1－7）。法廷でさえ、金持ちが裁判官に賄賂《わいろ》を贈っていて、貧しい人には希望がなかった（同5・10－15）。

考古学者たちは、アモスが描いた富と貧困の衝撃的格差を裏づける発見をした。[8] カナン定住の初期のころ、土地は家族や部族のあいだでおおむね平等に分配されていた。実際、紀元前10世紀後半まで、イスラエルの人びとの家はすべてほぼ同じ大きさであったことが考古学的発見によってわかっている。しかし、それから2世紀経過したアモスの時代には、すべてが様変わりしていた。大きく立派な家々が地域の一角に発見された一方で、それ以外の場所ではみすぼらしい家々が密集していた。[9] アモスが金持ちに警告したのも不思議ではない。「お前たちは弱い者を踏みつけ、彼らから穀物の貢納《こうのう》を取り立てるゆえ、切り石の家を建ててもそこに住むことはできない」（同5・11）

神はアモスを通して、北王国は滅ぼされ、民は捕囚の民となると告げた（同7・11、17）。「お前たちは象牙の寝台に横たわり、長いすに寝そべり、羊の群れから小羊を取り、牛舎から子牛を取って宴《うたげ》を開き……それゆえ、今や彼らは捕囚の列の先頭を行き、寝そべって酒宴を楽しむことはなくなる」（同6・4－7）。

それをアモスが告げた数年後、神が言った通りのことが起こった。アッシリア人が北王国を征服し、何千もの人びとを捕虜にしたのだ。神は貧しい人びとを虐げた北王国を滅ぼし、王国が再興されることはなかった。

出エジプトの場合と同様、神の怒りのもう一つの重要な要因を無視することはできない。偶像崇拝もまた、民族滅亡の中心的な原因だった。ヤハウェから離れて偶像崇拝に走ったために北王国は滅びた（ホセア書8・1－6、9・1－3）。[10] つまり、預言者によれば、北王国が滅びたのは、偶像崇拝と貧しい人びとを経済的に搾取したことの両方が原因だったということだ。

神は南王国ユダにも別の預言者を派遣して同じ運命を告げた。イザヤは、貧しい人びとを虐待したために、遠くから来る敵がユダを滅ぼすだろうと警告した。

災いだ、偽りの判決を下す者、労苦を負わせる宣告文を記す者は。彼らは弱い者の訴えを退け、わたしの民の貧しい者から権利を奪い、やもめ［夫と死別または離別した独身女性］を餌食とし、みなし子を略奪する。刑罰の日に向かって、襲って来る嵐に対して、お前たちはどうするつもりか。だれに助けを求めて逃れるつもりか。どこにお前たちは栄光を託そうとするのか。（イザヤ書10・1－3）

ミカは次のようなユダの人びとを糾弾した。「彼らは貪欲《どんよく》に畑を奪い、家々を取り上げる。住人から家を、人びとから嗣業《しぎょう》を強奪する」（ミカ書2・2）。その結果、エルサレムはいつか「瓦礫《がれき》の山となる」（同3・12）と警告した。

幸い、ユダの人びとは預言者の言葉に心を開いたので、国家は一時的に長らえることができた。だが貧しい人びとへの抑圧は続いた。イザヤの百年後、預言者エレミヤが再び民の前に立ち、貧しい人びとから搾取して富を築く富裕層を非難した。

わが民の中には逆らう者がいる。網《あみ》を張り、鳥を捕る者のように潜んでうかがい、罠《わな》を仕掛け、人を捕らえる。籠《かご》を鳥で満たすように、彼らは欺《あざむ》き取った物で家を満たす。こうして彼らは強大になり富を蓄える。彼らは太って色つやもよく、その悪事には限りがない。みなし子の訴えを取り上げず、助けもせず、貧しい者を正しく裁くこともしない。これらのことをわたしが罰せずにいられようか、と主は言われる。このような民に対し、わたしは必ずその悪に報いる。
（エレミヤ書５・26－29）

その段階に至っても、エレミヤは人びとに、不正と偶像崇拝をやめるなら希望はあると伝えた。

この所で、お前たちの道と行いを正し、お互いのあいだに正義を行い、寄留の外国人、孤児、寡婦《かふ》［夫と死別または離別した独身女性］を虐げず、無実の人の血を流さず、異教の神々に従うことなく、自ら災いを招いてはならない。そうすれば、わたしはお前たちを先祖に与えたこの地、この所に、とこしえからとこしえまで住まわせる。
（エレミヤ書７・５－７）

しかし、彼らは貧しく寄る辺なき人びとを圧迫し続けた（エレミヤ書34・３－17）。その結果、エレミヤは、神がバビロンによってユダを滅ぼすと警告した。紀元前５８７年にエルサレムは陥落し、民のバビロン捕囚が始まった。

北のイスラエル王国と南のユダ王国の滅亡は単なる罰ではなかった。神はアッシリア人とバビロン人を使って、抑圧と不正に手を染めていたご自身の民を粛正したのだ。イザヤは驚くべき言葉で、神がどのように敵や仇（神に選ばれたイスラエルの民のことだ！）を攻撃して罪を取り除き、正義を回復されるかを示した。

どうして遊女になってしまったのか、忠実であった町が。そこには公平が満ち、正義が宿っていたのに、今では人殺しばかりだ。お前の銀は金滓《かなかす》となり、良いぶどう酒は水で薄められている。支配者らは無慈悲で、盗人《ぬすびと》の仲間となり、みな賄賂を喜び、贈り物を強要する。孤児の権利は守られず、訴えは取り上げられない。それゆえ、主なる万軍の神、イスラエルの力ある方は言われる。「災いだ、わたしは逆らう者を必ず罰し、敵対する者に報復する。わたしは手を翻《ひるがえ》し、灰汁《あく》をもってお前の滓を溶かし、不純なものをことごとく取り去る。また、裁きを行う者を初めのときのように、参議を最初のときのようにする。その後《のち》に、お前は正義の都、忠実な町と呼ばれるであろう。

（イザヤ書1・21－26）

国家の破壊と捕囚という大惨事は、出エジプトの神が貧しい人びとへの抑圧を正すために今もなお働いていることを示している。

イエス・キリストの受肉《じゅにく》

クリスチャンは、神がナザレのイエスにおいてご自身を最も完全に現されたと信じている。だとすれば、この世界での神の業を理解するためには、イエスが何をご自身の使命と考えていたかを理解することが重要になる。

公生涯［宣教開始から十字架につけられるまでの約3年半］の初期のころ、イエスが会堂《シナゴーグ》で語る言葉を聞いて、貧しい人たちは希望に胸を躍らせたことだろう。イエスは預言者イザヤの言葉を朗読した。

――主の霊がわたしの上におられる。貧しい人に福音［神の国の到来や罪の赦しについての良き知らせ］を告げ知らせるために、主がわたしに油を注がれたからである。主がわたしを遣わされたのは、捕らわれている人に解放を、目の見えない人に視力の回復を告げ、圧迫されている人を自由にし、主の恵みの年を告げるためである。（ルカ４・18－19）

読み終えると、イエスはこの言葉が自分自身によって成就されたことを聴衆に知らせた。つまり、抑圧されている人を解放し、盲人を癒すことは、受肉［神がイエスという人間となって歴史に現れたこと］した神の使命だということだ。（もちろん、福音を宣べ伝えることも同様に重要な使命だが、本書はその議論には立ち入らない。[11]）イエスの福音を受け取るべき人として、唯一個別に言及されている集団が、貧しい人びとなのだ。もちろん福音はすべての人のためのものだが、イエスは特に貧しい人びとに、福音は自分たちのためにあると知ってほしかったのだ。

イエスのこの言葉を霊的《スピリチュアル》な意味に限定して、そこに込められた明確な意味を避けようとする人もいる。確かに、聖書の別の箇所には、イエスは私たちの心の目を開き、私たちの罪のために死に、罪の抑圧から解放するために来たと書かれている。しかし、ここでの意味はそういう霊的なことではない。捕らわれている者を解放し、圧迫されている者を自由にするというのは、旧約聖書に記されている預言者イザヤの言葉だ。これが語られたそもそもの状況では、身体的抑圧と虜囚を指していることに疑問の余地はない。ルカの福音書７章18－23節にも、右に引用した同書４章18－19節と似た人びとへの言及があるが、そこではイエスが物質的・身体的問題について語っていることがさらに明らかだ。[12]

イエスの実際の働きも、ルカ４章の言葉と正確に一致している。イエスはかなりの時間を、当時差別されていたハンセン病患者、蔑視されていた女性、その他の疎外された人びとのために使った。病人や盲人を癒し、飢えた人びとに食べ物を与えた。自分に従ってくる者たちに対しては、空腹の者に食べさせず、裸の者に服を着せず、囚人を訪問しないなら永遠の懲罰を受けることになると、これ以上ないような強い言葉で警告を発した（マタイ25・31―46）。

神が人間の体をとって現れた至高の瞬間において、イスラエルの神は昔と同様、貧しい者や抑圧されている者を解放しようとし、ご自身の民にも同じようにすることを奨励した。これこそが、クリスチャンが貧しい人びとに関心を寄せるべき最大の理由である。

貧しい者、弱い者、虐げられている者への神の配慮が明らかに示されているのは、出エジプト、捕囚、受肉のときだけではない。それを示す聖書の箇所はほかにもたくさんある。詩篇にある二つの描写は、その典型例だ。

詩篇10篇は絶望から始まる。邪悪な者が貧しい者を虐げて繁栄を楽しんでいるあいだ、神は遠くに隠れているようだ（10・2、9）。だが最後に希望がある。

あなたは必ずご覧になって、御手に労苦と悩みをゆだねる人を顧みてくださいます。不運な人はあなたにすべてをおまかせします。あなたはみなし子をお助けになります。……主よ、あなたは貧しい人に耳を傾け、その願いを聞き、彼らの心を確かにし、みなし子と虐げられている人のために裁きをしてくださいます。この地に住む人は再び脅かされることがないでしょう。

（詩篇10・14、17―18）

詩篇134篇は、貧しい人びとの世話をすることが神の性質の中心にあることを告げている。ここで詩篇

の作者はヤコブの神を絶賛しているが、それは神が宇宙の創造者であると同時に、虐げられている者の擁護者でもあるからだ。

主をほめたたえよ。わが魂よ、主をほめたたえよ。……ヤコブの神をおのが助けとし、その望みをおのが神、主におく人は幸いである。主は天と地と、海と、その中にあるあらゆるものを造り、とこしえに真実を守り、虐げられる者のために裁きを行い、飢えた者に食物を与えられる。主は捕われ人を解き放たれる。主は盲人の目を開かれる。主はかがむ者を立たせられる。主は正しい者を愛される。主は寄留の他国人を守り、みなし子と、やもめとを支えられる。しかし、悪しき者の道を滅びに至らせられる。（詩篇146篇１、５－９）

聖書によれば、弱者、異国の者、抑圧されている者を守ることは、宇宙を創造したことと同じくらい神の本質を表している。ヤハウェはヤハウェであるがゆえに、虐げられた者を高く引き上げてくださるのだ。[13] キリスト者が飢えた者や虐げられている者に寄り添うことの根底には、神が特に彼らに寄り添われるという事実がある。

弱く貧しい者とご自身を重ねあわせる神

宇宙の主権者たる神は、歴史の中で貧しい人びとの解放のために行動するだけでなく、人間には部分的にしか理解できない不思議な方法で、ご自身を弱く貧しい人びとと重ねあわせる。

この素晴らしい真理が箴言の2箇所に記されている。一つは否定的な表現で記されている。「弱者を虐げる者は造り主《ぬし》を嘲《あざけ》る」（箴言14・31）。肯定的な表現のほうはさらに心に迫るものがある。「弱者を憐れむ人は主《しゅ》に貸す人」（同19・17）。貧しい人を助けることは万物の創造主に貸し与え、助けることに等しいとは、なんと不思議なことだろう。

受肉によって、私たちは神がご自身を弱い者、虐げられている者、貧しい者と重ねあわせていることの本当の意味を理解することができる。パウロは主イエスについて、「主は豊かであったのに、あなたがたのために貧しくなられた」（IIコリント8・9）と言っている。

イエスはローマ帝国に支配された、小さな取るに足らない地域で生まれた。生まれたばかりの彼を最初に訪ねたのは、当時のユダヤ人社会では盗人とみなされていた羊飼いであった。

彼の両親は貧しく、清めの儀式のための供え物として必要な子羊を献げることができず、2羽の鳩を神殿に持参した（ルカ2・24。レビ記12・6－8参照）。イエスは難民だった（マタイ2・13－15）。

ユダヤのラビは人に教えても報酬を受け取らなかったので、イエスは宣教を行った公生涯のあいだ、定期的な収入がなかった[14]（ユダヤ教では学者は貧しい社会階層に属していた）。住む家もなかった。イエスは、どこまでもイエスに従うと誓う熱心な信奉者に、「狐には穴があり、空の鳥には巣がある。だが、人の子には枕する所もない」（マタイ8・20）と警告を発した。生活を支えるものをほとんど何も持たさずに弟子たちを送り出した（ルカ9・3、10・4）。

神は裕福な貴族階級の人として受肉したわけではないが、イエスの家族が最も貧しい階層に属していたわけではなかったのも事実だ。鳩をいけにえに献げたことからもうかがえるように、イエスが生まれたときヨセフとマリアはかなり貧しかったに違いない。そして、難民としてエジプトに逃れた彼らは、おそらくほとんど何も持っていなかっただろう。だがその後、イエスは人生の多くをナザレの大工の家庭で過ごした。当時、ガリラヤの大工はそれなりの収入を得ていたので、イエスが貧困家庭で育ったと考えることはできない[15]。

しかしイエスは、重要な点で自分自身を貧しい人びとと重ねあわせていた。彼は、貧しい人びとに教えることは、自分がメシアであることの証拠だと主張した。バプテスマのヨハネがイエスのもとに使者を遣わして、イエスが当時の人びとが待望していたメシアどうかをたずねたとき、イエスは直接には答えず、病人を癒し、貧しい人びとに教えたという行為だけを伝えている（マタイ11・2－6）。

イエスは金持ちにも教えを説いたが、自分はメシアであるという主張を確かなものとし、人びとに認めさせたのは、貧しい人びとに対する特別な思いだったことがわかる。貧しい人びとや不利な立場にある人びとの中に積極的に入っていったイエスの姿勢は、当時の人びとの一般的な態度とは対照的だ。ヨハネへの伝言を「わたしにつまずかない人は幸いである」（マタイ11・6）という言葉で締めくくっているのも、それが理由だったのだろう。

イエスが自身を貧しい人びとと重ねあわせていたことを最も明確に述べているのはマタイ25章だ。

あなたがたは、わたしが空腹のときに食べさせ、渇いていたときに飲ませ、旅人であったときに宿を貸し、裸であったときに着せ、病気のときに見舞い、獄にいたときに訪ねてくれた。……あなたがたによく言っておく。わたしの兄弟であるこれらの最も小さい者の一人にしたのは、すなわち、わたしにしたのである。

（マタイ25・35－36、40）

万物の創造主に食べさせ、服を着せるとはどういうことなのか、私たちは知ることができない。私たちにできるのは、貧しい人びとや抑圧されている人びとを新たな目で見、その傷を癒し、抑圧を終わらせる手助けをする決意をすることだけだ。

マタイ25章40節が不思議な真理を語っているとすれば、それと平行する箇所には恐ろしい記述がある。

――あなたがたによく言っておく。これらの最も小さい者の一人にしなかったのは、すなわち、わたしにしなかったのである。（マタイ25・45）

毎年何百万人もの人びとが餓死する世界で、一部の裕福なクリスチャンがますます豊かになっているという事実は、何を意味しているのだろう。

宇宙の主が飢えて道端に横たわっているのを見ながら、道の反対を通り過ぎるとはどういうことなのか？　そのことの意味は私たちにはわからない。私たちにできるのは、畏《おそ》れおののきつつ、もう二度とイエスを殺さないと誓うことだけである。

貧しい民に特別な使命を与えた神

神が特別な民を選ぶとき、エジプトで貧しい奴隷状態にあった民を選んだ。神が最初期の教会［キリスト教が公認される4世紀初めまでの教会。初代教会とも］を召した時、メンバーの多くは貧しい人だった。神は受肉のとき、私たちのために、貧しい者となることを選んだ（IIコリント8・9）。これらは個々別々の出来事だったのか？　それとも、つながりがあって重要なパターンを構成するものなのだろうか？

神は豊かで強大な国を選ぶこともできたが、貧しく抑圧された奴隷の民を選んで、すべての人びとに啓示と救済をもたらす特別な器《うつわ》［任務を与えられた人］としたのだ（士師記《ししき》6・15－16、7・2のギデオンのストーリーを参照）。

最初期の教会に集った人の多くは貧しい人びとだった。マルティン・ヘンゲルは、古代キリスト教の社会史を論じた著書で、初期の異邦人クリスチャン［ユダヤ人ではないクリスチャン］の共同体では「ほとんどの人が貧しかった」と指摘している。[16] 使徒パウロは、神がどのような人びとを教会に召したかを驚きをもって語っている。

兄弟たち、あなたがたが召されたときのことを、思い起こしてみなさい。人間的に見て知恵のある者が多かったわけではなく、能力のある者や、家柄のよい者が多かったわけでもありません。ところが、神は知恵ある者に恥をかかせるため、世《よ》の無学な者を選び、力ある者に恥をかかせるため、世の無力な者を選ばれました。また、神は地位のある者を無力な者とするため、世の無に等しい者、身分の卑しい者や見下げられている者を選ばれたのです。それは、だれ一人、神の前で誇ることがないようにするためです。

（Ｉコリント1・26－29）

ヤコブの手紙にも同様の記述がある。

わたしの兄弟たち、栄光に満ちた、わたしたちの主イエス・キリストを信じながら、人を分け隔《へだ》て

してはなりません。あなたがたの集まりに、金の指輪をはめた立派な身なりの人が入って来、また、汚らしい服装の貧しい人も入って来るとします。その立派な身なりの人に特別に目を留めて、「あなたは、こちらの席にお掛けください」と言い、貧しい人には、「あなたは、そこに立っているか、わたしの足もとに座るかしていなさい」と言うなら、あなたがたは、自分たちの中で差別をし、誤った考えに基づいて判断を下したことになるのではありませんか。

わたしの愛する兄弟たち、よく聞きなさい。神は世の貧しい人たちをあえて選んで、信仰に富ませ、ご自身を愛する者に約束された国を、受け継ぐ者となさったではありませんか。だが、あなたがたは、貧しい人を辱めた。富んでいる者たちこそ、あなたがたをひどい目に遭わせ、裁判所へ引っ張って行くではありませんか。また彼らこそ、あなたがたに与えられたあの尊い名を、冒瀆《ぼうとく》しているではないですか。

（ヤコブ2・1―7。傍点による強調は著者）

強調した箇所は、エルサレムの教会がとうてい豊かとは言えない状態であったことを示している。しかし、この引用箇所全体は、教会がしばしば神の道から離れ、この世の道を選んでしまうことを示している。出エジプトのときも、最初期の教会の形成のときも、神は貧しい人びとを特別な器として選んだのである。

もっとも、そのことを誇張しすぎるのも正しくない。アブラハムは裕福だったようだし、モーセは40年間、エジプトの王《ファラオ》の宮廷に住んだ。最初期の教会のクリスチャンのすべてが貧しかったわけでもない。パウロとルカは教育を受けていたし、それなりの暮らしをしていた。神は貧しく抑圧された人びとだけを通して働く方ではない。

だとしても、神と私たち人間では、ものごとの進め方が明らかに異なる。私たちは何か事を成そうとするとき、ほとんどの場合、影響力や名声、権力を持つ人びとに近づこうとする。だが、神は世界を救おうとするとき、しばしば奴隷や売春婦、その他の恵まれない人びとを選んだ。神は私たちには見えない可能性を見ているのだ。

事を成し遂げたとき、貧しい人や弱い人は、自分がその功績に値すると誇ることは少ない。神が社会の底辺にいる人びとを選び、救いを伝える特別な使者とした事実は、神が彼らに特別な関心を寄せておられることの明確な証拠だ。

繰り返すが、受肉という重要な出来事において、神は、最高権力を有するローマ皇帝として歴史に登場することもできた。あるいは、聖都エルサレムの大法院《サンヘドリン》で影響力のあるサドカイ派の一人として現れることもできた。だがそうはせず、ナザレの小さな町——旧約聖書にも1世紀のユダヤ人歴史家ヨセフスの著作にも出てこないほど取るに足らない場所——で大工の子として生まれた。[17] それが私たちを救うために神が選んだ方法だったのである。

富む者を引きずりおろす神

イエスが語った金持ちとラザロのたとえ話は、本章冒頭で挙げた問いの4番目——神は富める者を滅ぼし、貧しい者を高くするということの意味——について教えている。実際、神は歴史の中で、裕福で力のある人びとを引きずりおろそうとして働くことがある。それは言い過ぎだろうか？　聖書を開いてみよう。

マリアの賛歌は、そのことを簡潔かつ率直に表現している。「わたしの魂は主をあがめます。……主は権力ある者をその座から引き降ろし、身分の低い者を高く上げ、飢えた人を良い物で満たし、富める者を空腹のまま追い返されます」（ルカ1・46、52－53）。その何世紀も前には、ハンナの歌が同じ真理を宣言していた。

> 聖なる方は主のみ。あなたと並ぶ者はだれもいない。……驕《おご》り高ぶるな、高ぶって語るな。思い上がった言葉を口にしてはならない。……勇士の弓は折られるが、よろめく者は力を帯びる。食べ飽きている者はパンのために雇われ、飢えている者は再び飢えることがない。……主は貧しくし、また富ませ、低くし、また高めてくださる。弱い者を塵の中から立ち上がらせ、貧しい者を芥《あくた》の中から高く上げる。（サムエル記上2・2－8）

イエスは貧しい者を祝福し、金持ちを非難した。

> 貧しい人びとは幸いである、神の国はあなたがたのものである。いま飢えている人びとは幸いである、あなたがたは満たされる。……しかし、富んでいるあなたがたは不幸である、あなたがたはもう慰めを受けている。いま満腹している人びと、あなたがたは不幸である、あなたがたは飢えるようになる。（ルカ6・20－25）[18]

「富んでいる人たち、よく聞きなさい。自分にふりかかってくる不幸を思って、泣きわめきなさい」（ヤコブ5・1）というのは、聖書がしばしば示している主題だ。

聖書には、なぜ神が金持ちの幸運を剥奪することがあると書かれているのだろう？　富を築くのは悪いことだから？　そうではない。聖書にはその正反対のことが書かれている。

神は階級闘争を行っているのか？　とんでもない。聖書のどこにも、神は金持ちより貧しい人を愛しているとは書かれていない。

だが、次の二つの場合には、裕福で権力のある人びとを引きずりおろすと何度も警告している。

①貧しい人びとを抑圧して裕福になった場合

②貧しい人びとと分かちあわなかった場合

貧しい者を抑圧する者を神は罰する

なぜヤコブは金持ちたちに、身に降りかかるわざわいを思って泣き叫ぶがよい、と警告したのだろう。彼らが労働者を騙《だま》していたからだ。

あなたがたは、終りの時にいるのに、なお宝をたくわえている。見よ、あなたがたが労働者たちに畑の刈入れをさせながら支払わずにいる賃金が叫んでいる。そして、刈入れをした人たちの叫び声が、すでに万軍の主の耳に達している。あなたがたは地上で奢《おご》り暮し、快楽にふけり、「屠《ほふ》らるる日」のために、おのが心を肥やしている。

（ヤコブ5・3－5）

神は階級によってだれかを敵とみなすことはない。だが、貧しい人を抑圧し無視する者を憎み、罰する。そして、聖書が繰り返し警鐘を鳴らしているとおりなら、金持ちはしばしばその罪を犯している。[19] ヤコブよりずっと前の時代、詩篇の作者は、金持ちは貧者を搾取することで富を得ていることが多いのを知っており、神がそのような悪を罰してくれることに慰めを見出していた。

悪しき者は高ぶって貧しい者を激しく責める。……彼の道は常に栄え、……彼は心の内に言う、「わたしは動かされることはなく、世々災いにあうことがない」と。……隠れ場に潜む獅子のように、ひそかに待ち伏せする。彼は貧しい者を捕えようと待ち伏せし、貧しい者を網に引き入れて捕える。……主よ、立ちあがってください。神よ、み手をあげてください。苦しむ者を忘れないでください。……悪しき者と悪を行う者の腕を折り、その悪を余すところなく罰してください。……主よ、あなたは貧しい人に耳を傾け、その願いを聞き、彼らの心を確かにし、みなし子と虐げられている人のために裁きをしてくださいます。（詩篇10・2－18）

神は預言者エレミヤを通して同じことを語った（エレミヤ書5・26－29）［本書74－75ページに引用］。エレミヤや詩篇の作者の信仰は単なる願望ではなかった。神は預言者たちを通して、貧しい者を抑圧して富を築く個人と国の両方に、衰退と破滅を告げた。そして預言された通りのことが起こった。エレミヤは、ユダの不正な王エホヤキムに対して、聖書の中でも最も皮肉のこもった痛烈な非難をぶつけた。

災いだ、恵みの業を行わず自分の宮殿を建て、正義を行わずに高殿《たかどの》を建て、同胞をただで働かせて賃金を払わない者は。彼は言う。「自分のために広い宮殿を建て、大きな高殿を造ろう」と。彼は窓を大きく開け、レバノン杉で覆い、朱色に塗り上げる。あなたはレバノン杉を多く得れば立派な王だと思うのか。あなたの父は質素な生活をし、正義と恵みの業を行ったではないか。そのころ彼には幸いがあった。彼は貧しい人、乏しい人の訴えを裁き、そのころ人びとは幸いであった。こうすることこそ、わたしを知ることではないか、と主は言われる。
　あなたの目も心も不当な利益を追い求め、無実の人の血を流し、虐げと圧制を行っている。それゆえユダの王、ヨシヤの子エホヤキムについて、主はこう言われる。だれひとり、「ああ、わたしの兄弟、ああ、わたしの姉妹」と言って彼の死を悼み、「ああ、主よ、ああ陛下よ」と言って悼む者はない。彼はろばを埋めるように埋められる。引きずり出されて投げ捨てられる。エルサレムの門の外へ。（エレミヤ書22・13―19）

歴史家はエホヤキムは暗殺されたと考えている。[20]
神は、貧しい人びとを抑圧したという理由で、裕福な個人だけでなく、国全体をも滅ぼす。すでにいくつか関連するテキストを見たが、[21]もう一つ重要なものがある。神はイザヤを通して、ユダの支配者たちが貧しい人びとを騙して富を積み上げたことを指弾した。裕福な女たちは豊かさに溺れ、虐げられる人びとの苦しみに気づかず、自堕落な行為にふけった。だからお前たちは滅びる、と神は告げた。

――主は民の長老、支配者らに対して裁きに臨まれる。「お前たちはわたしのぶどう畑を食い尽くし、貧しい者から奪って家を満たした。なにゆえお前たちはわたしの民を打ち砕き、貧しい者の顔を臼《うす》でひきつぶしたのか」と主なる万軍の神は言われる。

主は言われる。シオンの娘らは高慢で、首を伸ばして歩く。流し目を使い、気取って小股で歩き、足首の飾りを鳴らしている。主はシオンの娘らの頭をかさぶたで覆い、彼女らの額をあらわにされるであろう。その日には、主は飾られた美しさを奪われる。足首の飾り、額の飾り、三日月形の飾り……芳香は悪臭となり、帯は縄に変わり、編んだ髪はそり落とされ、晴れ着は粗布に変わり、美しさは恥に変わる。シオンの男らは剣に倒れ、勇士は戦いに倒れる。（イザヤ書３・14－25）

金持ちが貧しい人や弱者を虐げるとき、歴史の主は、彼らの家や王国を引きずり降ろす。

貧しい人を顧みない者を神は罰する

聖書は、不当な方法で得たのではない富であっても、貧しい人びとと分かちあわないなら、その持ち主を非難している。神の怒りがもたらす結果は、不当に富を得た者に対するものと同じだ。

金持ちとラザロの話の中で、イエスは金持ちがラザロを搾取したとは言っていない（ルカ16章）。家の門の外に横たわっている病気の物乞いを気にかけなかったことを指摘しているのだ。「ある金持ちがいた。いつも紫の衣や柔らかい麻布を着て、毎日贅沢に遊び暮らしていた」（ルカ16・19）。一方、ラザロは「その食卓から落ちる物で腹を満たしたいものだと思っていた」（同16・21）。金持ちはラザロに食事の残り物さえ与えようとしなかったのだろうか？　いや、たぶんそれぐらいのことはしただろう。だが、金持ちがラザロを真に気にかけてはいなかったことは明らかだ。

貧しい者を無視する罪深さは、貧しい者の神を激怒させる。ラザロが死んだとき、神はアブラハムのふところで彼を慰めた。[22] ラザロという名前には「神が助けた者」という意味があり、それがこの話の要点を示している。[23]

神学者のクラーク・ピノックは、私たちが「空腹を抱えた第三世界の人びとを締め出して、ご馳走の乗ったテーブルに着いて金持ちとラザロの話を読むなら、聖書が非難の叫び声をあげるだろう」と指摘したが、まったくそのとおりだ。[24] 律法や預言者だけでなく、主イエスも、貧しい者を助けない金持ちを待っている破壊を恐ろしい表現で伝えているのだ。

ソドムの滅亡についての聖書の記述も、この恐るべき真実を説明している。なぜソドムが滅ぼされたのかと問われれば、ほとんどのクリスチャンはこの街に蔓延した性の乱れを指摘するだろう。しかし、それは聖書が教えていることの一面にすぎない。エゼキエルは、神がソドムを滅ぼした重要な理由の一つは、彼らが貧しい人びとと分かちあうことを頑《かたく》なに拒んだからだと言っている。

> お前の妹ソドムの罪はこれである。彼女とその娘たちは高慢で、食物に飽き安閑《あんかん》と暮らしていながら、貧しい者、乏しい者を助けようとしなかった。彼女たちは傲慢にも、わたしの目の前で忌《い》まわしいことを行った。そのために、わたしが彼女たちを滅ぼしたのは、お前の見たとおりである。
>
> （エゼキエル書16・49－50。イザヤ書1・10－17も参照）

彼らは貧者を抑圧したかもしれないが、聖書には明記されていない。神の非難は、貧しい人びとに手を差し伸べなかったことに対して向けられている。

今日の裕福なクリスチャンは、ソドムの性的不品行のことは知っていても、貧しい人びとへの罪深い無関心のことは意識にない。前者は自分とは無縁で、人ごとと思えるからだろうか？　私たちは自分の経済的利益を擁護するために聖書の解釈を歪めてしまったのだろうか？　間違いなく、そうだ。

しかし、聖書の権威を認めるのなら、その教えに従うことが痛みを伴うとしても、考えを改めなくてはならない。そのとき私たちは、恐れおののきつつ、聖書の神がある種の金持ちを懲《こ》らしめ破滅させることを知るだろう。神がそうするのは、金持ちを愛していないからではなく（神はすべての人を等しく愛する）、彼らが貧しい人びとを搾取し、困窮する人びとを助けないからである。

私たちが貧しい者を助けることを望む神

貧しい人びとのことを深く気にかけている神が、ご自身の民にも同じようにしてほしいと願うのは当然のことだ。

貧しい人びとにも法廷で等しく正義が貫かれることを聖書は常に気にかけている。律法がそれを命じている（出エジプト記23・6）。詩篇の作者は、王が貧しい者を正しく裁けるように、神の助けを祈り求めた（詩篇72・1－4）。預言者たちは、頑なに公平な裁きを下そうとしない支配者に対して、滅びの時が来ると告げた（アモス書5・10－15）。

未亡人、孤児、そして外国人への言及も聖書には多い。

――在留異国人を苦しめてはならない。虐げてはならない。あなたがたも、かつてはエジプトの国で在留異国人であったからである。すべてのやもめ、またはみなし子を悩ませてはならない。もしあなたが彼らをひどく悩ませ、彼らがわたしに向かって切に叫ぶなら、わたしは必ず彼らの叫びを聞き入れる。わたしの怒りは燃え上がり、わたしは剣をもってあなたがたを殺す。あなたがたの妻はやもめとなり、あなたがたの子どもはみなし子となる。

（出エジプト記22・21－24）

ジョン・F・アレキサンダーは次のように述べている。「父を失った子、寡婦、外国人のそれぞれに対して、正義を行えという命令がほぼ40ずつある。神はご自身が特別な意味において、そうした弱い人びとの擁護者であることをはっきりさせておきたかったのだ。よそから来た人《ストレンジャー》もほとんどユダヤ人同様に扱われるべきものとされ、孤児や寡婦の権利を損なう者には災いがあるとされた」[25]

食事に人を招くのなら貧しい人を特に大切にせよというイエスの命令を、ほとんどのクリスチャンは気にもとめていない。

昼食や夕食の会を催すときには、友人も、兄弟も、親類も、近所の金持ちも呼んではならない。その人たちも、あなたを招いてお返しをするかもしれないからである。宴会を催すときには、むしろ貧しい人、体の不自由な人、足の不自由な人、目の見えない人を招きなさい。そうすれば、その人たちはお返しができないから、あなたは幸いだ。正しい者たちが復活するとき、あなたは報われる。

（ルカ14・12－14。ヘブル13・1－3も参照）

ここでイエスは要点を強調するために、明らかにヘブライ語の文章によく見られる誇張法を用いている。イエスは友人や親戚を招いて食卓を囲むことを禁じているわけではない。イエスが言わんとしているのは、友人や親戚や「成功した人」をもてなすのと同じくらい、いやそれ以上に、お返しのできない貧しい人や困っている人をもてなすべきだ、ということである。

聖書はクリスチャンに対して、特に貧者や被抑圧者に対する神の思いやりにならうことを命じている。旧約聖書でヤハウェがイスラエルの民に貧者の世話を命じるとき、かつてイスラエルがエジプトで虐げられていたことを思い出せと言っている。奴隷としてエジプトで苦しめられていたとき、何の取り柄も功績もない者さえ助けてくれた神の思いやりこそ、まねるべき模範だ（出エジプト記22・21－24、申命記15・13－15）。

イエスは、人にお金を貸すときにも神の憐れみ深さを見習えと教えた。

また、自分によくしてくれる人に善いことをしたところで、どんな恵みがあろうか。……返してもらうことを当てにして貸したところで、どんな恵みがあろうか。……人に善いことをし、何も当てにしないで貸しなさい。そうすれば、たくさんの報いがあり、いと高き方の子となる。いと高き方は、恩を知らない者にも悪人にも、情け深いからである。あなたがたの父が憐れみ深いように、あなたがたも憐れみ深い者となりなさい。（ルカ6・33－36）

なぜ、返済を期待せずに貸さなくてはならないのか？　天の父がそうしたからである。イエスに従う者は、神の息子や娘であり、行いによって神の性質を表すために、普通の人とは逆の行動をするのである。

パウロはエルサレムの貧しい人びとに対する献金を募るとき、コリントの信徒に対して、あなたがたが豊かになるために主イエスは貧しくなられた、という点を指摘している（IIコリント８・９）。困っている人に分け与えることを訴えたヨハネは、まずキリストの模範に言及している。「主は、わたしたちのためにいのちを捨てて下さった。それによって、わたしたちは愛ということを知った。それゆえに、わたしたちもまた、兄弟のためにいのちを捨てるべきである」（Iヨハネ３・16）。それに続けて、困窮している人には惜しまず与えよと迫っている。

キリストの驚くべき自己犠牲こそ、貧しく抑圧されている人びとに関わろうとするクリスチャンがまねるべき模範なのである。

宗教的偽善を糾弾する神

以上、聖書が貧しい者への配慮を命じていることを見てきた。貧者を思いやるのは神を見習うことにほかならないこともわかった。だが、神の言葉はもっと困難で耳の痛い真実を告げている。貧しく抑圧されている人びとを無視する者は、いくら宗教的儀式を頻繁に行おうと、口でどんなに正統的な信条や信仰を告白しようと、断じて神の民ではない、ということである。

神は預言者を通して、貧者や被抑圧者への虐げをそのままにして行われるような礼拝は、律法に反する非道な行為だと何度も糾弾した。イザヤは、ヤハウェを礼拝しながら同時に弱者を圧迫していたイスラエルをソドム、ゴモラと呼んで避難した。

――ソドムの支配者らよ、主の言葉を聞け。ゴモラの民よ、わたしたちの神の教えに耳を傾けよ。お前たちのささげる多くのいけにえが、わたしにとって何になろうか、と主は言われる。……むなしい献げ物を再び持って来るな。香の煙はわたしの忌み嫌うもの。新月祭、安息日、祝祭など、災いを伴う集いにわたしは耐えられない。お前たちの新月祭や、定められた日の祭りを、わたしは憎んでやまない。……どれほど祈りを繰り返しても、決して聞かない。お前たちの手は血にまみれている。

（イザヤ書1・10－15）

では神は何を求めているのだろう。それはすぐ次の節に書かれている。

悪を行うことをやめ、善を行うことを学び、裁きをどこまでも実行して搾取する者を懲らしめ、孤児の権利を守り、やもめの訴えを弁護せよ。

（イザヤ書1・16－17）

断食しながら不義を行う者たちに対するイザヤの言葉も強烈だ。

彼らは「なぜ、あなたはわたしたちの断食を顧みず苦行しても認めてくださらなかったのか」と言う。見よ、断食の日にお前たちはしたいことをし、お前たちのために労する人びとを追い使う。……だが、わたしの選ぶ断食とは、悪による束縛を断ち、軛《くびき》の結び目をほどいて虐げられた人を解放し、軛をことごとく折ること。飢えた人にパンを裂き与え、さまよう貧しい人を家に招き入れ、裸の人に衣を着せかけ、同胞に助けを惜しまないことである。

（イザヤ書58・3－7）

預言者アモスを通して語られた神の言葉も厳しい。

わたしはお前たちの祭りを憎み、退ける。祭りの献げ物の香りも喜ばない。たとえ、焼き尽くす献げ物をわたしにささげても、穀物の献げ物をささげても、わたしは受け入れず、肥えた動物の献げ物も顧みない。……正義を洪水のように、恵みの業を大河のように、尽きることなく流れさせよ。（アモス書５・21－24）[26]

この言葉の前で、アモスは貧者を抑圧する金持ちと権力者を非難している。彼らは法廷で貧者に有利な判決が下されないよう、裁判官に賄賂を贈ることさえあった。彼らが行う礼拝は、儀式ではなく正義を求める貧しい者の神に対する侮辱であり、唾棄すべきものであった。[27]

その神の考えは、いまも変わらない。イエスも同じことを繰り返し告げている。「やもめの家を食い物にし、見せかけの長い祈りをする」律法学者に気をつけなさいと警告を発した（マルコ12・40）。彼らの敬虔な装いや会堂《シナゴーグ》への頻繁な訪問は見せかけにすぎない。それを非難する点では、イエスはアモスやイザヤの伝統を受け継ぐヘブルの預言者だった。イエスも旧約の預言者同様、敬虔そうな礼拝を捧げながら貧者を虐げる人びとに対して神の怒りを宣告した。

宗教的偽善者に対する預言者の言葉は、難しい問題を提起している。自分はクリスチャンだといいながら貧しい人びとを無視する者は、本当に神の民と言えるのだろうか？　抑圧された者を解放するために働かない教会は、本当に教会なのだろうか？

神がイスラエルの民を神の民とみなさず、ソドムとゴモラだと見なしたことを先に指摘した（イザヤ書

1・10)。神は、彼らが貧しい者や不利な立場にある者を搾取することを、これ以上容認することができなかった。ホセアは、イスラエルはその罪のためにもはや神の民ではなく、神は彼らの神ではないと厳粛に宣告した(ホセア書1・8―9)。その言葉通り、神はイスラエルを滅ぼした。

イエスの言葉はさらに厳しい。空腹の人に食べさせず、裸の人に着せず、獄にある人を訪ねなかった者たちに下される恐るべき最後の審判について、イエスはこう語っている。

> 呪われた者ども、わたしから離れ去り、悪魔とその手下のために用意してある永遠の火に入れ。お前たちは、わたしが飢えていたときに食べさせず、のどが渇いたときに飲ませず、旅をしていたときに宿を貸さず、裸のときに着せず、病気のとき、牢にいたときに、訪ねてくれなかったからだ。
>
> (マタイ25・41―43)

この言葉の意味は明白だ。イエスは弟子たちに、貧しい者や困窮している者に対するご自分の特別な配慮を見習うことを望み、それに従わなかった者は永遠の罰を受けると言ったのである。

「最も小さい者」とはだれのことか

マタイ25章にある、「最も小さい者」(45節)と「わたしの兄弟であるこの最も小さい者」(40節)という言葉について、クリスチャンのことだけを指していると考える人もいる。[28] だが、その解釈に確かな根拠はない。

仮にその指摘通り、この言葉がクリスチャンのことだけを指しているとしても、イエスのほかの教えを考えあわせるなら、マタイ25章が、クリスチャンであろうとなかろうと、貧困と抑圧に苦しむすべての人について語っていると考えることに不都合はない。いや、むしろそう考えるべきだ。善きサマリヤ人《びと》の話は、困っている人はだれもが私たちの隣人であると教えている（ルカ10・29－37）。マタイの福音書の次の箇所はそのことをさらに明確に伝えている。

> あなたがたも聞いているとおり、「隣人を愛し、敵を憎め」と命じられている。しかし、わたしは言っておく。敵を愛し、自分を迫害する者のために祈りなさい。あなたがたの天の父の子となるためである。父は悪人にも善人にも太陽を昇らせ、正しい者にも正しくない者にも雨を降らせてくださるからである。
> （マタイ5・43－45）

クムラン教団（死海文書が発見された場所として知られている）［死海文書は約2000年前の古文書。おもにヘブライ語旧約聖書と関連文書から成る写本群の総称］の理想は、まさに「すべての光の子らを愛し」、「闇の子らを憎む」ことだった（クムラン教団宗規要覧1・9－10）。旧約聖書においても、イスラエル人は同胞たる隣人を愛せよと命じられ、アモン人やモアブ人のような繁栄を求めてはならないと言われている（レビ記19・17－18、申命記23・4－7）。しかしイエスは、隣人への思いやりを自分と同じ民族や宗教の者だけに限定することを禁じ、すべての人に良きことをなす神をまねるよう命じた。

福音派の新約聖書学者ジョージ・ラッドが述べているように、「イエスは隣人に対する愛を定義しなおした。イエス以後、隣人愛とは困っているすべての人への愛を意味するようになった」のである。[29]善きサマリヤ人のたとえ話や、マタイ5章43－48節の明らかな教えを考慮すれば、マタイ25章のこの部分は、貧しく抑圧されている者――クリスチャンであろうとなかろうと――を助けない者は神の民とはみなされないという意味であると認めるしかない。

ヨハネの手紙第一の次の箇所からも、同じメッセージを読み取ることができる。

> 世の富を持ちながら、兄弟が必要な物に事欠くのを見て同情しない者があれば、どうして神の愛がそのような者の内にとどまるでしょう。子たちよ、言葉や口先だけではなく、行いをもって誠実に愛しあおう。
> （Ⅰヨハネ3・17―18。ヤコブ2・14―17も参照）

ここでも聖書の言葉づかいはシンプルだ。この言葉は、貧しい国の人びとが栄養不良に悩み、身体や脳の発達を妨げられ、飢えてさえいるときに、さらに富を蓄積しようとする裕福なクリスチャンにとって何を意味するのだろう。困っている人を助けないような者には、どう言い訳しようと神の愛はない、ということである。

問われるのは現実の行為であって、敬虔な祈りや聖人ぶった言葉づかいではない。日曜の朝にどこで何をしていようと、貧しい人を無視する金持ちは神の民ではない。

信仰によって義と認められたとしても

だが、ここで別の疑問が生じる。イエスを主と受け入れる告白をしてクリスチャンになったとしても、その後も罪を犯すならクリスチャンではなくなるのだろうか？　もちろん、そんなことはない。救いはただ恵みによるのであって、正しい行いによるのではない。どんな聖人も罪深い自己中心性から逃れることはできない。私たちが神の民に加えられたのは、自らの義のゆえではなく、ひとえに、キリストが私たちのために死んでくださったからなのである。

だが、救いの恵みに安住して行いを改めないのは適切ではない。マタイの福音書25章やヨハネの手紙第一３章は、貧者をいつまでも顧みないことは神への不従順であると言っているだけではない（それでも義と認められたという事実は変わらないが）。敬虔な信仰告白にもかかわらず、もはや神の民とは認め難いほど不従順な者がいる、と指摘しているのだ。

そのような不従順として、聖書が繰り返し言及していることの一つが、貧しい者を顧みないことなのである。マタイ25章の命令を完全に実行しているとはだれも言えないのであって、ただ神の赦《ゆる》しを願うしかない。しかし、貧しい人びとへの配慮をこれ以上おろそかにすることは赦されないという限界、それを越えてしまえば永遠に罰せられる限界がどこかにある（どこにあるかは、神のみが知っている）。

裕福な〝クリスチャン〟が、すでにその限界に達してしまっているということはないだろうか。北米と西欧のクリスチャンの所得総額は15兆ドル（低所得国と下位中所得国のGDP合計額よりも多い）だが、その豊かさのほんの一部しか教会に献げていない（０・７％）[30]。そして、そのお金の大半を、ほとんどの教会は自分たちのためだけに使っている。

そんなことで、貧しい人びとを大切にせよという聖書の命令に従っていると言えるだろうか。貧しく抑圧されている人びとに対する神の配慮を見習っていると胸を張れるだろうか。神との永遠の分離ではなく、神の永遠の愛を望める生き方をしていると言えるだろうか。

神は「えこひいき」しないが「中立」ではない

神が貧しく虐げられている者を特に気にかけているということについて、聖書にあいまいな点はない。だがそれは、一部の人の主張に見られるような、神が貧しい人びとに偏った好意を寄せているということではない。聖書はえこひいきをはっきりと禁止している。

あなたたちは不正な裁判をしてはならない。あなたは弱い者を偏ってかばったり、力ある者におもねってはならない。同胞を正しく裁きなさい。
（レビ記19・15。申命記1・11も参照）

これと同じ禁止命令が出エジプト記にもある。

あなたは根拠のないうわさを流してはならない。悪人に加担して、不法を引き起こす証人となってはならない。あなたは多数者に追随して、悪を行ってはならない。法廷の争いにおいて多数者に追随して証言し、判決を曲げてはならない。また、弱い人を訴訟において曲げてかばってはならない。
（出エジプト記23・1―3）

しかし肝心なことは、神は公平だという事実そのものより、公平であるがゆえの神の行為である。次の聖書の言葉は、神の公平さを述べたすぐあとで、不利な状況にある弱者への神のあわれみ深い行いを記している。

　あなたたちの神、主は神々の中の神、主なる者の中の主、偉大にして勇ましく畏るべき神、人を偏り見ず、賄賂を取ることをせず、孤児と寡婦の権利を守り、寄留者〔国内に住む外国人〕を愛して食物と衣服を与えられる。（申命記10・17―18）

神は不公平ではない。造られたすべての人に対し、分け隔てのない愛の配慮をもって臨む。[31] だからこそ、強く幸運な人びとと同じように、弱く恵まれない人びとのことを気にかけるのだ。貧しい人びとに対する神の姿勢は、あなたや私の姿勢とは異なるし、いつの時代のどんな社会でも普通に見られるような、力があって安楽に暮らす人びとの姿勢とも異なる。だから、貧しい人びとを過度に大切にしているように見えるのだ。そう見えるのは、貧しい人に対する私たちの罪深い無関心と対照的だからにほかならない。

　成功した人や裕福な人にだけ関心を払う罪深い偏見が、あたりまえのように身についてしまっているから、すべての人を平等にあつかう神の姿勢が、貧しい人を偏重しているように見えてしまうのである。神は貧しい者の側に立つのか？――それを考えるとき、次のことを理解しておく必要がある。

①　神は人を偏り見るということではない（先ほど論じたとおり）。
②　聖書は物質的に貧しいことが理想の状態だとは言っていない。
③　貧しい人や抑圧されている人が、それを理由として神の教会に加われるという意味ではない。富む

人と同じように、貧しい人も神に従わないなら罪人であり、まず悔い改めて、義としてくださる神の恵みによって救われる必要がある。

④ 神は金持ちの救いよりも貧しい人の救いを願っているということではない。

⑤ 抑圧的状況をまず何らかのイデオロギー（たとえばマルクス主義）で解釈し、そのイデオロギー的偏見に依拠して聖書を再解釈してはならない。

⑥ たとえば怠惰やアルコール依存などのせいで貧しくなった者の罪を、神は大目に見るという意味ではない。神はだれの罪であれ、罪は罪として罰する方である。

正義を求める闘いに「中立」はない

以上のような留保をした上で言うのだが、神は決して中立ではない。えこひいきしないということと、正義を求める闘いにおいてどちらの味方もしないということは違う。

聖書に繰り返し書かれているように、神は歴史に働きかけ、貧しい者を引き上げ、貧しい者を踏みつけて富を得た者を引きずり降ろすことがある。その意味においては、神は貧しい者の味方である。神が貧しい人を特別に思いやるのは、彼らは守られることが少なく、傷つきやすいからである。

神はすべての人が暮らしに必要な収入を得られる状況を求めている（第4章参照）。そのため、神は貧しい人びとに力を与えるべく働きかける。聖書の神は、偏見を持たず、すべての人を公平に扱う正義の神であるからこそ、貧しい人びとの側に立つのである。

金持ちがしばしば正義に目をつぶり、抵抗するのは、正義が自分たちに富をもたらす抑圧を終わらせ、貧しい人びとに分け与えることを要求するからだ。神はそのような金持ちに敵対するが、金持ちを貧しい人ほど愛していないというわけではない。神は金持ちも貧しい人も、すべての人が救われ、喜びと幸せを得ることを望んでいる。だが神は、抑圧が存在する限り、抑圧する者もされる者も喜びと幸せを得られないことを知っている。

神がすべての人を等しく思いやっているといっても、貧しい者が無視され抑圧されているときに中立を保つという意味ではない。純粋な悔い改めと回心は人をあらゆる罪——他者を経済的に抑圧する罪も含まれる——から引き離す。[32]

金持ちが救われるということは、弱者抑圧という正義に反する行為をやめるということでもある。したがって、富む者の救いと人生の充足を神が望むということと、虐げられている者の正義を実現するために神は貧しい人びとの側に立つという聖書の教えのあいだには、なんの矛盾もない（抑圧する者を引きずり降ろし、抑圧されている者を引き上げることによって、神は両者にとっての益を実現させるのである）。

さて、以上のような聖書の教えに照らして、現在の私たちの神学は聖書的と言えるだろうか。私は、多くのクリスチャンは、貧しい人の側ではなく金持ちの側に立っていると告白しなければならないと思う。裕福な国のクリスチャンの行動は、その対象やバランスにおいて、貧しい人や虐げられている人の正義を求める聖書の教えにふさわしいものになっているだろうか？　この問いに答えるために、クリスチャンのあらゆる機関（青年団体、出版物、大学や神学校、教会や教団の本部など）が、自分たちが行っていることを徹底的に検証したらどんな答えが出るだろう。

貧しい人びとに対する神の配慮と一致しないものはすべて変えていくという覚悟を持ってこの自己吟味を行うなら、世界に影響を与えるような、聖書的な問題意識に立脚した新たな展開が生まれるのではないだろうか。
何百万人ものクリスチャンが立ち上がり、聖書の真理にのっとって、世俗の文化に条件づけられた神学を改め、非聖書的な政策や制度をつくり変える日がくることを私は信じている。そのとき、歴史の流れを変える、真に聖書的な解放の神学が姿を現すだろう[33]。

理解を深めるための質問

① 神は貧しい人びとに特別な配慮をしているという主張の、五つの主要な根拠は何か。最も説得力があると思うのはどれか。最も説得力がないと思うのはどれか。それはなぜか。
② 神が貧しい人びとを偏って顧みているように感じられるのはなぜか。なぜ、どのような点で、神は決して偏っていないと言えるのか。
③ あなたがいつも聞いている説教や講義は、貧しい人びとの福祉を、聖書が教えているとおりに重視しているか。もしそうでないなら、その違いはなぜ生じているのか。
④ 貧しい人を無視することは、その人の信仰について何を語っていると言えるか。
⑤ マタイ25章31–46節が真に意味していることは何か。

第4章　神が求める経済の正義

私はこのことによって、他の人びとには楽をさせ、あなたがたには苦労をさせようとしているのではなく、平等を図っているのです。今あなたがたの余裕が彼らの欠乏を補うなら、彼らの余裕もまた、あなたがたの欠乏を補うことになるのです。こうして、平等になるのです。「多く集めた者も余るところがなく、少し集めた者も足りないところがなかった」と書いてあるとおりです。

（IIコリント8・13－15）

神が望む経済

神は、神を信じる人びとのあいだで、根底から一新された経済関係が成り立つことを求めている。罪が人を神から遠ざけ、人と人を遠ざけた結果、利己主義、社会構造の不公正、そして経済的抑圧が生じたからだ。しかし、神の民のあいだでは罪の力は打ち負かされている。贖われた者たちの新しい共同体では、個人的にも社会的にも経済的にも、まったく新しい関係が姿を現わす。

神は、働ける人には生計を立てる手段が与えられ、働けない人には適切なケアが提供される社会の構造を望んでいる。キリストに贖われた人びとのあいだの経済的関係は、来《きた》るべき神の国の姿を説得力あるかたちで指し示しただけでなく、だれの目にも明らかなほどのクリスチャンの愛による一致を示した。

それによって、人びとはイエスが神から送られてきたことを認めたのである（ヨハネ17・20－23）。

では、この章の議論は教会にしか当てはまらないのだろうか？　そんなことはない。

もちろん、神権政治の古代イスラエルやクリスチャンの自発的な共同体と、現代の世俗的で多元的な社会はまったく別物だ。私は、経済的関係に関する聖書の教えは、まず教会が最初に適用すべきだと思うし、教会が社会に先がけて神の意思を実行することを期待している。だが私は、聖書が提示する社会のビジョンは、二次的には、世俗社会においても適用されるべきだと考えている。

神がイスラエルに示した社会の全体的健全性《ホールネス》と正義についての考えは、気まぐれな思いつきではない。それは、人びとが社会的調和を保ちながら共存する方法についての創造主からの語りかけだ。今日、社会がどんな面であれ聖書の理想に近づくなら、その接近の程度に応じて社会は健全性を獲得することができる。この章は、社会全体に適用されるべき経済的正義について聖書が何を語っているかを理解するための、重要な手がかりを提供するものである。

イスラエルの国および土地についての聖書の記述を中心に議論を進めることにする。[1]

すべての家に土地が与えられていた古代イスラエル

古代イスラエルと周辺諸国には驚くべき違いがあった。[2]エジプトではほとんどの土地は王か神殿の所有物だった。近東の他のほとんどの地域では、封建的な土地所有制度が行きわたっていた。国王は広い土地を少数のエリート家臣に与え、土地のない労働者がそこで働いた。

一方、初期のイスラエルでは、このような封建制度は神学理論の中だけで存在していた。つまり、王であるヤハウェがすべての土地を所有し、律法によって重要な要求を課した上で人びとに使わせた。ヤハウェのもとで各家族は自らの土地を所有していたのである。

イスラエルでは、土地は各部族と各家族によって分散所有されるが、各家族の「所有権」は、ヤハウェの絶対的所有権の下で管理を任された者の務め《スチュワードシップ》として理解されていた。ある学者によると、士師記の時代のイスラエルの土地は、「氏族ごとに分配され、等しい面積の小規模な土地を所有する自由農民によって耕された」。[3]

初期イスラエルの農業経済において、土地は基本的な資本であり、すべての拡大家族が人間らしく生活するために必要な土地を持てるように配分されていたようだ。

ヨシュア記18章と民数記26章には土地の分割に関する記述があり、土地に関するイスラエルの理想が表現されている。ヨシュア記18章1－10節には、人びとは神の前で礼拝を行い、土地を測り、部族間で（くじを引いて）分けあったとある。民数記26章52－56節には、土地は各部族の規模に応じて割り当てられたと書かれており、平等な土地所有のあり方がうかがえる。

著名な旧約聖書学者であるアルブレヒト・アルトは、当時の預言者たちは財産に関するヤハウェの律法規定を「男1人、1家族、1区画の土地割り当て」と理解していた、とまで言っている。[4]士師記の時代、拡大家族による分権的土地所有は、小規模土地所有とぶどう栽培によって成り立っていた比較的平等な社会の経済的基盤であった。[5]

ナボテのぶどう園（列王記上21章）の物語は、各家族が代々受け継いできた土地の重要性を示している。昔からの土地境界線を動かしてはならないと旧約聖書が頻繁に言及していることも（たとえば申命記19・14、27・17、ヨブ記24・2、箴言22・28、ホセア書5・10）、どの家も生活に必要なものを得られるだけの土地を利用できるという、イスラエルの社会的理想を支えるものである。

「生活に必要なもの」というのは、飢えずに生きるための最低限の物資のことではない。小規模農民から成る、比較的平等で非階層的な当時のイスラエル社会において、各家庭は、恥ずかしく感じるような最低の暮らしではなく、容認できる中庸《ちゅうよう》の生活をするために必要な資源を保有していた。どの家族も同じ収入を得ていたということではなく、経済的な機会が等しく与えられていたという意味である。すべての家族に、最低限の食料・衣服・住居のニーズだけでなく、コミュニティの中で品位を保つのに必要な資源が与えられていた。自分の土地を所有することで、すべての拡大家族が、まじめに働きさえすれば、ほどほどの暮らしをするための必要を満たすことができたのである。

ヨベルの年——50年ごとにリセットされる経済

基本的な機会の平等を神がどれほど重視しているかを示す、驚くべき聖書テキストがある。レビ記25章と申命記15章である。ヨベルの年に関するレビ記のテキストは、50年ごとに土地をもとの所有者に返還することを求めている。申命記15章は、7年ごとに負債を免除するよう求めている。

レビ記25章は、聖書の中で最も過激《ラディカル》な経済関係を述べている箇所の一つだ[6]。少なくとも、規制なき資本主義や共産主義経済を支持する人の目にはそう映るだろう。50年ごとに、すべての土地はもとの所有者に返還しなくてはならないと神が命じているのだから。

身体に障害があったり、一家の稼ぎ手を失ったり、才能に恵まれないといった理由で、ほかの家より貧しくなる家がある。神は、貧しい家が生活の基盤を失い、それが高じて富裕層と貧困層の二極化が進むことを望まない。そこで、いかなる家族も恒久的には土地を失うことがないようにする律法を与えた。

50年ごとに、土地は元々の所有者〔本人もしくは子孫〕に返却され、すべての家族が尊厳を失うことなく共同体の一員であり続けることができた。

この五十年目の年を聖別し、全住民に解放の宣言をする。それがヨベルの年である。あなたたちはおのおのその先祖伝来の所有地に帰り、家族のもとに帰る。五十年目はあなたたちのヨベルの年である。種《たね》を蒔《ま》くことも、休閑中の畑に生じた穀物を収穫することも、手入れせずにおいたぶどう畑の実を集めることもしてはならない。この年は聖なるヨベルの年だからである。あなたたちは野に生じたものを食物とする。ヨベルの年には、おのおのその所有地の返却を受ける。あなたたちが人と土地を売買するときは、互いに損害を与えてはならない。（レビ記25・10－14）

農耕社会では土地が資本だ。イスラエルでも、土地は富を生む基本的な手段だった。すでに見たように、土地は最初に各部族と各家族にほぼ平等に分け与えられた。[7] 機会の平等を願った神は、すべての土地を50年ごとに最初の所有者に返却することを命じたのだ。私有財産が禁止されたわけではない。だれもが普通に暮らせる基礎という意味の平等を維持できる水準で、富の生産手段が配分されたのである。この驚くべき命令を可能とする神学的根拠は、ヤハウェがすべてを所有しているという前提である。土地はヤハウェが所有しているものだから、いつまでもだれかに売られたままであってはならない。

土地を売らねばならないときにも、土地を買い戻す権利を放棄してはならない。土地はわたしのものであり、あなたたちはわたしの土地に寄留し、滞在するものにすぎない。（レビ記25・23）

土地を所有する神は、人間がその良き地に寄留者として住み、耕し、収穫を食べ、美を楽しむことを許した。私たち人間は管理者《スチュワード》にすぎない。聖書が人間に求めている、土地やその他の経済資源との関わり方を理解する上で、スチュワードシップは重要な神学的概念の一つである。[8]

ヨベルの年の前後には、土地は買うことも売ることもできた。しかし、実際に売られるのは収穫の回数であって土地そのものではなかった（レビ記25・16）。次のヨベルの年までの年数に基づく公正な価格ではなく、相手の足もとを見て儲けようとする者には災いがあるとされた。

あなたはヨベル以来の年数を数えて人から買う。すなわち、その人は残る収穫年数に従ってあなたに売る。その年数が多ければそれだけ価格は高くなり、少なければそれだけ安くなる。その人は収穫できる年数によってあなたに売るのである。相手に損害を与えてはならない。あなたの神を畏れなさい。わたしはあなたたちの神、主だからである。（レビ記25・15―17）

あらゆることの主であるヤハウェは経済の主でもある。そこには、聖書的倫理や神の主権と関係のない需要と供給の経済法則は影も形もない。民は神に服従し、神は民のあいだで経済的公正が貫かれることを求めたのである。

このテキストからは、経済上の選択を間違ったら苦しまなくてはならないという前提が読み取れる。先祖伝来の土地を失って、一代まるごと、もしくは複数の世代が苦労する可能性があった。だが、50年経てば富の源泉は元の所有者に返還されたので、どの家族も自分たちの基本的ニーズを満たす機会を再び手にすることができた。

機会における平等が絶対的な財産権より優先されていたことが、次の箇所からうかがえる。

> もし同胞の一人が貧しくなったため、自分の所有地の一部を売ったならば、それを買い戻す義務を負う親戚が来て、売った土地を買い戻さねばならない。もしその人のために買い戻す人がいなかった場合、その人自身がのちに豊かになって、自分で買い戻すことができるようになったならば、その人は売ってからの年数を数え、次のヨベルの年までに残る年数に従って計算して、買った人に支払えば、自分の所有地の返却を受けることができる。しかし、買い戻す力がないならば、それはヨベルの年まで、買った人の手にあるが、ヨベルの年には手放されるので、その人は自分の所有地の返却を受けることができる。（レビ記25・25－28）

貧しくなったために裕福な隣人に土地を売った人が、ヨベルの年を待たずに土地を買い戻せる経済力を回復できた場合、新しい所有者は買い戻しに応じる義務があるとされているのだ。もとの所有者が代々引き継いできた土地で生計を立てる権利は、収入を増やすためにその土地を買った2番目の所有者の権利よりも、上位に位置づけられたのである。

ヨベルの年の土地の返却は、裕福な慈善家の施しではなく、公正な制度である。ヨベルの年は、全イスラエル人に無条件で当てはまる制度化された構造であった。この年に先祖伝来の土地が返却されることは貧しい者の権利であり、裕福な人が温情で行う慈善ではなかった。[9]

資本主義でも共産主義でもない

興味深いのは、ヨベルの年の原則が、規制のない資本主義と共産主義の両方に根本的な異議を突きつけているということだ。そこでは神だけが絶対的な所有者である。そして、家族が生計を立てる手段である土地を保有する権利は、金儲けのための購入者の「財産権」や自由市場のルールより優先される。

ヨベルの年が強調しているのは、単なる私的所有の重要性ではなく、神から預かった土地を管理する責任を負う農民が私的所有することの重要性である。

レビ記のテキストは、国がすべての土地を所有する共産主義経済を意味するものではない。神は、各家族が自らの生計を立てるための資源を持つことを望んでいる。それはなぜか？　家族を強くして、歴史の形成に参加する自由を人びとに与えるためである（その意味で、レビ記25章は家族尊重《プロ・ファミリー》の重要なテキストと言える）。そして、国や少数のエリートによる土地や資本の所有がもたらす権力の集中、不公正、全体主義を防ぐためである。

レビ記25章が教えているもう一つの印象的なことは、ヨベルの年を告げる角笛《つのぶえ》が「贖罪の日《ヨム・キプル》」に鳴り響いたのは（レビ記25・9）、単なる偶然ではないということだ。神と和解することは、兄弟姉妹［信者仲間。血縁関係を意味しない］と和解するための前提条件である。[10] 逆に言えば、神との純粋な和解は、必然的に、それ以外のあらゆる関係を新しいものに変えてしまう。贖罪の日に献げられるいけにえによって神と和解した裕福なイスラエル人は、ヘブル人奴隷を自由の身にし、土地をもとの所有者に返すことで、貧しい人びとを解放するよう促されたのである。[11]

残念ながら、イスラエル人がヨベルの年の規定を実行したかどうかは不明である。歴史の本にヨベルの年の記述がないので、実際には行われなかったと考えられている。[12] しかし、実行されたことさえないかもしれない大昔の規定であったとしても、レビ記25章はいまも権威ある神の言葉の一部である。

預言者たちが土地について語った教えも、レビ記25章の原則を強調している。

紀元前10世紀から8世紀に、土地所有の大々的な集中が起こった。貧しい農民は土地を失い、土地なし労働者や奴隷に身を落とした。預言者たちは、かつての分権的経済を崩壊させた贈収賄、暗殺、経済的抑圧を折に触れて糾弾した。エリヤは、ナボテのぶどう畑を略奪したアハブ王を糾弾した（列王記上21章）。畑を次々に手中に収めて農民を追い出し、ついに自分しか住む者がなくなってしまった裕福な地主を糾弾した（イザヤ書15・５―８）。

預言者たちは、ただ悪行を非難しただけではなく、やがてメシアの時代の正義が到来し、すべての人が再び自分の土地を持つという、力強い終末論的希望も表明した。

預言者ミカは、「終わりの日」――正義と全体的健全性の社会が成立するメシアの時代――には、「人はそれぞれ自分のぶどうの木の下、いちじくの木の下に座り、脅かすものは何もない、と万軍の主の口が語られた」（ミカ書４・４）と告げている（ゼカリヤ書３・10も参照）。指導者が民を抑圧することをやめ、すべての人が先祖伝来の土地の恵みを再び味わうことを保証する時代が到来する、という表明もある（エゼキエル書45・１―９。特に８―９節）。

土地の分配に関連して、貧しい人の土地を奪う抑圧者は厳しく非難され、再び自分の土地と労働の成果を味わえる新しいメシアの時代のビジョンが告げられている。各家族が生活を支える経済手段を所有するというイスラエル社会の理想を見ることができる。責任を持って働けば基本的ニーズを満たせるだけの経済的機会が平等に与えられる、というのが当時の社会規範だった。

責任ある行動をしなかった場合には経済的不利益をこうむったので、「結果の平等」が存在していたわけではない。熱心な働きに対しては経済的インセンティブもあったことがうかがえる。ただし、中心となる経済理念は、各家庭に必要な資本（土地）が与えられ、管理者の務め《スチュワードシップ》を果たせば、経済的に不足のない生活ができるという保証であった[13]。

安息年――7年ごとに解放される土地・奴隷・債務

神の律法は土地、奴隷、債務者を7年ごとに解放することを定めている。ここでも、土地所有に立脚した福祉だけでなく、貧しい者や恵まれない者のための公正に関心が払われている。土地は7年ごとに休耕することが定められていた（出エジプト記23・10－11、レビ記25・2－7）[14]。明らかにエコロジーと人道主義の見地からの措置であった。7年ごとに一切の作付けをしないというのは、土壌の肥沃さの維持に役立つが、同時に神の関心が貧しい人に向けられていることを示す方法でもあった。

あなたは六年のあいだ、自分の土地に種を蒔き、産物を取り入れなさい。しかし、七年目には、それを休ませて休閑地としなければならない。あなたの民の乏しい者が食べ、残りを野の獣に食べさせるがよい。（出エジプト記23・10－11）。

7年目には、貧しい人びとは畑やぶどう畑に自生するものを自由に取って食べることができた。奴隷も安息年には自由を与えられた（申命記15・12－18）。貧困のせいで自らを奴隷として裕福な隣人に売らねばならなくなる者もいたが（レビ記25・39－40）、[15] 神はそのような不平等や資本が剥奪された状態がいつまでも続いてはならないと命じた。そのため、６年が終わると、ヘブル人奴隷は自由にされたのである。主人は去って行く男性奴隷に、その労働の収穫を分け与えねばならなかった。

自由の身としてあなたのもとを去らせるときは、何も持たずに去らせてはならない。あなたの羊の群れと麦打ち場と酒ぶねから惜しみなく贈り物を与えなさい。それはあなたの神、主が祝福されたものだから、彼に与えなさい。（申命記15・13－14。出エジプト記21・2－6も参照）

こうして、解放された奴隷は自分で食べていく手段を持つことができたのである。[16]

お金を貸すことについての安息年の規定（申命記15・1－6）については、７年ごとに負債を免除することを求めていると解釈する学者たちもいるが、だとすればさらに革命的だ。[17] 目ざとく抜け穴を見つけようとする者に対し、神はただし書きさえ付け加えている。いまは６年目だから12カ月で貸した金が棒引きにされてしまうなどと考えて、貧しい人に貸さないことは罪であるとされた。

「七年目の負債免除の年が近づいた」と、よこしまな考えを持って、貧しい同胞を見捨て、物惜しみして何も与えないことのないように注意しなさい。その同胞があなたを主に訴えるなら、あなたは罪に問われよう。彼に必ず与えなさい。また与えるとき、心に未練があってはならない。このことのために、あなたの神、主はあなたの手の働きすべてを祝福してくださる。（申命記15・９－10）

ヨベルの年と同様、ここでも聖書が命じているのは単なる慈善ではなく構造化された正義である。安息年の負債免除は、少数の者が資本のすべてを所有し、それ以外の者が生産のための資源を持たないという経済的分断を防ぐための、制度化された仕組みなのである。

申命記15章は、神の命令の理想を宣言したものであると同時に、イスラエル人のあいだで見られた罪深い行為の記録でもある。4節は、もし神が与えたすべての命令に従うなら、イスラエルから貧しい人はいなくなると約束している。しかし、神には人びとがその基準を満たせないことがわかっていた。だから、イスラエルから貧しい人がいなくなることはないという11節の言葉が続く。しかし、どうせ貧しい民はなくならないし、多すぎて手に余るから放置するしかない、という結論にはなっていない。その正反対のことを神は命じている。

この国から貧しい者がいなくなることはないであろう。それゆえ、わたしはあなたに命じる。この国に住む同胞のうち、生活に苦しむ貧しい者に手を大きく開きなさい。
（申命記15・11）

イエスは、個人や社会の罪のために貧しい人が常に生まれることを知っていた（マタイ26・11）。申命記に記されているのと同じ認識だ。しかし神は、だから貧しい人を無視してもいいとするのではなく、困窮者に与えることを忘れず、公正な経済構造の実現に努めることを人びとに求めたのである。

残念ながら、安息年が定め通りに実施されたことは稀にしかなかった。この律法に背いたことがバビロン捕囚の一因だったとする聖書の箇所もあるほどだ（歴代誌下36・20－21、レビ記26・34－36）。[18]だが、人びとが従わなかったからといって、神の命令に意味がなかったというわけではない。貧困をなくすための社会構造を確立することは、民に対する神の意思の中心を占めている。

「十分の一の献げ物」と「落穂拾い」

十分の一の献げ物と落穂拾《おちぼひろ》いに関するイスラエルの律法は、一時的に生産資本を失った人びとに対する神の配慮の一例である。神はイスラエルに、畑で収穫されるあらゆる農産物の十分の一を献げることを求めている。

三年目ごとに、その年の収穫物の十分の一を取り分け、町の中に蓄えておき、あなたのうちに嗣業の割り当てのないレビ人や、町の中にいる寄留者、孤児、寡婦がそれを食べて満ち足りることができるようにしなさい。そうすれば、あなたの行うすべての手の業について、あなたの神、主はあなたを祝福するであろう。（申命記14・28－29。ほかにレビ記27・30－32、申命記26・12－15、民数記18・21－32も参照）[19]

貧しい未亡人であったルツは、落穂拾いの律法で生き伸びることができた。亡き夫の母であるナオミとともに一文無しでベツレヘムに帰ってきたルツは、収穫期の畑に行って、刈り入れをする人びとが落とす穂を拾い集めた（ルツ記2章）。それができたのは、農夫は畑の隅を刈り取らず、収穫の一部を貧しい者のために残しておかなくてはならないという律法があったからである。ぶどうの実も、落ちてしまったものは、そのまま残しておかなくてはならなかった。

穀物を収穫するときは、畑の隅まで刈り尽くしてはならない。収穫後の落ち穂を拾い集めてはならない。ぶどうも摘み尽くしてはならない。ぶどう畑の落ちた実を拾い集めてはならない。これらは貧しい者や寄留者のために残しておかねばならない。わたしはあなたたちの神、主である。

（レビ記19・9―10）

イスラエルの人びとは、自分たちがエジプトで貧困と抑圧に苦しんだ記憶があるので、貧しい人、異国からの滞在者、寡婦、みなし子のために落ち穂を残した。

あなたは、エジプトの国で奴隷であったことを思い起こしなさい。わたしはそれゆえ、あなたにこのことを行うように命じるのである。

（申命記24・22）

落穂拾いの規定は、貧しい者に収穫を与えることは保証していない。ルツは懸命に働いて穀物を得なければならなかった。だがこの規定は、生きるために必要なものを得る機会を確かに保証していた。[20]

聖書を現代の経済に適用できるか

ヨベルの年、安息年、落穂拾い、十分の一の献げ物の規定は、今日、どのように適用すればよいのだろう？　このような仕組みを現代社会も踏襲すべきなのだろうか？　いや、そもそもこのような律法、あるいはその背後にある基本原則を、教会にさえ当てはめることが可能なのだろうか？

平和と公正を保って共に生きる方法を教えるために、神はイスラエルの民に律法を与えた。いまは教会が神の新しい民である（ガラテヤ３・６－９、６・16、Ｉペテロ２・９－10）。なるほど、パウロやその他の新約聖書の著者も書いているように、モーセの律法の一部（たとえば儀式律法）［律法は大きく儀式律法、道徳律法、司法律法の三つに区分される］は新約聖書を信じる人びと（すなわち教会）にはもはや当てはまらない。しかし、道徳律法までクリスチャンの規範ではなくなったとは書かれていない（マタイ５・17－20、ローマ８・４）[21]。そして司法律法は、教会を導く指針であり、経済的正義について社会が知っておくべき原則でもある。

では、実際にこれらの律法をどう適用すればいいのだろう。レビ記25章や申命記15章に記されている細かい規定を、そのまま復活させるべきなのだろうか？

もちろんそんなことはない。ヨベルの年の具体的な規定は、今日の社会を拘束するものではない。現代のテクノロジー社会とパレスチナの農業社会とはまったく異なっており、カンザス州の農民が畑の隅の穀物を収穫せずに残したところで、ニューヨークのインナーシティやインドの田舎で腹を空かせている人の助けにはならない。いまの文明にふさわしい適用の方法が必要だ。重要なのは規定の具体的細部ではなく原則である。

利子禁止規定の誤った適用

利子禁止の歴史からも、そのことが言える。古代の近東では、金利は信じられないほど高く、年25％以上などということも珍しくなかった[22]。イスラエルの同胞から利子を取ることを律法が禁じたことは十分に理解できる（出エジプト記22・25、申命記23・19－20、レビ記25・35－38）[23]。

『インターナショナル・クリティカル・コメンタリー』によれば、利子に関する律法の規定は、ほとんどの貸し付けが事業ではなく慈善であった時代を反映している。当時、事業の創設や拡大のための商業貸し付けは一般的ではなく、ほとんどが、貧しい人や一時的にお金が必要になった人のための慈善的性格のものだったのである。[24]

利子に関する規定のおもなねらいが貧しい人びとの福祉にあったことは、聖書からはっきり読み取れる。「もし、あなたがわたしの民、あなたと共にいる貧しい者に者に金を貸す場合は、彼に対して高利貸しのようになってはならない。彼から利子を取ってはならない」（出エジプト記22・24）。利子禁止の規定は、貧しい人びとを保護し、神の民のあいだに極端な貧富の格差を生じさせないための、広範な法体系の一部をなすものだったのである。

それを理解していなかったキリスト教会は、この利子規定を杓子定規に適用しようとした。教会会議が何度か開かれて、適用のしかたをめぐって議論が行われた。そしてついに1179年、お金を貸す際のあらゆる利子が禁じられたのだった（第三ラテラン公会議）。

その結果は悲劇的だった。中世の君主制諸国家は、教会の教えに縛られないユダヤ人を招いて領土内で金貸業を営ませ、そのためにひどい反ユダヤ主義が起こってしまったのだ。そして、神学者たちは利子禁止規定をくぐり抜けるための詭弁を弄しはじめた。[25]

律法の字句に対する心得違いの拘泥と、その結果生まれた無意味な適用は、神は経済の主である――利子率の主でもある――という、大切な聖書の教えの信用を失墜させた。ひいては、融資や銀行の制度、いや経済全体が、神の主権から独立した自律的分野であるという現代人の考え方を助長してしまったのである。しかし、信仰の目で見れば、そのような理解は異端的である。それは現代の世俗主義の産物であって、聖書から出たものではない。[26]

原則まで放棄してはならない

以上のような歴史から見ても、生きた神の言葉を杓子定規に適用することには問題がある。しかし、だからといって適用を放棄してしまってはならない。聖書は、クリスチャンの貸し手は自分の儲けではなく借りる側の必要を重視しなくてはならない、と命じている。

したがって、ヨベルの年、安息年、落穂拾い、十分の一の献げ物などの規定を今日の社会に適用するときには、規定の背後にある原則を見なければならない。それができれば、いまの社会に適したかたちで原則を活かす方法を工夫することができる。

これまで見てきた聖書の箇所は、神が慈善ではなく正義を命じていることを明らかに語っている。したがってクリスチャンは、まずクリスチャンの中に貧困がなくなるよう努めるべきだ。同時に、経済的正義についての聖書の教えを理解したなら、より広い社会で、すべての家族が生活維持に必要な基礎的な資本を持てる社会構造を模索すべきだ。その際、忘れてはならないのは、神は私有財産制をすぐれた仕組みだと考えているからこそ、すべての人がなにがしかの私有財産を持つことを望んでいる、ということである。

神の国の到来を告げたイエスの共同体

１世紀のクリスチャンたちが、どのように旧約聖書の教えに従ったかを見てみよう。イエスはガリラヤの道を歩きながら、平和と正義のメシアの王国が到来したという、驚くべき知らせを告げた。イエスに従う人びとの共同体が実践した経済関係は、この畏るべき宣言が真実であることを力強く示した。

ヘブルの預言者たちは、イスラエルが偶像崇拝と貧しい者に対する抑圧のゆえに滅ぼされると警告しただけではなく、希望のメッセージも伝えた。メシアの国が到来するという希望である。やがて神が来て、ダビデの家から義人が立ち上がる日が近づいている、と預言者たちは約束した。贖われた新しい社会には平和、義、公正が満ちるであろうと。

エッサイ［ダビデ王の父。イエスの両親の祖先］の株から一つの芽が萌えいでるとき、貧しく弱い者はついに公平な扱いを受けるとイザヤは預言した。「弱い人のために正当な裁きを行い、この地の貧しい人を公平に弁護する」（イザヤ書11・4。ほかにイザヤ書9・6－7、61・1、エレミヤ書23・5、ホセア書2・18－20も参照）。

イエスが唱えた福音の核心は、この待望久しいメシアの国が到来したということであった。[27] ただし、イエスが告げた王国はユダヤ人が期待していたものとは異なり、彼らを落胆させた。イエスはローマ軍を蹴散らすための兵士を募ることもなく、自由ユダヤを建国することもなかった。

かといって、イエスは孤高の預言者として世間から隔絶して生きたわけでもない。弟子を集め、訓練し、イエスを主とする目に見える共同体を形成したのだった。その新しい共同体は、約束された王国の価値観に従って動きはじめた。その結果、イエスに従う者たちのあいだでは、経済も含めて、あらゆる関係が一変したのである。

彼らは一つの財布を共有していた（ヨハネ12・6）[28]。ユダがその出納《すいとう》をあずかり、イエスの指示によって必要な物を買ったり、貧しい人に施したりしていた（ヨハネ13・29）。この分かちあいの共同体は、イエスと十二弟子という範囲を超えて広がり、イエスに癒された女たちも加わった。彼女たちはイエスや弟子たちといっしょに旅をし、お金を分けあった（ルカ８・１－３。マルコ15・40－41も参照）。[29]

そのような観点から見るとき、新たな意味と力を帯びるイエスの言葉がある。富める若者にイエスが与えた助言について考えてみよう。

裕福な青年に持ち物を売り払って貧しい者に施すよう求めたとき、イエスは「貧しくなれ、友から離れよ」とは言わず、「わたしに従いなさい」（マタイ19・21）と言った。言葉を換えれば、イエスは青年を愛と分かちあいの共同体に招いたのである。そこでの生活は、各自が所有する財産によってではなく、聖霊への明け渡しと新たに得た兄弟姉妹から与えられる愛のケアによって支えられる。[30]

私はかつて、次のイエスの言葉が理解できなかった。「はっきり言っておく。わたしのため、また福音のために、家、兄弟、姉妹、母、父、子ども、畑を捨てた者はだれでも、今この世で迫害も受けるが、家、兄弟、姉妹、母、子ども、畑も百倍受け、後《のち》の世では永遠の命を受ける」（マルコ10・29－30）。

また、イエスは祈りについての教えを「何よりもまず、神の国と神の義を求めなさい。そうすれば、これらのもの（すなわち食べ物や衣服やその他の物）はみな加えて与えられる」（カッコ内は著者の補足）という、信じ難いほど好条件の約束で締めくくっている（マタイ６・33）。あまりにも都合のよいこれらの教えをどう受けとめればよいのかも、私はわからなかった。

しかし、イエスに従う人びとの共同体の精神に照らして読むと、この言葉が意味をもって生き生きと迫ってきた。つまり、イエスは新しい共同体、新しい社会秩序を形成し、どこまでも助けあう真実な人びとの新しい国を創設した、ということである。

弟子たちが財布を共有していたことは、彼らがほとんど無制限に助けあっていたことを象徴している。この共同体には純粋な経済的保証があった。だれもが、そこに加わる以前より、もっと多くの兄弟姉妹の愛に包まれて生きた。困難な状況に陥ったときに調達できる経済的資源は、以前の百倍、あるいはそれ以上にもなった。必要に迫られた人はだれでも、共同体が持つすべての資源を利用できたのである。前例のない非利己的な暮らしは、まわりの社会に挑戦を突きつけ、自分も加わりたいと思う人を引きつけた。その一方で、妬《ねた》みから、この共同体を迫害によって破壊しようとする人も現れた。しかし、どんなに絶望的な日々にあっても、イエスの約束は空しくはならなかった。迫害によって死ぬ者がいても、その子どもは共同体の中で新しい父と母を得たのである。

贖われた者たちの共同体では、あらゆる関係が一新する。イエスとイエスに従った最初の人びとは、神の民のあいだでは古い契約に基づく経済の関係がただ継続しているだけでなく、新たな次元にまで高められていることを、自分たちの生活を通して示したのである。

最初期の教会の分かちあい

最初期の教会のクリスチャンのあいだで徹底的な分かちあいが行われていたことは議論の余地がない。「信じた人びとの群れは心も思いも一つにし、一人として持ち物を自分のものだと言う者はなく、すべてを共有していた」（使徒4・32）。

使徒言行録の最初の数章には、それを裏づける記述がふんだんにある（使徒2・43－47、4・32－37、5・1－11、6・1－7）。最初期の教会はイエスが行った経済的な分かちあいを継続したのである。使徒言行録は、ペンテコステ［イエスの復活・昇天後、集まって祈っていた信徒たちの上に神の聖霊が降臨した出来事］の日に起こった三千人の回心を記録したすぐあとに、「信者たちは皆一つになって、すべての物を共有した」（使徒2・44）と書いている。だれかが何かを必要になれば、彼らは分けあった。余分な収入や不要な物を与えたというのではない。共同体の蓄えを取り崩し、土地や家を売ってでも、困っている者を助けたのである。バルナバは持っていた畑を売った（使徒４・36－37）。アナニアとサッピラも土地を売った（代金を偽ってしまったが）（同５・３－４）。

むかし神は、神に忠実に従えばイスラエルから貧困はなくなると約束した（申命記15・４）。その約束が最初期の教会で実現したのである。

信者の中には、一人も貧しい人がいなかった。土地や家を持っている人が皆、それを売っては代金を持ち寄り、その金は必要に応じて、おのおのに分配されたからである。（使徒４・34－35）。

最初期の教会の時代から二千年経ったいまも、聖書のこの箇所からは、最初の共同体の喜びと興奮が伝わってくる。彼らは「喜びと真心をもって」ともに食事をし（使徒２・46）、「心も思いも一つ」と感じるような心踊る一致を体験した（同４・32）。

彼らは、イエスに従おうとして葛藤する孤立した個人ではなかった。経済を含む生活のあらゆる面を一変させた新しい共同体が、喜びに満ちた現実となったのである。

一つになった共同体のあり方が宣教にもたらした力はめざましかった。聖書は、驚くべき宣教の前進の理由として、エルサレム教会の変容した経済関係に繰り返し言及している。

そして、毎日ひたすら心を一つにして神殿に参り、家ごとに集まってパンを裂き、喜びと真心をもって一緒に食事をし、神を賛美していたので、民衆全体から好意を寄せられた。こうして、主は

──救われる人びとを日々仲間に加え一つにされたのである。（使徒2・46―47）

彼らの共同生活が示した喜びと愛が伝染していったのだった。

使徒言行録4章は、変容した経済的関係が宣教におよぼした影響を強調している。人びとがすべての物を共有していたことを記した32節に続けて、「使徒たちは大いなる力をもって主イエスの復活を証《あか》しした」（33節）と書かれている。かつてイエスは、自分が天の父から遣わされたことを世の人びとが認めるほど、イエスを信じる人びとが強い愛の一致を保つことを祈ったが（ヨハネ17・21―23）、その祈りがエルサレムの教会で実現したのだ。普通では考えられないような共同体の経済のあり方が、使徒たちの教えに力を増し加えたのである。

使徒言行録6章には、新しいシステムが機能した驚くべき事例が記されている。エルサレム教会では、ヘレニスト（ギリシャ語を話すユダヤ人。おそらくユダヤ教に改宗したギリシャ人も含まれる）たちが有力な少数派を形成していた。なんらかの理由で、多数派であるヘブライ語を話すユダヤ人がヘレニストの寡婦たちの必要を顧みていなかった。その不公正に対して不満の声が上がったときに教会がとった対応に驚かされる。この問題に関する世話役として、少数派ばかり7人を選んだのである！　選ばれた7人のギリシャ名がそのことを示している。[31]

教会は困っている未亡人たちのための計画と資金のすべてを、差別されていた当の少数派の手にゆだねたのである。それはどんな結果を招いただろう。「こうして、神の言葉はますます広まり、弟子の数はエルサレムで非常に増えていった」（使徒6・7）のである。

最初期の教会の贖われた経済関係が神の言葉を広めた。そのことを思うと身が引き締まる。今日でも同じことが起こり得るだろうか。同じような経済の変革があれば、信者の数は増えるだろうか？　おそらく増えるだろう。伝道の重要性について語る者は、そのための対価を払う用意ができているだろうか？

最初期の教会での分かちあいの真髄

最初期の教会は絶対的に平等な経済に固執していたわけではないし、私有財産の全廃をめざしたわけでもない。ペテロはアナニヤに、土地を売ることも売却益を教会に寄付することも義務ではなかったと告げている（使徒5・4）。分かちあいは自発的精神で行われたのであって、強制ではなかった。[32]ただ兄弟姉妹への圧倒的な愛に促されて、多くの人が財産の所有権を放棄したのだった。

すべての人がすべての物を寄付したという意味ではない。使徒言行録を読み進むと、マルコと呼ばれていたヨハネの母マリアが、まだ自分の家を持っていたことがわかる（使徒12・12）。ほかの箇所からも、人びとが何がしかの私有財産を保有していたことがわかる。

ギリシャ語の時制がこの解釈を裏づけてくれる。使徒言行録2章45節と4章34節では、どちらも動詞は未完了形である。ギリシャ語の未完了時制は、ある一定期間において継続・反復する行為を表わす。したがってこの二つの節は、「彼らはしばしば所有物を売った」、あるいは「売った物の代金を定期的に持ち寄る習慣があった」という意味になる。[33]共同体が私有財産をすべて廃止したとか、全員が即座に全財産を売り払ったという意味ではなく、必要が生じるたびに、信者は土地や家を売って困っている人を助けたということである。

では、エルサレム教会の経済関係の真髄は何だったのだろう？　それは、他者のためにいつでも手を差しのべ、どこまでも責任を負う用意ができていた、ということである。分かちあいは表面的なものではなく、気まぐれに時々行われるものでもなかった。規則正しく、何度でも繰り返し、「財産や持ち物を売り、おのおのの必要に応じて、皆がそれを分けあった」（使徒2・45）のである。手持ちの現金で間に合わないときには財産を売った。困っている人の必要が満たされるまで、とにかく与え切ったのである。法的な財産権や将来の経済的保証ではなく、目の前にいる困っている兄弟姉妹を助けることが決定的な問題だった。最初期のクリスチャンたちにとって、キリストにあって一つであるということは、他のメンバーに無制限の経済的責任を負うことであり、自分の経済力を徹底的に自由に使わせることを意味したのである。

無視されている最初期の教会の模範

残念なことに、今日、ほとんどのクリスチャンはエルサレム教会の模範を無視している。裕福な暮らしで染みついた経済的利己主義のせいだろう。都合のいい理屈をつけて、エルサレム教会のやり方を時代遅れの事例として屋根裏部屋にしまいこんでしまった。そして、パウロが数十年後に、エルサレム教会のために献金を集めねばならなくなったことをとらえて、このように言ったりする。

エルサレム教会の失敗は、資産を食いつぶしてしまい、経済的困難に対する備えを失ってしまったために、非ユダヤ人クリスチャンの助けを仰がねばならなくなったことである。パンのためだけに生きず、物質主義の価値観に流されず、それでいてなお経済的に責任ある行動をとることは可能だ。教会が、世俗の価値に抵抗するコミューン運動に感謝しつつも、そこに解決はないと考える理由がそこにある。[34]

エルサレムのクリスチャンたちは、無責任で世間知らず、一歩コミューンの外に出たら生きていけないような、尊敬すべきだが見習うべきではない人たちだったのだろうか？　ここで、経済的に責任を負い切り、お金を融通しあうという原則は、ただちにコミューンの暮らしを意味するわけではないことを確認しておかねばならない。そもそも、エルサレム教会の生活はコミューンではなかった。クリスチャン・コミューンというのは、キリストに忠実に生きようとする人が選ぶ、数ある生活形態のうちの一つにすぎない。コミューンについての議論にはまりこんで、エルサレム教会の模範が物語る教訓を学びそこねてはならない（コミューンについては第10章参照）。

では、エルサレムの教会はなぜ財政難に陥ったのだろう。それは、経済的に分かちあって暮らしていたからではなく、いくつかの歴史的条件が重なったためだ。

エルサレムという街は尋常ではないほど多くの貧しい人びとを引きつけた。ユダヤ人はエルサレムで人に施すことを称賛すべき行為と考えていたし、巡礼者たちは特に気前がよかったからだ。その結果、街には食べるにも事欠く物乞いが集まった。そのうえ、聖都で死ぬことを願う老人や、メシアの到来を待つ老人が集まってきたので、老齢者人口が不釣りあいに多くなっていた（ルカ2・25、36）。さらに、ユダヤ教の中心地であるエルサレムにはラビが多く住んでいたが、彼らは教えることで報酬を受けるのではなく、施しに頼って暮らしていた。ラビに学ぶ生徒の多くも貧しかった。そのような宗教学者によってもエルサレムの貧困人口は増大したのである。[35]

それだけではない。１世紀半ばには天災が襲った。ローマの歴史家、スエトニウスとタキトゥスは、食料不足と飢饉がクラウディウス帝の治世（西暦41－54年）に繰り返し発生したと記録している。ヨセフスによれば、西暦44年から48年ごろにかけて、パレスチナで食料難が何度か起こっている。[36] パレスチナの飢饉はある一地方で特に厳しかったので、アンティオケ教会はただちに援助を送ったのだった（使徒11・27－30）

最初期の教会の特殊事情も、異例の貧困を生む原因となった。イエスが貧しい者や虐げられている者を大切にしたために、最初期の教会には貧窮者が多く集まっていたと思われる。かなりの迫害があったことが使徒言行録には記録されており（8・1－3、9・29、12・1－5、23・12－15）、雇用などの面でクリスチャンが差別を受けていたことは間違いなく、収入に大きな打撃を受けたはずだ。[37] 十二使徒は、故郷のガリラヤを離れてエルサレムに移る際、生計の手段を手放していただろうから、彼らを支えるためにもエルサレム教会の負担は増大した。

それやこれやで、最初のクリスチャン共同体は1世紀半ばに財政難に陥った。あと先を考えない気前のよさが主要な原因だったのではない。実際、彼らの中にはきわめて多くの貧しい人びとがおり、徹底的に分かちあわねば生きていけない状態だったのだと思われる。経済的に余裕のある人が仲間の絶望的な欠乏をなんとか補おうとあふれんばかりの寛大さで臨んだのは、世間知らずの理想主義ではなく、無条件に主に従おうとする弟子としての姿勢の表れだったのである。

大きな犠牲を払って分かちあいに徹した最初期の教会の模範は、時代を超えて、いまも私たちの生き方を問いつづけている。それは贖《リディーム》われた者たちの一致がどのようなものであるかを具体的に表している。イエスの最初の弟子たちが築いた新しい共同体において、神はあらゆる関係を修復《リディーム》しようとしていたのである。

それは美しい模範だが、すぐに消え去る夢物語にすぎなかったのだろうか？　ほとんどの人がそう考えた。だが、最初期の教会の実践はそれとは逆の展開を見せる。

分かちあいを世界規模に広げたパウロ

クリスチャンのあいだでの経済的分かちあいのビジョンを、パウロは劇的に拡大した。相当な時間を費やして、異邦人クリスチャンのあいだでユダヤ人クリスチャンのための義援金を募り、教会内支援（地域教会《ローカル・チャーチ》の内部での助けあい）を教会間《インターチャーチ》支援（各地に点在する信者集団のあいだでの助けあい）へと発展させた。エルサレムはアジア、ギリシャはヨーロッパなので、パウロは大陸を越える教会間支援の先鞭をつけたことになる。

出エジプトの時代以降、神は、イスラエルの人びとに対し、彼らの中で新しい経済関係を成立させることを求めてきた。しかし、ペテロとパウロによって、聖書の宗教は一つの民族という範囲を超え、普遍的な多民族宗教となった。パウロの義援金集めは、一つになった信者の群れのあいだでは、民族や地理上の隔たりを越える分かちあいが生まれることを物語っている。

キリストにつながる人びととの経済的分かちあいへのパウロの関心は早くから始まっている。西暦46年に飢饉がパレスチナを襲ったが、それに対処すべく、アンティオケの信者たちは「それぞれの力に応じて、ユダヤに住む兄弟たちに援助の品を送ることに決めた」（使徒11・29。強調は著者による）。その経済援助をアンティオケからエルサレムに運ぶバルナバを助けて、パウロは旅をしている[38]。

パウロはそれ以後、経済的分かちあいに精力的に取り組むようになるが、この旅行はその第一歩だった。それからの数年、彼は義援金調達に相当な時間と労力を注ぎこんでおり、それについていくつかの書簡に記している。ガラテヤの信徒に宛てた手紙では、エルサレムの貧しいクリスチャンを助けたいという熱意を表明しているし（ガラテヤ2・10）、ローマにいる信徒に送った手紙でもその点に触れている（ローマ15・22―28）。コリントの信徒への最初の手紙でも簡潔に言及しているし（Iコリント6・1―4）、二番目の手紙では義援金の取りまとめが中心的なテーマになっている（IIコリント8―9章）。パウロはマケドニア、ガラテア、コリント、エペソの教会で、いやおそらくどこの教会でも、義援金調達のための手はずを整えたのである。[39]

パウロは自分が間違いなく危険な目にあうことを知っており、クリスチャンに敵対的なエルサレムのユダヤ人に殺される可能性があることさえ知っていたが、それでも自分で献金を運ぶといって譲らなかった。事実、彼が最後に逮捕されたのは、援助のためのお金を届けようとしていたときだった。

彼はローマの信徒に宛てた手紙で、自分は危険が見えていなかったのではないと述べている（ローマ15・31）。友人や預言者たちは、エルサレムに向かおうとするパウロと教会代表者に警告を繰り返し、エルサレム行きを思いとどまらせようとした（使徒21・4、10―14）。

だがパウロには、このお金に託されたクリスチャンの一致は自分の命よりも大切だという確信があったので、懇願する友人たちを叱った。「泣いたり、わたしの心をくじいたり、いったいこれはどういうことですか。主イエスの名のためならば、エルサレムで縛られることばかりか死ぬことさえも、わたしは覚悟しているのです」（使徒21・13）。そして彼は旅を続けた。兄弟姉妹との経済的分かちあいに挺身するあまり、やがて彼は最後の逮捕、そして殉教へと向かうのである（使徒24・17参照）。

これはもちろん、パウロが理想的な経済の追求をキリストへの献身の中心に置いていたということではない。キリストへの献身とはキリストの体への献身であり、一つのキリストの体を生きるためには経済的な分かちあいが不可欠だと考えていたということである。

「コイノニア」という概念

なぜパウロは、エルサレム教会の財政問題にこんなにこだわったのだろう？　それは、彼が交わりというものをどう理解していたかに関係がある。パウロの神学では、*koinonia*（コイノニア）はきわめて重要な概念であり、義援金を募る際の議論の中心的概念でもあった。

コイノニアという語は「だれかとの交わり」あるいは「何かへの参加」を意味する。クリスチャンは主イエスとの交わりを楽しむ（Ⅰコリント１・９）[40]。イエスとのコイノニアを体験するということは、イエスの義を身にまとうことである。また、イエスが生きた自己犠牲と十字架の人生に共にあずかるということである（ピリピ３・８－10）。聖餐《せいさん》［教会ではパンとぶどう酒を分けあう儀式が行われる］はそのようなキリストとの交わりを最も力強く体験する場であり、信者はそこで十字架の奥義《おうぎ》に参与《コイノニア》する。「わたしたちが神を賛美する賛美の杯は、キリストの血にあずかる《コイノニア》ことではないか。わたしたちが裂くパンは、キリストの体にあずかることではないか」（Ⅰコリント10・16）。

そこからパウロは、キリストとのコイノニアは必然的に、キリストの体に属するすべての人びとのあいだでのコイノニアへと拡大する、という考えを導いた。「パンは一つだから、わたしたちは大勢でも一つの体です。皆が一つのパンを分けて食べるからです」（Ⅰコリント10・17。Ⅰヨハネ１・３－４も参照）。

エペソ人への手紙2章にも記されているように、ユダヤ人のためでも異邦人のためでもあったキリストの死、男のためでも女のためでもあったキリストの死は、民族やジェンダーや文化の隔ての壁を打ち壊した。キリストにあっては、新しい一人の人、新しい一つの体があるだけだ。同じパンを食べ、同じ器から飲む主の晩餐は、キリストの一つの体に加わることの象徴なのである。

だからパウロは、コリントの教会が社会階層で分裂したことに激しく怒った。裕福なクリスチャンが、空腹を抱えた貧しい信者を気にもとめず聖餐の食卓に着いていたが、そんなものは主の晩餐ではないと、パウロは怒りをもって否定した（Iコリント11・20－22）。それどころか、主の体をわきまえないそのような行為は、主の体と血に対する冒瀆だと非難した。

> ふさわしくないままで主のパンを食べたり、その杯を飲んだりする者は、主の体と血に対して罪を犯すことになります。だれでも、自分をよく確かめた上で、そのパンを食べ、その杯から飲むべきです。主の体のことをわきまえずに飲み食いする者は、自分自身に対する裁きを飲み食いしているのです。（Iコリント11・27－29）

「主の体をわきまえない」という言葉でパウロは何を言おうとしているのだろう？　主の体をわきまえるとは、キリストの体は人種や階級を超越するという真理を理解し、その真理にふさわしく生きることだ。それは、兄弟姉妹と徹底的に助けあい、責任を負いあう生き方だ。泣く者とともに泣き、喜ぶ者とともに喜ぶことだ。ほかのだれかが空腹でいるのにご馳走を食べるなどということはあり得ない。

キリストにある一致と交わりを実質的に否定するような生き方をしている者は、主の食卓で自らへの裁きを招き寄せているのであり、本当には主の晩餐にあずかっていないのだ、とパウロは主張した。

主の体をわきまえるということの意味が理解できたら、私たちは、飢えて死にそうなクリスチャンがいるという恥ずべき事態を放置していられないはずだ。世界のどこかに一人でも飢えた兄弟姉妹がいるかぎり、世界のあらゆる場所で行なわれている、あらゆる聖餐式は、完全なものではないのである。

パウロによる分かちあいの三つの指針

パウロにとって、キリストの体にある親密な交わりには、経済上の具体的なことがらも含まれていた。そのことは、信者のあいだでお金を分けあうことを「コイノニア」という語で表現していることからもわかる。パウロが宣教を始めて間もないころ、エルサレム教会の指導者たちは、激しい議論のすえ、パウロが異邦人に宣教することを承認し、一致のしるしとして「交わり《コイノニア》の右の手」を差し伸べた。そしてパウロは、エルサレムにいるクリスチャンたちに財政援助することを約束した（ガラテヤ２・９－10）[41]。

パウロはしばしばコイノニアという語を、文字通り「お金を集める」という意味で使った。たとえば、コリント人の献げ物は「惜しみない交わり《コイノニア》」を表わしているという言い方をしている（著者によるⅡコリント９・13の翻訳。同８・４も参照）[42]。また、エルサレム教会のためにマケドニア人が献げ物をしたことを報告するときにも同じ言葉を使って、マケドニア人は、「エルサレムの聖徒たちの中の貧しい人びとと交わる《コイノニア》ことに喜んで同意した」（著者によるローマ15・26の翻訳）と記している。経済的分かちあいは交わりの一部だった。異邦人クリスチャンはユダヤ人を通して霊的祝福にあずかった《コイノニア》（ここでパウロはコイノニアの動詞形を使っている）のだから、逆に物質面でユダヤ人に分け与えることは適切な行為だと述べた（ローマ15・27）。パウロにとって、経済的な分かちあいは、クリスチャンの交わりに当然含まれるべき重要な部分だったのである[43]。

与えられるものはすべて与える

経済上の分かちあいについて、パウロが示した第一の指針は、与えることのできるものすべてを与えよ、という包括的なものだ。各自は「収入に応じて」与えるべきであるとされた（Ｉコリント16・２）。だがそれは、犠牲を伴わない、しるしばかりの寄付ではない。パウロは「力に応じて、また力以上に」献げたマケドニア人たちを称賛している（Ⅱコリント８・３）。マケドニア人はひどく貧しく、パウロから献げ物を頼まれたときには深刻な財政難に陥っていた（同８・２）。それでも彼らは力以上に与えた。貧しい人からも大金持ちからも一律10％、というようなやり方は微塵もうかがえない。与えられるかぎり与えよ――これがパウロの指針だった。

自発的に与える

自発的に与えよ、というのが第二の指針である（Ⅱコリント８・３）。パウロはコリントの信徒に対して、これは与えよという命令ではないと特に断っている（同８・８）。分かちあいは律法主義によるものであってはならない。

平等を保つために与える

いちばん驚かされるのが第三の指針だ。パウロはコリントの信徒に対していかに分かちあうべきを説く中で、「平等」（equality）という言葉を使っている。「他の人びとには楽をさせて、あなたがたに苦労をかけるということではなく、釣りあいがとれる［平等が保たれる］ようにするわけです。あなたがたの現在のゆとりが彼らの欠乏を補えば、いつか彼らのゆとりもあなたがたの欠乏を補うことになり、こうして釣りあいがとれるのです」（Ⅱコリント8・13－14）。

この原則を説明するために、パウロは旧約聖書の中のマナの記事を引用している。「『多く集めた者も、余ることはなく、わずかしか集めなかった者も、不足することはなかった』と書いてあるとおりです」（同8・15）。

モーセは人びとに、1日に必要な分だけマナを集めるように命じた（出エジプト記16・13－21）。1人当たり1オメル（約2・3リットル）で十分だとモーセは言ったが、自分で使える量より多く集めようとした欲深い者がいた。だが、集めたマナを量ると、全員がぴったり1人1オメルであった。「多く集めた者も余ることはなく、少なく集めた者も足りないことはなかった」（同16・18）

パウロはこのマナの記事を引いて、経済的分かちあいについての自分の考えを論じた。神が荒野ですべての人びとに同量のマナを与えられたように、コリントの信徒たちも、キリストの体において「釣りあいをとる」ために与えるべきだとしたのである。

これは、神が求める経済関係は、教会でも社会でも、生産資源の面でも消費の面でも、すべての人は絶対的に平等でなければならないという意味だろうか？　私はそうではないと思う。聖書のほかの箇所には、個人の選択によって経済的な結果も異なることを前提とする記述があるからだ[44]。

しかし、聖書は最低限のこととして、生きるための必要にさえ事欠く人がいたら、経済的に分かちあって助けることを私たちに促している。少なくとも、生活に必要な基本的なものにさえ事欠く人には惜しみなく与えなくてはならないというレベルで、結果の平等を聖書は求めているのである。

大ローマ帝国を屈服させた分かちあいの経済

経済面での新しい関係を説く教えに従って、最初期の教会の人びとが貧しい人びとへの思いやりを育み、彼らならではの方法でそれを示した事実を知ると、胸が踊る。西暦125年ごろ、クリスチャンの哲学者アリスティデスは、教会での経済的分かちあいの模様を次のように書いた。

彼らは謙遜で親切、嘘偽りのない生活をし、互いに愛しあっている。やもめを軽んじることも、みなし子を悲しませることもない。持つ者は持たざる者に借しみなく与えている。見知らぬ人と出会えば、兄弟のように喜んで家に迎え入れる。血肉によらず、霊と神によって、互いに兄弟と呼びあっている。貧しい人が死んだときは、経済力に応じて埋葬の費用を負担する。メシアの名のゆえに投獄され迫害された者がいれば、その家族の困窮を補い、できれば救い出そうとする。貧しい者がいるのに与える物がないときは、必要な食べ物を与えるために、自分は二日でも三日でも断食することをいとわない。[45]

西暦250年には、ローマの教会が助ける困窮者の数は1500人に達していた。ドイツの神学者マルティン・ヘンゲルによれば、帝政末期のローマにおいて、このような経済的分かちあいは珍しいものだった。[46]

このように一新された生活が部外者にも強い印象を与えたことは、異邦人であるローマ皇帝でさえそれを認めていることからも明らかである。背教者ユリアヌスは、その短い治世（西暦361－63）でキリスト教を撲滅しようとした皇帝だが、異邦人の仲間に対して、「あの神を神とも思わぬガリラヤ人ども（クリスチャン）は、仲間内の貧乏人だけでなく、わが民をも助けている」と、しぶしぶ語っている。自らの手で復興させようとした異教の宗教が貧者を助けられなかったことを、無念の思いで認めたのだった。[47]

神はご自分の民に対し、すべての家族が見苦しくない程度の暮らしに必要な収入を得るための資源を持つことができ、自分の力だけでは生活できない人には行き届いた支援が与えられるような共同体の生き方をせよと、何度も繰り返し命じた。この原則が、ヨベルの年や安息年、十分の一の献げ物、落穂拾い、そして利子禁止の規定を貫いている。イエスも何度も繰り返し、困っている者に分け与えよと説いた。日々の必要にも事欠くほど貧しいクリスチャンがいたら、ほかのクリスチャンが惜しみなく分け与えた。

エルサレム教会の経済的分かちあいによって伝道が力強く推進されたということは、神がエルサレム教会のあり方を承認し、祝福したということである。聖書のある箇所に、神の民のあいだでは経済関係を一新せよという命令があり、別の箇所に、その命令を守った者への祝福が記されているのだから、そこに今日の教会にとっての規範があることは間違いない。

当時の教会が聖書の教えをそのまま実践していたことに、いまさらながら驚かされる。聖書は、神がご自身の民のあいだで新しい経済的関係が実現することを願っていると何度も記している。義援金を募ったパウロは、それを実践した。パウロの方法はレビ記25章の方法とは異なるが（パウロの時代の神の民は、さまざまな土地に住む多民族から成る集団だった）、原則は同じだ。神の民となったコリントのギリシャ人は、エルサレムにいる貧しいユダヤ人キリスト者たちと分かちあい、神に贖われた民のあいだに新しい経済関係が生まれたのである。

聖書の経済正義を貫く二つの原則

最初期の教会の生活の細部をすべてまねる必要はない。ならうべき規範は、エルサレム教会が何をしたかではなく、聖書が何を教えているかだ。とはいえ、使徒言行録やパウロ書簡［新約聖書に収められた27文書のうちパウロが執筆した文書。すべて書簡形式］に書かれている経済的分かちあいの教えを無視することはできない。

神が求めている経済正義の性質について、聖書には二つの重要な手がかりがある。

第一に、神はすべての人が、生計を立て、共同体の尊厳ある一員となるのに必要な生産資源を所有することを望んでいる。今日のグローバル経済の中で生きる私たちも、働けるすべての人がまともな生活を送るための資源を持てる社会の建設に取り組むべきである。

第二に、神は、働くことのできない人については、その生活を支えるのに必要なものを働ける者が惜しみなく分け与えることを望んでいる。

聖書の教えはまず教会で実践されなくてはならない。残念ながら現在、世界のキリストの体の中での経済関係は、非聖書的で罪深い。それは伝道を妨げ、イエス・キリストの体と血を冒瀆している。米国人が毎年廃棄している食品のドル換算価値は、アフリカのすべてのクリスチャンの合計年収の4分の1以上にも達する。[48] 世界のクリスチャンの一部だけが年々富を増し加える一方で、ほかの兄弟姉妹が最低限の医療や教育しか受けられず、場合によっては食料の確保にさえ苦労しているという状況は、おぞましい罪と言わなくてはならない。

それはちょうど、教会にいる貧しい人には分け与えず、自分だけごちそうを食べていたコリント教会の金持ちのクリスチャンに似ている（Ⅰコリント11・20―29）。私たちも彼らと同じで、世界に広がった教会をキリストの体としてとらえることができていないのだ。そのため、主イエスを礼拝しながら、その体と血を汚すという悲劇を招いている。

米国のキリスト教の教会や団体は、2003年から13年の11年間に、新しい建物の建設だけで6500億ドルも使っている。[49] もし自教会のだれかが飢えていたら、飾り立てた高価な会堂を建築しようとするだろうか。私たちは、アフリカや中南米のクリスチャンは自教会のメンバーほどにはキリストの体の一部ではないと考えているのであり、真正面からパウロの教えに反抗する生き方をしているのである。[50]

キリストの体における、持つ者と持たざる者との断絶は、世界宣教の大きな障害である。空腹を抱えた開発途上国の人びとにとって、世界で最も富む社会を象徴するような人びと――その社会の資沢さを擁護することさえある人びと――が語るキリストを受け入れることは困難である。

失われた機会や、過去と現在の罪を悔やむあまり、可能性を見失うのもよくない。私たちは貧富の格差によって危険なまでに引き裂かれている世界に生きている。だからこそ、ほんのひと握りでも、富む社会に住むクリスチャンが経済的分かちあいという聖書の原則に従って生き始めるなら、世界は驚くに違いない。今日、福音宣教に与える影響力の点で、これ以上のものは多くない。キリストにつながる人びとのあいだで愛と一致の経済関係が成立すれば、イエスが確かに神から来たことを多くの人が認めるだろう（ヨハネ17・20―23）。

今日、キリスト教会は世界で最も普遍的な広がりのある集団である。世界が歴史的危機にあるいま、教会には、分かちあう生き方の模範を示す機会がある。教会は過去に、貧しい人びとへの思いから、率先して学校や病院をつくってきた。その後、教会が示した模範を世俗の政府が社会の制度として定着させていった。21世紀前半、危機的なまでに分断された世界は、いまいちど経済的分かちあいの新しい模範を待っている。この期待に応えるクリスチャン、裕福であっても惜しみなく分かちあう心を持ったクリスチャンは、どこにいるのだろう。

理解を深めるための質問

① あなたの周囲のクリスチャンは、自分の信仰が外国のクリスチャンとのあいだの経済関係と関係があると考えているか。考えていないとすれば、聖書は彼らに何を訴えているか。
② 現代の経済に当てはめると、ヨベルの年と安息年の債務放棄にはどんな意味があるか。
③ エルサレムの最初期の教会で行われていた分かちあいの経済を、自分の言葉で説明してみよう。
④ 今日のグローバルな教会は、パウロが主導した大陸を越える献金から何を学び、どう行動すべきか。
⑤ 聖書は経済正義について何を教えているか。

第5章　私有財産と富の蓄積

神に従う人の家には多くの蓄えがある。
神に逆らう者は収穫のときにも煩いがある。
（箴言15・6）

富を得ようとして労するな。分別をもって、やめておくがよい。
（箴言23・4）

聖書は私有財産をどう考えているか

「お金について、あなたが考えていることを教えてほしい」とビリー・グラハム〔米国の著名なキリスト教伝道師〕は言った。「そうすれば私は、あなたが神について考えていることを言ってあげよう」[1]

お金についての私たちの態度は、私たちの信仰について何を世界に伝えているだろう？　お金について、私たちの考えは神の考えと一致しているだろうか？　そもそも、私たちはお金について神が何と言っているか知っているのだろうか？　神は不動産について何と言っているだろう？　貧しい人については？　金持ちについては？　神にとって、お金は重要な問題なのだろうか？

聖書は私有財産を認めている

十戒は、字句と精神の両方で財の私有を承認している。[2] 神は隣人の所有する家や土地や家畜を盗むことを、それどころか欲しがることさえ禁じた（出エジプト記20・15、17、申命記5・19、21。また申命記27・17、箴言22・28も参照）。

イエスは自分に従う人びとに、貧しい者に施し、返済してもらえそうになくてもお金を貸すように命じた（マタイ6・2－4、5・42、ルカ6・34－35）。人に貸すためには資産やお金を所有していなければならなず、イエスが私有財産を正当と認めていたことがわかる。弟子のシモン・ペテロは家を所有しており、イエスもしばしばそこに立ち寄っていた（マルコ1・29）。家を所有している者は、神のしもべを招き入れてもてなしてもいる（ルカ10・5－7）。

前章で見たように、経済的な分かちあいが劇的なまでに進んでいたエルサレムの最初期の教会においてさえ、私有財産は認められていた。聖書のさまざまな箇所で、私有財産の正当性は一貫して承認されている。[3]

私有財産は絶対的権利ではない

しかし、私有財産権は絶対的なものではない。聖書に従えば、財産の所有者は、隣人の必要を無視して自分の儲けを自由に追求してもよいわけではない。

現代人の中にはこの考えに同意しない者もいる。彼らは私有財産の権利は絶対的なもので、アダム・スミスがその考えの正しさを裏づけていると論じている。

スミスが１７７６年に出版した1冊の本が、その後の2世紀で西欧社会をかたちづくった。[4] スミスは、競争社会において各人が自分の経済的利益を追求すれば、すべての人にとっての善がもたらされると論じた。需要と供給の法則が有効に働くなら、そして非独占的な競争経済の中ですべての人が自分の利益を追求するなら、社会にとっての善が達成されるというのである。

アダム・スミス自身は全面的には同意しないかもしれないが、純粋な自由放任経済を支持する人びとは、土地や資本の所有者は最大の利益を追求する権利があるだけでなく、義務も負っていると主張している。そして、政府によるあらゆる経済介入を、私有財産権への侵害であるとして拒否しようとする。

この考えは経済的に成功した人には魅力的だ。実際、自由放任経済をクリスチャンにふさわしい経済として支持する議論さえある。[5] だがそれは、かなりの程度、啓蒙主義の産物だ。[6] 神は経済の主でもあるという聖書の真理に則ったものではなく、現代の世俗的見解を反映した考え方である。

私は社会主義経済が市場経済よりすぐれていると言いたいのではない。基本的には市場メカニズムに依拠した上で、貧しい人びとに力を与える《エンパワー》ために民間と政府が適切な調整や介入を行うというのが、今日知られている最良の代替案である（詳しくは第8章と第11章を参照）。

それは、経済への政府の介入をほとんどすべて拒否する純粋な自由放任主義やリバタリアンのアプローチとは大きく異なる。

私有財産に対する自由放任経済と異教のローマ帝国の考え方には、似通った点がある。『クリスチャニティ・トゥデイ』誌の創刊編集長であったカール・Ｆ・Ｈ・ヘンリーが、聖書の思想とローマの思想の適確な比較を行なっている。

ローマ法すなわちユスティニアヌス法典によれば、所有権は自然権から派生しており、個人がその所有物に対して持つ無制限で独占的な力と定義される。そこには、所有物を恣意的に、他者の意思と無関係に使用できるという、所有者の権利が含意されている。……（この異教的な考えは）今日でも、自由世界の日常的慣行の隠れた前提となっている。[7]

絶対的所有者は神

一方、聖書の信仰によれば、ヤハウェはすべての主であり、歴史の至高の主権者である。経済は、神の主権と無関係な、中立的な世俗の領域に属することがらではない。経済活動もまた、生活のあらゆる分野がそうであるように、神の意思と啓示に従わなくてはならないのである。

ヤハウェが生活の全領域で主であるという聖書の教えは、私有財産権は絶対かつ不可侵であるという広く共有された思いこみにどのような修正を迫るだろう。聖書は、神のみが財産に対して絶対的権利を持っていると主張している。聖書はさらに、この絶対的所有者が、財産の取得と使用に重要な制限を課していることも教えている。

詩篇の作者が、ヤハウェの究極的所有権についての聖書の考えを要約している。「地とそこに満ちるもの、世界とそこに住むものは、主のもの」（詩篇24・1）。神はヨブに「天の下にあるすべてのものはわたしのものである」と告げた（ヨブ記41・3。詩篇50・12、申命記26・10、出エジプト記19・5も参照）。

神が50年ごとに土地の再分配を命じることができたのも、まさに土地の絶対的所有権が、イスラエルの農民にではなく神にあったからこそである。「土地を売らねばならないときにも、土地を買い戻す権利を放棄してはならない。土地はわたしのものであり、あなたたちはわたしの土地に寄留し、滞在する者にすぎない」（レビ記25・23）。

貧しい人の福祉が優先される

絶対的所有者である神は、財産の取得と使用に対して、イスラエルの民に制限を課している。旧約聖書によれば、「財産権は、原則として、社会のより弱い成員に対する配慮義務の下位に置かれていた」[8]。そのことは、ヨベルの年、安息年、落穂拾い、利子禁止の定めにはっきり表われている（第4章参照）。

土地の所有者にも、畑の収穫のすべてを取り尽くす権利はなく、いくらかは貧しい人のために残しておかねばならなかった。

イスラエルの農民が土地を買うとき、実際にはヨベルの年までの使用権を買っていた（レビ記25・15－17）。その使用権さえ絶対ではなかった。売り手の親戚が現れたら、ヨベルの年の前でも、買い手はただちにその土地を売り戻さねばならなかった。売り手には、財務状況が回復すればただちに土地を買い戻す権利があった（レビ記25・25－28）。買い手の所有権は、もとの所有者が先祖伝来の土地を所有する権利に従属したのである。

神はだれもが生計を成り立たせるための生産資源を持つことを望んだ。すべての人にとっての正義、特に恵まれない人にとっての正義が、市場価格で土地を買った人の財産権より優先する。富む人の利益追求権より、貧しく恵まれない人がまともな暮らしをするための手段を保有する権利のほうが優先するのである。

さて、聖書は自由放任経済を退けたが、それでは共産主義の経済システムを支持するかというと、いかなる意味においてもそのようなことはない。聖書の原則は、家族が経済面の針路を自らコントロールできるような、分権化された私的所有の方向を指し示している。究極的には神のものである土地やその他の資源の管理者《スチュワード》として、人には、自らの手で生計を立て、困っている人には惜しみなく分け与えるという、責任と特権が与えられているのである。

人間重視の経済原則

このような分権化された経済システムは、すべての人に神の同労者となる力を与える。また、自由を脅かし、不公正をはびこらせ、全体主義に拍車をかける経済的権力（生産手段を所有する国家であれ、巨大多国籍企業を支配するひと握りのエリートであれ）から人びとを守ってくれる。

旧約聖書の財産に対する考え方は、人間を尊重するイスラエルの伝統からきている。旧約聖書学者が指摘するところでは、イスラエルは、バビロン、アッシリヤ、エジプトなどの他の古代文明と異なり、法の前ではすべての人は平等だと考えていた。イスラエル以外の社会では、社会的地位（王家の役人か、貧しい者か、僧呂か）によって、犯罪に対する裁きと罰則が決まった。しかしイスラエルでは、すべての市民は法の下で平等であった。

人間をこのように高位に置いていたことで、財産の重要度は相対的に低下した。隣接する諸国家では、窃盗や強盗など所有物がからむ犯罪にはしばしば死刑の罰が下されたが、神の律法ではそのようなことはなかった。最も地位の低い人の命でも、最も高価な財産より価値があったのである。[9]

奴隷に対する扱いを見ると、古代イスラエルでは人間が尊重されていたことがよくわかる。イスラエル以外のすべての古代文明では、奴隷は単なる所有物件と見なされており、所有者は奴隷を恣意的に扱うことができた。しかし、イスラエルでは奴隷も人格を有するものとされ、財産目録の一項目ではなかった。一定の権利を奴隷に保証する法律もあった（出エジプト記21・20、26－28、申命記23・15－16）。

ドイツの旧約聖書学者ヴァルター・アイヒロットは次のように述べている。「神の命令とも一致するが、人間一人の命は、たとえそれが最も貧しい者の命であっても、どんな物よりも大きな価値があるという事実がある。人を悲惨な状況に陥れることで少数者に利益をもたらす、すべての経済開発にとって、この事実は克服しがたい障害となっている」[10]

富むことの危険

多くの物を所有すると、私たちはすべての良きものは神から来ていることを忘れてしまう。全能の神ではなく、自分自身と自分の富に頼ってしまう。自分に意識が向かい、神を忘れ、神が創造された人びとのことを忘れてしまう。自己陶酔に陥り、所有の喜びに惑わされてしまうのである。

裕福なクリスチャンのほとんどは、物を所有することの危険性を教えるイエスの言葉を信じていない。イエスは、裕福な人がクリスチャンになるのはきわめて難しいとさえ言って、所有の危険を強調した。「金持ちが神の国に入るよりも、らくだが針の穴を通るほうがまだ易しい」（ルカ18・25）

米国に住むクリスチャンは、世界史的に見ても最も裕福な社会に住んでいる。それを遠巻きに取り囲んでいるのは、絶望的困窮の中にある12億の人びと、貧しい24億の人びとだ。私たちは彼らの状況が改善することより、自国の経済成長を気にしている。富の危険を説く非アメリカ的なイエスなど、無視するか解釈しなおしてしまえと言わんばかりだ。

神を忘れさせる

だが、イエスはつねに同じことを語り続けている。マタイもマルコもルカも、イエスの厳しい警告を書き記している。「財産のある者が神の国に入るのは、なんと難しいことか」（ルカ18・24、マタイ19・23、マルコ10・23）。この言葉が語られた状況を見ると、所有することがなぜ危険かがわかる。イエスがこの言葉を弟子たちに語ったのは、金持ちの青年がイエスに従うよりも富を選ぶ決心をした直後だった（ルカ18・18―23）。富が危険なのは、富の魅力がしばしば人を惑わせ、イエスと神の国を拒むよう仕向けるからである。

テモテへの手紙第一6章は、イエスの教えをさらに強調している。クリスチャンは衣食が足りればそれで満足すべきだというのである（Ⅰテモテ6・8）。なぜか？

> 金持ちになろうとする者は、誘惑、罠、無分別で有害なさまざまの欲望に陥ります。その欲望が、人を滅亡と破滅に陥れます。金銭の欲は、すべての悪の根です。金銭を追い求めるうちに信仰から迷い出て、さまざまのひどい苦しみで突き刺された者もいます。（Ⅰテモテ6・9―10）。

富の欲に取り憑《つ》かれた人は、経済的成功のためならなんでもしようという気になりがちだ。そうなった人は苦しみを味わい、やがて滅びに入れられると聖書は警告しているのである。

経済的成功が神を忘れさせるという問題は、旧約聖書にも取りあげられている。イスラエルの民が約束の地に入る前、神は富の危険について警告している。

わたしが今日命じる戒めと法と掟《おきて》を守らず、あなたの神、主を忘れることのないように、注意しなさい。あなたが食べて満足し、立派な家を建てて住み、牛や羊が殖え、銀や金が増し、財産が豊かになって、心奢り、あなたの神、主を忘れることのないようにしなさい。……あなたは、「自分の力と手の働きで、この富を築いた」などと考えてはならない。（申命記８・11−14、17）

争いと戦いを引き起こす

ありあまる所有物は神を忘れさせるだけでなく、富の追求は往々にして、人を互いに戦わせ、貧しい者を顧みなくさせる。

何が原因で、あなたがたのあいだに戦いや争いが起こるのですか。あなたがた自身の内部で争いあう欲望が、その原因ではありませんか。あなたがたは、欲しても得られず、人を殺します。また、熱望しても手に入れることができず、争ったり戦ったりします。（ヤコブ４・１−２）

世界の歴史をふりかえれば、まさにこの通りであったことがわかる。

貧しい者を思いやる心を失わせる

富む者の心は、貧しい人に対する思いやりへと開かれていくのではなく、逆に閉ざされていくことが多い。そういう実例が聖書にはふんだんに収められている（イザヤ書５・８−10、アモス書６・４−７、ルカ

16・19－32、ヤコブ5・1－5）。ブラジルのエルデル・カマラ大司教は、貧しい人びとの側に立って社会正義を追求しつづけているが、この点についてはっきりと言っている。

> 子どものころの私は、富の危険について警告するキリストのことを、ずいぶん大げさに言うものだと考えていた。しかし、少しはものごとを知った今は、金持ちになっても人間らしい心を忘れないでいることの難しさがわかる。お金には、見るものすべてを損得の尺度で測らせ、私たちの手と目と唇、そして心を凍らせてしまう危険な力がある。[11]

所有には危険がともなう。所有することによって、貧しい人に無関心になり、争いや戦争を起こし、神を忘れる。所有することで、果てしない貪欲の渦にからめとられてしまう。

際限のない貪欲に陥る

「貪欲」という語（新約聖書に19回登場する）には、富の危険を聖書がどう理解しているかが表われている。*pleonexia*（プレオネクシア）というギリシャ語（訳せば「貪欲」）は、「物的所有を求めて血まなこになる」という意味である。[12]

「愚かな金持ち」のたとえ話は、貪欲の本質をよく描いている。一人の男がイエスのもとに歩み寄り、遺産相続で自分が取り分を確保できるようとりなしてほしいと頼んだが、イエスは断った。そして、男の真の問題を見抜き、貪欲の危険に注意を促した。

どんな貪欲《プレオネクシア》にも注意を払い、用心しなさい。有り余るほど物を持っていても、人の命は財産によってどうすることもできないからである。
（ルカ12・15）

そして、物への執着に取り憑かれているその男に、イエスは愚かな金持ちの物語を話して聞かせたのである。

ある金持ちの畑が豊作だった。金持ちは、「どうしよう。作物をしまっておく場所がない」と思い巡らしたが、やがて言った。「こうしよう。倉を壊して、もっと大きいのを建て、そこに穀物や財産をみなしまい、こう自分に言ってやるのだ。『さあ、これから先何年も生きて行くだけの蓄えができたぞ。ひと休みして、食べたり飲んだりして楽しめ』と。しかし神は、「愚かな者よ、今夜、お前の命は取り上げられる。お前が用意した物は、いったいだれのものになるのか」と言われた。自分のために富を積んでも、神の前に豊かにならない者はこのとおりだ。
（ルカ12・16－21）

この愚かな金持ちは、貪欲な人間の姿を表わしている。彼には、もっとたくさん所有したい、必要のない物でも所有したい、という欲があった。そして、財産や富の蓄積に成功したために、たくさんの物を持てばあらゆる必要が満たされるという冒瀆的な考えを持ってしまった。このような考えは神の目から見たら狂気でしかない。この男は乱心してしまったのである。

このたとえ話を読むと、富める私たちの社会を思い起こさずにはいられない。私たちはどうでもいいような機能のガラクタ製品を増やし、大きな家を建て、贅沢な車を走らせ、豪華なファッションで身を包むことに懸命だ。

それらが生活の質を高めてくれるから欲するのではなく、とにかく多く所有しようという妄想に駆り立てられてそうしているのだ。いまや貪欲——物を所有するために血まなこになること——は、西洋社会の徳目となってしまった。

新約聖書は貪欲について多くのことを語っている。貪欲の本質は偶像崇拝である。欲深い者は教会から追放しなくてはならないと聖書は教えている。貪欲な人が御国を受け継ぐことはない。

神は人を貪欲に引き渡すことによって罰することがある。ローマ人への手紙1章でパウロは、神は神に背く者に対し、背きつづけることによる破滅という罰を下す場合があると述べている。

> 彼らは神を認めようとしなかったので、神は彼らを無価値な思いに渡され、そのため、彼らはしてはならないことをするようになりました。あらゆる不義、悪、むさぼり、悪意に満ち、ねたみ、殺意、不和、欺き、邪念にあふれ、陰口を言う。（ローマ1・28―29）。

貪欲は、神が私たちの背きに対して課す罰としての罪の一つなのである。

愚かな金持ちのたとえ話は、その罰がどんな結果をもたらすかを説明している。創造主と交わるために造られた私たちは、物的所有をどんなに追求しても、真の充足を得ることはできない。そこで、もっと大きな家を、もっと大きな倉庫をと狂おしく絶望的なまでに追い求め、ついには所有物を礼拝するところまで堕ちていく。パウロが指摘するように、貪欲は究極的には偶像崇拝なのだ（エペソ5・5、コロサイ3・5）。

今日のクリスチャンは、父の妻を妻にしている者を交わりから断てとパウロが言うのを聞けば、当然の罰だと受けとめる（Ⅰコリント５・１－５）。だが、その同じ話の流れの中でパウロが、クリスチャンでありながら貪欲な者とはつきあってはならないし、ともに食事をしてもならない（同５・12）と命じていることは無視している。

毎年、何百万という子どもが飢えて死んでいくというのに、私たちはもっと高い生活水準を求めている。これが貪欲の罪でなくて何であろうか。この罪に対して教会は、聖書にあるとおり、戒めを与えるべきではないだろうか。[13] 貪欲によって「経済的成功」を収めた人については、教会の役員に選ぶのではなく、パウロが示した教会の規律を適用するほうが聖書的なのではないだろうか。

それは、貪欲な者は神の国を継げないという聖書の警告を伝えるための最後の手段かもしれない。

正しくない者が神の国を受け継げないことを、知らないのですか。思い違いをしてはいけない。みだらな者、偶像を礼拝する者、姦通する者、男娼、男色をする者、泥棒、強欲［貪欲］な者、酒におぼれる者、人を悪く言う者、人の物を奪う物は、決して神の国を受け継ぐことができません。

（Ⅰコリント６・９－10）

貪欲は偶像礼拝や姦淫と同じぐらい罪深い。エペソ人への手紙も貪欲の罪について語っている。

すべてみだらな物、汚れた物、また貪欲な者、つまり偶像礼拝者は、キリストと神との国を受け継ぐことはできません。

（エペソ５・５）

これらの聖句の前に私たちはひざまずかずにはいられない。私は、自分はこれまでに何度もむさぼりの罪を犯してきたのではないかと恐れる。圧倒的多数のクリスチャンも同じ思いではないだろうか。物的所有の追求は、私たちを偶像礼拝を含むさまざまな罪に陥れる。今日のクリスチャンは、貪欲な文明の物質主義から何としても逃れることが必要だ。

「禁欲主義」という間違い

物を所有することは危険だ。だが、あれこれの物それ自体が悪なのではない。[14] 聖書の啓示は天地創造から始まるが、神は創造されたものを良しとされた（創世記1章）。

聖書的信仰は、食べ物や財産やセックスを遠ざける禁欲を、それ自体で徳が高いこととは考えない。それらは造られた良きものであり、聖アウグスティヌスが言ったように、愛する神から贈られた指輪のようなものだ。

たとえば緊急の使命や貧しい人の必要に応えるといった特別な状況では、それを放棄することが必要な場合もあるが、それは神が造った良きものの一部だ。恋人からの指輪のように、神の愛のしるしである。神そのものと取り違えることなく、神の愛情のしるしとして大切にするなら、それは素晴らしい贈り物として私たちの生活を豊かにしてくれる。

神がイスラエルの人びとに与えた、収穫の十分の一の献げ物に関する規定は、聖書の考え方をよく表わしている（申命記14・22－29）。3年目ごとに収穫の十分の一を貧しい人びとに与えるよう定められていたが（同14・28）、それ以外の年には、人びとは礼拝所に行き、祝宴を催すことになっていた。とびきり豪勢な、喜ばしい祝宴である。

　あなたの神、主の御前で、すなわち主がその名を置くために選ばれる場所で、あなたは、穀物、新しいぶどう酒、オリーブ油の十分の一と、牛、羊の初子を食べ、常にあなたの神、主を畏れることを学ばねばならない。（申命記14・23）

礼拝所が遠い人は、収穫物の十分の一を売って、お金を持参してもよいとされた。祝宴のあり方について神はこう言っている。「銀で望みのもの、すなわち、牛、羊、ぶどう酒、濃い酒、その他何でも必要なものを買い、あなたの神、主の御前で家族と共に食べ、喜び祝いなさい」（申命記14・26）。神は人びとに、栄光に満ちた創造の良き業を祝うことを望んでおられるのである。

イエスの模範は、そのような旧約聖書の教えと完全に一致している。イエスは所有することの危険について多くを語ったが、禁欲主義ではなかった。喜んで結婚の祝宴に加わったし、ぶどう酒の調達に手を貸したことさえあった（ヨハネ２・１－11）。金持ちとともに食事もした。「大食漢で大酒飲み」という悪意の噂が流れたほど、ごちそうや祝い事が好きだった（マタイ11・19）。キリスト教の禁欲主義には長い歴史があるが、このようなイエスの生き方は、その前提を根底から突き崩す。

テモテへの手紙第一の短い一節に、聖書の考え方が簡潔に要約されている。終わりの時に、結婚を禁じたり、ある種の食物を断とうとする人びとがいるが、それは間違いだというのである。

神がお造りになったものはすべて良いものであり、感謝して受けるならば、何一つ捨てるものはないからです。（Ⅰテモテ４・４）

創造されたものはすべて良いという教えは、聖書の他の箇所とも矛盾しない。貧しい人を助け福音を伝えるためには、自分を捨てなくてはならないことがあるのは事実だ。だが、聖書的なバランスを取る必要がある。富むクリスチャンが生活水準を落とさなくてはならないのは、食べ物や衣服や財産が本来的に悪だからではない。飢えて苦しんでいる人がいるからである。

創造されたものは良いものである。ただ、この豪華な愛のしるしを私たちに賜わった方が、私たちがそれを兄弟姉妹と分けあうことを願っているのである。

富と繁栄は義人のしるしなのか

神と人を敬い、富の危険をわきまえ、創造された良きものを喜ぶなら、繁栄が約束されているのだろうか。「神に従う人の家には多くの蓄えがある」（箴言15・６）というのは本当だろうか？　逆に、多くの蓄えがあることは神に従っていることの証拠となるのだろうか？

聖書は貧しさを美化しない。貧しさは呪いである（サムエル記下３・29、詩篇109・８－11）。罪の結果としての貧しさもある。ヨブ記の最大の要点は、貧困と苦難は必ずしも不従順のせいではないということだ。実際、神に贖われる貧困もある（イザヤ書53章）。だが、たとえそうだとしても、貧困や苦難そのものは良いものではなく、良き創造の悲しむべき歪みである。

他方、繁栄は良いものであり、望ましいものである。神はイスラエルの民に、わたしに従うなら乳と蜜の流れる地で繁栄させよう、と繰り返し約束した（申命記6・1－3）。「あなたがあなたの神、主の御《み》声《こえ》に聞き従うならば、これらの祝福はすべてあなたに臨み、実現するであろう。……主は、あなたに与えると先祖に誓われた土地で、あなたの身から生まれる子、家畜の産むもの、土地の実りを豊かに増し加える」（申命記28・2、11。同7・12－15も参照）。このように聖書には、神が従う者をしばしば物質的な富で報いるとはっきり書かれている。

しかし、祝福の約束には、つねに呪いの警告がともなっていた（申命記6・14－15、8・11－20、28・15－68）。本書第3章と第4章で明らかにしたように、神が民に最も頻繁に命じたことの一つは、飢えている者に食べさせ、貧しく抑圧されている者のために正義を行なうことであった。イスラエルはたびたびこの命令に背いたため、神の呪いを経験する。アモスとイザヤの時代、富む者は、神の祝福によってではなく、貧しい者を抑圧する罪によって富を蓄えた。そのため、神はイスラエルを滅ぼした。

聖書には、神に従う者は繁栄するという記述より、貧しい者を顧みず虐げる者は罰されるという警告のほうが多い。[15] この二つは矛盾するわけではなく、どちらも真実だ。私たちに必要なのは聖書的バランスである。

聖書は確かに、神は従順に対して繁栄をもって報いると書かれている。しかし、その逆は否定している。つまり、富と繁栄はつねに義人のしるしであるという、西洋でおなじみの考えは、聖書の異端的解釈なのである。富と繁栄は、イスラエルでそうであったように、罪と抑圧の結果ということもあるのだ（本書第3章参照）。

ある人の繁栄が従順の報いなのか罪の結果かなのかは、その人が神の命令に従って被抑圧者のための正義を行っているかどうかで見分けることができる。[16] もし従っていないなら、それは神に対する不従順である。聖書に照らせば、正義が行われていない中での繁栄は、従順への報酬ではなく抑圧による簒奪《さんだつ》であり、とうてい義のしるしとは言えない。

義を行なうこと、繁栄すること、そして貧者の側に立つことの三つの関連について、聖書がはっきり教えている。

たとえば、箴言31章の「しっかりした妻」の姿が美しく物語っている。畑を買ったり商売に手を染めたりするなど、この妻は勤勉な働き手だ（14、16、18節）。そして、主を畏れる正しい女性である。主に対する従順と勤勉さが彼女に繁栄をもたらしたことははっきりしている。しかし、富を得ても貧しい人びとへの思いやりを失わず、「貧しい人には手を開き、乏しい人に手を伸べる」（20節）人であった。

詩篇112篇もまた、はっきりと三者の関係を述べている。

幸いなことよ。主を恐れ、その仰せを大いに喜ぶ人は。……繁栄と富とはその家にあり、彼の義は永遠に堅く立つ。……主は情け深く、あわれみ深く、正しくあられる。しあわせなことよ。情け深く、人には貸し、自分のことを公正に取り行う人は。……彼は貧しい人びとに惜しみなく分け与えた。

（詩篇112・1、3－5、9）

正しい人は貧しい人びとに惜しまず分配し、虐げられている人びとのための正義を追求する。そのような生き方は、その人の繁栄が他者を踏みつけにして得られたものではなく、主に従ったためのものであることを示している。

神は正義をともなう繁栄を願っている。ジョン・V・テイラーが的確に指摘するように、物質的所有を正しく判定する聖書的規範は「足るを知る」ということである。[17] その意味を次の聖書の言葉が見事に要約している。

　貧しくもせず、金持ちにもせず、わたしのために定められたパンで、わたしを養ってください。飽き足りれば裏切り、主など何者か、と言うおそれがあります。貧しければ盗みを働き、わたしの神の御名を汚しかねません。（箴言30・8－9）

ここで、富むクリスチャンは、神は従順に対して富をもって報いることもあるという聖書の教えを歪めてはならない。たまのクリスマスに金持ちが施しをしても、神の命令に従ったとは言えない。神が願っているのは、気まぐれな慈善ではなく貧者のための正義である。正義とは、ヨベルの年の規定や安息年の負債の免除のような、だれもが生活に必要な生産資源を保有できる経済構造のことだ。正義のためのそのような聖書的行動を欠く繁栄は、間違いなく不従順の結果である。

貧しいことは幸いなのか

すでに見たように、旧約聖書は、神の祝福として物質的豊かさが与えられることもあると教えている。だが、それは「貧しい人びとは幸いである、神の国はあなたがたのものである」（ルカ6・20）というイエスの言葉と両立するのだろうか？　イエスは貧困それ自体に徳があると考えていたのだろうか？　さらに、このルカの福音書に記された言葉とマタイの福音書に記された言葉――「心の貧しい人びとは幸いである」（マタイ5・3）――の違いについては、どう考えればよいのだろう?

キリストの出現に先立つ数世紀のあいだに形成された「敬虔なる貧困」という概念が、この疑問に答える。詩篇には、よこしまな金持ちに虐げられている貧しい人びとは、神の好意や保護にあずかれるという認識が記されている（詩篇9・18、10・1―2）。[18] まずギリシャ、次いでローマがパレスチナを征服したとき、ヘレニズムの文化と価値体系がユダヤ人に押しつけられた。それでもヤハウェに忠実であり続けた人びとは、しばしば経済的に苦しい目にあった。そのため、「貧しい」という語は、神に忠実なユダヤ人のことを表わすようになったのである。

貧しいということは、すなわち敬虔で、神を畏れ、信仰深いということであった。それは、金持ちといえば外来の文化に染まり、宗教を新しい流儀にあわせて堕落させてしまった人を意味した当時の状況を反映している。貧しさが敬虔、忠実、被抑圧の象徴なら、裕福さは力、不敬、この世との妥協、あまつさえ背教を意味した。[19]

そのような時代背景にあっては、義人はしばしば貧しく、飢えていた。心の状態のことではなく、実際の生活においてのことである。マタイはイエスの言葉を霊的なことがらに限定しようとしたわけではなく、その本来の意味を、別の面から表現したにすぎない。

イエスが語ったのは、必要とあらば物質的生活を犠牲にするほど義に飢え渇いている人びとのことだった。貧困や空腹が望ましいと言っているのではない。だが、神の法に背かなければ成功も繁栄も手にできないような罪に満ちた世界では、貧困と飢えは確かに祝福と言える。神の国はまさしくそのような人のものだからである。

マルコの福音書10章29－30節のイエスの言葉が、もっとはっきり教えている。神の国のためにすべてを捨てる者は、この世でその百倍を受けるとイエスは約束した。そこには、私たちに喜びをもたらすよき創造の一部である家や土地さえも含まれている。しかし同時に、迫害があることもイエスは約束している。権力を誇るよこしまな金持ちは、ときに――ほとんど常にと言うべきか――妥協せずにイエスに従う人びとを迫害することがある。その結果は飢えと貧困である。そういう時代にあっては、空腹を抱えた貧しい弟子は確かに祝福を受けたのである。

今日、再びそのような時代が訪れようとしているのではないかと私は恐れる。富と貧困について、聖書の教えを人に説き、自らも生きる人が、悲惨な迫害を受ける時代がそこまで来ているのかもしれない。すでにそんな状況の国もある。中南米の一部では、貧しい人びとの側に立っているという理由で、クリスチャンが拷問を受け、殺されさえしている。

所有物のことで思い煩わない生き方

ほとんどのクリスチャンは、迫害ではなく、はるかに微妙な圧力に直面している。現代社会を覆いつくす物質主義は、所有物のことを気にかけないイエスの生き方にならおうとする人びとをあざ笑う。もしだれかが、次のイエスの言葉を、広告産業や教会堂建設の指針にしようと提案したら、どれほど激しい反対の声が挙がるだろう。

――だから言っておく。命のことで何を食べようか、体のことで何を着ようかと思い悩むな。命は食べ物よりも大切であり、体は衣服よりも大切だ。

鳥のことを考えてみなさい。種も蒔かず、刈り入れもせず、納屋も倉も持たない。だが、神は鳥を養ってくださる。あなたがたは鳥よりもどれほど価値があることか。あなたがたのうちのだれが、思い悩んだからといって、寿命をわずかでも延ばすことができようか。こんなごく小さな事さえできないのに、なぜ、ほかの事まで思い悩むのか。

野原の花がどのように育つかを考えてみなさい。働きもせず紡ぎもしない。しかし、言っておく。栄華を極めたソロモンでさえ、この花の一つほどにも着飾ってはいなかった。今日は野にあって明日は炉に投げ込まれる草でさえ、神はこのように装ってくださる。まして、あなたがたにはなおさらのことである。

信仰の薄い者たちよ。あなたがたも、何を食べようか、何を飲もうかと考えてはならない。また、思い悩むな。それはみな、世の異邦人が切に求めているものだ。あなたがたの父は、これらのものがあなたがたに必要なことをご存じである。ただ、神の国を求めなさい。そうすれば、これらのものは加えて与えられる。

（ルカ12・22－31。Ⅱコリント9・8－11も参照）


この言葉は、マルクス主義者にとっても、ある種の資本主義者にとっても、却下宣告《アナテマ》である。なぜなら、マルクス主義者は経済諸力を歴史の究極的動因とすることによって、一部の資本主義者は経済効率と成功を至高善とすることによって、どちらも物神崇拝《マモン》に陥っているからである[20]。

それとは意味が違うが、このイエスの言葉は、なんの不自由もなく暮らしている普通のクリスチャンにとってさえ却下宣告となる。正直に告白すると、私はこの言葉を読むと、きまって何かしら落ち着かない気分になる。美しい言葉が胸に迫るのだが、その一方で、どんなに努力してもここに描かれているような思い煩わない境地には到達できないと思うからである。

思い煩わない生活の秘訣

思い煩わない生活の秘訣は何だろう。まず第一に、将来が不安なために、所有物を分かちあおうとせず、握りしめて離さない人が多い。そのような態度は、つきつめて考えれば不信仰ではないだろうか。もし、神はイエスが言うとおりの方だと信じるなら、先のことを心配せずに生きていけるはずだ。

イエスは、神は愛に満ちた父だと教えている。だから私たちは神に「アッバ」と呼びかけることができる。それは子が父に「パパ」と呼びかけるような、優しさと親しさのこもった言葉である（マルコ14・36）。もし、宇宙を創造し、支えている全能の存在が、自分を愛してくれている「パパ」だと本当に信じるなら、地上の所有物にまつわる心配など忘れることができるはずだ。

第二に、不安のない生活のためには、イエスを主とする無条件の献身が必要だ。まず、心から天の御国を求めなければならない。人は神と富《マモン》の両方に仕えることはできないとイエスは断言する。

　だれも二人の主人に仕えることはできない。一方を憎んで他方を愛するか、一方に親しんで他方を軽んじるか、どちらかである。あなたがたは、神と富とに仕えることはできない。（マタイ6・24）

マモン（*mammon*）とは、謎めいた異教の神ではなく、富や財産を意味するありふれたアラム語である。[21]富める若い役人やザアカイ［ルカ19章に登場するユダヤ人の徴税人］のように、私たちはイエスか財産かの選択をしなければならない。次のイエスのたとえ話に出てくる商人のように、天の国を選ぶか裕福な暮らしを選ぶか、態度を決めなければならない。

天の国は次のようにたとえられる。商人が良い真珠を探している。高価な真珠を一つ見つけると、出かけて行って持ち物をすっかり売り払い、それを買う。

（マタイ13・45－46。44節も参照）

ほかのこと一切を犠牲にするほどでなければ、イエスに対して真剣であるとは言えない。

将来を神にゆだねられるか

イエスを本当に主とし、愛なる天の父を信頼するなら、所有物の心配をしないで生きていく勇気を持つことができる。それは心の姿勢だけではなく、具体的な行為となって表れる。思い煩いを知らない空の鳥と野のゆりについて述べた美しい描写のすぐあとで、イエスはこう語っている。

自分の持ち物を売り払って施しなさい。擦り切れることのない財布を作り、尽きることのない富を天に積みなさい。そこは、盗人も近寄らず、虫も食い荒らさない。あなたがたの富のあるところに、あなたがたの心もある。

（ルカ12・33－34）

暮らしのことを思いわずらわないイエスの弟子は、援助の必要な貧しい人がいれば、財産を売ってでも手を差しのべる。人間は財産よりはるかに重要だからである。人を助けることによって「天に宝を積む」ことができる。「ユダヤの書物では、信仰深い人の善い行ないは天国に積まれた財宝にしばしばなぞらえられた」[22]。地上で義の業を行なうことによって人は天に宝を積む。そして、貧しい人を助けることは、最も基本的な義の行ないとされていた。

もちろんイエスは、困っている人を助ければ救われる、と言っているのではない。イエスは、赦されたという恵みへの感謝ゆえに、所有物への気づかいなど忘れてしまう境地、困っている人のために所有物を手放すことを厭わない生き方を求めているのだ。所有物に頓着しない喜びの日々を送るなら、貧しい人に与えることは自然な行いになる。

すべての財産を売り払わなくてはならないのか

しかし難しい問題が残る。イエスは私たちに、すべての財産を売り払えと言っているのだろうか。「求める者には、だれにでも与えなさい。あなたの持ち物を奪う者から取り返そうとしてはならない」（ルカ6・30）という言葉は、どこまで文字通りに受け取らねばならないのだろうか?

イエスは話の要点を明確にするために、典型的なユダヤの誇張法を使うことがあった。たとえば、ルカ14章26節でイエスが、弟子になるためには父や母を積極的に憎めといっているとは思えない。しかし、私たちはイエスの言葉にあまりにも慣れてしまったために、根源的なディサイプルシップ［キリストの弟子としての生き方］と無条件の献身への招きを水で薄め、イエスの真意を弱めてしまっている。富む国に住む人びとの99パーセントが、99パーセントの時間を割いて耳を傾ける必要があるのは、文字通り、「求める者には、だれにでも与えなさい」、「自分の持ち物を売り払いなさい」という命令である。

イエスに従う者が、なにがしかの私財を所有しつづけることは間違いない。しかし、真に実《み》のある分かちあいには所有物の売却がともなうことを、イエスは教えている。エルサレム教会で最初にイエスに従った人びとは、この教えを真剣に受けとめた。今日の裕福なクリスチャンも、財産や所有物への思い煩いからの自由を経験したければ、同じことをする必要がある。

新約聖書は、他の箇所でも同じ主題を繰り返し述べている。監督《ビショップ》は金銭に執着する者であってはならない（Iテモテ3・3、テトス1・7）。教会で奉仕する者も恥ずべき利益をむさぼってはならない（Iテモテ3・8）。ところが、今日の多くの教会では、ビジネスで成功しているかどうかが、教会役員を選出する際の主要な基準の一つとなっている。これは、所有を重く見る聖書の教えの、ずうずうしい裏返しではないだろうか。

禁欲主義でも物質主義でもなく

裕福な者には、「不確かな富」に望みを置かないように気をつけ、神に望みを置いて惜しまず分け与えることが求められている（Iテモテ6・17－18）。「金銭に執着しない生活をし、いま持っているもので満足しなさい。神ご自身が、『わたしは決してあなたから離れず、決してあなたを置き去りにはしない』と言われました」（ヘブル13・5）

私たちの将来が守られるのは、所有物によってではなく、将来が愛なる全能の神の御手の中にあるからである。もし本当に神に信頼し、無条件でその主権に従うなら、私たちは確信を持って、財産や所有物のことを思い煩わないイエスの生き方をまねることができるだろう。

お金や財産で人の価値や重要性を測ることが多い消費社会では、聖書に従うクリスチャンは、禁欲主義に陥ることなく物質主義を拒否する。さまざまな物のすばらしさを楽しむが、それが人生に真の満足を与えるものではないことを忘れない。地球の美しさを楽しみ、その豊かな産物を味わうが、貧しい人びととの犠牲的な分かちあいを怠ることもない。必要と贅沢を区別することを忘れない。危険な誘惑をわきまえつつ、感謝して所有物を活かす。そして、イエスか所有物かの選択を迫られれば、喜んで所有物を捨てるのである。

理解を深めるための質問

① 聖書の教えは、現代の私有財産についての考えに、どのような反省を迫っているか。
② 富の危険性とは何か。その点に関する聖書の教えが、今日、理解しにくいのはなぜか。
③ 義と富の関係について聖書は何を教えているか。今日、それはどのように曲解されているか。
④ イエスが教える思い煩わない生き方を真剣に追求するなら、人生をどのように変える必要があるか。
⑤「神から贈られた指輪」というアウグスティヌスのメタファーから導かれる、所有物に対する適切な態度とはどのようなものか。

第6章　社会構造の中にある罪

あなたは反ユダヤ主義者ではなかった。……ユダヤ人の隣人を夕食に招いた。……だが、彼らに腕章を強制し、財産を騙し取り、死に追いやったヒトラーの政策に抗議しなかった。そんなあなたの小さな親切になど、何の意味もない。[1]

——リチャード・G・ワッツ

だれに罪があるのか

1950年代のはじめ、フィラデルフィアのノースイースト高校は、学業とスポーツの両面にすぐれた学校として知られていた。市で2番目に長い歴史があり、すぐれた教師陣と伝統を持つ学校だった。だが、50年代半ばになると、近隣の暮らしに変化が生じた。黒人たちが移り住んできたのだ。白人たちは、フィラデルフィア近郊にできた白人だけの新興住宅地、グレーター・ノースイーストになだれを打って逃れていった。人口が急増した白人地域に新しい高校が必要となるのは自然の成り行きだった。

こうして57年に新しく立派な高校が完成した。

その学校はノースイースト高校の名称を引き継ぎ、かつてその名で呼ばれていた学校の名声、伝統、そして文武両道のイメージを郊外へと運び出した。新設校は学業とスポーツの表彰状やトロフィー、校風、校歌、強力な同窓会、そして資金力を奪い取った。最悪だったのは、教師たちに新設校に転任する選択権が与えられたことで、教師の3分の2が学校を移った。[2]

市内に残された元の学校はエディソン高校と名称が変えられ、そこに通う黒人生徒に与えられたのは老朽化した校舎、頻繁に起用される代用教員だった。伝統は消え去った。その後数十年間、優秀な教師や適切な教育資源が送りこまれることはなく、エディソン高校の学業成績は落ち込んだ。

ただし、この学校には一つだけ際立った記録がある。全米記録だ。米国中のどの高校よりも、この高校の出身者はベトナムで数多く戦死しているのである。

この恐るべき罪の責めを負うべきなのはだれか？　長年にわたって、人種による事実上の住宅分離政策を推進してきた地元の、州の、連邦政府の政治家だろうか？　学校の理事会だろうか？　何が起こっているのかを正しく認識できなかった親たちだろうか？　近隣の牧師やクリスチャンのコミュニティ・リーダーたちだろうか？　あるいは、貧弱な施設と教師陣を押しつけて黒人生徒を犠牲にし、卓越した教育と有望なキャリアを獲得した新ノースイースト高校の白人生徒たちだろうか？

福音派クリスチャンのアンバランス

個人的な責任はだれにもない、と考える人も多いだろう。「世の中はそういうふうにできている」という声が聞こえてくる。確かにそうかもしれない。長年にわたる雇用や住宅のあり方が、エディソン高校の悲劇を生み出すような社会システムをつくり上げてしまったのだ。しかし、だからといって、だれの責任かを不問に付すことはできない。ある人を不公平に益して他を傷つける悪しき社会ルールや社会構造に参加するとき、私たちは罪を犯していることになるのではないだろうか。

今日、多くの教会が犯している最も悪質な怠慢の一つは、構造的不公正や制度化された悪についての聖書の教えを無視していることである。

クリスチャンは、しばしば倫理を「個人的な罪」という狭い範囲に限定しがちだ。1500人以上の牧師を対象に行われた調査で、保守的な神学に立つ牧師は、薬物の乱用や性の乱れなどの罪については意見を表明するのに、多くの人の生活を破壊する、制度化された人種差別や不正な経済構造などについては講壇から語っていないことが判明した。[3]

意図して行う個人の罪（嘘や姦淫）と、邪悪な社会構造に組み込まれて生きることのあいだには、大きな違いがある。奴隷制は後者の例だ。10歳の子どもが1日に13時間も16時間も働かされていたビクトリア時代の工場もそうだ。奴隷を所有することも、児童を働かせることも、当時は違法ではなかったが、どちらも多くの人の人生を破壊した。それが制度化された悪、もしくは構造的悪である。

20世紀になって福音派は、個人が犯す罪には関心を払い、道徳的な怒りを表明するが、悪しき社会構造や、それへの加担については無視するという、実にアンバランスな状態に陥っている。[4]だが聖書は両方を非難している。

個人の罪も社会の罪も見過ごさない神

預言者アモスを通して主は宣言した。

> イスラエルの三つの罪、四つの罪のゆえに、わたしは決して赦さない。彼らが正しい者を金で、貧しい者を靴一足の値で売ったからだ。彼らは弱い者の頭を地の塵に踏みつけ、悩む者の道を曲げている。父も子も同じ女のもとに通い、わたしの聖なる名を汚している。
>
> （アモス書2・6－7）

「貧しい者を靴一足の値で売った」という言葉の背後には、なんらかの法的擬制［本質的に性質の異なるものに同一の法律効果を認めること］か条文解釈があったと聖書学者は考えている。[5] つまり、貧しい者に対するこの仕打ちは違法ではなかったのである。ここでは性の乱れと合法化された弱者抑圧の両方が非難されている。神は性的な罪も経済的不公正も見過ごすことができないのだ。

預言者イザヤも、個人的な罪と社会の罪の両方を非難している。

> 災いだ、家に家を連ね、畑に畑を加える者は。お前たちは余地を残さぬまでに、この地を独り占めにしている。万軍の主はわたしの耳に言われた。この多くの家、大きな美しい家は、必ず荒れ果てて住む者がなくなる。……災いだ、朝早くから濃い酒をあおり、夜更けまで酒に身を焼かれる者は。
>
> （イザヤ書5・8－9、11）

同じイザヤ書5章にある、皮肉の込められた言葉も簡潔で力強い。

> 災いだ、酒を飲むことにかけては勇者、強い酒を調合することにかけては豪傑である者は。これらの者は賄賂を取って悪人を弁護し、正しい人の正しさを退ける。
>
> （イザヤ書5・22－23）

神は、貧しい者を踏み台にして土地をためこんだ者と、酒に溺れた者の両方を、きびしく非難している。経済的不平等も酒に溺れることも、神にとっては等しく忌わしいことなのだ。

社会活動家の中には、少数民族の権利のために闘い、軍国主義に抵抗しているなら、仲間の異性とどんな性的関係を結ぼうと道徳的に問題はないと考える者がいる。他方、性的に乱れた生活をしていなければ、白人限定の高級住宅地に住み、弱者から搾取して利益を上げている企業に投資していても、道徳的に何ら問題はないと思っている者もいる。

しかし神は、雇い人に真っ当な賃金を払わないのも銀行強盗も同じぐらい罪深いとはっきり言っている。人種差別主義者《レイシスト》であるとわかっている候補者に投票するのは、隣人の妻と寝るのと同じくらい罪深いことなのだ。環境を汚染している企業を間接的にであれ支援することは、タバコを喫って自分の肺を汚すのと同じくらい間違った行為である。

個人的な悪と社会的な悪

本書の初版で、私は個人的な悪よりも社会的な悪のほうが多くの人を傷つけると書いた。いまは、開発途上国ではそうかもしれないが、北米や西欧ではそうとは限らないと考えている。先進国の中では、家庭崩壊、性犯罪、夫婦関係の破綻、家庭内暴力、離婚などで苦しんでいる人の数は、おそらく構造的不公正に苦しめられている人の数に匹敵するかもしれない。

だがそれは、両方の悪が社会を荒廃させていることへの認識を深めたということであって、構造的不公正の存在を否定するつもりも、軽視するつもりもない。

神は預言者アモスを通して、邪悪な制度に対する不快の念をはっきり表わしている（次の聖書の箇所は、イスラエルの裁判が町の門の前で行われていたことをふまえて読んでいただきたい）。

彼らは町の門で訴えを公平に扱う者を憎み、真実を語る者を嫌う。……お前たちの咎《とが》がどれほど多いか、その罪がどれほど重いか、わたしは知っている。お前たちは正しい者に敵対し、賄賂を取り、町の門で貧しい者の訴えを退けている。……悪を憎み、善を愛せよ、また、町の門で正義を貫け。（アモス書5・10－15）

この言葉に続く「正義を洪水のように流れさせよ」（アモス書5・24）という言葉は、抽象的な精神論を述べているのではない。アモスは法制度における正義を問題にしているのだ。金持ちはやりたい放題、貧乏人は投獄されてしまうような、腐敗した法制度は改めなくてはならないと言っているのである。神が非難するのは、法の運用に関わる不誠実で堕落した個人だけではない。神は法律それ自体を忌まわしいものとして嫌悪することもある。

破滅をもたらすのみの王座、掟を悪用して労苦を作り出すような者が、あなたの味方となりえましょうか。彼らは一団となって神に従う人の命をねらい、神に逆らって潔白な人の血を流そうとします。主は必ずわたしのために砦の塔となり、わたしの神は避けどころとなり、岩となってくださいます。彼らの悪に報い、苦難をもたらす彼らを滅ぼし尽くしてください。わたしたちの神、主よ、彼らを滅ぼし尽くしてください。（詩篇94・20－23）

エルサレム聖書［英国のカトリック神学者による現代語訳聖書］が20節を見事に訳出している。「法の名において秩序に反することを強制するような腐敗した法廷を、あなたは断じて承認しない」。神は、邪悪な政府が「掟を悪用して労苦を作り出す」ことを、人びとに知らせたかったのだ。あるいは、『新英語聖書』（NEB）にあるように、「法を隠れ蓑《みの》にして」悪事を働くことを知らせたかったのである。

預言者イザヤを通しても、神は同じ言葉を述べている。

災いだ、偽りの判決を下す者、労苦を負わせる宣告文を記す者は。彼らは弱い者の訴えを退け、わたしの民の貧しい者から権利を奪い、やもめを餌食とし、みなし子を略奪する。刑罰の日に向かって、襲って来る嵐に対して、お前たちはどうするつもりか。だれに助けを求めて逃れるつもりか。どこにお前たちは栄光を託そうとするのか。捕らわれ人としてかがみ、殺された者となって倒れるだけではないか。しかしなお、主の怒りはやまず、御手は伸ばされたままだ。（イザヤ書10・1－4）

社会的な悪の巧妙さ

抑圧を合法化することは可能だ。いまもあることだが、当時も、立法権者が不正な法律を定め、官僚たちがそれを施行した。

しかし神は、社会的地位を利用して不正な法律を定め、偏った裁定を下す支配者に対して、呪いの言葉を叫んだ。法律に組み込まれた弱者抑圧を神は忌み嫌う。だから神は、法律によって人びとを苦しめるような政治構造に抵抗せよ、と言ったのである。

神は何十万、何百万という人びとを苦しめる邪悪な経済構造や法制度を憎む。義なる神は、悪しき支配者や不正な社会制度を必ず滅ぼす（列王記上21章）。

制度化された悪が持つもう一つの側面が、それをことさら有害なものにしている。気づかないうちに私たちを巻き込むほど巧妙だという点である。神が預言者アモスを遣わし、当時の洗練された上流階級の女性たちに、聖書の中でも最も手厳しい言葉を投げつけさせたのもそのためだ。

この言葉を聞け。サマリヤの山にいるバシャンの雌牛どもよ。弱い者を圧迫し、貧しい者を虐げる女たちよ。「酒を持ってきなさい。一緒に飲もう」と夫に向かって言う者らよ。主なる神は、厳かに誓われる。見よ、お前たちにこのような日が来る。お前たちは肉鉤《にくかぎ》で引き上げられ、最後の者も釣鉤《つりかぎ》で引き上げられる。（アモス書４・１―２）

おそらくこの女性たちは、困窮する農民とじかに接触することはほとんどなかったと思われる。自分たちの豪華な衣装やにぎやかな宴が、農民の汗と涙の上に成り立っていることもよく理解していなかったかもしれない。それどころか、ときには農夫に親切にし、年に一度の贈り物を与えるぐらいのことはしたかもしれない。しかし神は、そんな特権階級の女たちを「雌牛ども」と呼んだ。社会悪の一角に身を置き、そこから利益を得ていたからである。神の前に彼女らは、個人的に罪ありとされたのである。[6]

構造的な悪の中で暮らすことの罪

構造的悪から利益を受ける特権的地位にいながら、そしてそのことを多少なりとも理解していながら、その状況を変えるために神が望む行動を起こさないなら、私たちは神の前に罪ありとされる。神は個人的な罪と同じように社会の悪に心を痛める。そして、社会悪は個人的な罪よりも巧妙である。だが、そう考えない者もいる。その一人、ジョン・シュナイダー〔宗教学・神学〕は、社会的な罪についての私の見解を鋭く批判している。

知識と応答が問われている

第一に彼は、私が社会構造の悪を「個人の悪と道徳的に同一視している」と指摘する。[7] だが、私はそうは言っていないし、そう考えてもいない。だいたい、社会構造には人間のような思考も意思もない。人間と違い、悪しき構造が罪を悔い改めることはないし、洗礼を受けることもない。キリストの贖いによって赦しにあずかることも、永遠の命を得ることもできない。

罪があるということと責任があるということは違う。自分が身を置く社会の中に悪があるなら、個人的なものであれ構造的なものであれ、そこに生きる個人にはそれを正す何がしかの責任がある。だがそれは、社会に存在する悪のすべてについて個人に罪があるというわけではない。

何年も前に私は、「個人は、祖父や同胞が行った悪事に対して、祖父や同胞と同じ意味、同じ程度に罪がある」という考えを否定した。[8] 聖書には、祖先や親族が犯した罪を告白して、神の赦しを願う個人の例も記されているが（ダニエル書９・４－20、ネヘミヤ記１・４－５、イザヤ書６・１－５）、エゼキエル書18章１－20節には、神が罪ありとみなすのは本人の罪だけであって、親戚や同胞の罪ではないとはっきり書かれている。

では、悪しき社会システムの一員である場合はどうなのか？　個人としての罪を犯していることになるのだろうか？　それは、当人の知識と応答による。もし、社会の悪をまったく何も知らなかったのなら、その一員であったとしても個人として罪があるとはいえない。社会の悪について何がしか知っている場合でも、悪を正すために神が望むことを行っているなら、やはりその人に罪はない。罪ありとされるのは、その社会システムが神に喜ばれないものであることを薄々でも知りながら、その一員であり続け、悪を正すために行動しなかったときである。

何も知らないということはあり得ない

しかしシュナイダーは第二の論点として、私たちはしばしば自分が罪のある社会構造に関与していることを知らないことが多いとして、「通常、私たちはそのことを知る術《すべ》を持たない」と述べている。[9]　したがって、罪のある社会システムに参加していても個人に罪はないと論じている。

シュナイダーの主張が正しい場合もあるだろう。もし、自分が所属するシステムの悪についてまったく何も知らないのなら、確かに、先に述べたように、そこに所属していたとしても個人的な罪を問われることはない。

だが、このシュナイダーの主張に対しては三つのことを指摘しておきたい。まず、個人がシステムの悪をまったく知らず、ゆえにそこへの参加が罪とされなかったとしても、そのシステムが不道徳で有害なものであることや、神の糾弾を受けるという事実にはなんら変わりがない。神は常に構造的な悪を憎み、その不公正を終わらせようとする。システムの抑圧構造を当人が知っていようといまいと、聖なる神がそれを嫌悪するという客観的事実にいささかも変わりはないということだ。

次に、不公正な構造の中で生き、そこから利益を得ているなら、ほとんどの者は構造に根を下ろした悪について、なんらかの知識は持っているものである。実際、罪の意識を感じなくてすむように、これ以上知ろうとしないでおこうと考える程度には、社会の悪について知っている場合が多い。マフィアの妻には、夫がしていることを詮索《せんさく》しないでおこうと考える程度の知恵はある。

裕福なクリスチャンは、貧しい人びとの困窮を知っているから、テレビで開発途上国やインナーシティの貧困を報じる番組が始まったらスイッチを切り、書店では経済正義を論じる本の前を足早に通り過ぎる。深く知れば、それを変える道徳的義務が生じることがわかっているからだ。自分に利益をもたらし、他者を傷つける社会的な悪を知らずにいることを選択しながら、罪はないなどと言えるのだろうか。「悪を行う者は皆、光を憎み、その行いが明るみに出されるのを恐れて、光の方に来ない」(ヨハネ3・20)

最後に、どこまで知っているか、どこまで意識的に見て見ぬふりをしたかによって、責任も罪のレベルも異なる。夫の犯罪を知らずに暮らそうと決めたマフィアの妻であっても、犯罪を命じたマフィアのボスと同じレベルの罪を犯しているとは言えない。だが、彼女にもいくらかの認識があり、罪があり、責任があるのは間違いない。

だれにでも何かできることがある

シュナイダーの3番目の議論は大いに興味をそそる。イエスは構造的不公正だらけのようなローマ帝国の中で、大工として生き、働いた。したがって、と彼は言う。「悪しき社会構造と無縁の金を稼ぐことはイエスでも不可能だった。そして、知り得る限り、社会システムを変えるための直接的な行動をイエスは何もしていない」。[10]要するに、イエスが罪人なのか、私の社会悪の理解が間違っているのか、二つに一つだというのである。

だが、その議論はまったく間違っている。私はだれであれ一人の人間が悪しきシステムを改めるためのすべての行動をしなくてはならないなどとは一言も言っていない。各自は神がその人にしてほしいと願っていることを行うべきだと言っているのである。個人の生の中で神が望むことは、人それぞれに異なる。私たちは、社会構造の悪を知りながらそこに参加し、それを正すために神が望むことを行わなかったときにのみ、罪ありとされるのである。

また、イエスが社会構造の悪を改めるために何もしなかったというのは事実誤認もはなはだしい。イエスは経済的抑圧について語った。邪《よこしま》な支配者を非難した。[11]生き方を一新した人びとによる経済的分かちあいの共同体をつくり、社会から疎外された人びとを招き入れた。死からよみがえり、弟子たちに聖霊を送り、あらゆる悪に打ち勝つための聖なる力を与えた。

イエスが帝国主義ローマの独裁者の下で生きたことも忘れてはならない。彼には民主制国家の市民が持っている政治的な機会も手段もなかった。しかも、イエスの使命は、ユダヤ人のメシアとしてパレスチナのイスラエル人の中で生き、彼らを助け導くことであって、ローマで福音を語ることやローマの不公正を正すことではなかった。[12]イエスは罪のない方であって、当時の社会の不公正を正すために神がイエスに望んだことをすべて行ったと考えることができる。

不公正なシステムや抑圧的構造を神は忌み嫌う。「社会的な罪」という言葉は、そのことを適切に言い表している。構造的な悪を理解したなら、私たちには、それを正すために神が望むことを行う道義的義務が生じる。行わないなら、私たちは罪を犯すことになる。そのことは、アモスが当時の裕福な女性にぶつけた辛辣な非難を見れば明らかだし、ヤコブの手紙の次の言葉からも明らかだ。

――人がなすべき善を知りながら、それを行わないのは、その人にとって罪です。（ヤコブ4・17）

社会や政治に働く悪の力[13]

新約聖書において、「世《コスモス》」（世界）という言葉は、しばしば構造的悪の概念をともなって用いられる。[14]ギリシャ的思考では、コスモス（*kosmos*）という言葉は文明的生活の構造、とりわけ根本的に良いものと考えられたギリシャの都市国家のあり方を指し示すものであった。[15]しかし、聖書の著者たちは、罪が入りこんだために社会の構造や価値が歪められてしまったことを知っていた。

したがって新約聖書はコスモスという言葉を、C・H・ドッドが言うところの「間違った原則で組織されてきた人間の社会」という意味で頻繁に使っている。[16]「パウロが道徳的な意味で『世』という言葉を使うとき、彼は、神と神の贖いの目的に抵抗する人間、社会システム、価値観、伝統の総体を指していた[17]」

回心する前のクリスチャンは、堕落した社会の価値やパターンに従って生きている。「あなたがたは、以前は自分の過ちと罪のために死んでいたのです。この世を支配する者、かの空中に勢力を持つ者、すなわち、不従順な者たちの内に今も働く霊に従い、過ちと罪を犯して歩んでいました」（エペソ2・1―

２）。パウロはローマ人への手紙で（ローマ12・１―２）、ヨハネは最初の書簡［ヨハネの手紙第一］で、クリスチャンはこの世の悪しきシステムと考え方のパターンに従ってはならないと力説している。

――世も世にあるものも、愛してはいけません。世を愛する人がいれば、御父《みちち》への愛はその人の内にありません。なぜなら、すべて世にあるもの、肉の欲、目の欲、生活の奢りは、御父から出ないで、世から出るからです。世も世にある欲も、過ぎ去って行きます。しかし、神の御心を行う人は永遠に生き続けます。（Ⅰヨハネ２・15―17）

パウロは、この世の歪んだ社会構造の背後には、サタンが支配する堕落した超自然的な力があると言う。回心する前のエペソの信徒たちは、「この世を支配する者、かの空中に勢力を持つ者、すなわち、不従順な者たちの内に今も働く霊に従い、過ちと罪を犯して歩んでいた」（エペソ２・２）。

パウロはこう警告する。

――わたしたちの戦いは、血肉を相手にするものではなく、支配と権威、暗闇の世界の支配者、天にいる悪の諸霊を相手にするものなのです。（エペソ６・12）

パウロの時代には、ユダヤ人もギリシャ人も、善と悪の超自然的な力が社会や政治構造に影響を与えていると信じていた。[18] 現代の世俗的世界に生きる者にとって、そのような超自然的な存在はジョージ・ルーカスやスティーヴン・キングの作品の中にしか存在しないのかもしれない。

だが私に言わせれば、ナチズムやアパルトヘイト、共産主義のような社会システムが持つ悪魔的な力を想像すれば、あるいは人種差別、失業、性の乱れ、薬物濫用、インナーシティでの警察の暴力行為などが複雑にからまりあった米国社会を見るとき、サタンとその一味が抑圧的な社会構造を助長し、神の創造物を破壊するためにうごめいていることを信じるのは難しいことではない。

そのような堕落した超自然的な力は、社会的存在である人間が健全性を保つのに必要な社会システムをねじ曲げる。また、私たちの選択を誤らせたり、抑圧的構造を克服しようとする努力を妨害したり、ときには政治家や指導者をオカルトに頼らせたりすることで、現在の世界をかたちづくっている。

悪は複雑で、抑圧的な社会システムの中に根を下ろしており、個人の選択だけで避けることはできない。悪は、人間を支える社会システムを破壊する悪魔的な力の中にも存在する。

教皇ヨハネ・パウロ2世は、邪悪な社会構造は「個人の罪に根ざしている」と正しく主張している。社会的悪は、私たちの神への反抗と、その結果としての隣人を顧みない利己主義から生まれる。しかし、多数の個人の罪が蓄積することで、抑圧的で「取り除くのが至難」な「罪の構造」が形成されてしまう。[19] 悪しき社会システムに参加し、その恩恵を受けることを選択したとき、私たちは神と隣人に対して罪を犯すことになる。

神は抑圧的社会構造を放置しない

預言者たちは、正義の神が抑圧的な社会構造にどう対応するかをはっきりと警告した。神は貧しい人びとのことを気にかけているので、貧困を容認し助長する社会システムをそのまま放置しておくことができない。

神は、イスラエルの偶像崇拝と貧しい人びとへの虐待という二つの理由でイスラエルを滅ぼす、と繰り返し宣言した（たとえばエレミヤ書７・１―15）。

この両方に注意することがきわめて重要だ。社会の不公正という水平方向の問題に取り組むことに熱心になるあまり、偶像崇拝という垂直方向の悪事を断つことをおろそかにしてはいけない。現代のクリスチャンは、極端にどちらか一方に偏りがちだが、聖書はどちらの罪も滅びにつながることを明らかにすることで、一方だけに傾斜しがちな私たちの考えを修正している。[20] 神がイスラエルとユダを滅ぼしたのは、偶像崇拝と社会的不公正の両方が理由だった。

ただし本書は、神が抑圧的な社会構造を破壊するという事実のほうに焦点を当てる。アモスの言葉は、聖書の他の多くの箇所と同様、神の対応を明確に示している。

――見よ、主なる神は罪に染まった王国に目を向け、これを地の面《おもて》から絶つ。（アモス書９・８）

アモスの預言から一世代も経たないうちに、イスラエルの北王国は完全に消滅した。

邪悪な社会構造を破壊する神の働きを最も力強く語っているのは、新約聖書の中のマリアの賛歌だと思われる。マリアはこう言って主を讃えた。

――主は権力ある者をその座から引き降ろし、身分の低い者を高く上げ、飢えた人を良い物で満たし、富める者を空腹のまま追い返されます。（ルカ１・52―53）

歴史の主は、裕福な人びとが貧しい人びとを踏み台にし、その汗と労苦と悲しみを踏みにじって生きる罪深い社会を滅ぼすために、今日も昔と同じように懸命に働いている。

社会問題に立ち向かうときの心得

あるインドの司教が、社会の罪を理解することの重要性を強調する話をしてくれた。彼の国のある精神病院には、患者が退院できる状態かどうかをすばやく判断する方法があった。医師は患者を水道の前に連れて行き、蛇口の下に水を満たした大きなバケツを置く。水道の水を止めずに、患者にスプーンを渡して、「バケツを空にしてください」と言う。そう言われた患者が、蛇口をひねって水を止めずにスプーンでバケツの水をくみ出し始めたら、まだ退院できないと判断するというのだ。

インドの病院を退院できない患者のように、スプーン一杯ずつの努力で社会問題に取り組んでいるクリスチャンがあまりにも多い。個々の状況を改善するために必死に働きはするが、蛇口をひねって水を止めようとはしない（たとえば、人を傷つける法制度や経済政策を変えるために行動しない）。そして、進展のなさを感じて当惑し、苛立ちを感じ続けている。

不公平な制度の深刻さをしっかり理解するためには、聖書が示す社会的な罪の概念を理解することが不可欠だ。同時に、真剣に考えるあまり、罪の意識にさいなまれたり、世界中のすべての悪を正す責任を感じる必要もない。

罪に対する適切な対応は悔い改めだ。そして、神は真に悔い改める者を無条件に赦してくださる。自分が不公正なシステムに参加していることに気づいたら、神の赦しを求めるべきだ。神は私たちが罪の意識に悩みつづけることを望んではおらず、私たちが赦されることを望んでいる。私たちが恵みを受けて喜び、聖霊の力によって今までとは違う新しい生き方をすることを望んでおられる。

しかし、新しい生き方をする――構造的不公正を変えるために神が望むあらゆることを行う――というのは、一人ですべての行動に首を突っ込むということではない。私たちにはそれぞれ固有の賜物《ギフト》と召命《コーリング》が与えられている。神は私たちの多くが、社会的な罪について断食して祈ることを望んでいる。もっと学んでほしいと思っている。文章を書いたり発言したりすることを期待されている人も多いはずだ。社会正義を追求する団体に参加し、支援する人も必要だ。立候補して政治家になるべき人もいる。どの方法を選んだとしても、個人の生活という点では、より良い世界の模範となる新しいライフスタイルを摸索すべきだ。

すべてをこなせないからといって罪悪感を感じたり、息抜きやレクリエーションのために休暇を取ることをうしろめたく感じる必要はない。神はそんなことを望んでいない。だれもが祈りをもって、自分が集中的に取り組むべき具体的な行動は何かを神に問うべきだ。

結局のところ、私たちを1日24時間しかない有限な存在として造ったのは神なのだ。社会の罪を正すために神が望むことを行うのは、決して担いきれない重荷ではない。それは意味と喜びのある人生への招きであり、隣人を祝福する機会であり、歴史の主とともに働けるという驚くべき特権なのだ。

理解を深めるための質問

① エディソン高校の一件では、何が間違っていたのか。だれに責任があるのか。

② アモスとイザヤは、個人の罪と社会の罪を、どう言って非難したか。彼らがいま生きていたら何と言うだろう。

③ クリスチャンや教会が、個人の罪のことだけを考えるようになったら、どんなことが起こるだろう。逆に、社会的な罪のことだけを考えるようになったら、何が起こるだろう。どうすれば適切なバランスが取れるか。その点で、あなたの教会はバランスが取れているか。

第3部

What Causes Poverty?

なぜ世界から貧困がなくならないのか

保守派は、貧困の原因は貧しい人びと自身にあると考える傾向がある。リベラル派は、それは冷淡で間違った考えだと否定し、犠牲者を責めるのではなく貧困を生んでいる構造を問題にすべきだと主張する。保守派は、そんなリベラル派を、善人ぶった世間知らずだとあきれ顔で批判する。貧しい人びとの中には、怠惰に流れ、ドラッグやアルコールやセックスに溺れている人がいる。自分のせいで貧困に陥っているのに、リベラル派はその現実が見えない、あるいは見えているのに否定している、というのが保守派の言い分だ。

どちらが正しいのか？　間違っているのはどちらか？

両方に正しい点と、間違っている点がある。貧困の原因は一つではないからだ。個人の選択も、社会構造も、両方が貧困を引き起こしている。見当違いの文化的思考、自然災害や人為的事故、適切なテクノロジーの欠如も貧困の原因だ。先進国の都市の貧困も、開発途上国の農村の貧困も、その原因は複雑だ。[1] 7章と8章では、貧困の複雑な原因を考えていく。

その際、人間は有限の存在であり、貧困の原因を完全に理解することはできないということはわきまえておく必要がある。この第3部が最終的な結論だと言うつもりはない。これは専門家の知見を可能な限り客観的に吸収して得た、現時点の私なりの理解にすぎない。

ただし、この第3部とそれに続く第4部に同意できない内容があったとしても、そのことを理由に第1部と第2部の議論を否定しないでほしい。第1部と第2部については、私は聖書に基づいて導き出した自分の結論に確信を持っている。もちろん、それとて完全ではないが、経済問題をめぐる意見の相違と聖書的原則をめぐる意見の相違は、根本的に次元が異なるからである。

第7章　貧困の複雑な原因

怠け者よ、蟻のところに行って見よ。その道を見て、知恵を得よ。……大酒を飲み、身を持ち崩す者は貧乏になり、惰眠をむさぼる者はぼろをまとう。（箴言6・6、23・21）

災いだ、偽りの判決を下す者、労苦を負わせる宣告文を記す者は。彼らは弱い者の訴えを退け、わたしの民の貧しい者から権利を奪い、やもめを餌食とし、みなし子を略奪する。（イザヤ書10・1－2）

貧困を生んでいるさまざまな要因

貧しい人びとの苦しみを軽減するためには、貧困の原因を知らなくてはならない。たとえば、本当は不公平な制度や不適切なテクノロジーが原因なのに、怠惰だから貧しいのだと考えていたら、貧困解消に取り組んでもうまくいかないだろう。逆に、実際には個人の行動も貧困の一因なのに、不公正な経済構造が唯一の原因だと考えてしまったら、やはりどんな対策も失敗に終わるだろう。問題を解決するためには、事実を見きわめることから始めなければならない。

個人の間違った行動が招く貧困

怠惰が原因で貧しくなる人もいれば、間違った行為のために貧しくなる人もいる。薬物、アルコール、セックスに関連する選択の過ちは、貧困の大きな原因になっている。

このことを率直に指摘するのは、他者の痛みに鈍感な一部の保守派といっしょになって貧しい人びとを切り捨てるためではないし、被害者に責任を押しつけるためでもない。客観的な事実の指摘である。聖書にもこのことははっきり書かれている（箴言6・6－11、14・23、23・21、24・30－34）。社会を見わたしても、薬物依存、アルコール依存、性的放埒《ほうらつ》によって身を持ち崩す人びとの例には事欠かない。

もちろん、選択の背景には理由がある。きちんとした教育を受けていないこと、失業、人種差別、幼少期のネグレクトなど、多くの複雑な要因がからみあって、破壊的な選択に走りやすく、健全な選択が困難な環境がつくり出されている。

だとしても、個人の選択が原因の貧困もあることを認識しないのでは、現実を否定することになる。また、罪を悔い改めて神によって変えられなければ解消されない貧困もあることや、伝道の重要性をあいまいにしてしまうことにもなる。貧しさの原因が個人の罪深い選択にあるなら、霊的な変容を伴わない解決策には効果がない。

非聖書的な世界観が引き起こす貧困

誤った文化的価値観や非キリスト教的な世界観も、貧困を生む一因となっている。たとえば、ヒンドゥー教の複雑な神学とカースト制は、インドの貧困の主要な原因となっている。インドでは2億人の

〝不可触民〟が筆舌に尽くしがたい貧困にあえいでいる一方で、上位のカーストに属する人びとは現状変革の責任を感じることなく暮らしている。なぜか？　ヒンドゥー教の世界観では、上位の階層の人びとは前世で善い行いをした人であり、下位の人びとは前世で善くない行いをしたからそこにいると考えられているからだ。不可触民が分をわきまえて暮らせば、来世でより良い生を授かる、というのが支配的なヒンドゥー神学の教えだ。この世界観は、貧しい人びとの中に宿命論を、権力者の中に自己満足をはびこらせている。

インドに必要なのは、格差は罪深く不公正であると正面から指摘し、すべての人に平等な価値と尊厳があることを宣言する世界観である。要するに、インドの不可触民はキリストの福音を必要としているのだ。彼らは、すべての人は神に似せて造られたという聖書の真理を聞く必要がある。そして、歴史の神は抑圧された人びとの味方であり、公正な社会を実現するために神の同労者となるよう招いていることを知る必要がある。

文化的価値観は、貧困を助長する上でも、富を築く上でも、中心的な役割を果たしている。アニミズムのように、川や木には生きた霊が宿っていると考えるなら、水力発電のために川を堰き止めたり森林を伐採したりはしない。東洋の僧侶のように、物質的な世界は実体のない空《くう》だと考えるなら、物質的な豊かさを追求するために知恵や時間を使うことは少ないだろう。現代の唯物論者のように、物質世界以外には何も存在しないと考えるなら、環境破壊やさらなる貧困が生じても気にせず、もっと多く所有することに意味と喜びを求めて物質的追求に励むことになる。

私たちに必要なのは聖書的世界観、すなわち人間、歴史、物質世界についての真に聖書的な見解である。それがあれば、物質的所有の崇拝に陥ることなく、物を適切に大切にすることができる。

聖書的世界観に立てば、すべての人は神の姿《イメージ》に似せて造られているのだから、すべての人のための正義を追求することになる。神から与えられた管理者《スチュワード》としての責任をわきまえ、神による創造を尊重しながら川や木を利用し、持続可能で豊かな文明の創造に励むことになる。

文化的価値観とその根底にある世界観は、歴史に大きな違いをもたらす。マサチューセッツ工科大学の経済学者レスター・サローは、中国はヨーロッパより何世紀も前に、産業革命を起こして世界を支配できる技術を持っていたことを指摘している。

> ヨーロッパより少なくとも800年前に、中国は鉄鋼を作るための高炉とふいごを発明していた。軍事的征服のための火薬と大砲も発明していた。さらに、世界に出て行くための羅針盤《コンパス》と舵。知識を普及させるための紙、組み替え可能な活字、印刷機。吊り橋。磁器。農業生産を増やすための車輪付き金属鋤、馬の首輪、回転式脱穀機、種まき機。天然ガスのエネルギーを得るためのドリル。そして経済活動を数量的に把握するための十進法、負の数、ゼロの概念。もっと素朴な手押し車やマッチなども、中国では何世紀も前から使われていた。[1]

しかし、儒教文化は、イノベーションとテクノロジーを機会ではなく脅威と考えた。産業革命とそれがもたらした驚くべき富の創造は、儒教的世界観ではなく、西洋文化の価値観によって実現した。その成果の中には、良いものもあれば悪いものもあるが、すべて歴史的キリスト教と啓蒙主義的自然観の奇妙な混合である西洋の文化的価値に根ざしている。

自然災害や人災がもたらす貧困

自然の猛威であれ、人為的原因であれ、災害は貧困を引き起こす。ハリケーンの猛威は広範な被害をもたらし、何十万もの人びとがたちまち生活基盤を失う。洪水、地震、干ばつも食料不足と飢餓を引き起す。

人間の愚かな行為がもたらした環境の脆弱《ぜいじゃく》化が原因となって起こる災害もあるが、多くの災害は、風と水の不思議な作用の結果として起こる。だれの責任というものでもなく、だれも悔い改める必要はない。成すべきことは、飢餓を防ぐために救援ネットワークを早急に起動させることだ。

だが人災は違う。今日、民族紛争、宗教戦争、部族間の敵意により、家や生活を奪われた数千万人もの難民がいる。空腹と飢餓が彼らを苦しめている。人的災害とそれがもたらす貧困に対しては、歴史的敵意を克服するための地道な努力と、一刻の猶予もない国際援助が手を携え、難民救済に立ち上がらなくてはならない。

知識とテクノロジーの欠如による貧困

懸命に働いているのに、適切なツールや知識がないために結果を出せない人びとがいる。種子や農機具を持っていないために、健康的な生活を維持できるだけの農業生産性を維持できない。食物と交換できる別の物を生産する知識とスキルがなければ、栄養失調で苦しみ、死ぬことさえある。

この原因に対処するのに必要なのは、長期的なコミュニティ開発の取り組みである。[2] 具体的には、灌漑《かんがい》用に井戸を掘るのを助けたり、穀物の生産性を高める農業技術を指導したり、より良い農具や貯蔵容器を作る手助けをすることだ。経済学者は、経済はゼロサム・ゲームではないことを正しく指摘している。つまり、パイのサイズは決まっていて、全員が食べるためには小さく切り分けなくてはならないという考えは間違っているということだ。もしそうなら、貧しい人びとが何かを得たら、裕福な人びとはそれに相当する何かを失うことを意味する。

だが、それは事実ではない。富は新たに生み出し、増やすことができるのである。究極的には世界は有限だが、ここ数世紀の歴史が証明しているように、生活を支える物質的豊かさをさらに生み出せる大きな可能性はいまも存在する。

自然に対して知識を適用することで、新しい生産を実現することができる。原油という名で知られる黒いネバネバした物質は、だれかがそれを使って自動車、飛行機、発電機を動かす方法を見つけるまでは何の役にも立たない物質だった。原油に新たな知識が適用された結果、莫大な新しい富が生まれたのだ（悲しいことに環境破壊も生じたが）。貧しい人びとが持続可能なテクノロジーを利用するのを助けることは、貧困を減らすための中心的な方法の一つである。

自己決定権と実行力がないための貧困

間違ってはならない。今日、世界には十分な食料がある。貧困の原因は飢饉ではなく人間の無力なのだ。国際的援助機関であるブレッド・フォー・ザ・ワールドの年次レポートは「飢餓は政治の問題である。飢えている人びとには飢餓を終わらせる力がない」とある。[3]

影響力のある著書『なぜ国家は衰退するのか』（早川書房）で、経済学者のダロン・アセモグルとジェームズ・Ａ・ロビンソンは「貧しい国が貧しいのは、権力を持つ人びとが貧困を生み出す選択をしているからにほかならない」と断じている。[4] 今日、多くの人が貧しく飢えているおもな原因は、強大な力を持つ少数の人びとが力のない人びとを無視して虐げているからだ。圧倒的な力を利用して、自分に利益をもたらし他者を抑圧する構造をつくり出しているからだ。

バングラデシュは世界で最も貧しい国の一つだ。１９９０年代半ば、同国の子どもの65％が栄養失調に苦しんでいた。人口の87％が田舎に住み、田舎の人口の86％が貧困ラインを下回る暮らしをしていた。

貧しい村のある大地主の存在が、この国の貧困の原因を物語っている。農業生産を増やして貧困を解消するために、世界銀行は農村の灌漑プロジェクトのために資金を提供した。しかし、この地域で最大の地主は政権与党の有力者でもあり、新しい灌漑プロジェクトを自分の管理下に置き、灌漑用水を独占してしまったのである。新しいテクノロジーの恩恵は、貧しい人びとではなく、この強力な地主にだけもたらされた。彼の農業生産は拡大したが、貧しい人びとの境遇に変化はなかった。[5]

力の濫用の例はいたるところにある。ヨーロッパ人は最初に戦争に火薬を使い、この恐るべき新たな力を使って世界を植民地化した。彼らはアメリカ大陸の先住民をほぼ絶滅させ、何百万人ものアフリカ人を奴隷にした。

力それ自体は悪ではない。しかし、有名なイギリスの思想家であるジョン・アクトンが言ったように、「権力は腐敗する。絶対的な力は絶対に腐敗する」。神に背いて堕落した人間は、力の不均衡を利用して弱者を抑圧する罪深い行為を繰り返している。その結果が、社会、経済、政治の不公平なシステムであり、それが貧困を生んでいる。貧困の根本原因を理解するためには、不平等な力がいかに社会的罪や構造的不公正をはびこらせているかを知らなくてはならない。

地域での力の不均衡

バングラデシュの地主のような話は、細かな点は異なっても、世界の至るところで起こっている。共産主義崩壊後のロシアでは、経済が私有財産制に向かう中、内部情報と有力な人脈を持つ元官僚などの特権階級《ノーメンクラツーラ》が莫大な富を所有するに至った。多くの国で、少数の人間が膨大な土地を所有している。貧困層は、たとえ土地を持てても、生産性向上に必要な資源を手に入れられないことが多い。

国連食糧農業機関（FAO）によると、中南米ではわずか1・3％の土地所有者が、土地の71・6％を所有していた。[6] 土地をあまり持っていない貧しい農民は、種子や肥料を買うためにお金を借りなければならないが、貸してくれるのは恥知らずな貸金業者だけということも珍しくない。その利率は法外に高く、1日20％などというケースさえ報告されている。[7] 貧しい農民はしばしば返済不能に陥り、金貸業者の計画通りに土地を取り上げられてしまう。[8]

さらに、貧困層は別のタイプの権力の濫用にも悩まされている。貧困国では裁判所や警察の力が弱く、権力者の支配下にあることが多い。その結果、地元のエリートたちは貧しい隣人を虐待し、暴力的に抑圧している。ゲイリー・ホーゲンとビクター・ブートロスが、「貧困を終わらせるには暴力を終わらせる必要がある」と強調するのはそのためである。[9]

国内での力の不均衡

多くの貧困国を支配しているのは富裕層のエリートだ。腐敗した強権的支配者と結託していることもある。

フィリピンも貧しい国で、国民の半分弱（42％）が1日2ドル以下で生活している。[10] 多くの国民が農業で生計を立てているが、ほとんどは土地なし農民である。土地のほとんどは大地主や多国籍企業が所有している。

かつてこの国は、独裁者マルコス大統領が何年も君臨し、土地改革の努力を阻んできた。勇敢なコラソン・アキノ（アキノ夫人）が非暴力の手段でマルコス大統領に勝利し、世界の心をつかんだときでさえ、土地保有の面での変化はなかった。アキノ夫人自身、広大な土地を所有していたのだ。土地改革のさまざまな試みにもかかわらず、貧しい農民はほとんど土地を取得できなかった。現在も、生産的で肥沃な土地は裕福なエリートたちのものだ。[11]

アンゴラは、天然資源の面では開発途上国の中でも最も豊かな国の一つである。石油生産ではサハラ砂漠以南のアフリカで第2位、ダイヤモンドの生産では世界第4位だ。[12] しかし、農村人口の58％が貧困の中で生活している。[13] アンゴラのおもな収入源は石油で、GDPの85％を占めている。悲しいことに、汚職と不正で数十億ドルがどこへともなく消え、流れをたどることができない。[14] 内戦終結から11年経過した2013年、政府は国家予算の17％を「国防と安全保障」に充てたが、教育にはわずか8・9％、健康にはわずか5・3％しか配分していない。[15]

1965年から97年までザイール（現在のコンゴ民主共和国）で大金持ちだったモブツ・セセ・セコ元大統領の場合を見てみよう。60年代から70年代にかけて、ベルギー、フランス、米国は、独裁者モブツに資金および軍事の援助を行った。同国が共産主義勢力と対峙する上で地政学的に重要だったからだ。

しかし、ザイールの人びとの絶望的貧困は続き、70％が貧困状態にあった。80年代には、ザイールの1人当たり年間所得は年平均1・3％の率で減少した。この間にモブツは国庫から50億ドルを盗んだ（そう信じるに足る証拠がある）。責任ある政府はほとんど消滅して、略奪や暴動が頻発した。モブツは民主化のためのあらゆる努力を抑え込もうとし、２万人の兵士がこの独裁者を守った。[16]

今日、エジプトでは、膨大な数の人びとが貧困に陥っている。なぜか？「少数のエリートが国を支配し、大多数の人びとを犠牲にして自分たちの利益のために社会を組織してきたからである」。エジプトのホスニ・ムバラク元大統領（約30年間独裁者として統治した）は、７００億ドルの財産を蓄積したと報じられている。[17]

ペルーの経済学者エルナンド・デ・ソトは、ペルーなど多くの国で、少数の人間が自分たちの利益のために経済をコントロールしている実態とその方法を論じた。彼らは政治権力を利用して利益を独占したり、複雑な規則、手数料、手続きを定めるなどして、既得権益を脅かす新規事業者の参入をほぼ不可能にしている。[18] その結果、多くの才能ある中小の起業家が、権利も財産も守られないインフォーマル経済［経済統計に表れない非公式の経済活動］に追いやられている。このような権力の濫用から貧困が生まれているのである。

米国に目を向けると、２０１４年の労働者の最低賃金は、インフレ調整後の数字で見れば、１９８４年より低かった。[19] もっと昔の68年の最低賃金よりも低い。インフレ調整後のドルでは、68年の最低賃金は時給10ドルを超え、２０１４年の7・25ドルを上回る。[20] 米国は先進国の中で最も貧困人口が多いが、政治家たちは、貧しい米国人を支えている主要な経済・福祉政策の大幅削減を提案している。[21]

一方で、最も裕福な１％の人びとは膨大な富を蓄積している。２００９年から12年にかけて米国で増えた富の95％を、上位１％の最富裕層が手中に収めたのである。[22] その理由は複雑だが、過去数十年の税制改革の多くが富裕層に恩恵を与えてきたことが重要な要因の一つである。[23] 米国では政治献金のほとんどが上位１％の富裕層によるもので、ワシントンの政治家の行動はそれと無縁ではあるまい。

次ページの**図表12**は[24]、各国の所得分布と、所得格差の指標であるジニ係数[25]を示している。南アフリカ共和国では、最貧層の20％が総所得の３％しか受け取っていないのに対し、富裕層の20％が68％を得ている。米国では、最も裕福な20％が46％を受け取り、最も貧しい20％は５％しか受け取っていない。

その国の経済力と、国内での貧富の格差には明確な相関関係はない。米国やドイツのように貧富の差が大きい国もあれば、それに比べれば日本やスウェーデンなどは比較的小さい。しかし、この単純な表の背後には、各国の人びとの生活を大きく左右する大きな力の差が潜んでいる。

『なぜ国家は衰退するのか』で、著者たちは、米国と南米諸国における権力（政治的・経済的）の配分状況の根本的な違いから、南米の多くの人びとが長きにわたって貧しい暮らしを強いられている理由がわかると論じている。スペイン人とポルトガル人が中南米を征服したとき、強い政治的権力を持つ少数のエリートが広大な土地を手に入れた。その後何世紀にもわたって、これら少数のエリートたちは、その膨大な経済力と政治力を利用して、自分たちに有利な社会を形成してきたのだ。

一方、米国では、先住民から土地を盗み取ったのち、米国人の大多数が自分の農場を所有できるように分割された。それに加えて、国家形成の早い段階で民主主義的な政治秩序を受け入れたことで、権力をかなり分散させることに成功した。『なぜ国家は衰退するのか』を書いた二人のエコノミストは、この権力の分散こそが、米国経済が急速に成長したおもな理由であり、すべての米国人がその成長の恩恵を受けたと述べている[26]。権力の分散はすべての人に利益をもたらす可能性が高い[27]。

グローバルな力の不均衡

２００８年の世界金融危機［サブプライム住宅ローン危機を発端とするリーマン・ショックに連鎖して発生］とそれに伴う世界的な景気後退は、世界のパ

図表12 各国の所得格差の状況(ジニ係数および上位層と下位層の所得割合)

			総所得に占める割合(%)		追加データ(訳注)	
国	調査年	ジニ係数	所得下位人口20%	所得上位人口20%	調査年	ジニ係数
南アフリカ	2009	63	3	68	2014	63.0
ホンジュラス	2009	57	2	60	2018	52.1
コロンビア	2010	56	3	60	2018	50.4
ブラジル	2009	55	3	59	2018	53.9
チリ	2009	52	4	58	2017	44.4
ジンバブエ	1995	50	5	56	2017	44.3
パナマ	2010	52	3	56	2018	49.2
ナイジェリア	2010	49	4	54	2018	35.1
メキシコ	2010	47	5	53	2018	45.4
ケニア	2005	48	5	53	2015	40.8
ウガンダ	2009	44	6	51	2016	42.8
フィリピン	2009	43	6	50	2015	44.4
ロシア	2009	40	6	47	2018	37.5
中国	2009	42	5	47	2016	38.5
米国	2000	41	5	46	2016	41.1
インドネシア	2011	38	7	46	2018	37.8
イスラエル	2001	39	6	45	2016	39.0
英国	1999	36	6	44	2016	34.8
インド	2010	34	9	43	2011	35.7
スイス	2000	34	8	41	2017	32.7
オーストラリア	1994	35	6	41	2014	34.4
フランス	1995	33	7	40	2017	31.6
カナダ	2000	33	7	40	2017	33.3
スウェーデン	2000	25	9	37	2017	28.8
韓国	1998	32	8	37	2012	31.6
ノルウェー	2000	26	10	37	2017	27.0
ドイツ	2000	28	9	37	2016	31.9
日本	1993	25	11	36	2013	32.9

注:ジニ係数は世帯間の所得分配の不平等さを測る指標(原注25参照)
データは,国の総所得に占める,所得上位人口20%の割合が大きい順に配列.
訳注:参考までに,同じ出所の最新データを追加した.
出所:World Bank(原注24参照)

ワーの不均衡と、それが貧困層にもたらしているものを如実に示した。絶大なパワーと富を持つ欧米の少数の金融機関が無謀な経営判断を下したことで、世界中で金融危機が起こった。その結果、世界経済は低迷し、多くの国に不況が広がり、世界の貧困人口が激増した。[28]

最も被害を受けたのはだれか？　ノーベル賞を受賞した経済学者のジョセフ・E・スティグリッツは率直にこう言っている。「危機は中央で発生し、周辺に及んだ。開発途上国、特にそこで暮らす貧困層は、自分たちには責任のかけらもない危機の最も悲惨な犠牲者となった[29]」

重要な国際機関の構成もまた、中央に集中するパワーのありようを示している。国連安全保障理事会の常任理事国である5カ国（米国、ロシア、イギリス、フランス、中国）は拒否権を持っており、折々に国益のためにその力を行使している。

世界人口の5％の米国が、世界銀行の16％、国際通貨基金（IMF）の17％の票を支配している。[30]世界銀行とIMFといえば、世界の二大経済機関で、貧しい国に大きな影響を与えている。『スティグリッツ・レポート』は、世界の多数を占める国（つまり開発途上国）は、世界の主要な経済機関において妥当な発言権と議決権を与えられていないと指摘している。[31]世界人口の11％しかいない7カ国（米国、日本、イギリス、フランス、ドイツ、カナダ、イタリア）の首脳が年1回集まるG7会議は、世界で最も影響力のある経済機関であると広く認識されている。[32]

植民地主義が押しつけた貧困

ヨーロッパの植民地主義の歴史は、権力配分の大きな不平等がいかに不公正を助長するかを、いやというほど明確に突きつける。

16世紀以降、ヨーロッパの白人はだれよりも強大な軍事力を持つに至った。彼らは銃の製造方法を知っていたが、アジア人、アフリカ人、アメリカ先住民は知らなかった。[33] その後に起こったことは周知のとおりだ。私たちは北米の先住民のほとんどを殺害し、中南米の先住民を何百万人も殺戮し、何百万人ものアフリカ人を奴隷にし、アジア、アフリカ、南北アメリカ大陸をほしいままに分割した。

植民地支配が被支配国におよぼした影響については、いまも経済史家のあいだで議論が続いている。[34] しかし、ヨーロッパが〝発見〟した文明の多くが、さまざまな面で高度に発達していたことは、歴史家の共通認識となっている。

明らかな〝遅れ〟があったのは、近代的な軍事テクノロジーの分野だった。アジア、アフリカ、南北アメリカ大陸の文明は、ヨーロッパと違ってキリスト教の文明ではなかった。だが、ヨーロッパの植民地支配者の〝キリスト教〟もキリスト教と言えるものではなかった。

植民地宗主国の第一の関心事は、〝母国〟の経済的・政治的利益であった。そのために植民地の人びとが苦しもうが死のうが関係なかった。『なぜ国家は衰退するのか』の著者が指摘するように、「ヨーロッパの植民地帝国の収益は、多くの場合、世界各地に独立して存在していた政治体制と土着の経済を破壊することによってもたらされた」。[35]

18世紀初頭、インドは世界のどの国よりも多くの織物を生産し、輸出していた。イギリスの東インド会社は、イギリスで販売するための織物を大量に出荷することで、インドの織物産業を支援していた。しかし、18世紀の最初の20年に、同国の織物業者は議会を説得し、イギリスでインドの織物を着ることを禁止させたのだった。その結果、インドの織物産業は劇的に縮小し、貧困が増大した。まもなく、インドはイギリス製織維を買う側に回ってしまったのである。[36]

オランダも、現在のインドネシアの主要な地域に同様の影響を与えた。16世紀、モルッカ諸島（現在のインドネシア）は、クローブ、メース、ナツメグといった香辛料の唯一の生産地で、世界貿易の中心地だった。ここに到達したオランダ人は、儲けの大きい香辛料貿易の独占的支配を企《たくら》んだ。

強力な軍事力を背景に、いくつかの島の人びとを半ば奴隷のように使役し、安価に香辛料を生産させた。バンダ諸島では、メースとナツメグの生産と販売を支配するために、ほとんどすべての人を殺戮した。少数の〝先住民〟だけを生かして、オランダ人のプランテーション経営者（および彼らが輸入した奴隷）に香辛料の生産方法を教えさせた。同じような目に遭うのを避けるため、多くの島の支配者は香辛料の生産地を自分の手で破壊してしまった。その結果、インドと同様、土着の経済は衰微してしまった。[37]

ヨーロッパ諸国の植民地主義がもたらした最悪の結果は、アフリカの奴隷貿易がもたらした恐ろしい破壊だ。17世紀から18世紀にかけて、１０００万以上の人びとがアフリカから拉致《らち》され、奴隷として売り飛ばされた。奴隷とされた人びと自身が負わされた苦痛に加え、アフリカに形成された奴隷市場がアフリカを破壊した。西洋の奴隷商人は、アフリカの政治支配者に、奴隷と交換に銃を提供し、奴隷として売る人間を捕まえるための戦争をけしかけた。「すべての法律や習慣が、もっと多くの奴隷を確保するために歪められ、破壊された[38]」

西欧の植民地帝国がアフリカに与えた危害は奴隷貿易だけではない。開発経済学のアセモグルとロビンソンは、植民地支配者が少数の植民地エリートの利益のために開発した政治的・経済的制度は、独立後のアフリカの指導者たちに引き継がれたと指摘している。「宗主国からの独立は、恥知らずな指導者たちに、ヨーロッパの植民地主義者たちが取り仕切っていた収奪を引き継ぎ、もっと過酷にする機会を与えたのである」[39]

『ウォールストリート・ジャーナル』紙の記者が、植民地主義の悪影響を示すもう一つの例を紹介している。国を縦断する鉄道建設をめざすガボン（アフリカの小国）の取り組みを検証する記事で、ジューン・クロンホルツが、なぜ植民地時代に鉄道が建設されなかったのかという疑問を提示している。

宗主国フランスはガボンの原材料を発見し輸出するために必要な設備しか建設しなかった。現地国の事情を無視して、宗主国の目的に役立つ道路や港や発電所しか建設しなかった植民地政策は、いまでも第三世界の経済にのしかかっている。「新たに独立を勝ち取った国の指導者たちは、国を未発展状態に閉じ込める遺産を相続した」と国連のドゥー・キンゲは抗議する。氏の出身国カメルーンは、かつてドイツとイギリスとフランスの植民地であった。[40]

インドであれ、インドネシアであれ、アフリカであれ、植民地主義の破壊的な影響は、権力の配分があまりにも偏っていることに起因している。もちろん、植民地時代と独立後の経営と、それに続く先進国との経済や政治の面での関係が、悪いことばかりだったと考えるのは単純すぎる。たとえば識字率が高まったし、医療や衛生も改善された。

また、植民地時代に福音が世界に広まる機会を得たことについては、喜ばしい面もあった。しかし、宣教師たちがもっとしっかりと帝国主義の不公正に挑戦していたら、植民地の歴史はどれほど違ったものになっていただろう。キリスト教の価値観は、たとえばインドのカースト制度のような旧弊の克服に役立つこともあるが、これまで植民地の政治と経済に与えてきた影響の多くが、聖書の正義から発したものではなく、経済的な強欲による影響だったというのは、なんと悲しいことだろう。社会と経済の両方で聖書の教えが正しく実践されていたなら、開発途上国は今日これほど悲惨な状況に置かれてはいなかっただろう。財産や富に対するキリスト教の考え方が植民地支配者の行動を律していたら、そして、ヨベルの年や安息年の原則、あるいは弱者に力を与える施策が植民地での事業や国際経済の一部になっていたなら、世界はどうなっていただろう。おそらく、この本が書かれる必要はなかっただろう。

残念ながら、歴史はそのようには進まなかった。そのため、いまも植民地時代の遺産が残っている。当然ながら、植民地時代の当初からはびこった不正のいくつかは、現在の経済活動を支配する制度の中に深く組み込まれてしまっている。[41]

貧困の最も根本的な原因

植民地主義が現在の貧困の唯一の原因だと考えるのは正しくない。間違った個人的選択、見当違いの文化的価値観、自然災害、不適切なテクノロジーなども、貧困の原因だ。あまりにも不平等な権力の配分、そこから生まれて固定化された不公正な構造も大きな原因である。そして地域でも、国でも、世界でも、権力を握った者たちは利己的な目的のためにその力を利用し、自分を富ませ、他者を抑圧している。これらすべてが貧困が蔓延している理由である。

権力の濫用は、昔とは違う近年の貧困のパターンを生む原因となっている。かつて、貧しい人びとの大半は最貧国に住んでいた。ところが今日では、国際的な貧困ライン以下で暮らす人びとの大多数は、中所得国に住んでいる。[42]なぜか？　国が急速な経済成長を遂げても、底辺の貧しい人びとがその恩恵に浴さないことが多いからである。

貧しい人びとの多くが住むインドは、1990年以降、年率7%以上の急速な経済成長を遂げている。しかし、半分近く(48%)の子どもたちが栄養不足のために発育不良に陥っている。政府を支配する権力者たちが、最貧層に蔓延する貧困と死を削減するための栄養と衛生プログラムに国の富を使わなかったからだ。

一方、インドに比べればはるかに低い経済成長率のバングラデシュは、小児期の栄養失調と死亡を減らすために設計された栄養と健康プログラムに、はるかに多額の投資をすることを選択した。その結果、子どもの発育阻害率が劇的に低下した。[43]

教皇フランシスコの発言は正鵠を射ている。「経済が成長さえすれば正義が成るわけではない。経済成長は必要だが、それだけでは足りない。所得の正しい分配、雇用の創出、貧しい人びとを置き去りにしない発展を実現するための意思決定、計画、仕組み、進め方が必要である」[44]

貧困の原因について、もう一つ重要なポイントがある。長年にわたりワールド・ビジョンで国際的な援助と開発に取り組んだブライアント・マイヤーズが指摘しているとおり、貧困の最も根本的な原因は霊的《スピリチュアル》な次元に存在する。[45]すなわち、罪が貧困をもたらすということである。[46]

罪は個人の選択を誤らせ、貧困へと追いやる。怠惰や飲酒癖などのことだけを言っているのではない(それらは貧困の主要な原因ではない)。強い権力を持つエリートたちが構築した、自分たちの利益のために弱者を犠牲する複雑で不公平な構造も罪の結果だということである。私たちはそのような権力者に悔い改めを迫らなくてはならない。

そして、罪は最終的に、膨大な数の貧しい人びとを抑圧し心を縛りつける破壊的な世界観を形成する。開発が専門のインドのジャヤクマール・クリスチャンは、権力者は弱者を圧迫するだけでなく、宗教や教育、司法や政治の仕組みを通じて、貧しい人びとに、自分たちは劣っている、価値がない、無力だと思い込ませていることを示した。弱者は、自分についての偽りの（そして罪深い）物語を自分の中に取り込んでしまい、行動を起こせなくなってしまうのである。[47]

貧しい人びとに必要なのは霊的な変容だ。それをもたらすのは、人は神の姿に似せて造られた価値ある存在であるという聖書の教えであり、人を束縛する罪の力に打ち勝たせてくれる聖霊の臨在である。

理解を深めるための質問

① 貧困の最大の原因は何だと思うか。それはなぜか。
② 貧困の原因についての本章の説明に賛成か。反対か。それはなぜか。
③ この章の議論に対して考えられる異議にはどのようなものがあるか。その異議に対し、どのような議論で応じることができるか。

第8章　グローバル市場経済と貧困

見よ、あなたがたが労働者たちに畑の刈入れをさせながら支払わずにいる賃金が叫んでいる。そして、刈入れをした人たちの叫び声が、すでに万軍の主の耳に達している。あなたがたは地上で奢り暮らし、快楽にふけり、「屠らるる日」のために、おのが心を肥やしている。

（ヤコブ5・4－5）

小説家のアプトン・シンクレアは、労働者に賃金を払わない雇い主を糾弾するヤコブの手紙の箇所を政府の閣僚たちの前で読み上げ、エマ・ゴールドマンの言葉だと言った。ゴールドマンといえば、15歳のときに米国に渡ってきたリトアニア生まれの活動家で、無政府主義の扇動者とみなされていた女性だ。憤慨した閣僚たちは「こんな無礼なことを言う女は強制送還しろ！」と叫んだ。

――ポール・E・トムズ（全米福音同盟元会長。1975年6月1日の説教）

この本の初版が出版されて間もなく、私はある福音派の大学に招かれて、貧しい人びとに対する神の配慮と、貧困を生む社会構造について講演した。その中で私は、世界の飢餓の中には、米国のような裕福な国が自国の利益のために構築した経済構造に起因するものがあると示唆した。

だが大学のチャプレン〔学校所属の聖職者〕の考えは違っていた。彼はチャペルでの講演を終えた私を自分のクラスに招いてくれたが、教室で私が話を始める前に、あらかじめ自分の考えを学生たちに伝えた。

「わが国が間違ったことをするなどということは信じられない」

国際支援団体のワールド・ビジョンの会長を務めたスタンレー・ムーニーハムは福音派だが、長年にわたる経験をふまえて、まったく異なる見解を述べた。「西洋の先進国が第三世界の経済の首を絞めている」と非難したのだ。言葉がきつすぎる気もするが、ムーニーハムの次の指摘は重要だ。「貧困と飢餓は、人間を無視し、虐げ、搾取する人間のシステムが引き起こしたものだ。……飢えた人びとに食料を与えるためには、システムのいくつかを抜本的に改める必要がある。全廃しなくてはならないものもある」[1]

前章で権力の濫用が貧困を生んでいることを論じたので、この指摘に驚く読者はいないだろう。この章では、貧困と飢餓を生んでいるシステムの現実を、さらに詳しく見ていくことにしよう。

市場経済と貧困の関係を考える

貧困と飢餓の原因を知るためには、経済について複雑な議論をする必要がある。私はそれを、専門用語ではなく普通の言葉を使って行いたい（私は神学者であって経済学者ではないのだから、そうするしかない）。しかし、経済学に興味のない読者はこの章を飛ばして、貧しい人びとをエンパワーするために個人と教会ができることを論じている第9章と第10章に進んでもよいかもしれない。

本章と第11章については、サイダーは議論を神学の領域に留めるべきだった、と批判する向きもある。お節介な神学者がわかりもしない経済学を中途半端に論じている、というわけだ。この批判に対して、私は二つのことを言いたい。第一に、私はすぐれた経済学者の話に耳を傾けて学んだ。実際、一流の経済学者たちが、本書の改訂のたびにさまざまなアドバイスを提供してくれて、経済学に関わる部分については原稿段階で意見を聞かせてくれた。彼らのアドバイスによって、第8章と第11章は大きく改善された。第二に、優秀な経済学者でも意見が一致せず、間違いを犯すことがある。経済は私たちが生きている世界の中心にある営みだから、経済学者ではない人も、どうせ完全にはわからないと尻ごみするのではなく、経済を理解する努力をしなければならない。

このあと、耳の痛い数字や話が出てくるが、私は裕福な人を非難してサディスティックに楽しみたいわけではないし、拭《ぬぐ》い難い罪悪感を覚えさせたいわけでもない。神は私たちが理由もなく罪責感にひたることを望んでいない。しかし、貧しい兄弟姉妹が味わっている苦しみや悲しみに対して痛みを覚えることは望んでいる。それに、聖書が罪だといっていることは罪と認めなくてはならない。

前章で述べたように、世界の貧困のすべてが豊かな北の諸国の責任というわけではない。原因はほかにもたくさんある。しかし、仮に貧困についてまったく責任がなかったとしても、裕福な個人や国は困っている人を助ける責任がある。金持ちとラザロの話（ルカ16・19－31）には、ラザロは金持ちのせいで貧しかったという説明は出てこない。金持ちの男は、ただ助けなかっただけだ。いわば不作為の罪だ。しかし、その罪が彼を地獄に追いやったのである。

だが、飢えや貧困の一因である経済構造が、経済力のある国の行動と無関係ということは考えられない。ほとんどの権力者が罪深い方法で権力を濫用していることや、ヨーロッパとそれに続く米国が軍事力や経済力で他を圧倒する力を保有してきたことからすれば、富裕国の行動が世界の貧困と関係がないとしたら、そのほうが驚きだ。私たちが果たすべき最初の責任は、自分たちの間違った行動を理解し、改めることである。

私たちは、どのようなメカニズムの中で、世界の飢餓の原因となっている不公正な構造の一部となっているのだろう。この章では、①市場経済、②国際貿易、③自然資源と環境、④多国籍企業(特に開発途上国での活動)、⑤差別と戦争という五つの面から、餓えと貧困の構造への私たちの関与を明らかにしたい。

世界を覆いつくす市場経済——問題①

市場経済は貧しい人びとを助けるのか？　それとも苦しめるのか？　貧困の構造的原因の解明は、この問いから始めなければならない。民主制の下での資本主義は、20世紀の経済的・政治的問題のほとんどで勝利した。世界の多くの国が民主主義の理想を称賛している。事実上、すべての国が「市場経済」に向かっている。貧困の問題に関心のある人なら、世界を席巻しつつある市場経済が貧しい人びとにどのような影響をおよぼすのかを考えなくてはならない。

市場経済の勝利

まず、市場経済とは何かを定義する必要がある。市場経済とは、富と生産手段の大部分が私的に所有され、賃金と価格のほとんどが需要と供給によって決定される経済の仕組みのことである。

政府が経済にまったく介入しないということではない。今日、すべての市場経済で政府による何らかの介入が行われている(もちろん、たとえば米国はスウェーデンより政府の介入が少ないといった違いはある)。政府が一切介入しない、自由放任経済という理念としての市場経済は今日どの国にも存在しない。[2]北米も西欧も、成功したアジアの虎諸国(台湾、韓国、シンガポール、香港)も、市場経済といわれているが、政府が経済に対してかなりの役割を果たしている。[3]
共産主義経済は市場経済とは根本的に異なり、国家が生産手段を所有する。国家が賃金、価格、生産量を決定する。かつてソ連では、モスクワの経済計画本部が、毎年2500万種類もの価格を決定していた。[4]それは効率が悪く、全体主義をもたらしただけで機能しなかった。
21世紀の初めには、世界が中央計画経済を退け、市場経済を支持していることが明らかになった。市場経済には深刻な問題があるが、計画経済と比較すれば、それは貧しい人びとにとって良いニュースだったと言える。

貧困と飢餓の減少

欧米諸国だけではなく、多くのアジア諸国も市場経済を採用した。その結果、世界で最も人口の多い大陸で貧困が劇的に減少した。1970年には、開発途上国の合計人口の35%が慢性的な栄養不足に悩まされていたが、2003年には、人口急増にもかかわらず、その割合は17%にまで改善した。[5] 1990−92年から2011−13年にかけての変化を見れば、開発途上国の飢餓率は23・2%から14・3%に低下した。[6]
中国は1980年代初頭から、経済のさまざまな面で市場メカニズムを導入しはじめたが、その効果は目覚ましかった。81年には中国の貧困率は65%だったが、2007年にはわずか4%にまで改善した。[7] 90年代には、東アジアの貧しい開発途上国の多くも、インドがしたように市場志向の政策を採用した。今日では、ほとんどすべての開発途上国が、市場原理に基づく経済政策を採用している。その結果、多くの国や地域で経済が急成長した。[8]

ただし、それは純粋な自由放任経済――政府が貧困層を支援する政策を一切行わない経済――の成功ではない。第11章で詳しく述べるが、韓国、台湾、シンガポールのような、アジアで最初に成功した市場経済においては、政府の政策で土地や教育、医療が広く国民に行きわたったことが大きな成功要因だったのである。[9]

市場経済が計画経済よりも大きな経済成長をもたらすことについては、圧倒的な証拠が存在する。過去30年間の中国の驚異的な経済成長が、農業と、工業生産の大部分に自由市場のメカニズムを導入した結果であることは明らかだ。[10] それはアジアで顕著だが、中南米の一部（チリなど）やアフリカ（ボツワナなど）でも、市場経済は爆発的な経済成長をもたらしている。

経済成長を支える国際貿易

各国の成長を支えているのは、輸出と国際貿易の拡大である。アジアの新しい市場経済の急速な成長は、貿易障壁を減らして輸出を重視したことと、政府が主導的な役割を果たしたことが直接の原因だ。世界銀行の報告書は次のように結論を述べている。「全体的に見れば、オープンな国際貿易、規律ある金融・財政政策、金融市場の整備など、市場メカニズムにのっとった政策を実施している国のほうが、そうでない国よりも長期的な成長を実現していることは明らかである」[11]

国際貿易は開発途上国の実質賃金も引き上げる。[12] 途上国における輸出産業の労働者の賃金は、もちろん先進国より低い（貧しい国の生産コストが低いのは、ほとんどそれが理由だ）。しかし、その〝低賃金〟でさえ、他の非輸出産業の賃金より高い。特に、労働組合が自由に活動できる国ではそうだ。

貧困国の低賃金を利用した国際貿易には、二つのメリットがある。貧困国の労働者はより高い賃金を受け取ることができ、輸入する側はそれを安く買うことができる。[13]

国際貿易は、輸出国と輸入国のあいだで、同等のスキルを持つ労働者の賃金を平準化させる傾向がある。[14] もちろん、はるかに低賃金の労働者と競うことになる先進国の高賃金労働者にとっては不利な状況が生まれる。しかし、最も貧しい人びを思いやるなら、まず開発途上国の労働者の賃金を改善するための政策を支援し、しかるのちに、グローバル貿易によって傷ついた先進国の労働者を支援する政策を模索すべきである（たとえば失業保険の充実や職種転換のための職業訓練など）。そうすれば、先進国は比較優位〔国際貿易において一方が他方に対して有する相対的優位性〕のある経済分野にもっと力を入れることができる。

成長の恩恵が貧しい人びとに届かない

過去30年間の証拠は、市場経済の普及によって膨大な人口が貧困から脱却したことを明確に示している。韓国や台湾の数千万人の貧困層、さらに最近では中国、インドネシア、インドなどの数億人の貧困層が貧困から脱した。これは喜ぶべき前進である。

だが、もう一つの現実を見落としてはならない。国のＧＤＰが増加しても、最貧層が恩恵を受けられるとは限らないということだ。１９９０年には、国際基準の貧困ライン以下で暮らす人びとの90％が低所得国に住んでいたが、今日では、約70％が中所得国に住んでいる。[15] 多くの国（たとえばインド）がＧＤＰを大きく増大させて低所得国から中所得国に移行したが、経済成長の恩恵をだれもが享受できるような政策を実施できていないことが原因だ。[16]

以上から言えることは、まず、経済成長をもたらす上で市場経済は他の経済システムよりすぐれているということ。次に、貧しい国は最貧層の人びとの生活水準を向上させるために経済を成長させる必要があるのだから、貧しい人びとを助けたいなら、市場経済を受け入れるべきだということだ。

だが残念なことに、市場経済には根本的な弱点がある。聖書の規準に照らして、明らかな不公正が存在するのだ。ほかよりすぐれているという理由で市場経済を採用するのであれば、それが抱えている問題を検証し、修正しなければならない。

現実離れの経済モデル

第一の問題は、市場経済モデルが想定している基本的な前提のいくつかが、現実には存在しないということだ。[17]市場経済の理論モデルでは、多数の生産者が存在し、だれもがどの産業分野にでも自由に参入でき、何人《なんぴと》も競争をまたげる独占的な力を持ち得ない。だが現実の世界では、力のある者はしばしば生産や販売の面で独占的影響力を行使し、多数を犠牲にして利益を得ている。競争は少数の者が過大な利益を独り占めすることを防いで消費者に利益をもたらすが、独占は競争を妨げる。

経済モデルでは、すべての人（消費者も潜在的な競争相手も）が完全な情報を持っているので、だれも単純な抜け駆けで利益を得ることはできない。だが現実の世界では、多くの人びと、特に貧しい人びとは、賢明な意思決定をするための知識を欠く。また、経済モデルでは、企業の経済活動がもたらす環境破壊は「外部性」として捨象され、企業のバランスシートにも表れないが、現実の世界では、それはすべての人びとを傷つける。

もし市場が常に理論モデル通りに動くなら、市場経済ははるかに有益なものになるだろう。だが悲しいことに、現実の市場経済には大きな弱点がある。そのため、力のある少数の者が大多数を（特に貧困層を）犠牲にして莫大な利益を得ているのである。

不公平な資本配分

第二の問題は、世界人口の少なくとも4分の1が、グローバルな市場経済に参加するための資本を持っていないということである。

多くの農業社会では、土地はいまも基本的な資本だ。現代の資本集約型経済あるいは知識集約型経済では、お金と教育は土地以上に重要な資本である。だが世界の膨大な人口は、土地もお金もほとんどなく、教育もほとんど受けていない。あるのは肉体労働をするための身体だけだ。多くの人びとが適切で栄養価の高い食料を得られず、ヘルスケアやきれいな水、医療や衛生サービスにも事欠いているということは、身体という資本さえ不十分なことを意味している。

需要と供給で動く市場経済のメカニズムは、基本的な必需品（飢えないための最低限の食料）と裕福な人びとが求める贅沢品を区別できない。国連開発計画（UNDP）の『人間開発報告2005』によると、世界の人口を所得順に並べると、上位5分の1の所得総額は下位5分の1の50倍である。[18] 市場主導の経済は、たとえ何百万人もの貧困層が飢えても、お金を払ってくれる富裕層に売るだけである。

現在のような資本の配分が続く限り、市場経済は極端な不公平しかもたらさない。貧困層がまともな暮らしをするためには、民間機関の努力と国の政策によって、彼らが資本（健康な身体、土地、教育、より生産的な資源を購入するための資金）を持てるようにしなければならない。

極端な格差の拡大

第三に、市場経済はしばしば、所得と保有資産の両面で、持つ者と持たざる者のあいだに極端な格差を生み出す。市場メカニズムを受け入れた中国では、巨大な富を持つ少数のエリートが出現した。他のほとんどの市場経済でも同じことが起こっている。最も古い市場経済の国である米国とイギリスでも、この数十年で、所得と資産の極端な集中が起こっている。[19]

なぜそれが問題なのか？　多くの人の生活を改善する技術革新《イノベーション》で巨大な利益を得ることは悪いことなのか？　そんなことはない。所得や資産は平等に配分されなければならないと聖書が教えてるからか？　そうではない（聖書にはそんなことは書かれていない）。

格差が問題なのは、不平等があまりにも大きくなると、貧しい人が自分の運命を切り開くのに必要な元手を得ることができなくなるからである。さらに、罪深い人間は、力をつかんだらそれを利己的な利益のために利用しようとするからである。[20]　大きな不平等は経済成長にも悪影響を与えるという証拠も増えている。[21]

なんらかの是正措置がなければ、今日のグローバル市場は、富裕層と貧困層の不公平で危険な二極化を生み出すように見える。コーネル大学の経済学者ロバート・フランクは、著書『ウィナー・テイク・オール――「ひとり勝ち」社会の到来』（日本経済新聞）の中で、複雑な発展（テクノロジー、グローバル化された経済、大量マーケティング、規模の経済など）によって、かつてなかったほど少数の人びとが、かつてなかったほど大きな富のシェアを獲得することが可能になったと論じた。[22]

富の集中は力の集中をもたらす。それは、かつて共産主義を批判した保守派が指摘したように、危険なことである。大企業を支配する少数の富裕層がメディアを所有し、強い政治力を持っていることも驚くには値しない。

米国では、政治キャンペーンのために支出される民間資金のほとんどは、最も豊かな１％の人びとによるものである。その結果、多くの政治家は、貧しい人びとのための正義よりも、政治献金をしてくれる金持ちの利益を重視している。民主主義は脅かされ、貧困層が苦しむことになる。

物質主義による文化の衰退

第四に、市場の拡大に伴って文化が衰退しているように思われる。[23] おそらくその最も顕著な傾向は、各国がグローバル市場に参加する中で、世界が物質主義、消費主義、個人主義で塗りつぶされつつあることだろう。物質的な所有物とそれを買うお金が、何より重要なものとなっている。年収と家の大きさが、神や人との関係、神が造った自然より重要になってしまった。結婚や子育て、誠実であることより、お金を稼ぐことに価値が置かれている。

物を追い求める消費主義が発展していく道筋は容易に理解できる。市場シェアを競う企業は、人をその気にさせる広告を打ち出す。米国の歴史家ウィリアム・リーチの『欲望の国——商人、パワー、新しい米国文化の勃興』が、その歴史的変遷を伝えている。[24] ピューリタンなどのキリスト教の伝統は、19世紀初頭の米国文化を形成し、人びとは質素倹約を旨《むね》として暮らした。しかし、それでは物が売れない。そこで大企業は、私たちを説得するための広告手法を開発し、新しい服、最新モデルの車、便利な家電製品が幸福をもたらすとささやいた。

ゼネラルモーターズ（GM）の研究開発を指揮したチャールズ・ケタリングは、事業を継続するためには「満足しない消費者」をつくり出す必要があると考えた。そこで彼が考案したのが毎年のモデルチェンジ、つまり計画的陳腐化だった。広告の歴史を研究しているローランド・マーチャードによれば、成功する広告は「人を浪費と自己耽溺に向かわせ、いま持っている物を陳腐と感じさせる広告」であった。[25]

悪魔のように巧妙な広告会社は、美しい異性、派手な色彩、華麗な音楽を組みあわせて、広告が勧める物を買えば、たちまち満足と喜びが得られるとそそのかし、倹約の精神と素朴な暮らしを一掃してしまった。[26]

広告にとって、かつてはテレビが最も重要なメディアであったが、いまはデジタルメディアが取って代わっている。２０１３年は、米国人がテレビよりデジタルメディアを多く視聴した最初の年であった。この年、米国人は１日平均４・５時間テレビを観たが、パソコン、スマートフォン、タブレットを合計５時間見たことがわかった。[27]ある調査によると、典型的な米国人の２歳から11歳までの子どもは、毎年２万５０００本以上のＣＭを見ていると推定されている。[28]インターネット広告は現在、広告費全体の25％を占めており、２００５年の５％から大きく増加している。[29]テレビでもインターネットでも、「いますぐ買え」というメッセージは同じだ。

米国で始まったことは世界中に広がっている。インドの最も貧しい子どもでさえ、コカコーラを飲めばリフレッシュすると思っている。エイボンの巧みな広告は、貧しいブラジルの女性たちに高価なスキンクリームを買わせた。官能的で白い肌の女性を映したテレビ広告が、日の下で長年働いてきた年配の女性に向けて、これを使えば日焼けとシワをきれいにできるとささやいた。

エイボンの「アニュー」は１瓶30ドル。それは皮膚の表面の角質層を除去する効果がある。ブラジルのエイボンの宣伝担当役員は、その効果を自慢げに語る。「女性はこれを買うために何でもします。服や靴を買うのを止めてでも買ってくれます。肌に良いと感じたら、服を買うのをやめて、テレビで見た当社の製品を買ってくれるのです」[30]

グローバル企業は世界的な通信ネットワークを所有しており、そのプログラムや広告が、より多くの消費を生むグローバルな欲望を生み出している。浸透する物質主義が市場を肥大化させ、利益を拡大させる。悲劇的なことに、このような物質主義は人間関係や自然を破壊してしまう。子育てで大切なのは子どもに物質的な喜びを多く与えることだと勘違いしている人が増えている。そして、過剰な消費が環境を汚染している。[31]

市場は不道徳な行為に報酬を与えることでも文化を腐敗させる。ポルノや不正な広告でも、需要がありさえすれば、たとえそれが生産者と利用者の人間性を傷つけるものであっても、市場は制作者に報いようとする。

文化の崩壊は、生活のあらゆる領域を支配しようとする市場経済の帝国主義的性質からも生じる。さまざまな関係を需要と供給に基づく経済的交換の次元に押し込むことで効率が増し、社会はそこに価値を認めることが多い。

テレビを買うときに価格を比べるだけなら別に問題はないだろう。しかし、同じ考え方で配偶者を選んでもよいのだろうか？　幼い子を持つ両親が、どちらか一方は家庭で子育てに専念すべきだろうかと考えるとき、市場経済の合理性だけで考えてよいのだろうか？　専門的職業に就いている親なら、経済性だけを考えれば、子育てのために貴重な時間を〝無駄〟にするより、フルタイムのベビーシッターを雇うほうが有利かもしれない。しかし、それでは何か大切なものが失われるのではないだろうか。

セックスの市場や、幼児の養子縁組のための市場など、決してあってはならない。「セクシュアリティが交換の対象である商品になってしまえば、それは売春と変わらない」[32]

生のあらゆる側面を組織化しようとする市場の帝国主義的傾向は、個人の品性と文化を腐敗させ、破壊してしまう。

環境破壊の可能性

グローバルな市場経済の第五の問題は環境破壊だ。川や湖は汚染され、オゾン層は破壊され、地球温暖化が始まっている。それなのに、市場は将来の世代のニーズにはほとんど注意を払わない[33]。市場は環境の悪化というコスト（経済学でいうところの「外部性」）を考慮しない。国の会計システムが自然資源の消失や劣化を計上しておらず、企業の損益計算書にも汚染のコストはめったに計上されないからである。

中国は過去30年間で爆発的な経済成長を遂げたが、１９９０年代末には環境悪化にともなうコストはＧＤＰの13％にも達していた[34]。２０１４年の世界銀行の報告書によると、インドは環境悪化のために年間８００億ドル、ＧＤＰの５・７％を失ったとされる[35]。

市場は、環境対策に費用をかけずに汚染をまき散らす企業に、収益向上という報酬を与える。環境汚染のコストは、汚染水が排出される河川の川下に住む人びとや、微粒汚染物質を大気に放出する煙突から遠く離れた場所に住む人びとに押し付けられる。企業の怠慢がもたらすコストは世界を経《へ》めぐり、子や孫たちにも転嫁される。

政府がすべての企業に環境破壊のコストを強制的に支払わせない限り、市場経済は汚染をまき散らしながら目先の利益をあげた企業に報い、環境面で責任を果たした企業を四半期の収支悪化というかたちで罰するのである。

市場メカニズムで正義は実現しない

純粋な自由放任経済によって正義が実現すると考えるのは、偶像崇拝的なナンセンスである。政府が干渉さえしなければ市場経済が聖書が考える正義を生み出すと考えるのは間違っている。完全な自由市場にゆだねるなら、資本を持たない貧しい人びとは、基本的な必需品さえ手に入れられない状況が続くだろう。富の集中が際限なく続き、民主主義を脅かすだろう。物質主義の考え方や慣行が、道徳的価値、家族、神の被造物を蝕《むしば》むだろう。

経済効率と引き換えにそうした弊害に目をつぶるのは偶像崇拝だ。消費は経済生活の唯一の目的ではない。経済は人間のために存在するのであって、経済の効率と拡大のために人間が存在するのではない。健全な家族の暮らしと神の庭の適切な管理は経済効率よりも重要である。神は経済の主でもある。

不公平な国際貿易――問題②

今日、人類史上、どの時代よりも大規模な国際貿易が行われている。１８００年には世界の経済生産に占める国際貿易の割合はわずか2%、１９６０年でも25%だったが、２０１１年には60%に達した[36]。開発途上国が国際貿易に占める割合も急増している。開発途上国が世界の商品貿易に占める割合は、１９８０年から２０１０年のあいだに25%から47%に増加し、世界の経済生産に占める割合は同じ期間に33%から45%に増加している[37]。

一定の条件下で行われる自由な国際貿易は、富める国でも貧しい国でも、すべての人にとって有益であるというのは、世界中の経済学者のほぼ一致した見解だ[38]。

２００７年の大統領経済報告［米国大統領による三大教書の一つ。経済と財政の基本政策を示す。「経済教書」とも］によると、第二次世界大戦後の自由貿易は、米国の典型的な４人家族の年収を約１万ドル増加させたと推定され」ている[39]。中国の市場志向の経済改革には貿易の大規模な拡大が含まれており、その結果、わずか20年間で５億人が貧困から脱した。[40] ケニアの農民が、米国で働く親戚からお金を送ってもらい、日本の携帯電話を使って作物の種を買えるのは国際貿易のおかげだ。

国際貿易は、各国に、比較優位（たとえば、安い労働力やバナナを育てるのに理想的な気候といった有利な条件）を活かせる財の生産に集中し、それ以外のものは他国から買うことを奨励する。そうすることで、どの国でも生産コストが下がり、限られた資源を最大限に有効活用できる。それは、富裕国の労働者よりも低賃金の労働力を多く抱えている貧困国にもメリットがある。

富裕国では雇用が外国に奪われる懸念はあるが、この国際的アウトソーシングによって貧困国では貧困が緩和され、どの国も製品価格の低下という恩恵に浴する。[41] たとえば、インドは２０１１年から12年にかけて、情報テクノロジー関連の輸出で７００億ドルの収入を得ている。[42] 国際的アウトソーシングによって、世界のコンピュータや通信関連機器の価格が10～30％低下したという推定もある。[43]

開発途上国に不利なルール

国際貿易にとって良いニュースは、それが今日、過去のどの時代より自由になったということだ。悪いニュースは、先進国が自国の利益のために国家間の貿易協定を策定する状況が続いていて、貧しい国が犠牲になっていることである。[44] 世界銀行の元チーフエコノミストが２００５年に、「現在の国際貿易体制は、さまざまな意味で開発途上国に不利なものになっている」と書いている。[45]

すでに見たように、植民地時代には、宗主国は自国に有利な経済体制を構築した。[46] その優位はおもに商品貿易を操作することで確保していた。植民地を持つ西洋の国々は、自分たちが欲しい物については植民地での生産量を増やす一方、植民地での製造能力の開発や向上の機運を摘み取るような政策を採用した。その結果、多くの植民地は一次産品を宗主国に出荷し、高価な製造品を宗主国から買わされるはめになった。[47] 不幸なことに、その影響は植民地が独立を果たしたのちも続いた。

第二次世界大戦後、最初は関税貿易一般協定（GATT）の下で、現在は世界貿易機関（WTO）を通じて、世界的な貿易交渉が行われ、自由貿易は劇的に拡大した。

1960年代、ケネディ・ラウンド［1964－67年］の関税交渉の結果、豊かな先進国間の関税が50％引き下げられた。しかし、貧しい国から入ってくる商品の関税はほとんど下がらなかったので、貧困国の相対的状況はむしろ悪化した。[48]

1994年に署名されたウルグアイ・ラウンド［1986－94年］の合意では、そこから得られる利益は世界全体で2000億ドルから5000億ドルと推定され、そのかなりの部分が開発途上国で生じることが期待された。しかしこのときも、貧しい国からの商品の関税は、先進国からの商品に比べて最大4倍も高いままであった。そして、後発開発途上国全体の予想利益は、年間6億ドルのマイナス、つまりGDPの5％に相当する損失に転じてしまったのである。[49]

先進国は、さまざまな障壁を設けて国際貿易を操作しつづけ、途上国で生産された商品の多くを排除したり、自国の生産者に途上国の生産者よりも不公平に有利な条件を与えるなどした。たとえば、2008年に米国は、バングラデシュとカンボジアから輸入した製品に10億ドルの輸入関税をかけたが、それはイギリスとフランスからの輸入にかけた関税を上回る額であった。[50] この種の保護貿易的措置は、低所得国が比較優位を持つ製品に対して集中的に取られた。[51]

矛盾だらけの農業補助金

貿易に対する最も顕著で無責任な障壁は、米国、ヨーロッパ、日本の農業補助金である。経済協力開発機構（ＯＥＣＤ）加盟国（つまり富裕国）は、２０１１年から13年にかけて、１日当たり７億１５００万ドルの農業補助金を支給していた。[52]

環境ワーキンググループ［環境分野の調査研究・啓蒙を行う非営利組織］の計算によると、１９９５年から２０１２年までのあいだに、米国の農家には現金給付、農作物保険［収穫逓減や価格低下による減収に対する保険］、環境保全補助金のかたちで２９２５億ドルが支払われた。[53] こうした農業補助金は、家族経営の小規模農家の所得減少を補う目的で導入されたものだが、実際には、米国の農家の平均所得は一般的な米国の世帯よりも１万ドル多い。[54] しかも、補助金の大部分は小規模農家にではなく、少数の裕福な農業経営者に支給された。２０１２年には、62％の農家が補助金をまったく受け取っていない一方で、10％の農家が補助金総額の75％を受け取っていた。[55] 13年には50人の農業億万長者（資産総額３１６０億ドル）が合計１１３０万ドルの補助金を受領していたのである。[56]

こうした補助金は、豊かな国の農家に、開発途上国の農家よりも不公平な優位性を与えた。綿花補助金はその顕著な例である。２００１年から11年までのあいだに、ＥＵ、中国、米国は綿花生産者に４７０億ドルの補助金を支払っている（その半分以上は米国の農家への支払い）。[57] マリの綿花生産者は、生産した綿花に対して１ヘクタール当たり２００ドルを得たが、米国の綿花生産者は補助金だけで１ヘクタール当たり２５０ドルを得た。[58] この補助金によって綿花の価格が10～14％下がるため、西アフリカの綿花生産者は毎年１億４７００万ドル（１００万人分の食料を供給するのに十分な額）の負担を強いられている。[59]

それぐらいでは驚かないという人のために、２０１１年には米国の１万８６００の綿花農家[60]は13億ドル[61]の補助金を分けあったという事実を指摘しよう。1農場当たり、なんと7万ドルである。それが米国の納税者に多額の負担を強い、開発途上国の貧しい農民を苦しめている。

2002年、ブラジルは米国の綿花補助金が貿易協定に違反しているとして、WTOに米国を提訴した。WTOの紛争解決メカニズム（DSM）はブラジルに有利な判決を下した。それを受けて米国政府は、自国の農民への違法な補助金を廃止するのではなく、ブラジルの綿花生産者に年間1億4700万ドルを支払った。[62] 米国政府は自国の農家に巨額の補助金を支給するだけでなく、ブラジルの農家にも補助金を支給しているのである！

不合理な貿易障壁

繊維製品やアパレル製品にも大きな貿易障壁が存在する。おそらく歴史上、これほど一貫して貿易障壁が存在しつづけている商品はほかにないだろう。

18世紀のイギリスでは、綿製品の輸入から羊毛産業を守るために、綿の服を着てもよいのは夏だけとし、死者の埋葬に使えるのはウールのみとする法律を制定した。[63] 歴史的に、繊維とアパレルは、イギリス、米国、日本を含む世界で最も裕福な国々の多くの経済発展に重要な役割を果たした。[64]

現在、貧しい国は低賃金によってアパレル生産に比較優位がある。中国、バングラデシュ、インド、パキスタン、インドネシアは世界のアパレル輸出の半分を占めている。[65] しかし、富裕国はそこに関税をかけている。米国では、すべての財の平均関税（輸入税）は1・3％だが、衣料品の平均関税は13・1％、一部の品目では32％にもなる。[66] 2011年に1人当たり所得が770ドルだったバングラデシュのような国では、この関税は国民1人当たり4・61ドルの税金に相当する。[67]

繊維やアパレルの貿易を制限するために輸入割当制という方法も使用されている。文字通り輸入品の数量を制限するものだ。中国からのアパレル製品の輸入量には、米国人の雇用を守るという理由で上限が定められている。米国に輸出できるアパレルの量が限られているため、中国政府は中国の輸出業者に米国に対する割当免許証を販売している。それによって中国政府は15億ドルを得た。その額はそっくり製品価格に転嫁されて、米国の消費者にとってのコストを15億ドル引き上げた。[68]

進まない貿易交渉

現在のＷＴＯの交渉ラウンドであるドーハ・ラウンド［２００１年開始］は、開発途上国の貿易ニーズに対処するための最初の主要な試みである。２００３年のカンクン会議では、交渉は遅々として進まず、途上国は交渉を断念した。

２０１３年のバリ会議では、貿易円滑化協定（途上国の港湾の整備など）の概要が定められた。この協定により、途上国の輸出が５７００億ドル増加し、１８００万人の新規雇用が生まれると推定されている。[69]しかし同協定はインドが支持を撤回したため、まだ批准されていない[70]［２０１７年に批准］。さらに悪いことに、現在の協定には、富裕国による有害な農業補助金を廃止するための規定が一切含まれていない。

先進工業国に有利な内容が続いてきた貿易協定の遺産が、ＷＴＯ交渉を妨げている。大規模な貿易協定が結ばれてから20年以上が経過した。先進国は、開発途上国に比較優位のある商品を対象とする不当な国内向け補助金や貿易制限を撤廃するべきである。貿易には、何百万人もの人びとを貧困から救い出す可能性があるが、それを実現するためには、まず先進国が自由で公正な貿易に向けて一歩を踏み出さなくてはならない。

地球環境の悪化と資源の枯渇――問題③

いまの私たちの行動は、孫の世代の暮らしを脅かしている。今日の経済活動、特に工業国の活動は深刻な環境汚染と劣化をもたらしており、富裕層も貧困層も含め、すべての人の未来が危機に瀕している。私たちは大気、森林、土地、水を急速に破壊しており、大々的な変革を行わないかぎり、今後１００年でいよいよ悲惨な事態に直面することになる。[71] 悲しいことに、環境汚染や環境劣化の影響を最初に受けるのは貧困層だ。貧困と脆弱な社会基盤のために、貧しい人びとは身を守ることができない。

何が環境問題を引き起こしているのだろう？ 私たちは空気を汚染し、淡水を枯渇させ、漁業資源を乱獲し、土壌を流失させ、森林を破壊し、創造主が愛情をこめて造った固有の動植物種を絶滅に追いやっている。多くの国で化学物質、農薬、石油流出、産業廃棄物が空気、水、土壌を劣化させている。

> お前たちは良い牧草地で養われていながら、牧草の残りを足で踏み荒らし、自分たちは澄んだ水を飲みながら、残りを足でかき回す。これは、あまりのことではないか。（エゼキエル書34・18）

もちろん、最も苦しむのは常に貧しい人びとだ。二つの道筋で苦境が彼らを襲う。まず、貧しい人びとはすでに食料生産の減少、荒廃した土地、汚染された川、金持ちが自分の裏庭には捨てたくない有害廃棄物に苦しめられている。次に、経済の劇的な方向転換ができなければ、貧困国は持続可能な経済成長を実現することができず、貧しい国の人びとは生きていくために環境破壊的な経済行動を続けざるを得ない。

貧しい人びとも、貧困ゆえに環境にダメージを与えている。開発途上国は先進技術を使用できないことが多く、非効率的な方法で化石燃料を使用している。絶望的に貧しい人びとは、耕作限界地を耕し、熱帯林を破壊している。世界の貧困を劇的に削減しない限り、私たちは環境破壊との戦いに勝つことはできない。

気候変動

地球温暖化の科学的証拠は圧倒的で、否定しようがない。人間の活動はこれからますます地球の平均気温を上昇させる。経済活動を根本的に変革しない限り、壊滅的な気候変動が人類を襲うだろう。温室効果ガス（化石燃料を燃やすことで発生する二酸化炭素を筆頭に、メタンや亜酸化窒素など）が地球の下層大気に熱を閉じ込め、地球の温度をゆっくりと上昇させる。温室が太陽の熱を逃がさないのと同じように、太陽からの熱を閉じ込めているのである。

「大気中の二酸化炭素、メタン、亜酸化窒素の濃度は、少なくとも過去80万年間で前例のないレベルにまで上昇している」。[72] 海面上昇、干ばつや熱波、激甚化する暴風雨や洪水は、淡水不足や農業生産性の低下を加速させ、飢餓、疾病、栄養失調、健康不良、暴力的紛争を引き起こすだろう。最も苦しむのは貧しい人びとだ。

気候変動に関する政府間パネル（ＩＰＣＣ）は、世界最高の環境科学者で構成される大きな国際機関で、１９８８年からこの問題を研究している。彼らの最初の報告書が、地球温暖化はすでに起こっており、人間の活動がそれを引き起こしていると指摘したときには賛否両論があった。しかし、新たな報告書（1995年、2001年、06年、14年）が発表されるたびに、より多くの科学者によって裏付けられた科学的証拠が追加されていった[73]（ちなみに、著名な科学者であると同時に福音派のクリスチャンでもあるジョン・ホートン卿は、長年にわたってIPCCの科学パネルの座長を務めた）。

今日、科学的な証拠は圧倒的だ。地球温暖化は急速に進行している。私たちが大気圏に排出する温室効果ガス（特に化石燃料の燃焼による二酸化炭素）の量を劇的に減らさない限り、私たちの子や孫たちは、新たな壊滅的な問題に直面することになるだろう。

悲しいことに、一部の保守政治家、さらに一部の福音派クリスチャンまでもが、この圧倒的な科学的コンセンサスを受け入れることを拒否している[74]。幸い、多数の福音派リーダーが共同声明を発表し、気候変動の科学的根拠を認め、温室効果ガスの排出削減に向けて政府の行動を促すようクリスチャンに呼びかけた[75]。

『地球温暖化と復活の主』の中で、ジム・ボールは地球温暖化が貧しい人びと、特に開発途上国の人びとに与える大きな影響について概説している[76]。

• 地球温暖化が、天水農業《てんすい》［灌漑を行わず降雨だけで行う農業］にダメージを与え、飢餓と栄養不良を増加させる。極度の干ばつに見舞われる農地の面積は、現在の農地全体の1～3％から2090年までに30％に増加する。何千、何億人もの人びとが、飢餓と栄養失調のリスクの増加を経験することになるだろう[77]。
• 干ばつと、積雪および氷河（急速なペースで減少している）の喪失によって、淡水不足が加速する。世界全体では10億人が、そのうち中国では人口の4分の1が、氷河の融解水に依存している[78]。
• 激しさを増す暴風雨と海面上昇が洪水を発生させ、さらに多くの自然災害を生み出す[79]。

- 気温の上昇と洪水が、さまざまな疾病の拡大、健康（特に貧困層の健康）に深刻な影響を及ぼす可能性が高まる。[80]
- 気候変動が、さまざまな集団間での暴力的紛争を増やし、多くの難民を生み出すだろう。[81]

地球温暖化について論じるだれもが、貧困層が最も苦しむことになると指摘している。貧しい人びとは危険な場所に住んでいることが多く、このような破壊的な状況から身を守り、被害を修復するための資源が最も少ないからだ。世界銀行による２０１２年の報告書も、「貧困層が最も苦しむだろう」と指摘している。[82]

繰り返しになるが、ＩＰＣＣの最新報告書も、気候変動がもたらす壊滅的な結果が、特に貧困層に襲いかかると指摘している。[83]「21世紀を通じて、気候変動の影響は、経済成長を鈍化させ、貧困削減を困難にし、食料安全保障を脆弱化させ、新たな貧困を生み出すことが予測される」[84]

貧しい人びとは、地球温暖化の原因となるようなことをほとんど何もしていない。化石燃料を燃やし続けている富裕層こそが、地球温暖化を引き起こしているのだ。

「貧しい国の、地球温暖化の影響を強く受ける地域に住んでいる人は、傷つく可能性が最も高い人びとだ。彼らは、直面しなければならない新たな脆弱性に対し、何の責任もない人びとだ。ほかのだれかが彼らを危険にさらしている」[85]

破壊的な気候変動を引き起こす経済活動の上に成り立っている富裕国に住む私たちには、この問題を解決するために率先して行動する特別な責任がある（第11章でその方法を検討する）。

巨大化する多国籍企業――問題④

多国籍企業（ＭＮＣ）とは、複数の国で（たいていは多数の国で）事業を展開する大企業（たいていは巨大企業）のことだ。その多くは、裕福な北の国（ヨーロッパ、北米、日本）で生まれ、いまもそこに本部があるが、最近では韓国、中国、インド、ブラジルなどの多国籍企業も増えている。

多国籍企業は多くの面で貧しい国を助けており、間違いなくプラスの側面もある。[86]

①新たなビジネスを発展させるための資本を提供する。
②進出先の国の国際収支改善（新規資本の導入と、それまで輸入に頼っていた財やサービスの国内生産による）。
③納税により開発途上国政府に追加税収をもたらす。
④新規雇用を創出する。
⑤新しい技術や生産方法を導入し（技術移転）、現地労働者に専門知識と経営スキルを提供する。
⑥現地の人びとに幅広い財やサービスの選択肢を提供する（多くの場合、他国からの輸入品より安価）。

これらのプラス効果は決して小さくはない。開発途上国に多国籍企業と対等に交渉する力があり、得られた利益が貧困層にも公平に配分されるなら、多国籍企業の活動は貧困の解消に役立つ。しかし残念なことに、多国籍企業は貧困国にマイナスの影響を与えているという証拠がある。

聖書的な罪の概念を持つ人びとにとって、それはなんら驚くべきことではない。なんといっても、多国籍企業は自分たちの利益に関心がある。唯一ではないとしても、主要な関心は自社の利益だ。力のある者が弱い者を支配し、利用するのは世の常である。

多くの多国籍企業は巨大で、それゆえ非常に強力だ。国家と企業を同列のものとして経済規模によってランク付けしたら、上位１００位までに21の多国籍企業が名を連ねる。[87] もしウォルマートが国だったら、その収益は１５７の小国のＧＤＰを上回る。アマゾンはケニアより、ゼネラルモーターズ（ＧＭ）はバングラデシュより、そしてウォルマートはノルウェーよりも大きい。[88]

このような力によって、巨大な多国籍企業は貧しい人びとを犠牲にして利益を得ていることが多い。多国籍企業は貧しい国の政府に対し、税制面での優遇や、賃金アップをめざす労働組合の牽制などを強く要求することができる。環境に悪影響を与えながら事業を続け、労働者の健康や安全への懸念を無視し、企業グループ内での取り引きで複雑な会計操作（移転価格）を行って租税を回避している。

多国籍企業は価格と利益を操作し、新しいテクノロジーを支配し、企業間の競争を制限することで、自由市場が自社に課す制約を回避している。権力の集中がもたらす弊害に関心がある人は、巨大多国籍企業による経済的・政治的権力の集中に関心を持つべきである。

多国籍企業は、経済、政治、文化の三つの分野でマイナスの影響を与える可能性がある。

経済への悪影響

多国籍企業は、経済に対してプラスの効果だけでなくマイナスの効果ももたらす。多国籍企業は地元の銀行から資金を借りることもあり、その結果、金利が上昇し、地元の企業が利用できる資金が減少することがある。また、「移転価格」を利用して、高課税国で生産された半完成品を低課税国の子会社が高価格で販売し、利益の大部分が低課税国で生じたかたちにすることで納税額を減らし、利益を増やすといった操作を行っている。

また、賃金や税金の安い国、環境規制のゆるい国へと、あっさり拠点を移すケースも増えている。それで多国籍企業は利益を増やせるが、途上国は経済的損失を被《こうむ》る。[89] もちろん、製造拠点を低コスト国に移すこと自体が間違っていると主張しているのではない。まさにその行動が、貧しい国の何億人もの人びとを貧困から救い出してきたのも事実だ。

だが多国籍企業は、もはやどこなのかさえ定かではない〝本国〟での課税を回避することもできる（それは〝本国〟にも経済的損失を与える）。ヨーロッパや北米を拠点とする多国籍企業が、バミューダやケイマン諸島のような、法人税が非常に低いか、または全くかからない場所（タックスヘイブン）に登記するケースが増えている。そこで生産や営業などの事業を行うわけではなく、ただ法人登記を行っているだけである。預言者アモスなら正義にもとる法的詭弁と非難するだろうが、多国籍企業はこれで何十億、何百億ドルもの節税を行っているのである。

政治への悪影響

多国籍企業は政治的にもマイナスの結果をもたらす可能性がある。その巨大な経済力と、他国に移転することになった場合に地元経済に与える影響の大きさによって、政府を動かすほどの力を持っている。その結果、企業に有利な税制や、環境対策費を支払わなくてもすむような環境規制が適用されたり、監督官庁や地方自治体の担当者への贈収賄などが発生している。しばしば地方政府と結託して、賃金引き上げと安全な労働環境を要求する組合の結成を阻止したり、弱体化させたりしてきた。[90] 多くの開発途上国の政府が労働組合を弾圧して労働者の賃金を低く抑え、多国籍企業を喜ばせている。

『ニューヨーク・タイムズ』が１９９６年にその顕著な例を報じている。「ナイキなど何千もの製造業者は、インドネシアの労働コストの安さと、ストライキや労働組合を容認しないという保証付きの誘致に応じて、同国で事業を始めた」[91]。セラング（インドネシア）のナイキ工場で働く22歳の労働者、トングリス・シトゥモランは、組合を結成しようとして解雇された。軍は彼を工場の一室に7日間監禁し、組合活動について尋問した[92]。

米国とメキシコの国境付近では、マキラドーラ［原材料や部品などを無関税で輸入できる委託加工制度］の組み立て工場で同様の問題が起きている。米国への輸出向け製品を製造するマキラドーラの工場は、メキシコの安い労働力を利用するために、米国との国境に近いメキシコに立地している。１９８７年、「フォード社は組合との契約を反故《ほご》にし、３４００人の労働者を解雇し、賃金を45%削減した。労働者が抗議運動のリーダーのもとに結集したとき、政府が支配する公式の組合に雇われたガンマンが工場内で労働者に向けて銃を乱射した」[93]。

文化への悪影響

多国籍企業の文化的な悪影響も無視できない。多国籍企業は先進国と開発途上国の接点にあって、貧しい人びとに富裕国の生活を伝えている。ただ富裕国の暮らしを見せるだけでなく、巧みな広告を通じて、自社の製品を買って同じような生活をしようと誘っている。その結果、物質主義が蔓延し、多くの人びとは、化粧品であれ清涼飲料水であれ、価値のない商品に収入の多くを吸い取られている[94]。タバコ会社の広告も問題だ。貧しい人びとを誘惑して、米国産のタバコで肺を壊すことを奨励している。

最もよく知られている悪質な事例の一つは、ネスレ社を含む複数の企業が行った、第三世界の女性への乳児用粉ミルクの販売だ。なんの問題もなく母乳で育児ができる母親に対し、看護師のような格好をした販売員が、粉ミルクの使用を勧めた。ネスレは、病院の産科病棟に医療用サプライ品を寄付することで病院とつながり、定期的に粉ミルクの無料サンプルを配った。

母親が粉ミルクを使うようになると、やがて母乳が十分に出なくなり、粉ミルクを買うしか方法がなくなる。悲惨なことに、説明書を読めなかったり、ミルクを作るための衛生的な水がなかったり、あるいは粉ミルクを長持ちさせようとして水で薄めすぎたりするケースも多く見られた。

不適切に調製された粉ミルクは、赤ちゃんに必要な栄養を欠く。理想的な使い方ができたとしても、母乳が持っている免疫学的な機能はない。その結果、「哺乳びんベビー症候群」と呼ばれる重度の栄養失調や下痢に悩まされることも少なくない。

ユニセフは、粉ミルクで育てられた乳児は病気になる可能性が高く、生後6カ月間を母乳だけ飲んで育った乳児より、小児期に死亡する可能性が25倍も高いと報告している。[95] ユニセフの報告によると、1990年には、生後6カ月間、母乳だけで育てられていたら死ななかったであろう乳児が100万人も死亡したという。母親がおらず、粉ミルクが必要だったケースがあったのも事実だが、母乳で育てることのできた多くの母親の赤ちゃんは、広告の餌食になったのである。[96]

ネスレが行っているようなプロモーションにより、開発途上国では母乳で育てられている乳児の数が激減している。ユニセフは1982－83年の報告書で、ブラジルの母乳育児の割合は、1940年の96％から74年には40％に減少したと指摘している。チリでは、55年の95％から82－83年には20％にまで低下した。[97] 90年にユニセフは、母乳育児は引き続き減少しているとの報告を発表している。

幸い、このようなやり方に対する反感が、国際ベビーフード・アクション・ネットワーク（IBFAN）

が主導するネスレ製品の国際的ボイコットにつながった。1981年、WHOの世界保健総会は「母乳代用品の販売に関する国際規約」を採択した。84年、ボイコットの指導者たちはネスレと面会し、同社は新しい規約に従うことに合意した。それを受けてボイコットは中断されたが、継続的な違反の証拠があったために89年に再開された。2000年、IBFANは欧州議会に、ネスレによる違反が続いている証拠を提出した。

世界的なボイコットは、確かにネスレの行動を改善させた。[98] しかし問題は続いている。2011年には、著名な19団体（セーブ・ザ・チルドレン、オックスファム、ワールド・ビジョンなど）が、ラオスでネスレを規約違反で告発し、新たにネスレのボイコットを開始した。IBFANは引き続き最新情報を提供している。[99] 悲しいことに、インターナショナル・フレーバー・アンド・フレグランス［大手香料メーカー］の取締役会長であるH・W・ウォルターのシニカルな考えを共有している大企業があまりにも多い。

> われわれが開発途上国でしばしば目にしたことは、暮らしが貧しければ貧しいほど、香りのよい清涼飲料水やタバコなど、ささやかな贅沢品が重要度を増すことだった。……彼らの生活向上に取り組む人びとは不思議に思うだろうが、栄養不良の貧しい人が、贅沢品を買うためにお金を使い果たしてしまうのである。……この現実をよく観察し、研究し、賢く利用することだ。……わが社はそう努め、利益をあげることができた。みなさんもそうすればきっと儲かる。[100]

2013年4月に起こったバングラデシュのラナ・プラザ工場の崩壊が、この問題を改めて印象づけた。ウォルマートのような巨大多国籍企業のために服を生産している1130人の労働者が死亡したの

だ。この事故はまたたく間に世界のトップニュースとなった。

なぜ、ビルの所有者（バングラデシュの政権与党の地方団体に所属）は、適切な審査を受けることもなく上層階の増築を許可されたのだろうか？　この人物から安く服を買った欧米の多国籍企業は、なぜ多数の貧しい女性労働者の就労環境を調べなかったのだろう？　なぜ彼女たちのために安全な労働条件を要求しなかったのだろう？　安い衣料品を買うメリットを享受した欧米の富裕層は、なぜ販売会社に対し、従業員のための安全な労働条件を要求しなかったのか？

さて、以上のような功罪を比較して、多国籍企業は貧しい国にとって良いものなのか悪いものなのか？　貧しい国の少数の富裕層エリートにとっては明らかに都合が良い。多国籍企業が何百万人もの貧しい人びとを貧困から救い出したのも事実だ。しかし、多国籍企業には明らかにマイナスの影響がある。しかし、功罪の厳密な比較はこの本の目的ではない。多国籍企業の活動の中に、途上国の貧困層に大きな損害を与えているものがあるとわかれば十分である。

だれが悪いのか？　互いの利益のために多国籍企業に協力する政府や現地の統治エリートだろうか？　短期的な利益ばかりを追求する多国籍企業だろうか？　多国籍企業で働きながら、不公平な経営戦略の変更を求めない従業員だろうか？　製品の購入や株の保有で多国籍企業を支えている、富裕国の消費者だろうか？　全員になんらかの責任があるというのが答えである。

女性差別と戦争——問題⑤

今日、ほとんどの国で女性は差別に苦しんでいる。ウーマンカインド・ワールドワイド（Womankind

Worldwide）（女性の地位向上に取り組んでいるイギリスの国際的慈善団体）によれば、「全女性の労働時間は世界の労働時間の3分の2を占め、食料の半分を生産しているにもかかわらず、世界の収入の10％しか得ておらず、資産の1％未満しか所有していない」[101]。

数字は概算だが、ほとんどの女性に、法律的にも、教育的にも、経済的にも、社会的にも、平等な機会が与えられていないことは明らかだ。その結果、女性が貧困に陥っているのである。世界の貧困層の70％は女性だ。国連の報告によると、世界の女性の75％が銀行融資を受けることも、財産を所有することもできない。南アジア（インドなど）では、雇用されている女性の7割が農業に従事している。世界銀行アフリカ担当副総裁によると、アフリカの農民の7割は女性だが、どんなに勤勉に働いても、「慣習法のために土地の所有権は認められていない」[102]。

農業生産の拡大や改良のために提供されている農業改良普及サービスのうち、女性が受けているのは5％にすぎない。FAOの試算によると、もし女性が男性と同じようにサービスを受けることができれば、より多くの作物が生産でき、飢餓に苦しむ人びとの数は12～17％減少するという[103]。

妊娠や出産で亡くなる女性の数の統計は、女性には男性と平等な価値があるという当然の事実が広く侵害されていることを物語っている。『ハーフ・ザ・スカイ――彼女たちが世界の希望に変わるまで』（英治出版）の中で、ニコラス・D・クリストフとシェリル・ウーダンは、「ジャンボジェット5機の乗客数に相当する女性が毎日、出産で亡くなっている」のに、その事実をメディアがほとんど取り上げていないことを指摘している。ここ数十年で、乳児死亡率の引き下げと平均寿命の延長という点では大きな進歩があったが、妊娠や出産で亡くなる女性の数は「この30年間でほとんど変化がない」[104]。

悲惨なことに、差別は家族の中から始まることもある。根深い偏見が女性の教育機会を制限している。

図表13は地域ごとの男女別識字率だが、開発途上地域では女性は男性より識字率が低い。[105] 南アジアとサハラ以南のアフリカでは、２０１１年の男性の非識字率は3分の1以下だが、女性は半分にも達した。

特に悲劇的なのは闇に葬られる〝行方不明〟の女性である。男女の人口比は、世界平均では男性１０５人に対して女性１００人だが、中国やインドでは、中国が１２１対１００、インドは１１２対１００人と、女性の割合が少ない。西アジアの一部の国でも同様の問題がある。[106] １９９０年代初め、元ハーバード大学の経済学者アマルティア・センは、アジアでは1億人の女性が〝行方不明〟になっていると推定した。[107] 現在では1億６０００万人の〝行方不明〟女性がいる。[108]

女の子より男の子を大切にしている社会では、女の赤ちゃんは堕胎されたり、捨てられたりしている。男性重視の中国で恐るべき一人っ子政策が実施されていたときは、女性に対して特に差別的な状況となり、ある県［市の下の行政単位。日本の郡に相当する］では男性１５２対女性１００の割合であった。[109]

最後に、売春の恐ろしさにも触れなければならない。世界中で４００万人以上の女性と少女が売春ビジネスに囚われている。[110] 売春斡旋《あっせん》業者や人身売買の犯罪組織は、何十万人もの女性や子どもを騙したり強制したりして売春に追い込んでいる。貧しい親が娘を売春婦として人身売買組織に売る国も多い。被害者の70%が、知っている人によって売られたと報告している。[111] 何百万人もの貧しい女性が、尊厳を蹂躙《じゅうりん》されて苦しんでいる。

ワールド・ビジョンのリンダ・トリップは、タイのバンコクにある同団体の女性救援センターにたどり着いた一人の少女（ここではロジャナと呼ぶことにする）の話をした。ロジャナが11歳のとき、両親は彼女を売春業者に売り渡した。11歳から13歳まで、ロジャナは売春宿で働き、一晩に30人もの男性の相手をさせられた。彼女は逃げ出し、ゴミ捨て場で寝ているときに警察に保護された。警察は彼女をセンター

図表13　開発途上国の成人（15歳以上）識字率

地域	男性 1990年	男性 2011年	女性 1990年	女性 2011年
東アジア/太平洋地域	88	97	72	92
ヨーロッパ/中央アジア	97	99	92	97
中南米/カリブ諸国	87	92	84	91
中東/北アフリカ	68	85	44	70
南アジア	58	73	33	50
サハラ以南アフリカ	64	69	43	51

出所：World Bank, World Development Indicators 2014（原注105参照）

に引き渡したが、すでに身体のあちこちが病に冒されていて、手の施しようがなかった[112]。ロジャナは、女性差別が貧困と死につながっていることを物語る悲しい象徴である。

人種・民族・宗教的理由による敵意

シリア、南アフリカ共和国、中央アフリカ共和国、米国のいずれを見ても、一方に人種差別、宗教や民族による敵意があり、他方に貧困と空腹、さらに飢餓がある。二つの悲劇が結びついていることは痛ましいほど明らかである。アパルトヘイトが終わったことは喜ばしいが、その致命的な影響はまだ南アフリカに根強く残っている。もし白人だけの南アフリカを独立国とみなせば、人間開発指数（HDI）ではカナダに近い12位となる。黒人だけの南アフリカはホンジュラスの前後で121位となる[113]。

米国で同様の比較をすると、アジア系の米国は、3カ国が同ポイントで並ぶ世界1位になる。白人の米国はアイルランドのすぐ下の6位。ヒスパニック系は25位でオーストリアに次ぐ25位。そして黒人の米国は、シンガポールの次の27位にランクされることになる[114]。

スーダンでは民族と宗教の差別による内戦が3年に及んだ。

スーダン北部の人びとは、おもにアラブ系イスラム教徒、南部の人びとは黒人とキリスト教徒（またはアフリカの伝統的な宗教の信奉者）であった。北と南の戦争で、少なくとも200万のスーダン人が死亡し、500万人が家を追われた。[115] 幸い、戦争はついに終結し、南スーダンは独立国となった。しかし、悲劇的なことに、独立後も部族間対立がさらなる死と貧困を招いている。ブラジルでは、所得の下位10％の世帯の74％がアフリカ系である。[116]

国際社会はミレニアム開発目標（ＭＤＧｓ）をかかげ、貧困解消や栄養改善などに取り組んでいるが、ほとんどの国で、人種・民族・宗教的マイノリティのメンバーは、その達成から大きく遅れを取っている[117]［ＭＤＧｓの成果と未達成目標を引き継いで、２０１５年からはＳＤＧｓ（持続可能な開発目標）の取り組みが行われている］。

人種や民族の偏見は、女性に対する偏見と同じように、法的、社会的、経済的、政治的なシステムに組み込まれて貧困をもたらし、やがて流血の事態へとつながる。

構造的な罪と貧困が引き起こす戦争

戦争は構造的不公正の範疇には収まらない物理的暴力だが、構造的な悪が複雑に絡みあった結果であり、まちがいなく貧困と死を生み出している。

戦争は農業、病院、学校、交通システム、環境を破壊する。戦争によって何百万人もの人が死に、難民となり、何千万人もの人びとを長期にわたって貧困と飢えに追いやっている。かつては自然災害が食料不足や飢餓のおもな原因だったが、今日では、人為的な破壊と貧困が、空腹、栄養失調、飢餓の主要な原因の一つとなっている。[118]

シリア内戦を報じるニュースの恐ろしい見出しが現状を端的に示している。現在、世界では約15億人が「脆弱な国あるいは紛争の影響下にある国」に住んでいる。これは世界の総人口70億人の21％に当たるが、その中に、学校に通っていない初等教育年齢の子どもの77％、乳幼児の死亡者数の70％、安全な水にアクセスできない人口の65％、栄養不良の人口の60％が含まれる。[119]

紛争の多くは内戦である。『人間開発報告２０１３』によると、「国家間の紛争は１９９０年代初頭から減少傾向にあるように見えるが、20世紀半ば以降、国内の紛争の数は増加している。……冷戦後の紛争で５００万人以上の死傷者が出ており、その95％は民間人である」。[120] 実際、１９５２年から92年にかけて紛争の件数は4倍に増えており、そのほとんどが内戦の増加による。２０１０年と11年には、第二次世界大戦以後のどの年よりも多くの国内紛争があった。[121] これらの紛争により、多くの人びとが生き延びるために国を離れることを余儀なくされている。国連開発計画は、紛争のために１４００万人の難民と２６００万人の国内避難民がいると推定している。[122]

戦争は、かなりの程度、貧困が原因で起こることを知っておく必要がある。アフリカにおける貧困の増加と武力紛争の急増の相関関係を調べた、コロンビア大学とカリフォルニア大学バークレー校の研究者は、「貧困はすべてのアフリカ人にとって武力紛争のリスクを増加させる」ことを示した。実際、経済不況の年には戦争のリスクが50％高まっている。[123]

多くの場合、紛争は、民族的、部族的、人種的、宗教的要因に加えて、経済的、政治的動機が複雑にからまりあった結果として起こる。スーダン、シリア、パキスタン、コンゴ民主共和国、中央アフリカ共和国などでは、古代からの民族、部族、宗教的な敵対行為がレイプや虐殺というかたちで爆発している。国の名前を挙げればリストは延々と続く。

戦争で最も苦しむのは女性と子どもだ。アフリカ人の母親であり、南スーダンからの難民でもあるアメル・クアイの話は悲惨だが、同じような苦しみを受けている人は数えきれない。

私たち家族は政府に雇われた牛泥棒に襲われました。牛はすべて奪われ、家は燃やされ、持ち物もすべて奪われました。……道具もなく、種もほとんどなかったので、収穫はほとんどできませんでした。2月には飢え始めましたが、攻撃は続いていました。……それで私たちはナイル川を渡って安全な場所に逃れることにしたのです。乗せてくれる漁船をつかまえるために湿地帯でしばらく待たなければなりませんでした。船に払うお金がなかったので、娘の服を漁師に差し出す必要がありました。一緒に逃げた人たちの中には、村を出たときから飢えて、死にかけていた人もいました。幼い子どもや老人が死にました。私は2歳になったばかりの末娘を失いました。[124]

現実を理解することの大切さ

だれもがなんらかのかたちで、不公正な世界の構造に組み込まれている。市場メカニズムは個々の経済活動を組織化する有用なツールだが、正さなければならない深刻な不公正も生み出している。国際貿易のパターンは不公正だ。現在の経済活動の中には、地球環境と開発途上国の長期的な経済的機会を脅かしているものがある。多国籍企業は、開発途上国の開発を促進するどころか、妨げていることがある。そして差別は、ときには露骨、ときには巧妙な方法で人びとを苦しめている。

先進国のすべての人の生活は、こうした構造的不公正となにがしかの接点がある。人里離れた山奥に住み、食料や日常の生活物資を自給しているのでないかぎり、私たちは貧しい隣人を貧困に追いやっている不公正な構造に参加していることになる。

もちろん、国際貿易や多国籍企業は、それ自体が貧困国を害するわけではない。正しく運用されるなら、どちらも貧しい人びとを助ける上で役に立つ。逆に、不公正が一掃されたら先進国の経済が崩壊してしまうというわけでもない。

それ自体は悪ではない経済の根本的な仕組みの中に不公正が深く根を張っているというのが、妥当なとらえ方だろう。聖書を信じるクリスチャンは、聖書に忠実であればあるほど、現在の経済構造の罪深さに敏感になってしかるべきだ。

国際経済がもっとシンプルで、難しいことを考えなくてもキリストの弟子として生きられたらよいのに、と思う人は少なくないだろう。しかし、ダグ・ハマーショルド元国連事務総長が言ったように、「いまの時代は、聖《きよ》く生きようと思えば行動しなくてはならない」[125]。飢えの時代にコップ一杯の冷たい水を効果的に与えるためには、しばしば国際経済と国際政治の構造を理解することが求められるのである。

ある多国籍企業のケーススタディ

１９７4年3月、中米のいくつかのバナナ生産諸国が協調して、バナナ1ケースにつき1ドルの輸出税を課すことを決定した。インフレが進んだそれまでの20年間、加工製品の価格は着実に上昇したが、バナナの生産者価格は据え置かれたままだったので、バナナ輸出国の購買力は60％も低下した。輸出収入の少なくとも半分をバナナに頼っていたホンジュラスやパナマにとって、この輸出税が経済にもたらすであろう効果は大きかった。

バナナ輸出国の決定に対して、北米のバナナ会社は断固として輸出税の支払いを拒んだ。当時、大手

3社（ユナイテッド・ブランズ、キャッスル・アンド・クック、デルモンテ）はバナナの販売と流通の90％を支配し、圧倒的な力を持っていた。それら大手企業の意を受けて、パナマのフルーツ会社は突然バナナの収穫を停止、ホンジュラスのバナナ会社は積み出し直前のバナナ14万5000箱を港に放置して腐らせてしまった。課税に向けて協調行動をとった国が、一つずつ脱落していった。最終的に、コスタリカは1箱25セント、パナマは35セント、そしてホンジュラスは30セントの課税に落ちついた。[126]

1975年4月、バナナの生産と輸入の大手であるユナイテッド・ブランズ社が、ホンジュラスの政府高官に250万ドル[127]の賄賂を支払う裏工作をしていたことが報じられた。輸出税を要求額の半分以下に抑えるためであった。[128]ホンジュラスにとってはぜひとも必要な財源だったが、同国政府は米国企業からの賄賂を受け取って、輸出税の引き下げに同意したのである。

賄賂報道後、事実関係を調査した国連の委員会は、「低所得にあえぐバナナ生産国が、工業化された国々でのフルーツの消費、ひいては経済発展に補助金を与えたに等しい」と発表した。[129]

なぜ貧しい人びとは変革を求めないのか？　いや、求めているが力がないのだ。中南米諸国の多くでは最近まで、独裁者――米国企業と結託した少数の裕福なエリート――が国を牛耳っていた。

ユナイテッド・ブランズ社向けのバナナを生産するグアテマラの歴史を見れば、変革が難しい理由がわかる。1954年、CIA（米国中央情報局）は民主的に選出されたグアテマラ政府の転覆を企《くわだ》てた。同国政府が、ユナイテッド・フルーツ社（のちにユナイテッド・ブランズ社となり、現在はチキータ・ブランズ・インターナショナル）が所有する未利用の土地の収用につながりかねない農業改革を開始したからであった。

1954年の米国国務長官はジョン・フォスター・ダレスであった。彼の法律事務所は、30年と36年の2度、ユナイテッド・フルーツ社とグアテマラが結んだ協定書の作成に携わっている。そして彼の弟はCIA長官のアレン・ダレスであり、ユナイテッド・フルーツ社の前社長であった。さらに国務次官補はユナイテッド・フルーツ社の大株主であった。[130] グアテマラをはじめ、米国企業が地元の裕福なエリートと結託し、両者の経済的利益を米国政府が保護するために動くという構造ができあがってしまうと、それを変えることは容易ではない〔ジョン・フォスター・ダレスは１９５１年に日本を訪れ、当時の吉田茂首相に、日本における米軍特権の継続と引き換えに天皇制維持と日本の独立を認める提案をして合意させている〕。

２０１０年に書かれた、有力ビジネススクールのケーススタディに、チキータの歴史があからさまに要約されている。それによると、チキータは「何十年ものあいだ、強欲な多国籍企業の代名詞であった」。農場労働者を危険な環境で長時間働かせ、「農業用化学物質を垂れ流し」て水系を汚染した。「１００年以上前にユナイテッド・フルーツ社として設立されて以来、チキータは中南米の政府高官に賄賂を払って自社を優遇させ、反米国家に対する米国の破壊工作を支援して〝バナナ共和国〟〔一次産品の輸出に頼る政情不安定な小国を指す政治学上の用語〕における独裁政権樹立に手を貸し、地元の労働者を搾取し、独占的地位を築いて悪用し、現在ではテロリストと組んでビジネスを行っている[131]」

悲しいことに、もっともらしい理屈でこのような状況を正当化しようとする人びとがいる。長年シカゴ大学で教えた著名な社会学者、アンドリュー・M・グリーリーは、米国と開発途上国の経済関係のあり方を非難する人びとを次のように言って揶揄した。「では、われわれが罪意識に耐えられなくなって改革を決心したとしよう。……中米の果樹農場に対して、もうバナナはいらない、とでも告げるのだろうか。そんなことをしても大量の失業者が生まれて不況が国々を覆うだけで、だれも喜びはしない[132]」

グリーリーの無知がそう言わせたのだろうか？　それとも悪意だろうか？　バナナの輸入をやめろなどとはだれも言っていない。それはグリーリーもわかっているはずだ。この話のポイントは二つある。

・多国籍企業と巨大アグリビジネス、そして先進国でバナナを買うすべての人びとは、開発途上国の貧困を固定化している複雑なシステムから利益を得ている。
・先進国の住人は、経済構造の変革を促し、貧困層が農業生産と貿易の恩恵に公平にあずかれる経済政策が実現するように、自国と中米の政府に働きかけるべきである。

バナナをめぐる出来事は、私たち一人ひとりが不公正な国際経済秩序にかかわっていることを物語っている。使徒ヤコブの言葉は私たちの状況に鋭く突きささる。

富んでいる人たちよ。よく聞きなさい。あなたがたは、自分の身に降りかかろうとしているわざわいを思って、泣き叫ぶがよい。あなたがたの富は朽ち果て、着物はむしばまれ、金銀は錆《さ》びている。そして、その錆《さび》の毒は、あなたがたの罪を責め、あなたがたの肉を火のように食いつくすであろう。あなたがたは、終りの時にいるのに、なお宝をたくわえている。見よ、あなたがたが労働者たちに畑の刈入れをさせながら支払わずにいる賃金が叫んでいる。そして、刈入れをした人たちの叫び声が、すでに万軍の主の耳に達している。あなたがたは、地上で奢り暮し、快楽にふけり、「屠らるる日」のために、おのが心を肥やしている。
（ヤコブ５・１－５）

真の悔い改めとは何か

それでは私たちはどうすればいいのだろうか？　聖書を信じる者にとって、罪に対する唯一の応答は悔い改めである。自分では気づいていなくても、私たちは複雑な構造的な罪に捕らえられている。だが、悔い改めができることを神に感謝しよう。神は憐れみ深く、悔い改めれば赦してくださる方である。

聖書のいう悔い改めとは、一時的な感情の高まりで流す涙ではなく、日曜ごとの告白の祈りでもない。聖書の悔い改めには回心がともなう。それは生き方を完全に新しくすることである。私たちは忌むべき経済的不公正に手を貸しているが、その罪を赦してくださる方が、私たちに恵みを与え、貧しい被抑圧者の側に立つ新しい生き方へと招いてくださるのである。

罪とは、隣人に不便を強いたり悲しませたりする以上のことだ。罪とは、宇宙の主である全能者に対する忌むべき暴虐である。神の言葉が真実なら、富む国に住む私たちは、すべて罪の罠に陥っている。私たちは構造的不公正から利益を得ている——ときにはうすうす知りながら、ときには心のどこかで気に病みながら、そして、目をつぶって自分をごまかしながら。そのようにして私たちは、神と隣人に対して罪を犯しているのである。

しかし、神の言葉は罪の宣告で終わるのではない。もしそうなら、正直に現実を見つめることなどだれにもできなくなる。赦される望みがないなら、これほど大きな罪に荷担していると知れば絶望に陥るしかない。[133] しかし、私たちには希望がある。私たちを罪ありとする方は、その私たちの罪のために死んでくださった方でもあるからである。

おどろくばかりの恵み

ジョン・ニュートンは18世紀のイギリスの奴隷船の船長であった。残忍で冷酷なこの男のせいで、何千人もがサメの餌食となり、何百万人もが死にも等しい奴隷の暮らしに追いやられた。しかし、やがて船長の仕事をやめた彼は、自分の罪を悔い改めた。彼が作詩した有名な讃美歌「アメイジング・グレース」は、罪人を受け入れて赦してくださる神への感謝と喜びにあふれている。

おどろくばかりの恵み《アメイジング・グレース》なりき　この身の汚れを知れる我に
恵みは我が身の恐れを消し　まかする心を起こさせたり
危険をも罠をも避けえたるは　恵みの業というほかはなし
御国《みくに》に着く朝いよよ高く　恵みの御神《みかみ》を称えまつらん

ジョン・ニュートンは奴隷制廃止のための運動を組織した。彼が牧師を務めたセント・メリー・ウールノース教会は、奴隷廃止論者たちの集会所となった。奴隷解放運動の指導者として活躍した国会議員、ウィリアム・ウィルバーフォースもしばしばここを訪ね、ニュートンに霊的指導を仰いだ。ニュートンは奴隷貿易に反対する強烈な説教を行ない、その悪を広く知らしめた。奴隷貿易反対のための彼の闘いは、1807年、奴隷制廃止の年に死を迎えるまで続いた。ニュートンとウィルバーフォースは、悪しき経済構造はクリスチャンの献身的努力で改革できることを力強く示している。

私たちは多くの人を苦しめ死に追いやっている構造に連なっている。もし私たちに事実を見る目があるなら、神の恵みによって、自らの罪を認め、神に身をまかせることができるだろう。

だが、すべては私たちが悔い改めてからである。悔い改めとは、集会の終わりに招きに応じて前に歩み出ることではない。告白の祈祷文をそらんじることでもない。どれも悔い改めを助けるだろうが、人を新しい生き方に導く内なる深い苦悩に代わるものではない。

「向きを変える」

聖書的悔い改めには、必ず回心がともなう。回心の文字通りの意味は「向きを変える」ということである。ギリシャ語の *metanoia*（メタノイア）は、ルターも強調しているように、心の完全な変革を意味する。新約聖書では、根本から一新した生き方のこととされる。洗礼を求めてきたパリサイ人の偽善を見抜いたバプテスマのヨハネは、彼らを「まむしのすえ」と面罵《めんば》し、「悔い改めにふさわしい実を結べ」と命じた（マタイ３・８）。また、パウロはアグリッパ王に弁明して、自分は人に教えるときにはいつも「悔い改めて神に立ち帰り、悔い改めにふさわしい行ないをするように」（使徒26・20）命じていると言った。

ザアカイを私たちの模範とすることができる。

> イエスはその場所に来ると、上を見上げて言われた。「ザアカイ、急いで降りて来なさい。今日は、ぜひあなたの家に泊まりたい」。ザアカイは急いで降りて来て、喜んでイエスを迎えた。これを見た人たちは皆つぶやいた。「あの人は罪深い男のところに行って宿をとった」。しかし、ザアカイは立ち上がって、主に言った。「主よ、わたしは財産の半分を貧しい人々に施します。また、だれかから何かだまし取っていたら、それを四倍にして返します」（ルカ19・５－８）

ローマのために働く貪欲な取税人ザアカイは、罪深い経済構造の中に身を置いていた。しかし彼は、イエスのもとに来ながら、なおかつ制度的罪によって利益を得られるなどとは考えなかった。イエスのもとに来るということは、社会的不公正への荷担を完全に悔い改めることを意味した。ザアカイにとってそれは、公けに賠償を支払うことであり、生き方を完全に新しくすることだったのである。

罪深い社会構造にからめとられている富む国のクリスチャンが真に悔い改めるなら、何が起こるだろう。貧しい人びとに力を与える従順な分かちあいから、深い喜びが生まれるのではないだろうか。

理解を深めるための質問

① 国際経済の構造は私たち全員を構造的な悪に加担させている、という考えをどう思うか。
② 市場経済の良い点と悪い点は何か。
③ 先進国の関税、輸入割当、農業補助金は、なぜ貧しい人びとを傷つけていると言えるのか。
④ 環境破壊と貧困のあいだには、どのような関係があるか。
⑤ 貧困解消の面から、多国籍企業にはどのようなプラスとマイナスがあるか。
⑥ 差別や戦争は、なぜ貧困をもたらすのか。
⑦ 賛美歌「おどろくばかりの恵みなりき」が生まれた背景は、本章の議論とどのような関係があるか。
⑧ この章を読んで、最も強く感じたことは何か。それはなぜか。

第4部

Implementation

それでは私たちはいかに行動すべきか

ある有名なシンクタンクが宗教界の指導者たちを集め、世界の飢えの問題について議論した。その会議は飢えと貧困に対する憂慮を表明し、重要な構造的変革を社会に呼びかけた。しかし、その声明は空しく響いた。彼らが集まった場所がコロラドの高級リゾートだったからである。

立派なことを言う前に、自分の生活をまず簡素にしなければならない。しかし、個人レベルの変革だけでは不十分だ。私の友人は、都会の家を引き払って田舎暮らしを始めた。食べ物の多くを自給し、質素に暮らし、貧しい人びとにも環境にも負担をかけない生き方をしている。だが、彼には卓越した弁舌と文章力があるのに、簡素な暮らしの実践に時間を取られ、せっかくの能力を教会や社会変革のために活用できていない。

私たちは三つのレベルで変革をめざす必要がある。第一に、個人としての生活を簡素にすることによって言行を一致させ、貧しい人びとへの関心を世に知らせ、効果的な一歩を踏み出すことが重要だ。第二に、教会を変えることによって、分断された世界に対し、共に生きる新しい生き方のモデルを提示する必要がある。そして第三に、国内でも世界でも、公正な社会構造を確立するために行動しなくてはならない。

それを実現するためには具体的な提案を行わなくてはならない。具体的な提案にはリスクが伴う。結果がどうなるかわからないからだ。だが、変化を起こすためには一般論や精神論では役に立たない。だから私は、間違っている可能性があることを承知で、以下で具体的な提案を行う。[1]

第9章　分かちあうシンプルライフ

神と10億の飢えた隣人の前に、私たちは現在の生活水準に対する価値観を見直し、世界の資源のより公正な利用と分配に努めねばならない。[1]

——社会問題を憂慮する福音派のシカゴ宣言、1973年

豊かな暮らしを享受する私たちは、救援活動と伝道の両方に惜しみなく献げるために、質素な生活様式を身につける義務があることを受け入れる。[2]

——ローザンヌ宣言、1974年

貧しい人が普通《シンプル》に暮らせるように、裕福な人は簡素《シンプル》に暮らさなくてはならない。[3]

——チャールズ・バーチ［遺伝学者、集団生態学者、神学者］、1974年

ある講演会で、ペンシルバニア州選出の上院議員が、自分の選挙区の有権者は家計が苦しく、これ以上税金を払う余裕がないと話した。彼はその証拠として、一人の怒れる有権者からの手紙を引用した。その手紙の主《ぬし》である善良な女性は、税金の追加には耐えられないと訴えていた。なぜなら、彼女の家族はすでに所得税と売上税［日本の消費税に相当］を払っており、2台の車、夏のキャンピング・カー、ハウスボート、モーターボートのライセンスを購入したからだという。

私たちは年収5万、6万、あるいは9万ドルあれば、なんとか生きていけると考え、物質的成功を追

い求める競争社会の中で生きている。収入が2000ドル増えても満足せず、もう2000ドル増えないと快適に暮らせないと思い込んでいる。

どうすればこの妄想から逃れることができるのだろう？　毎日何千人もの子どもが餓死していることに思いを致すのも一つの方法だろう。12億人が絶望的な貧困の中で暮らしている。さらに12億人以上が貧しい生活をしている。世界の資源が公平に分配されていないのが原因であることを私たちは知っている。北米や西ヨーロッパに住む人びと、そして世界中の金持ちのエリートは、人口の半分が貧しい世界の中では裕福な少数派に属する。

この不公平にどう対処すればいいのか？　ニクソン大統領は、1973年6月13日に国民に向けて行った演説で、一つの対応策を明らかにした。「私は基本的な方針を決定しました。米国の農場で生産された食料を海外市場と国内市場に分配する際には、米国の消費者を第一に考えなければならないということです」[4]。この宣言は、政治的には正しいのかもしれないが、神学的には間違っている。

では、貧しい人びとにどれだけ分け与えればよいのか。

与える人生を生きた先人

ジョン・ウェスレー〔信仰覚醒運動を指導した英国国教会司祭〕がこの問いに驚くべき答えを出している。彼はマタイの福音書6章19－23節をしばしば説教に取りあげた（「地上に富を積んではならない」[5]）。ウェスレーによれば、クリスチャンは一切合財を与えるべきであり、自分のために取っておいてもよいのは「質素な生活のための必需品」、すなわち、質素で健康的な食べ物、清潔な衣服、そして事業を切り盛りするのに必要な元手だけである。私たちは公正かつ誠実な方法で得られるお金を得ればよく、そのための元手まで与える必要はない。しかしウェスレーは、ぎりぎり必要なものだけを手元に残し、あとはすべて貧しい人びとに与えることを望んだ。

ウェスレーによれば、残念ながら、「クリスチャンの街」の中にさえ、イエスのこの命令に従う人は500人に1人もいなかった。それは、クリスチャンを自称する者の大部分が、「身体は生きていても、クリスチャンとしては死んでいる」からにほかならない。「質素な生活のための必要」以上の物を自分のために取り分けるクリスチャンは、「公然かつ習慣的に主を拒む人生」を生きており、「富を積んで地獄の業火を買っている」とウェスレーは断言した。[6]

ウェスレーは説教した通りを生きた。多くの本を書いた彼は、その売上げによって、しばしば年間1400ポンド以上の収入を得たが、自分のためには30ポンドしか使わず、残りはすべて他者に与えた。けっして高価な服を着ず、いつも質素な食事をした。彼はこう書いている。「もし私が10ポンドでも自分のために隠し持っていたなら、声を揃えて証言していただきたい。この男は強盗として生き、泥棒として死んだと」[7]

ウェスレーの神学に全面的には同意しない人でも、この人物が、困っている人に与えよという聖書の召しに忠実に生きたことは認めるだろう。

私たちはどれだけ与えればよいのだろう。神はだれもがまっとうな暮らしに必要な収入を得るための資源を持つことを望んでいる。それを知っている私たちは、自分の生活がレビ記25章（安息年、ヨベルの年）やコリント人への手紙第二8章が教える原則に適うものになるところまで与えなくてはならない。コリントの信徒へのパウロの忠告は、今日、地球の北半分に住むクリスチャンにいっそう強くあてはまる。

他の人びとには楽をさせて、あなたがたに苦労をかけるということではなく、釣りあいがとれるようにするわけです。あなたがたの現在のゆとりが彼らの欠乏を補えば、いつか彼らのゆとりもあなたがたの欠乏を補うことになり、こうして釣りあいがとれるのです。（Ⅱコリント8・13－14）[8]

私たちはそこまで与えることができるだろうか？

イエスから立ち去った金持ちの青年

なぜ私たちは、貧しい人を思いやることがこれほど少なく、助けるのがこれほど遅いのだろうか。その理由の一つを、金持ちの青年の話に見ることができる。

一人の男がイエスに近寄って来て言った。「先生、永遠の命を得るには、どんな善いことをすればよいのでしょうか」。……イエスは言われた。「もし完全になりたいのなら、行って持ち物を売り払い、貧しい人々に施しなさい。そうすれば、天に富を積むことになる。それから、わたしに従いなさい」。青年はこの言葉を聞き、悲しみながら立ち去った。たくさんの財産を持っていたからである。（マタイ19・16－22）

さて、ふつう教えられるように、この物語の要点は、もしキリストに従いたいなら、彼だけを人生の中心にしなくてはならないということである。そのためには、あらゆる偶像、すなわち富であれ、名声であれ、地位であれ、あるいは学問的業績や特定の集団の一員と認められることであれ、私たちの中心を占めているものをイエスのために喜んで捨てなくてはならない。この青年の場合には、その偶像がたまたま富であった。したがって、イエスは私たちに必ずしもすべての物を売り払えと命じているわけではない。イエスはただ、完全な服従を求めているのである。

この解釈はもちろん間違いではないが、明らかに不十分だ。これだけでは、富と所有が裕福なクリスチャンのあいだで最も多く見られる偶像であることを見落としてしまう。青年が去ったあとで弟子たちに語った言葉によって、イエスはそのことが言いたかったのではないだろうか。

> はっきり言っておく。金持ちが天の国に入るのは難しい。重ねて言うが、金持ちが神の国に入るよりも、らくだが針の穴を通るほうがまだ易しい。（マタイ19・23―24）

私たちは歴史上前例のない贅沢の罠に陥っている。広告は間断なく私たちに語りかけ、贅沢品をまるで必需品のように次々と押しつけてくる。生活水準が21世紀の神であり、広告業界がその預言者だ。だれもが、物質的誘惑がどんなに巧妙で、その論理がいかに抗い難いかを知っている。神の憐れみと懸命な克己の努力によってのみ、私たちは、クリスチャンの熱意を窒息させる警沢品の洪水から逃れることができる。

私たちすべてがこの問題に直面している。数十年も前の古い話だが、私はよい買物だと自分に言いきかせて、50ドルで1着のスーツを買った（75％引きだった）。しかしそれは、飢えているインドの子どもが

1年間食べることのできる額だった。

私たちは自らに誠実に問わねばならない。空腹をかかえた隣人を助けることができるお金を使って、流行の品を追っていていいのだろうか。食べるパンがなくて死んでいく人がいる中で、あとどれほどの贅沢品を自分や自分の子どものために買えば気がすむのだろう。

もちろん、事はそう簡単ではない。何をすべきか、いつでもはっきりわかるとは限らないからだ。ある土曜の朝、どこからか一人の貧しい男が私の研究室にやって来て、5ドルくれと言った。酒を飲んでいた。食べ物も仕事も家もない男だった。貧しい者のキリストが、この男を通して私の前に現われたのだ。だが私は、時間がないことを理由に引き取ってもらった。講義の準備をしなければならなかったからだ（なんと講義のテーマは「キリスト教から見た貧困」だった）。

私はわずかばかりのお金を彼に与えたが、彼に必要だったのはそれではなかった。彼は話相手になってくれるだれか、愛してくれるだれかを必要としていた。私の時間、つまり私を必要としていたのだ。だが、私はその時間をつくることができなかった。

> はっきり言っておく。この最も小さい者の一人にしなかったのは、わたしにしてくれなかったことなのである。
> （マタイ25・45）

ラジオやテレビから、計算されつくしたコマーシャルがひっきりなしに流れてくる。それを通じて私たちの心に忍び込む物質主義から逃れるためには、抜本的かつ断固たる行動を取らねばならない。私たちは大きな家、ビジネスの成功、贅沢な品々が喜びを与えてくれると洗脳され、人生の目的だと思い込まされている。その結果、果てしない物質主義の渦に呑まれている。お金を持てば持つほど、見苦しくない生活をするためにもっと必要と考えるようになる。

なんとかこの悪循環を断ち切らねばならない。なぜならそれは、困窮する兄弟姉妹に対する罪、ひいては主に対する罪だからである。そして、それは私たち自身を破壊する。真の喜びは他者と分かちあうことの中にあるのだ。

新しい「成功」をつかんだ人たち

１９７０年代半ば、グラハム・カーは毎週全米を沸かすテレビの料理番組「世界の料理ショー《ギャロッピング・グルメ》」に出演する人気タレントだった。成功を収め裕福でもあったが、生活は崩壊しつつあった。だが、75年にキリストを信じてから、家庭生活は奇跡の回復を遂げた。人気のあった番組をやめて、持っていたお金のほとんどを献げた。

その後10年以上、彼は時間と栄養学の知識を献げ、農業指導のできる新しいタイプの伝道者の育成に尽くした。開発途上国の貧しい人びとに福音を伝えると同時に、地場の作物を活かしたよりよい食生活を開発することのできる指導者を育成し派遣した。

１９９０年代にグラハムはテレビの世界に戻ったが、彼と妻のトゥリーナは「比較的簡素な暮らし」をしていると言う。禁欲的な理由からではない。人生を分かちあい、影響力を有効に使いたいと考えたからだ。夫妻は、福音に触れる機会がなく、良い食べ物と健康を享受していない人びとのことを深く気にかけた。だから、自分たちの影響力を使って、取り残された人びとと分かちあおうと人びとに働きかけたのだ[9]。

それでグラハムとトゥリーナは幸せだったのだろうか？　以前とは比べものにならないほど幸せだった。私は彼らと会うたびに、喜びと満足感があふれていることを感じた。シンプルな生活をしながら、彼らは人生を楽しんでいた。

ロバート・ベイナムが行なったこともそれだ。ベイナムは成功したクリスチャン実業家で、百万長者だった（数十年前には百万ドルは大金と考えられていた）。本書の初版を読んだとき、彼は貧しい人びとに与えよと語りかける神の声を聞いた。彼は財産の半分を人びとに分け与え、その創造的エネルギーやマネジメント能力を使って、米国と海外で、貧しい人びとの支援や開発プログラムのために尽力した。[10]

ドリス・ロングエーカーの『積極的シンプルライフ』（すぐ書房）には、分かちあう喜びを体験している何百人ものクリスチャンの実践が紹介されている。[11]その中には、私にはまだ贅沢だと思える実践の紹介もあるし、私などよりはるかに簡素な暮らしの報告もある。しかしだれもが、より多く分かちあうために自分のために使うお金を減らそうとしている。

聖書に忠実なクリスチャンたちが、さまざまなかたちで簡素な生活を実践している。20億以上の隣人が、私たちに生活の劇的な変革を求めている。しかし、そこで律法主義や自己義認の誘惑に陥ってはならない。「霊的自己満足という裏返しの俗物根性に気をつけなくてはならない[12]」

累進的献金のすすめ

この物質主義の呪縛を破る方法の一つが「累進的献金」である。ここでこれを紹介するのは、私の家族がすでに実行しており、役に立つことがわかっているからである。これが唯一の方法だというつもりはないし、すべての人に律法的に適用されるべき聖書の規範でもない。米国のある家族の実践報告として参考にしてほしい。

これを紹介するのは、この方式がわが家でどのようにして生まれ、かたちを変えていったかを示すためでもある。子どもたちが高校や大学に進んだときは、必要なお金が急増して驚いた。常に厳密に行えたわけではないが、私たちは、気まぐれなルールや抽象的な理論に縛られるのではなく、人に対する関心（とりわけ子どもたちのニーズの変化）を重視して、これを実行した。

私と妻のアービュタスは、私が初めてのフルタイムの仕事に就いた1969年に、献金の額を決めるのに累進的な目安を取り入れることを決めた。まず、1年間の生活に必要な金額を、二人で正直に計算した。妥当な快適さは保ちつつも贅沢ではない暮らしに必要な金額を算出した。所得のうち、その基本設定額までの分については10分の1（10％）を献げ、それを超える分については、超えた額1000ドルごとの刻みで、献げる率を5％ずつ累進的に引き上げることにした（269ページの**図表14**参照）。

69年にこの目安を決めたとき、私たちは基本設定額を7000ドルと定めた。73年にはそれを8000ドルに増額する見直しを行い、82年にはさらに1万ドルにまで増額した（このときは米国政府が82年の4人家族の最低年収基準として示した9862ドルに近い額にした）。

その後、子どもたちが高校と大学に進学する年齢になった。キリスト教系の高校で学ばせることにしたので相当な費用がかかった。大学の費用についても同様だった。当初の設定では生活が維持できなくなったので、学費を基本設定額に加えた。

税金についてはどう考えればよいだろう。当初、私たちは所得税を考慮せずに基本設定額を決めていた。だがそれでは、所得とともに税金が増えていくと、累進的献金と所得税だけで基本設定額の大半がなくなり、やっていけなくなる。そこで79年からは基本設定額の算定に所得税を加味することにした。

現在では、①生活のための3万ドル、②家族のサポート、③緊急事態への備え――の三つを合計した金額を基本設定額としてその10%を献げ、それを超える所得について、累進的献金のスキームを適用している。つねにこの計画通りに献げることができたわけではないが、ともかくこれが私たちがめざしたことだ。

どの家庭にも固有の事情があり、まったく同じ家庭はない。住宅費は国や都市で大きく異なる。おそらく、家計費を決める要素の中で最も重要なのは、どこに住むかの決断だろう。私たちは、住宅関連の費用が郊外よりはるかに少ない、さまざまな人種が住む低所得のインナーシティに37年間住んだが、それでずいぶん助かった（子どもたちが「必需品」と感じる物の水準も下がった）。

バリエーションは無限に近い。なんらかの理由でカウンセリングを必要としている家庭もある。特別な歯科治療が必要な子どものいる家庭もある。起業を志している人なら、初期投資に必要な費用は基本年収に加えるのがよいだろう。雇用者（勤務先企業）が負担している年金基金への非課税の拠出金はどう扱うべきか（私たちはそれは基本設定額に加えなかったが、引退後は計上することになる）。では、雇用者が負担している医療保険はどう考えるべきか？

こうした問いには各家庭が自分で答えなければならない。わが家のストーリーは、すべての人のための律法ではない。すべての人どころか、ただの一人でもまったく同じ人はいない。各人、各家族が、独自の計画を立てる必要がある。だが、基本的なパターンを踏襲することはできる。祈り、調べ、気の合う友人とも話して、算出ベースとなる基本額（その10%を献げる基本額）を決めるのことには意味があるだろう。そして、その基準を超える収入があれば、超えた1000ドルごとに、5%を上乗せした額を寄

図表14 累進的献金のモデル

所得	基本設定額を超える所得$1,000に対する寄付・献金率（注）	寄付・献金総額
基本設定額	—	基本設定額×10%
基本設定額 + $1,000	15%	基本設定額×10% + $150
基本設定額 + $2,000	20%	基本設定額×10% + $350
基本設定額 + $3,000	25%	基本設定額×10% + $600
基本設定額 + $4,000	30%	基本設定額×10% + $900
基本設定額 + $5,000	35%	基本設定額×10% + $1,250
基本設定額 + $6,000	40%	基本設定額×10% + $1,650
基本設定額 + $7,000	45%	基本設定額×10% + $2,100
基本設定額 + $8,000	50%	基本設定額×10% + $2,600
基本設定額 + $9,000	55%	基本設定額×10% + $3,150
基本設定額 + $10,000	60%	基本設定額×10% + $3,750
基本設定額 + $11,000	65%	基本設定額×10% + $4,400
基本設定額 + $12,000	70%	基本設定額×10% + $5,100
基本設定額 + $13,000	75%	基本設定額×10% + $5,850
基本設定額 + $14,000	80%	基本設定額×10% + $6,650
基本設定額 + $15,000	85%	基本設定額×10% + $7,500
基本設定額 + $16,000	90%	基本設定額×10% + $8,400
基本設定額 + $17,000	95%	基本設定額×10% + $9,350
基本設定額 + $18,000	100%	基本設定額×10% + $10,350

注：基本設定額を超える所得のうち，最後の超過分$1,000に対する寄付・献金率．

付するのだ。**図表14**はその計算方法を示している。

累進的献金を採用しようと思った人のために、いくつか助言しておきたい。

① 累進的献金の精神について、家族の全員とじっくり話しあう。全員が納得できる基準を定めるためには、なぜそうするのかを全員が理解していなければならない。

② 一年の始めに計画を紙に書く。紙の上の計算なら痛みも少ない。実際、なかなか面白い作業だと言える。あらかじめ数字をにらんで決意を胸に刻んでおけば、月々の収入から決めた額を取り分けることが苦痛ではなくなる。

③ 決めたことを、経済正義を求めるあなたの考えを理解して応援してくれる、忠実なクリスチャンの友人やカップルに話す。

④ 多額の出費を伴う買い物や活動については、その人たちと話しあう。いくぶんなりとも客観的な立場にある第三者のほうが、出費を正当化する言い訳を指摘しやすいからだ。その人たちからシンプルライフの有用なヒントをもらうこともできる。

⑤ 新しい年を迎えるたびに、ベースとする基本年収と総支出を減らせないか検討する（仕事の質や生産性向上のためのお金まで削るべきだと言っているわけではない）。

この累進的献金の提案はごくささやかなものである。実際、ささやかすぎて、パウロからは不忠実とのそしりを受けかねないほどだ。しかし、これが実行されれば教会の宣教と生活が革命的に変化するほど、ラディカルな提案でもある。

分かちあってシンプルに生きる

最もシンプルな生活水準を可能にする生活形態のモデルは、おそらくコミューン［共通の理念の下で行われる共同生活］だ。米国の住宅であれば通常、1軒の住宅、1家族分の家具、家電製品、道具類、自動車などがあれば、10〜20人が暮らすことができる。この共同生活によって、さまざまな活動のために使えるお金と時間が生まれる。

コミューンの中には、環境への負荷を減らし、分かちあって暮らすことを最初から意図して形成されたものもあれば、困った人を助けているうちに、いつのまにか形成されたものもある。テキサス州にあるクリスチャン・コミューンのメンバーであるジェリー・バーカーは次のように語っている。

私たちのニーズを満たすためには、かなりのお金が必要だということがわかったので、それまでは当然だった支出を切り詰めました。新しい車やテレビとか、そういう類《たぐい》のものは買うのをやめました。考えることさえしませんでした。車はつぶれるまで乗り、買い替えるときは中古車を買う。保険もいくつか解約して、お金が家計から無駄に出て行くのを防ぎました。将来の保障のために備えることが大した意味を持たないような安心感を、主との交わりの中に見出していたからです。……こうしなくてはならないというルールを決めたことはありませんし、クリスチャンはこのように生きなくてはならないと考えたこともありません。ただ、持っているお金を効果的に使おう、なんとか多くの人を助けよう、と思っていたら、こうなってしまったというだけです。ずいぶん経済的な暮ら

し方を学びました。ステーキや高価なローストビーフなどは控えて質素な食事に切り替えて、みんなが差し入れてくれる野菜や米などを食べました。[13]

クリスチャンのコミュニティの生活水準はさまざまだ。しかし、ほとんどの場合、北米の平均的な家庭よりもはるかに質素に暮らしている。たとえば、シカゴのリーバ・プレイスでは長年、食事は市の福祉レベルの費用でまかなわれていた（第10章参照）。ここ数十年で、クリスチャンのコミューンは、その数以上に象徴的な重要性を持つようになった。彼らは豊かな社会に静かな問いを投げかけ、物質的豊かさの追求に代わる別の生き方を、人びとに強く印象づけている。

もちろん、コミューンの生活がすべての人にとって適切な形態というわけではない。私は個人的には、この形態がふさわしいのは、クリスチャンの中でも限られた一部の人に留まるのではないかと思っている。コミューン以外に、もっと多様な暮らし方のモデルが私たちには必要だ。

神が万人に望む生き方のモデルはない。神は個性と多様性を愛する。しかし、だからといって、西洋的な個人主義を決め込み、それぞれ自分が正しいと思うことをすればよいということではない。

ではどうすればよいのか。二つのことが役に立つだろう。第一に、教会で、地域社会で、そして国際的なネットワークの中で、兄弟姉妹の助けを求めることだ。自分たちの経済生活について親しい友人と語りあったり、神に忠実なライフスタイルについて、経済的に貧しいクリスチャンと対話する新たな方法も必要だ。[14]第二に、とるべき正しい行動を判断する基準を持っておくことである。

お金の使い方と献げ方を考える

お金の使い方や献げ方について八つの規準を挙げる。個人的な推奨であって、律法や規範ではない。

①自分の生活水準を、世界中の人が等しく長期的に維持しうる水準に合わせる。

②必需品と贅沢品を区別する。贅沢品を欲しがる気持ちを退け、両者の区別をあいまいにして自分をごまかすことを避ける。[15]

③お金を使うときや何かを買うとき、正当な理由に基づいているか、そうでないかを識別する。社会的地位、プライド、流行、横並び意識などによる支出は間違っている。

④才能を伸ばしたり趣味を楽しんだりするための支出と、流行を追ったり好奇心を満たしたりするための支出を区別する。成功した人がやっているとか、流行《はや》っているからという理由での支出は避けるべきだ。だれもがユニークな関心や賜物を持っているので、その領域では大いに創造性を発揮すればよい（私は釣りが大好きだ）。しかし、何にでも手を出して、それを正当化しはじめたら、立ち止まって考える必要がある。

⑤祝祭と日常、特別な時と通常の時を区別する。良き創造の業に感謝して食べる感謝祭の七面鳥は聖書の教えに適っているが（申命記14・22―27）、いつも食べ過ぎているなら、それは罪である。

⑥買えるというだけの理由で、何かを買うことは慎む。収入が増えれば使うお金も増やさねばならないという理由はどこにもない。

⑦寄付やボランティア活動においては、緊急支援、中長期的な開発支援、さらに広範な構造的変化を

追求するための活動のあいだで適切なバランスを取ることを心がける。人びとが飢えているときには直接的な食料援助が重要だ。貧しい人びとの自立のためには、中長期的発展のための活動資金が必要となる。公正な政策と構造的改革が必要な分野では、政策提言やロビー活動をしている組織に寄付することが重要だ（この面の重要性を理解しているクリスチャンが少ないので強調しておきたい）。累進的献金の一部を、貧しい人びととの正義のために働く政治家に献金するのも適切な方法と言える。

⑧他の分野でのクリスチャンの活動のことも忘れない。伝道とキリスト教精神に則った教育は非常に重要であり、継続的な支援に値する。伝道を支援するために、社会正義のための活動への支援と同程度の寄付をすることを検討しよう（両方を組みあわせた総合的なプログラムがあれば理想的だ）。[16]

積極的シンプルライフのすすめ

次に、よりシンプルに生きるためのヒントを挙げよう。これもルールではない。自由、喜び、笑いは、責任ある生活を継続するために必要不可欠な要素である。

①自分自身のライフスタイルを問い直すこと。周囲の人を批判するべきではない。

②食費を少なくすませよう。

- 家庭菜園を作る。芝生を植えるスペースがあるなら野菜を植える。
- 定期的に断食する習慣を身につける。
- 毎月の予算を決めておき、それを守るように努める。

③エネルギー消費を削減する。

- 家でも職場でも、冬の暖房温度、夏の冷房温度を、適切に設定する。
- 電車やバスを利用する。公共交通機関を支える政策に賛成票を投じる。
- 自転車に乗る。車は共同利用する。近くであれば歩いて行く。
- 食器洗い機を買うのではなく、食後の皿洗いを家族の時間にする。
- 肉の代わりに植物性タンパク質を摂る。同じ量を生産するために、動物性タンパク質は植物性タンパク質の11倍の化石燃料を消費する。[17]

④消費至上主義に抵抗しよう。
- テレビCMに躍らされない。
- 広告撃退のための家族のスローガンを考える。「バカなこと言うな！」「そんなものを買ってどうするの？」
- 不誠実な宣伝をしている商品をリストアップし、不買運動を行う。
- ダイレクトメールに付いてくる料金受取人払いのハガキや封筒を使って、悪徳広告や不健全な商品に抗議の声を届ける。

⑤郊外の高級住宅を買うのではなく、インナーシティの中古物件を買ってリノベートして住む（友人にもそうすることを勧めれば、クリスチャン・コミュニティの暮らしを楽しめる）。

⑥非再生資源の消費をできるだけ減らす。
- すぐ使えなくなる物、再利用できない物、陳腐化する物は買わない（買うなら品質の良い物を）。
- 電気製品、工具、芝刈り機、レクリエーション用具、本、車などを共同利用する（シンプルライフを実践する仲間が近くに住んでいれば実行しやすい）。

• たまにしか使わない物については、教会や近隣で共同利用する仕組みをつくる（芝刈り機、大型園芸道具、キャンプ用具、ハシゴなど）。
⑦支出のうちステータスを求めて行っているものを識別し、それをほかのことに向ける。
⑧服装の流行を追わない（靴は別にして、新しい服を買う必要はない人も多いのではないだろうか）。
⑨無料の物や機会を楽しむ。
⑩１カ月間、生活保護給付金の範囲で生活してみる。
⑪子どもには、物ではなく、時間と愛情を与える。

ＮＰＯへの寄付と投資による支援

もしクリスチャンの一割が累進的献金を行うようになれば、貧しい人びとに力を与えるために使える金額は巨額なものになる。実際、クリスチャンがきちんと十分の一献金を行えば、それだけで神の国の建設のために使えるお金はいまより４６０億ドル増える。[18]

寄付する団体を選ぶときの基準

お金を最も効果的に使うためには、どの非営利団体（ＮＰＯ）に献げたらよいのだろう。緊急支援や開発援助を行っている団体は多いが、どこがいちばんよい働きをしているのだろう。これは重要な問いだが、それは自分で判断する必要がある。以下は、それを判断するときに考慮すべきポイントである。

①貧しい国で展開されている全包括的《ホリスティック》なプロジェクトであること。すなわち、伝道、社会変革、教育、農業開発などが統合されたプロジェクトであること。
②真に現地の人びとの手によるプロジェクトを支援していること。
・プロジェクトの指導者やスタッフの多くが現地の人びとであること。
・西洋文明の考え方や物資やテクノロジーを無批判に導入するものではなく、現地の文化に適合した手段や物資が用いられていること。
・外部の専門家が上から与えたものではなく、そこに住む人びとの切実な必要から生まれたプロジェクトであること。
③緊急支援だけで終わらず、主たる目的を長期的発展に置く計画であること（人材開発を含む）。
④現地の貧しい人びとに、神が罪深い社会構造の変革を望んでおられることを教え、彼ら自身がその変革の担い手になれることを理解してもらう計画であること。
⑤教会の成長を促し、教会が成長することで活動が促進されるような構造が存在すること。
⑥初期段階で必要な資金は外部から投入するとしても、その後は、現地の人びとが自分たちの力で維持していける計画であること。あるいは、最初から現地の人びとの貢献（お金や労力）が求められている計画であること。
⑦貧しい開発途上国において、貧しい人びとを助ける計画であること。
⑧農業開発を含む計画であること（例外がないわけではないが、まず農業開発は不可欠である）。
⑨慈善活動だけが繰り返されるのではなく、結果として正義が実現される計画であること。[19]
⑩団体や機関そのものの運営実態について考慮すべき点は以下の通り。

(a) 募金活動と組織運営のための費用が適切であること（基金総額の10〜15％程度）。
(b) 理事会や幹部スタッフに、開発途上国出身者、少数民族、女性が含まれていること。
(c) 毎年、独立の公認会計士の監査を受けていること。
(d) 理事会役員やスタッフが信頼できること。役員は無報酬であること。
(e) スタッフの給与がヨベルの年の原則に鑑みて妥当なものであること。
(f) 以上の諸点が公表されていること。あるいは、問いあわせればオープンに回答してもらえること。[20]

次に挙げるのは、右の基準のほとんどを満たす全包括的プログラムの一例だ。

エリザベス現地宣教団はリベリアの南部で活動している。同教宣団はオーガスタス・マーウィが指導する団体だが、マーウィは、米国からアフリカに渡った最初の黒人宣教師であるマザー・ジョージに導かれてクリスチャンになった人である。

10年前、オーガスタスは自分が救われた地での困難な宣教に赴《おもむ》いた。そこの若者たちは生まれ育った村を捨て、失業と酒と売春の首都モンロビアに流れ込んでいた。伐採、鍛冶、陶器などの地元の技術は、外の世界との交易（たいていは外国）が拡大するにつれて消滅しつつあった。暮らしは貧しくなる一方だった。非識字率は人口の90％を超え、多くの人がタンパク質不足に苦しんでいた。

しかし、10年を経たいま、１６０の教会が起こされ、１万人がクリスチャンになっている。11の小学校が運営され、地域で生かせる技術の指導に力が注がれている。職業訓練学校が地域内交易や新しい技術を促進している。協同組合が形成されつつあり、仲買人や外国商人が不要になり、資本が供給されるようになった。

特にタンパク質不足の観点から重要な農業が、この10年で大きな進歩を遂げた。ただし、彼らは非常に貧しく、手に入れられる農具はマカエ（丈夫なナイフ）しかないということもしばしばである。オーガスタスは苦心のすえ、人びとが鋤《すき》やシャベル、ツルハシや斧、水桶や水撒き道具などを買うための資金貸付けを始めた。

私たちはそのような道具を、庭の手入れのために当然のように買うが、彼らにとっては、栄養不足との戦いに必要であるにもかかわらず、お金がなくて買えないものなのだ。自分は貧しいと感じたときは、オーガスタスが助けている人びとのことを思い出してほしい。[21]

右に引用した文章が書かれたのは１９７６年のことだ。当時、現地に根を下ろして活動するその種の組織は多くなかった。今日では、クリスチャンが開発途上国で行っている包括的プログラムは数多くある。そうした組織は、あなたからの寄付を賢く効果的に使ってくれるだろう。開発途上国でこのような活動をしている組織は、あなたや私に、ヨベルの年の精神に従って生きるための現代的方法を提供してくれていると言える。

どのような支援が効果的か

どのようなプログラムが貧困を減らす上で効果的かを考えなければならない（たとえば、衛生的な飲み水を提供するのと、貧しい子どもたちにノートパソコンを提供するのとでは、どちらが効果的か）。『クリスチャニティ・トゥデイ』誌は、開発経済学者のブルース・ワイディックにこの問いへの回答を求めた。幸いなことに、特にここ10年、開発経済学者は厳密な方法で（特にランダム化比較試験）、どのようなプログラムが貧困解消に効果的かを研究している。[22] そこでブルースは、著名な開発経済学者たちに調査票を送り、さまざまな具体的戦略を評価してもらった。

その結果、最も効果的な戦略だと判明したのは何か？　農村にきれいな水を提供することだった。毎年100万人の子どもが、清潔な飲料水がないために命を落としている。ＷＨＯが行った有名な研究では、農村部できれいな水を提供することで、乳幼児の死亡率が35〜50％減少することが明らかになっている。しかもそのコストは、1人当たり年間わずか10ドルである。[23]

子どものための駆虫対策が第2位である。ランダム化比較試験の一つでは、寄生虫が蔓延した地域の学童に定期的に駆虫治療を行うと、生徒1人当たり年間わずか50セントの費用で、欠席率が25％減ることが明らかになった。[24]

睡眠中にマラリアを媒介する蚊に刺されないために、殺虫効果の処理をされた蚊帳《ベッドネット》を提供することが3位にランクインした。蚊帳は、マラリアの発生率を50％減少させ、費用はわずか5〜10ドルである。そのほかには、チャイルド・スポンサーシップ［子どもおよび子どもの住む地域への支援］と薪《まき》かまども上位にランクされた。薪かまどは、毎年160万人の早すぎる死亡の原因となっている室内空気の汚染を減らすことができる。[25]

これらに比べれば、コーヒーのフェアトレードや子どもにノートパソコンを贈る取り組みは効果が小さいという結果が出た。

これはと思う開発支援機関があるなら、効果的なプログラムを支援したいと申し出るとよいだろう。

マイクロファイナンスが広げる機会

オポチュニティ・インターナショナル（Opportunity International）も効果的な支援を行っている組織の一つで、デイビッド・ブッソーはその創設者の一人だ。[26] 彼は福音派のクリスチャンで、40年前、事業家としてオーストラリアで大成功を収めた。その後、貧しい人びとに融資する銀行マンとして重要な働きをするようになった。

デイビッドと彼の家族は数年間、インドネシアの絶望的に貧しい人びとのあいだで暮らした。やがて彼らは、他の銀行が相手にしない貧しい人びとに、公平な金利で小額の融資（マイクロファイナンス）をすることが、彼らを助ける有効な方法であることに気づいた。

今日、オポチュニティ・インターナショナルは22カ国で２８０万件以上の融資を行っている。マイクロファイナンスに加えて、貯蓄口座や保険、起業支援からマネジメント教育まで、幅広い金融商品とサービスを提供している。融資額の98％が無事に返済されている。[27] 融資額の93％は、最も弱い立場にある女性に対するものだ。過去15年間で、68億ドルの融資を通じて１０００万人の雇用を創出してきた。彼らの目標は、２０２０年までに２０００万人の雇用を創出することである。[28]

オポチュニティが行っている融資は、貧困解消のためのすばらしい投資だ。最初の融資の平均額はわずか１７８ドルだ。[29] 人びとは融資で得たお金を元手にして仕事を広げ、食料、住宅、子どもの学校の費用といった基本的ニーズに使えるお金を増やすことができる。人を雇って、同じように独立する手助けをすることもできる。無事にローンが返済されると、それは次の人への貸付金となる。そのような仕組みの中で、融資を受けた人は借入金１ドルにつき６ドルの収入をあげている。[30]

フィリピンでは、オポチュニティの現地パートナーであるコミュニティ変革センター（CCT）が伝道とマイクロファイナンスを組みあわせた活動を行っている。テレシタ・ドゥケの素朴な証言は、この全包括的な活動《ミニストリー》がいかに人びとの暮らしを変えるかを物語っている。

夫はいつも酒を飲んでいて、私はいつも口うるさく小言をいっていました。私たちはいつもお金に困っていましたが、8人の子どもたちはそんな私たちだけが頼りでした。でも、CCTは私に希望を与えてくれました。果物を売る商売のためにお金を貸してくれたのです。以前は高利貸しへの返済で消えていた売上が、いまでは自分の預金口座にたまっていきます。毎週の聖書の勉強会で、夫に責められても静かに耐える力が与えられました。神様は決して私を見捨てないということを知って心が安らかになりました。いちばんうれしかったのは、CCTの周年記念のお祝いのときに行われたグループ・ウェディングで、25年連れ添った、子どもたちの父親でもある夫と正式に結婚できたことです。[31]

私たちはお金を持っているが、それを人のために活かして使っているだろうか？　この本の読者の大半は、178ドルを寄付できる経済的余裕があるのではないだろうか。それだけあれば、オポチュニティを通じて、貧しい人びとが貧困から抜け出すためのローンを提供できるのだ。

投資することで支援する

貧しい人に融資して雇用を創出する方法は、直接的な寄付だけではない。投資信託を使う方法もある。

貧困層向けに融資を行うファンドを選んで投資している人もいる。

１９６８年に開かれた世界教会協議会（ＷＣＣ）の会議から生まれ、現在は独立して活動しているオイコクレジット（Oikocredit）は、投資された資金を70カ国の貧しい起業家に融資している。投資利回り実績は年２％前後である。オイコクレジットは現在、マイクロファイナンスの分野では世界最大の民間融資機関となっている。[32]

メノナイト経済開発協会（ＭＥＤＡ）も同様のプログラムを実施している。資金運用を行うのはサロナ（Sarona）・リスク・キャピタル・ファンドで、投資利回り実績は年０～４％である。ＭＥＤＡは貧しい人びとに融資を行うが、その中には、将来的には人を雇える事業を起こせそうな有望な起業家もいる。[33]

株式投資も有効な方法だ。手元の資金（たとえば老後のために蓄えた資金）で、貧しい人や自然環境や労働者の権利の観点から良好な実績があり、タバコ、アルコール、妊娠中絶、ポルノなどと無関係な企業の株を買うことは、神が経済に望んでいる全体的健全性を促進するための良い方法である。その観点から、企業の社会的責任に関するインターフェイス・センター（ＩＣＣＲ）（巻末「関連団体」参照）が、投資先に関する詳細な情報を提供している。

株式投資の収益性は急成長している投資信託にはおよばないかもしれないが、公正の推進と老後の備えの両方に役立つ投資を行うことで、一石二鳥の成果をあげることができる。神の言葉と世界のニーズは、私たちにお金を正しく使うことを求めている。手放して人に与える寄付と、手元に残して運用する投資の両方で、私たちはその要請に応えることができる。投資行動によって社会的責任を果たすことの重要性が高まっている。[34]

私たちはどれほど献げているか

米国人が慈善目的の活動やプログラムにどれぐらい寄付しているか、ご存じだろうか。所得の2・3%である。[35] 教会に通っているクリスチャンはどうだろう。2011年の調査で、米国の教会員が所属教会《ローカル・チャーチ》に献金している額は総所得の2・32%だった（**図表15**参照）。[36] 多くの教会員はそれ以外にも慈善目的の寄付を行っているので、クリスチャンは一般の人びとよりは多く献げているようだ。だが、所得の2・32%を地元の所属教会に献げ、もう2%を他の慈善団体に寄付したとしても、聖書の基準ともいえる「十分の一献金」には遠くおよばない。

富めば富むほど与える心が失われている

さらに問題なのは、過去40年以上、所得は増え続けているのに、献げられる金額の割合は下がり続けていることである。ジョン・ロンズヴァレとシルビア・ロンズヴァレによる入念な研究で、その詳細が明らかにされている。米国では、1人当たりの可処分所得（税引き後所得）は1968年から2011年にかけて2倍以上に増えている[37]（インフレ調整後の2005年のドル価での比較）。だが残念ながら、教会に献金される割合はゆっくりと低下している。**図表15**は、私たちが豊かになるほど与えなくなっていることを示している。[38]

ロンズヴァレ夫妻の調査が明らかにしたもう一つの数字も印象的だ。彼らは、福音派のクラスターと、「全米教会協議会（NCC）に属する主流派」のクラスターの比較も行っている。1968年には、福音派

図表 15　米国のクリスチャンによる所属教会への献金

年	所得に占める献金の割合	1人当り可処分所得
1968	3.11%	$14,136
1970	2.91%	$14,745
1975	2.73%	$16,375
1980	2.66%	$18,409
1985	2.60%	$20,955
1990	2.47%	$23,532
1995	2.43%	$25,082
2000	2.56%	$29,245
2005	2.52%	$31,343
2006	2.52%	$32,143
2007	2.53%	$32,524
2008	2.41%	$33,337
2009	2.48%	$31,863
2010	2.41%	$32,367
2011	2.32%	$32,653

注：金額はインフレ調整後の2005年ドル.
出所：*The State of Church Giving Through 2011*, pp.17, 21.

の教会（6・14％）はNCC系の教会（3・3％）のほぼ2倍の献金をしていた。悲劇的なことに、福音派各派の献金の率は急速に低下している。85年には、福音派に属する教会員は4・7％の献金を行っていたが、2011年には3・4％にまで落ち込んでいる（NCC系の教会の11年の数字は2・65％）[39]。

平均所得が1万4136ドルから3万2653ドルに増加するあいだに、献金を3・1％から2・3％に減らした裕福なクリスチャンを見て、神は何を思うだろうか。

『献金――なぜ米国のクリスチャンはもっと献げないのか』は、米国のクリスチャンの献金［教会への献金と各種機関への寄付を含む］の現実と可能性に関する強烈な証言だ。米国のクリスチャンは「教会の2000年の歴史の中で、単一のグループとしては最も裕福な人びと」であり[40]、20世紀を通じて、その1人当たり所得（インフレ調整後）は4倍に増えた。しかし、増えた所得から慈善目的で献げられた金額の割合は減少しているのである[41]。

与えれば実現する大きな成果

『献金』という本をさらに強烈なものにしているのは、米国のクリスチャンが10分の1を献金すれば、すぐに実現する驚くべき内容が列記されている点である。実際、「熱心なクリスチャン」（この調査では、「定期的に礼拝に出席している」または「キリストを強く信じている」と答えた人）だけでも10分の1を納めれば、神の王国の働きのために使えるお金が毎年460億ドル増えることになるというのだ。その追加のドルで毎年達成できる驚くべきことを、著者たちはいくつも挙げている。ほんの一部を紹介しよう。

- 新たに15万人の現地出身の宣教師を支えられる。
- 世界中で伝道のために使われている予算を4倍にできる。

- 貧しい５００万人に、新たな仕事を始めるための少額融資を行える。
- 世界で行われているマラリアの予防と治療のための行動に、必要な資金を提供できる。
- アフリカ、アジア、中東のすべての難民（総数６５０万人）に、衣食住を提供できる。
- クリスチャンのスポンサー団体を通じ、さらに２０００万人の貧しい子どもたちを支援できる。
- 新規に１００万本の井戸掘削プロジェクトに資金を提供できる。

これは、米国の「熱心なクリスチャン」が10分の１を献げるだけでできることのほんの一部にすぎない。[42]

神はあなたにも私にも、もっと与える者になることを望んでいる。もしあなたの現在の献金が、所得の10分の一以下なら、まず10分の１にすることから始めよう。その次に、神とクリスチャンの友に助けてもらって、自分なりの累進的献金を実行しよう。一気にそこまで到達しようとする必要はない。10分の１を献げたあとは、神があなたに望んでいると思える分かちあいの水準に達するまで、たとえば年に５％ずつ献金額を増やしていくということでもいいだろう。

そうしたからといって貧しくはならない。多少の贅沢品を手放す必要はあるかもしれない。だが、それによってあなたは、自分でも驚くような新たな喜びを見出すだろう。あなたが惜しみなく与えることでもたらされる追加の資源は、福音を広め、貧しい人びとに力を与えることになる。

奉仕の時間を献げる

この章では金銭を与えることに焦点を当てて論じたが、自分自身を与えることも同様に重要だ。クリスチャンの中には、奉仕のための時間を増やすために、あえて低賃金の仕事を選ぶ人もいる。ボランティア活動に参加するために、割増賃金が得られる残業を断る人もいる。貧しい人のために家を建てるハビタット・フォー・ヒューマニティの活動を助けるために、毎年、何万人もの人が数日間のボランティア活動に汗を流している。何千人ものクリスチャンの医師、教師、農民、大工が、開発途上国や貧しいインナーシティでの奉仕活動のために、人生の数年間を献げている。

開発途上国では、人びとの中に入って田舎に住み、神の教えを伝えられる、人の心の痛みがわかる人材が必要とされている。神は貧しい人びとがまともな生活を送るための資源を持つことを望んでいることや、貧しい人びとが抑圧的で不正な構造を変えるための知識と力を持つことを望んでいることを教える人が必要だ。中間技術［伝統技術より生産性が高く、最新技術より安価で労働集約的な技術］を使った農業技術を普及できる農業従事者は、特に強く求められている。

「遠い村で暮らし、働くことのできる、実践的な技術を持つ一人の人間には、一ダースの大学教授と大企業経営者に匹敵する価値がある」[43]。一日の数時間、人生の一定期間を献げることは、お金を分かちあうのと同じかそれ以上に重要なことである。

安息日を取りもどそう

私たちは、お金と時間を惜しみなく献げなくてはならない。しかし、貧しい人を助けるために、忙しい日々を必死にがんばって生きるべきだということではない。神に忠実に生きるためには、十戒のうちの第四の戒めを守る必要がある。

安息日を守ってこれを聖別せよ。あなたの神、主が命じられたとおりに。……あなたはかつてエジプトの国で奴隷であったが、あなたの神、主が力ある御手と御腕を伸ばしてあなたを導き出されたことを思い起こさねばならない。そのために、あなたの神、主は安息日を守るよう命じられたのである。

（申命記５・12、15）

真の安息日を取り戻すことは、物質至上主義にとらわれた消費者にとっても、身を粉にして働く社会活動家にとっても必要なことだ。７日のうち１日は、立ち止まる必要がある。もっと多く物を生産しようとする思いに振りまわされないようにしよう。社会正義の追求にも休息を与えよう。ただ立ち止まり、祈り、そして楽しむのだ。

安息日の定めは、厳しい律法主義の定めではなく、私たちが有限の存在であり、限界を超えたら壊れることを思い起こさせようとする神の配慮だ。なんといっても、私たちは万能ではない。[44] 物質的な追求によって心を満たせないのと同様、貧しい人のための正義の追求によっても完全な充足を得ることはできない。

現代人は人間の限界についての聖書的感覚を失っている。より多くのものを、より速く手に入れようとしすぎている。そのために自分を壊し、結婚生活を壊し、家庭を壊し、環境を破壊している。だが、神の言葉はまったく違うことを教えている。

富を得ようとして労するな（自分を消耗してはいけない）。分別をもって、やめておくがよい。

（箴言23・４）［カッコ内は『新国際聖書』（ＮＩＶ）による別訳］

安息日は自制と節度を保つための神のメカニズムだ。もっと多く生産しようとする狂乱から私たちを引き離してくれるだけでなく、貧しい人びとのために世界を変えようとする必死すぎる思いからも私たちを引き離してくれる。

誤解しないでほしいのだが、物質から成る世界は良いものであり、富を生み出すための仕事も良いものである。貧しい人びとに力を与えるための働きなら、なおさらだ。しかし神は、私たちが文化をかたちづくり使命を果たそうとする努力の中で、自らの有限性を忘れ、創造主に寄り頼むことを忘れることも望んはいない。そこに安息日の精神が存在する。

週に一度立ち止まり、静まり、礼拝する。その一日、私たちが何か良いものを生産できなかったとしても、神の国のために良い働きができなかったとしても、大きな問題ではない。私たちは有限の存在だ。すべてを成し遂げなければならないと考えるのは傲慢であり、神に対する冒瀆でさえある。7日のうちの1日は、身体と心を休め、家族との関係を楽しみ、神を賛美するだけで十分なのである。安息日の習慣を取り戻すことができれば、人間も環境も破壊している狂乱の消費至上主義に背を向けることができるだろう。

私たちの文化が、第四戒が賢明にも保持しようとしている良きものを壊しにかかってきている。安息日の精神が私たちの心と価値観に浸透するなら、疲れた精神を休め、家族や隣人との交わりを楽しみ、神の前で静かに喜びを味わうことを願うようになるだろう。ただ神を礼拝し、自由な時間を楽しんで、無為の時間をすごそうとすることだろう。

日曜日を利用してもう一つ重要な仕事をこなそうとしたり、バベルの塔にもう一つバルコニーを追加しようとするのではなく、聖なる余暇を大切にしよう。そうすれば、静かな時間の中で、貧しい人びとの神が私たちの心を変え、惜しみなく与える者に変えてくださるだろう。

神が求めている暮らし方

豊かな国に住む現代のクリスチャンにとって、シンプルな生活は聖書が求める必須の生き方だと私は確信している。しかし、そのような生き方をする理由を間違ってはならない。私たちは質素な生活に献身しているのではない。私たちが忠誠を尽くすのはイエスとその王国に対してだけだ[45]。

その王国の頂点にいる方が、貧しい者のための神なのである。そして、この世界には何億もの神の子どもたちが絶望的な貧しさの中にいるのである。

飢えと貧困の時代は、裕福な人びとをより低い生活水準の選択へと招く。しかし、この真理に漠然と同意するだけでは、消費社会の誘惑から身を守ることはできない。だれもが具体的な計画を立て、それに従って生きる必要がある。その点で、ロバート・ベイナム、デイビッド・ブッソー、そしてグラハムとトゥリーナ・カーが見習うべき模範を示してくれている。累進的献金やコミューンでの生活も可能な生き方の一つだ。ほかにも選択肢はたくさんある。

律法主義と独善は避けなくてはならないが、正しいライフスタイルに到達するために、いくつかの具体的な方法に勇気を持ってコミットしてほしい。

私たちは生活水準を、隣りの家のレベルに合わせるのではなく、貧しい人びとのニーズに応えるための要請によって決める勇気を持てるだろうか。喜びと幸せは分かちあうことから生まれるというイエスの言葉を信じることができるだろうか。豊かなクリスチャンは、豊かに与える心を持てるだろうか。

理解を深めるための質問

①累進的献金とは何か。その基準をどう思うか。あなた自身が実行するとしたら、具体的にはどのように進めるか。

②クリスチャンが物質主義を避けるのに役立つ具体的な方法には、どのようなものがあるか。あなたが最も聖書的だと思うもの、最も実行可能だと思うものはどれか。

③消費を減らすための実践的な方法の中で、最も参考になったものはどれか。

④自分のお金の使い方と献げ方をどう評価するか。あなたの教会のお金の使い方をどう評価するか。

⑤自分の支出パターンをどう変えるべきだと感じるか。

第10章　教会から始める社会変革

教会の外に救いなし。[1]

現代社会の圧力によって、これまで教えられてきた価値観に沿って生きることがますます難しくなっている。教会はこのような圧力に抵抗できる信者の共同体であるべきだと私たちは考えているが、教会は世俗のものとは異なる価値観を奨励するどころか、世の趨勢に流されるがままだ。教会の「柱」は、ノンクリスチャンと変わるところはなく、物質的なものへの関心にとらわれ、真に大事なものから遠ざけられている。[2]

——デイヴ・ジャクソン、ネタ・ジャクソン

ある日、深刻な飲酒の問題を抱えている一人の男が、イリノイ州エヴァンストンにあるリーバ・プレイス・フェローシップ（Reba Place Fallowship）の長老《エルダー》［指導的立場の教会員。高齢であることを意味しない］の一人であるヴァージル・ヴォグトのもとに現れた。ヴァージルが男に、キリストを受け入れて仲間に加わらないかと勧めると、男はクリーブランドまでのバス代が欲しいだけだと言った。

ヴァージルは同意した。「その手のことでも助けてあげられるよ。もし、君が本当に必要としているのが、それだけだというのならね」。ヴァージルはしばしば沈黙し、男の目をまっすぐ見て言った。

「そのほうが私にとっても話は簡単だ。君が神の国での新しい人生を選ぶと言ったら、私は君の兄弟となって、私のすべてを君に与えなくてはならないところだった。この家も、時間も、お金も、君に必要なもの一切合財が、これからの全生涯、完全に君の自由になるところだったんだ。それなのに、君が必要なのはバス代だけだと言うんだね……」[3]

男はすっかり面食らって立ち上がり、差し出されたお金も受け取らずに立ち去ってしまった。だが、次の日曜日の礼拝で、その男はヴァージルの隣に座っていた。

教会は妥協していないか

教会は支配的な世俗の価値観に挑戦する、愛の共同体でなくてはならない。だが、いまの教会はおおむね、順応主義者の快適なクラブになっている。物質主義に流されず、神の願いに従って貧しい人びとを助けようとするなら、教会はまず自らを徹底的に改革する必要がある。

前章までの議論が正しいとすれば、聖書の神はクリスチャンに社会と妥協せず生きることを求めている。その一方で、社会は物質的所有、セックス、経済的成功を追求している。人間よりも物のほうが大事にされ、飢えた子どもや抑圧されている貧しい農民のことには目をつぶり、自分の雇用や年収アップだけを問題にしている。

パウロがローマの信徒に書き送った警告は、この時代にこそふさわしい。

あなたがたはこの世にならってはいけません。むしろ、心を新たにして自分を変えていただき、何が神の御心であるか、何が善いことで、神に喜ばれ、また完全なことであるかをわきまえるようになりなさい。

（ローマ12・2）

聖書は私たちに、物質主義と不義に満ちた社会の基本的価値の多くを拒むよう呼びかけている。そんなことは不可能だと思うだろうか。確かに、一人だけでそのように生きるのは不可能だ。ぼつんと孤立して生きるクリスチャンには、ラジオやテレビや街中にあふれる広告が押しつけてくる非キリスト教的価値観に抗うことはできない。

浪費的社会の価値観は、知らず知らずのうちに私たちの頭と心に浸透してくる。それを拒む唯一の方法は、他のクリスチャンと深く交わり、聖書の教える価値に無条件でコミットしている兄弟姉妹と一つになることだ。そのとき、神が私たちの考えを正してくださる。

神の教えに忠実に生きることは、クリスチャンとの力強い交わりの中にいるときにのみ可能となる。最初期の教会がローマ帝国の退廃的な価値観を拒めたのは、クリスチャンの交わりを強く体験していたからにほかならない。最初期の教会の人びとにとって、交わり――コイノニア(*koinonia*)――とは、たとえば教会主催のボーリング大会のことではなかった。礼拝のあと、教会のホールに集まって、お茶とクッキーと雑談で時間をつぶすことでもなかった。最初期の教会のコイノニアとは、キリストの体につながる人びとのあいだでの、生活と人生の無条件の分かちあいだったのである。

一人が苦しめばすべての者が苦しみ、一人が喜べばすべての者が喜んだ（Iコリント12・26）。だれかが必要を抱えていたら、あるいはどこかの教会が財政難に苦しんでいれば、ほかの人びとがためらうことなく分かち与えた。だれかが罪を犯したら、脇道に逸れたその人をほかの人がやさしく連れもどした（マタイ18・15－17、Ⅰコリント5章、Ⅱコリント2・5－11、ガラテヤ6・1－3）。[4]教会につながる兄弟姉妹は、感情の面でも、経済の面でも、霊性の面でも、犠牲をいとわず自分を明け渡し、互いに対して責任を負いあったのである。

もちろん最初期の教会といえども、新約聖書が示すキリストの体の理想をつねに生きることができたわけではない。悲劇的な過ちも犯した。しかし、ローマ帝国に網の目のように広がった小さな家の教会は、確かにキリストにある交わりを生きいきと生きたので、強力な異教の文明を拒み、ついには征服することができたのである。

ジョン・ウェスレーの働きから発展していった初期のメソジスト教会には、最初期の教会と同じ精神が息づいていた。毎週、家々で開かれた集会では、「ともに祈り、励まし、愛の配慮をするために一つとなり、救いをまっとうするために助けあった」。[5]ところが、今日の教会の圧倒的大多数は、兄弟姉妹が互いに励まし、諭《さと》し、規律を高めるような場所ではなくなっている。

壊れた文化に流されるのではなく、イエスにならって生きるために、私たちは全員が愛をもって見守りあい、真に一つとなる新しい教会のあり方を必要としている。

社会学の視点で「教会」を考える

知識社会学とは、ある考え方［認識、見解］とそれを生んだ社会状況との関係を研究する社会学の一分野だ。その研究によると、人がある考え方をどれほど妥当と認めるかは、社会がどの程度その考え方を支持しているかによる。「われわれが世界観を獲得したのは、もとをたどれば他者からであり、それが妥当性を持つのも、かなりの程度まで、その他者がその世界観をいまも肯定し続けているという理由による」[6]

これは、社会と妥協せずにイエスに従いたいと願う人にとって、クリスチャンの共同体がいかに重要であるかを示している。たとえば、ニューヨークに出てきたアーミッシュ［文明の利器を使わない質素な暮らしをしているクリスチャンの集団］の若者は、それまで抱いていた価値をやがて疑い始める。このような変化が起こるのは、社会学的に説明すると、それまで彼や彼女の考えや価値を支えていた「重要な他者《シグニフィカント・アザーズ》」が存在しなくなったからである。

人がその現実認識を育み保つ社会的相互交渉の複雑なネットワークのことを、「妥当性の構造《プロージビリティ・ストラクチャー》」という。これを形成するものの中には、特定の考え方の有効性を支持する慣習、儀式、ルールはもちろんのこと、「重要な他者」との継続的な対話も含まれる。こうした社会的プロセスが続く限り、私たちはその考えを真実あるいは妥当と認める傾向がある。逆に、その考えを支持する構造がなくなると、疑いの念が起り、確信がゆらぎ始める。

そこに、社会の多数派と明らかに異なる信念を抱いている少数派の困難がある。そのような少数派のことを社会学では「認知的少数者《コグニティブ・マイノリティ》」と呼ぶ。つねに自分の根本的な考えを揺るがす人びととの出会いがあるため、その特異な信念を維持するのが困難な人びとである。

著名な社会学者であるピーター・バーガーによれば、認知上の少数者は、強力な共同体の構造があるときにのみ、一般からは支持されないその信念を維持することができる。

──われらが神学者の内面に、砂漠の聖者のごとき不屈の精神がないかぎり、社会からのプレッシャーにさらされたときに起こる認知崩壊を効果的に治療する方法は一つしかない。すなわち、同様の考えを持つ逸脱者同士で身を寄せあうことである——それも、ごく緊密な団結でなくてはならない。強靭な対抗共同体《カウンターコミュニティ》においてのみ、認知上の逸脱者たちは命脈を保てる可能性がある。自分たちのほうが間違っているのではないか、多数派の言い分が正しいのではないかという忍びよる疑いに対して、対抗共同体は継続的な心理療法を提供する。逸脱した「知識」の体系に社会的支持を与えるという機能を果たすために、対抗共同体はその成員に強烈な一体感を与えなくてはならない。[7]

「認知的少数者」は一人では生きられない

このバーガーの分析は、貧困と所有についての聖書の教えに従おうとする現代のクリスチャンにも、直接の関係がある。ここでバーガーが論じているのは、支配的であった世俗の〝科学的思考〟を拒み、聖書の超自然的な教えを信じ続けた、かつての正統派クリスチャンが直面した問題である。だがこれは、異なる規準が支配する世俗社会の中でイエスの倫理に従って生きることの困難さにも、間違いなく当てはまる。

いまの時代のほとんどの人は——教会の中でも外でも——消費偏重の物質文明の支配的価値を受け入れている。その一方で、誠実なクリスチャンは、それとは非常に異なる聖書の規範に従おうとしている。残された少数の忠実な者のみが聖書の価値を保ち続ける、というのは不思議なことではない。しかし、そのようなクリスチャンは知識社会学でいう認知的少数者であり、その信じる価値を保ち続けるには強い共同体を必要としている。

それはなにも、クリスチャンはすべてアーミッシュのように生きねばならないとか、人里離れた地で孤高の人生を送らねばならないということではない。私たちは社会に挑戦し、証言し、願わくは変革するために、社会の真ん中に踏みとどまらなければならない。

しかし、この世界に住みながら、この世界に取り込まれずに生きるクリスチャンは、聖書の規範を捨てて世俗的価値を受け入れることを迫る激しいプレッシャーにさらされる。だからこそ、クリスチャンの新しい共同体が求められているのである。

こうしてみると、「教会の外に救いなし」というカトリックの古い格言は、社会学上の重要な真理を含んでいることがわかる。もちろん、多数者の敵対的な不同意に負けず、ただ一人、聖書への信仰を保ち続けることも不可能ではない。だとしても、罪深い社会に挑戦する愛の共同体であろうとする教会は、そこに存在する交わりの質にもっと気を使わねばならない。

コイノニアを忘れた西洋の教会

クリスチャンの共同体というと、クリスチャン・コミューンしか思い浮べられない人がいるが、残念なことだ。純粋なクリスチャンの交わりの形態はさまざまで、コミューンはその一つにすぎない。大きな教会の中に形成されるディサイプルシップ［キリストの弟子としての生き方］や宣教のためのグループ、独立した家の教会、昔ながらの町や村の小さな教会――これらすべてが、聖書が告げる教会のビジョンを生きるためのすばらしい形態となり得る。

しかし、西洋の教会の圧倒的大多数は、聖書のいうコイノニアを、意味のあるレベルにおいて理解も体験もしていないのではないかと私は危惧している。すでに述べたように、クリスチャン共同体の根幹を成すのは、兄弟姉妹に対する責任の前に自らを明け渡し、どこまでも義務を果たそうとする姿勢である。すなわち、時間、お金、そして自分自身をさえ、互いのために明け渡すということである。

そのような交わりは、１００人を超える規模の教会では難しい。それが可能なのは、最初期の教会における家の教会のような、信者たちの小さな共同体である。大ローマ帝国を征服したのは、小さな家の教会のネットワークだった。パウロはしばしば「……の家の教会」という言い方をしている（ローマ16・5、23。Ｉコリント16・19。コロサイ4・15。ピレモン2。さらに使徒2・46、12・12、20・7－12を参照）。最初期の教会の構造は親密な交わりや分かちあいを促した。[8] 教会が会堂を建て始めたのは、3世紀も終わりごろになってからにすぎない。

純粋なクリスチャンの交わりがある教会では何が起こるだろうか。日曜の朝のよそよそしい紋切型の会話が姿を消し、深い喜びに満ちた分かちあいが始まる。だれもが自分にとって真に大切なことを話しはじめる。内なる恐れ、闘っている誘惑、心の底からの喜びを打ち明けるようになる。そして、互いに忠告や訓戒を与えあうようになるのである（マタイ18・15－17、ガラテヤ6・1－3）。

富む者と貧しい者とに分断された世界で、与えあう教会として忠実に歩むには、そのような交わりを実現するしかない。小さな家の教会なら、浪費的な暮らしに反省を促しあうことができる。各自のお金の使い方や予算について話しあうことができる。大きな支出（家や車や長期休暇など）についても、本人のニーズと世界の貧困状況に照らして、どうすることが正しいのかを率直に話しあえる。シンプルライフの工夫を交換することもできる。貧しい人を助ける政策や選挙について議論したり、エコロジーの観点から責任ある仕事を支持したり、社会の底辺で苦しんでいる人の自立を助ける義援金集めをすることもできる。キリストにあって兄弟姉妹の契《ちぎ》りを結んだ人びとは、さまざまなことについて率直かつ誠実に話しあうことができるのである。

「家の教会」が秘めている大きな可能性

小さな家の教会《ハウス・チャーチ》が複数集まってできる教会が、現在の典型的な教会に代わるべき教会の姿だと私は考える。そのような教会の例を二つ紹介しよう。

コイノニア・フェローシップ

1960年代、コイノニア・フェローシップ[9]は、順調に成長する教会の典型のようなペンテコステ教会だった。数百人の会衆が集まり、その数はさらに増えつつあった。若く力あふれる牧師がいて、集会が次から次に開かれ、ありとらゆる分科会的な組織が運営されていた。だが、牧師の言葉を借りて言うのだが、「真のクリスチャンの交わりはほとんどなかった」。

70年、教会は劇的な自己変革を決意した。日曜の朝の礼拝だけを残して、一切の活動を打ち切ったのである。全員が「家庭集会」に出席するよう奨励され、12人から20人ぐらいの人数が毎週、学びや祈り、礼拝や弟子訓練のために集まるようになった。

彼らは1、2年のあいだ、自分たちはとんでもない間違いを犯したのではないかと気をもんだ。「教会堂の長椅子から居間のソファーに場所を移し、互いに表情をうかがいながら、これからどうなることかと震える思いだった」と牧師の一人が当時をふり返る。

しかし、ほとんどのメンバーが互いに助けあう術を知らないことにリーダーたちが気づいたとき、大きな変化が訪れた。リーダーたちは各家庭集会で、具体的なアドバイスを与え始めた。「病気のジェーン・ブラウンさんの家を訪ねて、夕食の準備を手伝ってあげましょうか」。「あなたたち3人で、こんどの土曜日、ジェリーの家のペンキ塗りを手伝ってもらえませんか」

こうして教会が一つになり、思いやりが深まり始めた。家々で持たれる毎週の集まりが、教会の霊的活動の中心になっていった。カウンセリングや弟子訓練、そして伝道活動まで、すべてが家庭集会から始まるようになった。その成果の一つが教会の急速な成長であった。家庭集会は、メンバーが25人に達するたびに、二つに枝分かれしていった。70年代中ごろには、礼拝の出席者は1300人から1400人、家庭集会の数は50、会堂での日曜礼拝は4回行われるようになっていた。

そうした中でいくつか新しい教会が誕生した。一つは、日曜の朝に、もともとダウンタウンにあった会堂で礼拝し、もう一つは、別の教会の会堂を借りて、日曜の午後に礼拝を守るようになった。その結果、費用のかさむ会堂建設の必要がなく、もっと大切なことにお金を使うことができた。

この徹底的な教会の再構築から、純粋なクリスチャン共同体が生まれた。小さな家庭集会のおかげで、牧師たちは自信を持って、すべての教会員が必要な個人的ケアと牧会的配慮《パストラル・ケア》［牧師による信者の魂への配慮］を受けていると言い切る。一人ひとりの重荷や問題を、所属する家庭集会の全員が知っているからだ。

経済的な分かちあいは、教会の当初の改革計画には入っていなかったが、意義深い経緯で始まることになった。住まいとして使うハウストレーラーを買う2家族のために、家庭集会の他のメンバーたちがお金を出しあい、無利子で融資したのである。無利子ローンの契約のために彼らが集まったとき、トレーラーの譲渡契約のためにその席にいた外部の人は、これはどういうことかと驚いたという。

家庭集会のメンバーがお金に困ったとき、少額なら、集会の他のメンバーが助ける。金額が大きい場合は、教会全体の基金が使われる。教会員が運営している食品コープ［協同組合として運営される食品販売店］や古着や中古家具の店が、生活必需品を安く提供してくれる。教会全体の献金のかなりの割合が、教会員の経済的な分かちあいのために使われている。

コイノニア・フェローシップでは、貧しい人びとが置かれている現状への広い関心が育ちつつある。牧師は社会正義について説教をし、教会は東南アジアからの難民を援助するために熱心に働き、世界の貧困から人びとを救うために、毎年数千ドルを献げている。

教会の中に、異なる人種が混ざりあう集まりが形成され、そこに１５０人が集っている。それは、ヒスパニックの人びとが多く住む市の最貧地区で教会が行った伝道活動から生まれた。麻薬中毒者の社会復帰支援、失業者のための職業相談、緊急食料配給、虐待された女性の支援など、さまざまな活動からなる全包括的な伝道活動である。教会の何人かは、この困窮した地区に引越しまでして、伝道と弟子づくりの努力を続けている。かなりの規模の医療センターまで設け、インナーシティでも最も貧しい地域のために奉仕している。

典型的な会衆の教会も家の教会の集合体へと構造変革しうることを、コイノニア・フェローシップは身をもって示している。そうすることで得られるのは、弟子としての成長、共同体としての成長、そして人数の増加である。

チャーチ・オブ・ザ・セイヴィア

ワシントンＤＣにあるチャーチ・オブ・ザ・セイヴィア［救い主の教会］は、第二次世界大戦の終了時、他教会に先駆けて小グループ活動を採用した[10]。教会員は全員、数あるグループのどれかに属することになった。教会に新たに加わる人は、２年かけて五つのグループを体験した上で所属を決めた。

入会の誓約は毎年更新され、全員が四つの面での努力を誓った。すなわち、毎日祈ること、毎日聖書を学ぶこと、毎週礼拝すること、そして全所得の10分の1をベースとして、所得に応じた献金を献げることの四つである。


少人数（５人から12人まで）のグループ（「ミッション・グループ」と名づけられた）は、チャーチ・オブ・ザ・セイヴィアの中心である。単なる祈りのグループでも、聖書研究の集いでも、エンカウンター・グループ［本心を語りあうことで自己の成長や対人関係の改善をめざすグループ］でも、また社会活動のための集団でもない（それらすべての側面を持っているが）。

この教会をつくり長年にわたって牧師を務めるゴードン・コスビーは、会員たちはこのグループでキリストの体の現実を体験していると力説する。「ミッション・グループは教会の多様な次元を体現していて、意味のあるすべての活動を含んでいます。人間の内面にも外面にも働きかける。キリストに対して、またお互いに対して、生活の全領域で責任を持つことを求めている。互いに無限の責任を負いあうことが当然とされているのです[11]」

グループのメンバーは毎週、口頭もしくは文書で、当初に交わした誓約を守る上での成功や失敗、聖書から得た新しい洞察、その週に体験した問題や喜びを報告する。

会員に求められる献身の中には、はっきりと経済に関わる部分がある。誓約文には以下のような規程がある。「私は、神が私の人生と資源のすべてを所有していることを信じる。私は自分の人生の物質的側面について、神に王座を明け渡す。神が所有者である。私は神にすべてを負っている。神が惜しみなく与える方であるから、私もまた、惜しむことなく喜んで定期的に献げる[12]」

同教会は、個人のお金の使い方についても、全員がお互いに対して責任を負うという目標を掲げている。家計の収支や資産管理について話しあうための材料として、確定申告書を見せあうグループもある。そのような中で、シンプルなライフスタイルに対する関心も高まっている。

教会の多くのグループが、貧しい人びとに力を与える《エンパワー》ことをめざして活動している。「ジュビリー・ハウジング」というグループは、ワシントンのインナーシティにある老朽化した家を修繕し、「ジュビリー・ジョブズ」、「コロンビアロード・ヘルスサービス」、「ファミリー・プレイス」などとともに、インナーシティに住む何百人という貧しい人びとに変革の希望をもたらした。「フォー・ラブ・オブ・チルドレン」は、育児放棄《ネグレクト》された子どもの権利のために、訴訟や立法活動、地方および連邦政府の監視などを行っている。

平和と正義のために国際的な活動を行うグループもある。「チャーチ・オブ・ザ・セイヴィア・インターナショナル・グッド・ネイバーズ」の働きによって、数百人の米国人がタイの難民キャンプで奉仕している。同団体は、暴力に追われて母国から隣国や米国に逃れた中米からの難民に、直接的な援助も提供した。そのほかに、中米で難民を発生させている米国の外交政策の変更を求めて活動しているグループもいくつかある。

やがてチャーチ・オブ・ザ・セイヴィアは、規模の拡大とともに、クリスチャン共同体としての純粋さを維持するのが難しくなってきた。そのため1994年に、教会は八つ（のちに九つ）の共同体に分かれることを決めた。法的にも形式的にも分離し、名前も別々のものにしたが、日ごろの活動レベルでは繋がりを維持した。各共同体はおよそ130人の会員と、40人から50人の準会員がいる。

いま「チャーチ・オブ・ザ・セイヴィア」という教会は存在しない。九つに分かれた共同体を統括する上部組織としても存在しない。しかし、ゴードン・コスビーによって始められ、60年以上にわたって成功を収めてきた教会の原則は、九つの信仰共同体の生活の中で生き続けている。コイノニア・フェローシップと同様、チャーチ・オブ・ザ・セイヴィアはクリスチャンの共同体を希薄化させるリスクを冒すよりも、小さな集まりに分かれることを選んだのである。

小グループ活動の限界

今日、何千という教会が小グループ活動を行っている。エンカウンター・グループ、交わり会《フェローシップ》、セレンディピティ・グループ［出会いや発見のためのグループ］、祈りの細胞《プレア・セル》、そのほか限りなく多様なグループ活動が存在する。すべて交わりを深めることをめざしている。しかし、そうした小グループが、コイノニア・フェローシップの家庭集会やチャーチ・オブ・ザ・セイヴィアのミッション・グループのような機能を果たしていることはまずない。

諸教会が盛んに行っている小グループ活動は、役に立っているし、価値も大きいが、その使命を十分にまっとうしている例はきわめて少ない。小グループに集う人は、生活の一つか二つの分野でなら深く分かちあう用意があるが、生活の全領域で互いに責任を負いあって成長していこうとまでは考えていない。まして、キリストにあって真に兄弟であり姉妹であるということが、犠牲を払っても互いに経済上の義務を果たし切ることであるとか、ほかの兄弟姉妹の暮らし向きに責任を負うことだなどとは、夢にも思っていない。だが、小グループ活動で重要なことは、参加者がいっさいの留保なく互いに献げあい、義務と責任を喜んで果たしているかどうかである。

ほとんどの人が、小グループは半年、長くても2年もすれば、内容もメンバーも変わっていく一時的なプログラムだと思っているし、小グループ活動で自分の生活が変わるとも思っていない。それは、ある特別な目的のために短期間継続する〝有限責任〟の小グループでしかない。

今日、私たちに必要なのは聖書に書かれている教会の役割を果たす教会——すなわち、そこにつながる人びとが互いに義務を負い、自らを明け渡し、互いに責任を負う《アカウンタブル》、キリストを信じる者たちの共同体なのである。

単独で存続する「家の教会」の可能性

真のクリスチャン共同体を形成しうる構造として、家の教会が複数集まってできる教会の例を紹介したが、もう一つの構造は単独で存続する家の教会である。純粋なクリスチャンの共同体が周囲にどうしても見つからない場合は、自分たちの家で小さな集いを始めるのがよい（ただし、同時に他のクリスチャンの集まりとの交わりも探すことが望ましい。一匹狼は神が望む教会ではない）。

家の教会のあり方として理想的なのは、数家族（単身世帯も含めて）が地理的に1ブロックか2ブロックの範囲に住むというものだ。多くの地域のインナーシティ、とりわけ変化の激しいエリアでは、低価格の家が頻繁に売りに出されている。向かいあわせや隣りあわせに住めば、車、洗濯機、乾燥機、冷凍庫、芝刈機（あるいはガーデニング用具）などをシェアしやすくなる。近くに住むことでオープンな関係が保て、助けあいながら節度ある生活水準を追求できるので、共同体としての活力も得られる。

教会の構造を論じた著書の中で、ハワード・スナイダーは、新しい教会を開拓・定着させる方法として（特に都市部において）、家の教会の構造を採用することを提案している。この構造は運営にいっさいお金がかからない。柔軟で、場所を移すことも容易で、幅広い問題をカバーし、お互いが個人的に深くかかわることもできる。人数が一定のレベルを超えたら枝分かれするという方法により成長でき、伝道の効果的な手段となり、専門的なリーダーシップをそれほど必要としない。[13]

困難と闘うクリスチャン・コミューン

本章冒頭でも取り上げたイリノイ州エバンストンのリーバ・プレイス・フェローシップは、1957年に3人のクリスチャンによって始められた。[14] 2014年には、誓約を交わした46人の成人が共通の家計で暮らしていた。大人数で共同生活している人もいるが、多くの人はそれぞれ別々にアパート住まいをしている。そんな住居が集中しているエリアが3カ所あり、それぞれに近所暮らしが行われている。家計を共有する46人のほかに、数百人のメンバーがいて、関係を保ちつつ別の二つの信者集団《コングリゲーション》を形成している。その人たちは、個別に家計を維持しているが、いかにお金を使い、いかに分かちあうべきかについて、イエスの教えに従う意思を共有している。このようにリーバ・プレイス・フェローシップでは、共同体の生き方が全員に浸透している。

一つの財布で暮らす46人は、全員の収入を1カ所に集めて基金としている。住居費や光熱費や自動車維持費、医療、教育などの高額の支出は、全員の分がその基金から直接支払われる。各家族（および単身者）は毎月、生活費として認められた食費（大人1人につき126ドル）、服飾費、雑費を受け取る。その金額は、それぞれが共通の財布にいくらお金を入れたかとは関係なく、家族の人数と固有の事情だけを考慮して決められる。自動車や芝刈り機、洗濯機などの道具類を共有しているので、効率的な利用ができ、出費を抑えることができる。

法律で加入が義務づけられているもの以外、彼らは保険にも入っていない。余ったお金は貯め込まず、人のために使う。将来の暮らしを神と互いの支えあいにゆだねることで、近隣の貧しい人や、世界の貧しい人びとと多くを分かちあうことができる。

万人向けとは言えないが、リーバ・プレイスのようなクリスチャン・コミューンは、義務と責任を互いにどこまでも負いあう関係を実現する共同体のかたちを示している。[15] それは、ますます物質主義の度を深める社会にあって、聖書の教えに従って生きるための方法の一つである。

1960年代から70年代にかけて、多くの実験的なコミューンが生まれたが、多くが消滅した。その事実は、この形態の共同体を継続することが容易ではないことを物語っている。だが、最近になってたくさんのクリスチャン・コミューンが登場している。[16] コミューンは忠実な弟子として生きるための必須条件ではないが、今日の個人主義的で物質主義的な社会に不満を抱くクリスチャンにとって、選びうる別の生き方であることは間違いない。

外に向かって開かれた教会をめざす

1976年初め、カンザス州ウィチタの郊外にあるイーストミンスター長老派教会では、大がかりな教会堂建設計画が進行していた。会堂建設の予算は52万5000ドルだった。ところが、同年2月4日にグアテマラで大地震が発生して何千もの家や建物が倒壊し、教会もたくさん崩れ落ちた。

グアテマラの悲劇のあとで、教会の長老会議が開かれたとき、ある一般信徒が素朴な問いを投げかけた。「グアテマラの兄弟姉妹が小さなフォルクスワーゲンを失ったばかりだというのに、私たちはキャデラックを買ってよいのでしょうか?」

長老たちは勇気を持って大胆に建設計画を変更した。建築費を3分の2近く削減して18万ドルにしたのである。教会はその後、どのような支援ができるかを調べるために、牧師と2人の長老をグアテマラに派遣した。帰ってきた3人が現地の教会の多大なニーズを報告すると、教会は地元の銀行から12万ドルを借り入れ、26の教会と28の牧師の家を再建したのだった。

私はイーストミンスター教会の牧師であるフランク・カーク博士と話した。彼によると、教会は中米の教会と緊密に連絡を取りあい、さらに現地の福音主義の神学校に4万ドルを寄付したとのことであった。この尋常ならざる決断のあとの数年で、教会は霊的活力、宣教への関心、さらには礼拝出席者数や予算の面でも大きく成長した。

カーク博士は、グアテマラの貧しい姉妹や兄弟たちと分かちあうために会堂建設計画を縮小したことは、「グアテマラの教会にとってよりも、私たちの教会にとってはるかに大きな意味がありました」と語った。

イーストミンスター教会の信徒たちは正しい問いを投げかけた。彼らは、世界の中でキリストの体が抱えている特別なニーズと、自分たちの教会の使命を考えるとき、いま計画通りに会堂を建築するのは正しいことなのだろうかと自問したのだ。

問われているのは、豪華な会堂建設は正当化できるか、ということではない。それが問いなら、もちろん会堂建設自体に問題があるわけではない。問うべきなのは、10億人以上がイエス・キリストを知らず、10億人以上が飢えや栄養失調で苦しんでいるときに、神は教会が会堂建設のために何百万ドルも使うことを望んでいるのか、という問いなのだ。

トリプル・ファイブ・プラン

教会が貧しい人のための寄付や支援活動に取り組みたいと思ったら、どこから手をつければよいだろう。手がかりになる情報や資料を、教会が所属する教団の本部、飢餓救済や開発支援のためのクリスチャンの組織、ブレッド・フォー・ザ・ワールド（BFW）、クリスチャンズ・フォー・ソーシャル・アクション（CSA）など、多くのグループが提供している（第11章および巻末「関連団体」を参照）。それを参考にしながら、貧困問題について聖書の教えと世界の現状をしっかり学んだ上で、着手しやすい行動計画が「トリプル・ファイブ・プラン」だ。[17]

①教会の有志が、個人レベルでまず3年間、貧しい人をエンパワーするための寄付とボランティア活動の時間を年5％ずつ増やしていく暮らしを実践する。

②その3年が終わったら、教会のほかのメンバーにも同じことをするよう促して、教会全体で同じように3年間取り組む。

③それが終わったら、教会として政治家に、貧困削減ための効果的政策を3年間、規模を年5％ずつ拡大しながら実施するよう要請するのである。そのアピールに説得力を加えるために、教会はそれまでの取り組みの実績を報告し、次の3年間も支援を強化することを約束する。このやり方なら、政治家も教会の訴えに耳を傾けてくれるかもしれない。

聖書と毎日のニュースが、私たちに一つのことを訴えている。飢えと貧困と浪費の時代にあって、キリストに忠実に生きようとするなら、簡素なライフスタイルを選び、不公正な経済構造の変革に努めなくてはならない。しかし、裕福な社会ではそのような生き方に人気はない。純粋なクリスチャンの共同体に錨《いかり》を下ろしていなければ、聖書と時代が求める妥協のない生き方はできない。

私たちの唯一の希望は、新約聖書に記されたキリストの体のビジョンに立ち帰ることにある。それができれば、教会の主は、抵抗の拠点としての愛の共同体を再び建て上げてくださるだろう。この共同体こそ、マモンの宮で膝を屈める異教の文明に抵抗し、これを征服するものなのである。

理解を深めるための質問

①クリスチャンの共同体とは何か。貧しい人びとを助ける上で、なぜそれが重要なのか。

②クリスチャンの共同体の形態には、どのようなものがあるか。どれが最も聖書的か。実行しやすく効果があるのはどれか。

③あなたの教会は、クリスチャンの共同体の理想にどこまで近づいているか。教会をその理想に近づけるために、神はあなたに何を望んでいるか。

第11章　公正な経済をめざす政治行動

正義を洪水のように、恵みの業《わざ》を大河のように、尽きることなく流れさせよ。
（アモス書5・24）

信仰深いクリスチャンの集団が、山のふもとの村に住んでいた。村の一方の端と他方の端を結ぶ、崖沿いの曲がりくねった山越えの道にはガードレールもなく、転落事故が頻発していた。

村には三つの教会があり、つぶれた車からかつぎ出される負傷者の姿に心を痛めたクリスチャンたちは、お金を出しあい、ケガ人を隣り町の病院に運ぶための救急車を買った。来る日も来る日も、教会のボランティアたちは、1日24時間、救急車を走らせるために、犠牲的な忠実さで自分の時間を献げた。死者を無くすことはできず、癒えることのない障害を負う人もいたが、大勢の生命が救われた。

ある日、その町に一人の若い男が訪ねて来た。彼は不思議そうに、なぜ山の道路を閉鎖してトンネルを掘らないのかとたずねた。救急車を運転しているボランティアたちは驚いて、それは技術的には可能だが現実的ではないし、賢明な考えではないと答えた。なぜなら、この細い山道は昔からあったのだし、村長もトンネル建設には反対するだろうと言うのである（村長は山道を半分ほど登ったところにあるレストランとガソリン・スタンドを所有していた）。

若者は、クリスチャンたちが人命よりも村長の金儲けのことを気にしていることに驚き、ためらいがちにではあったが、村長にかけあうべきだと提案した。だいたい、村長は町でいちばん古い教会の長老ではないか。頑固に拒みつづけるなら新しい村長を選ぶべきだ、と指摘した。

こんどはクリスチャンたちが驚いた。確信に満ちた義憤もあらわに、彼らはその〝過激派青年〟に、教会は政治に関わるべきではないと告げた。教会は福音を宣べ伝え、渇いた人にコップ一杯の水を差し出すために神に召されているのだ。社会構造がどうの政治構造がどうのと、この世のことがらに中途半端に手を出すことは教会の使命ではないと諭《さと》した。

困惑と反感を抱いて若者は村から立ち去った。彼の頭の中で一つの疑問が渦を巻いていた。破壊的な社会構造の犠牲者を運ぶ救急車を走らせることのほうが、社会構造そのものを変えることよりも本当に信仰に適うことなのだろうか？

聖書を社会問題に適用するときの注意点

激しい経済格差の時代は、裕福な国に暮らす私たちに、貧しい人びとに同情することと、個人生活を簡素にすることを求めている。しかし、同情もシンプルライフも、社会構造の変革を伴わないなら、自分だけは清く生きようとする、的はずれな利己心か自己満足でしかない。

だれかが生活を質素なものに変えたところで、飢えた子ども一人が満腹になるわけではない。先進工業国の何百万人もが物質的消費を減らしても、政策の変更を迫る政治的行動を起こさないなら、開発途上国の飢えも貧困も軽減されることはない。

倹約したお金を貧しい国で農業開発に取り組む民間団体に寄付すれば、確かに飢えに苦しむ人の数は減るだろう。しかし、地元のエリートや国際貿易のパターンが貧しい人びとの希望を踏みにじり、破壊してしまう状況が続く限り、一時的な効果しかない。政治や経済の政策の変更が絶対に必要だ。正義を洪水のように流れさせるためには（アモス書5・24）、構造的な変化が必要なのである。

どこに適用すべきか

ここで、さまざまな疑問が浮かぶ。聖書の原則と経済の世界の現実に照らして、どのような構造的変化を求めるべきなのだろう？　いや、そもそも聖書の原則は世俗社会にあてはまるのだろうか？　神権政治の古代イスラエルならいざ知らず、神を信じない今日の人びとに、聖書の倫理に従うことなど期待できるのだろうか？

聖書は、これらの疑問に直接答えてはいない。聖書には、神と神に忠実な人びとはつねに被抑圧者の解放のために働いたと記されているが、新しい経済社会の全容を示す設計図を見出すことはできない。だが、保たれるべき社会正義についての重要な原則を見出だすことはできる。

もちろん、聖書が示す正義の関係は、まず教会にあてはめられるべきである。神によって新しくされた人びとの集まりとして、教会は、聖書が教える正義の原則を体現する新しい社会集団にならなくてはならない（ガラテヤ3・6－9、6・16、Ⅰペテロ2・9－10）。

新しい社会経済関係のモデルになることができてはじめて、教会は政府に高潔さを求める力を発揮することができる。クリスチャンの社会的行動の多くが効果を上げていないのは、教会の中でさえ実行できていないことを政府に求めているからである。

とはいえ、聖書の原則は教会にだけでなく世俗社会にも当てはまる。もちろん、教会と国は異なる任務と役割を持つ二つの別個の機関だ。キリスト教倫理のすべての項目が国の法律になるわけではない。しかし、聖書の正義の原則は、信者だけが守っていればよい内輪のルールというものでもない。したがって、聖書の原則と世俗社会の関係を考えるときには、注意深い政治哲学的な検討が不可欠である。[1]

創造主が社会正義のための基本原則を明らかにしているのは、何が被造物の永続的平和、社会的調和、幸福につながるかを知っているからである。

聖書には、神が望む社会秩序を示唆する記述がたくさんある。教会は、最終的に完成する神の国の正義と平和を示す模範となることが求められている（完全な模範にはなれないことは確かだが）。教会は来るべき神の国のモデルとなることで、社会の中でパン種［重要なものを発酵させ増え広がらせる存在］としての影響力を発揮することができる（ルカ13・20－21）。

世俗社会が、正義に関する聖書の規範を忠実かつ適切に取り入れれば、平和と幸福と調和が進展することが期待できる。もちろん、罪の性質を持った個人と社会が、完全な理想に到達することはできない。しかし、社会構造が変われば、それは聖人にも罪人にも等しく影響がおよぶ。社会システムを公平なものにするために、クリスチャンが政治的影響力を行使すべき理由がそこにある。

聖書の著者たちが、神を信じない人や社会に対し、躊躇《ちゅうちょ》することなく神の規範を当てはめたという事実からも、そのことが言える。アモスは周囲の国々に対して、邪悪で不公正な行いに神の罰が下ると宣告した（アモス書1－2章）。イザヤはアッシリヤをその驕りと、正義に反する行動のゆえに非難した（イザヤ書10・12－19）。神は、被抑圧者を憐れまなかったイスラエルの支配者たちを滅ぼしたように、異邦人の王であるネブカデネザルを追放した（ダニエル書4・27）。貧しい人や飢えた人を助けなかったソドムとゴモラを、神はイスラエルやユダと同じように消し去った（エゼキエル書16・49）。宇宙の主が、すべての国に同じ社会正義の規準をあてはめているのである。

最後の原則は、この章の議論と直接の関係がある。いくつかの国——たとえば米国、ロシア、カナダ、オーストラリアなど——は自国内に豊富な天然資源を保有している。これらの国には、自国民のためだけにその資源を使う絶対的権利があるのだろうか。聖書によれば、そんなことはない。[2] 聖書を信じるなら、適切な暮らしのための収入を得る権利は万人に与えられた人権であり、先進国が資源をほしいままにする権利に優先する、というのが結論である。私たちは管理者《スチュワード》にすぎない。絶対的所有者は神のみであり、その神が、地球の資源は分かちあわれるべきであると言っているのだ。

「原則」と「適用」を混同しない

さて、聖書の諸原則を今日の経済社会に適用するための具体的方策を論じる前に、二つのことを明確にしておきたい。

まず、聖書に示された原則とその今日的適用のあいだには、大きな距離がある。したがって、聖書の原則を社会に適用する方法は一つではない。そこに創造力を働かせる余地があるし、同じ聖書を信じるクリスチャンが誠実に考えても意見が一致しないこともある。

当然だが、適用のための方策をめぐる意見の違いが、ただちに聖書の原則についての意見の違いを意味するわけではない。どう適用しようとかまわないわけではないが、異論に対する謙遜さと忍耐が大切である。[3] 自分の考えのどこが聖書の教えへの不従順であり、社会分析に照らしても不適切かを知るために、異なる意見に耳を傾ける必要がある。

どんな場合も暴力は許されない

次にはっきりさせておきたいのは、クリスチャンが不正な経済構造を変えるために政治的に行動するべきだという呼びかけは、自分たちの理想を暴力的な革命によって押し付けようとする呼びかけではないということだ。イエスの道は非暴力の愛の道であり、その姿勢は敵に対しても貫かれた。それゆえ私は、いかなる目的であれ、いかなる相手に対してであれ、人命に危害を加えるような物理的暴力の行使を否定する[4]［暴力については、サイダー著『イエスは戦争について何を教えたか』（あおぞら書房）が詳細に論じている］。

民主制社会で政治的影響力を行使することには、殺傷に至らない圧力（または強制力）の行使が伴う場合がある。飲酒運転やスピード違反の処罰においては、適切かつ非殺傷的な強制力が行使される。同じことが、開発途上国に対する外交政策の変更、貿易パターンの公正化、多国籍企業の不公正な慣行の制限、外国に対する経済援助の強化などに関わる法律についても言える。もちろん、民主主義の社会では、多数の賛成があって初めてそのような変更が可能となる。

不公正な経済構造を変えるための行動では、非集権的で民主的な意思決定とコントロールを大切にしなければならない。マルクス主義的全体主義も、それよりはましだが多国籍企業も、ごく一握りの個人に力を集中させる。パワー・エリートは、自分の利益だけを考え、多数にとっての善を無視して行動する。だが、聖書を信じる人びとは、経済的パワーを分散させ、公正な経済を実現させるために働く。正義の神は貧しく抑圧された人びとに心を寄せているという、聖書の教えに立脚した経済をめざそうとするのである。

それは不可能ではない。変えることは可能だ。この本が初めて出版されたのはいまから40年以上前だが、それ以後の世界で起こったことを思い起こしてほしい。共産主義は崩壊した。アパルトヘイトに終止符が打たれた。多くの国で、民主的な手続きで選ばれた政府が独裁者に取って代わった。慢性的な栄養不良に苦しむ人口の比率は低下している。

社会は変えることができる。不公正な構造を正すことはできる。なすべきことは、貧困層に力を与えるために必要な、実践的で具体的な行動に着手することである。

この章では、世界経済の構造を公正なものに変えるための方策を、市場経済の修正、国際貿易の改革、地球環境の修復、経済的対外援助の改善といった面から論じる。

貧しい人びとのための経済成長

しかし、具体的な検討に入る前に、複雑な問題を直視しなければならない。多くの貧しい国の中に著しい力の不均衡がある現状で、開発援助の増加、開発途上国の輸出拡大、経済成長などによって、最大の恩恵を受けるのはだれかという問題である。経済が成長しても、自動的に貧困層がその恩恵を受けるわけではない。

確かに、飢餓に対する最もわかりやすい構造的解決は、貧しい国々が経済発展を遂げることである。マクロ経済の成長によって、何億もの人びとが貧困から抜け出すことができる（それが中国で起こったことだ）。経済発展を遂げた国は、自国に必要な食料や基本的必需品をより多く生産できるし、それを世界の市場に送り出すことができる。マクロ経済の成長は不可欠である。

1950年代から60年代、そして70年代にかけて、貧しい国の状況を憂慮する人びとの関心は、ほとんど当該国の経済成長にばかり集中していた。経済学者が提唱し、多くの開発途上国の政府が実施した経済プログラムは、何よりも経済成長を目的としていた。GNP（国民総生産）が増大すれば、やがてその恩恵は貧困層へと〝滴り落ち《トリクルダウン》〟、社会全体が恩恵を受けると期待されたのである。経済が成長すれば貧困層も仕事に就くことができ、貧困は消滅するという展開が想定されていた。

しかし、GNPが増加しても、それだけでは貧困層の状況は改善されないことが次第に明らかになってきた。[5] 過去数十年の経験から、トリクルダウン型の開発アプローチは、中流階層と上流階層には利益をもたらすが、貧困層には恩恵がおよばないことが、いまでは広く認識されている。1990年には、国際的貧困ライン以下で暮らす人びとの90％が貧困国に住んでいたのに対し、現在、70％が中所得国に住んでいるのは、そのためである。[6]

インドは目覚ましい経済成長を実現して中所得国になった。しかし、最貧層はその恩恵をあまり受けていない。必要なのは、貧しい人の暮らしを改善するための医療、教育、経済的機会の付与のために、多くの資源を投入するという政治的決断である。しかし、権力が公平に配分されていないために、そのような進展は期待できない。

経済成長には二つの種類がある

政治的にも経済的にも権力の公平な分配が、最大多数の人びとに利益をもたらす持続的経済成長を実現できるかどうかを決める、という説得力のある研究結果が発表されている。[7]

経済開発の専門家であるダロン・アセモグルとジェームズ・A・ロビンソンは、共著『国家はなぜ崩壊するのか』で、政治および経済の制度を「収奪的」(extractive) なものと「包摂的」(inclusive) なものの二つに区別した。

収奪的な経済制度とは、少数のエリート権力者が経済をコントロールし、利益の大半を手中に収めるような制度だ。それに対し、包摂的な経済制度とは、すべての人に機会を提供する。「包摂的な経済のためには、私有財産の保証、公平な法体系、全員が公平な条件で交換や契約が行えるような公的サービスの提供が必要だ。そして、新たな企業の参入が許されるという条件も必要だ」。つまり、既存企業に挑戦する起業を妨げるような独占状態や複雑なルールがあってはならないということだ。[8]

経済の仕組みがすべての人に利益をもたらすのか、一部の人だけに利益をもたらすのかを決めるのは、まさに政治である。多くの人が利益を得るためには、政治権力が分散化されていなければならない。「国の経済制度を決定づけるのは、その国の政治と政治制度である」。[9] 政治権力が分散化され、少数のエリートが経済を恣意的に操作できなくなったとき、はじめて持続的な経済成長が始まる。[10]

産業革命が起こったイギリスでは、その後、何世代にもわたって急速な経済成長が続いた。その経済発展の中心には、国王と貴族の権力を制限する政治革命があった。政治権力が分散するにつれ、民主的な政策決定や独立した司法が行われるようになった。それが、より多くの人に利益をもたらす経済制度を生み、技術革新と投資を促し、経済成長を持続させたのである。同様のことが米国でも起こった。[11]「何世代にもわたって良好な経済パフォーマンスを達成している国のほぼすべては、安定した民主的な政府を持つ国である」[12]

権力の分散化は極めて重要である。ノーベル賞を受賞した経済学者アマルティア・センが、すべての人に自由を行き渡らせること（権力を分散させること）が開発の主要目的であり原則的手段であると述べているのは、このためである。[13]

アセモグルとロビンソンも、持続的な経済成長のためには権力の分散が重要だと強調している。

所有権を強化し、平等な機会を創出し、新たなテクノロジーとスキルへの投資を促す包摂的経済制度は、収奪的制度よりも経済成長につながりやすい。収奪的制度は多数の持つ資源を少数が搾り取る構造で、所有権を保護しないし、経済活動へのインセンティブも与えない。包摂的な経済制度は包摂的な政治制度に支えられ、かつそれを支える。包摂的政治制度とは、政治権力を幅広く多元的に配分する制度だ。……同様に、収奪的経済制度は収奪的政治制度と結びついて相乗効果を発揮する。収奪的政治制度は権力を少数の手に集中させるため、その少数がみずからの利益のために収奪的経済制度を維持発展させることに意欲を燃やし、手に入れた資源を利用して自分の政治権力をより強固にする。[14]

富裕層エリートによる抑圧を終わらせる

蔓延する貧困を終わらせたいと願うなら、政治と経済の中央集権に反対しなければならない。裕福な国は、貧しい国により多くの援助を提供し、貿易障壁を減らすべきだ。しかし、そうしたからといって、ただちに開発途上国の貧困層に恩恵が及ぶとは限らない。第7章で見たように、貧困のすべてが米国やヨーロッパの責任ではないからだ。罪は欧米の白人にだけあるわけではない。多くの開発途上国を支配している裕福なエリートたちが、自国の貧しい大衆の苦しみに無関心であることの責任も大きいと言わなくてはならない。[15]

彼らはしばしば、生産性の高い土地の大部分を所有し、換金作物を栽培して輸出し、そのお金で先進国から贅沢品を買い集めている。その一方で、貧しい人びと（人口に占める割合は国によって30～70％）が深刻な困窮状態に置かれている。最近では、そうした裕福なエリートたちが、グローバル貿易を行う企業を新たに所有している。開発援助や輸出貿易の拡大は、裕福なエリートによる抑圧的体制を強化するだけで終わる危険がある。[16]

ならば、この点で北米やヨーロッパの人びとはまったく無罪かというと、もちろんそんなことはない。過去数十年間、開発途上国の富裕層エリートが権力を握り続けたのは、多くの場合、米国などの先進国が巨額の軍事援助や外交政策上の支援を与えたからである。[17]

中南米の多くの国で、米国による訓練を受けた軍人や警察官が、社会正義のために活動する何千人もの人びとを拷問した。[18] 国防総省は1996年、中南米諸国で約6万人の警察官や軍人を訓練するのに使ってきた米国の陸軍軍事学校《スクール・オブ・ジ・アメリカズ》（SOA）のマニュアルをついに公開した。そこでは、「拷問、処刑、脅迫、親族の逮捕などの尋問技術」が推奨されていた。[19]

多国籍企業は各国の抑圧的政府と密接に協力しあっている。ブラジル、チリ、エルサルバドル、フィリピンの歴史を見れば、米国のやり口がわかる。米国の投資や外交政策にとっての都合だけ考えて、貧しい人を苦しめ拷問で抵抗を抑え込む独裁政権を支援しているのである。[20]

対外政策に倫理を

先進国の市民は、国の対外政策の改善を政府に要求することができる。相手国の貧しい人びとにとっての正義と、権力の分散を促す政策を採用するよう、働きかけることができる。

すべての人間は平等だと信じるなら、対外政策を、開発途上国の裕福なエリートや先進国の多国籍企業だけでなく、すべての人の利益を促進するものに改めなければならない。経済や外交の力は、すべての人、特に貧しい人びとの正義を促進するために使うべきである。具体的には、民主主義と人権の擁護、自由で効果的な労働組合の確立、多国籍企業の権力濫用の抑制、最貧層に届く援助などを促進する政策をめざすべきである。

多くの開発途上国で、貧しい人びとが、裕福なエリートにだけ利益をもたらす抑圧的体制を終わらせたいと切望している。先進国は、開発途上国での権力の集中を解消するために外交と経済の面で影響力を発揮し、人権と民主主義が守られ、民間団体が活躍できる社会の建設をあと押しすることができる。アフリカ、アジア、中南米、旧ソ連諸国では、民主的で多元主義的な政府が抑圧的政権に取って代わるにつれて、国民の支持を集める民衆組織が多く生まれている。[21] 貧困層が新たな機会と権力を要求できるように、この趨勢をさらに促進すべきである。

貧しい国の労働組合は、貧困解消のために重要な役割を果たすことができる。誠実で民主的な労働組合は権力の分散に役立つ。先進国は、国際貿易交渉において労働者の権利と労働組合を強化するために努力すべきである。残念ながら、まさにその逆のことが行われている。米議会の合同経済委員会の調査報告書は、労働は「ウルグアイ・ラウンドでの貿易交渉で特別な保護を受けなかった」唯一の重要な要素であると指摘している。[22] 労働者は現在のドーハ・ラウンドでも交渉に参加していない。[23] 私たちは、米国が行うすべての貿易交渉において、独立した労働組合を含む労働者の権利を尊重すべきだと主張しなければならない。

多国籍企業に倫理的規範を守らせることも、公正な経済の確立に役立つ。多国籍企業は巨大で、国際的存在なので、働きかけるのは容易ではない。しかし、ほとんどの多国籍企業は北米、西欧、日本に本社を置いている（韓国、中国、インド、ブラジルなどに本社を置く多国籍企業も増えてはいるが）。特にこれら豊かな国の市民には、多国籍企業が貧しい国にマイナスではなくプラスの影響を与えるように働きかける責任がある。

残念ながら、米国の外交政策は、開発途上国の貧困層よりも多国籍企業の経済的利益を優先してきた。たとえば、１９８１年５月、米国はＷＨＯにおいて、世界で唯一、多国籍企業による開発途上国での乳児用粉ミルクの広告と販売の規制に反対票を投じた（賛成１１９対反対１）。ネスレやその他の多国籍企業のマーケティング活動の悪影響が世界的に文書で報告されているにもかかわらず[24]、レーガン政権は、規制は「自由な企業」に損害を与える可能性があるという理由で反対票を投じたのである[25]。

貧しい人びとのための正義を追求する外交政策は、たとえ企業と株主の短期的利益を損なうとしても、多国籍企業の活動に一定の倫理的規制を課すべきだ。クリスチャンは、政治への働きかけと効果的な不買運動の両方の手段で、多国籍企業の負の影響力を弱めるために貢献することができる[26]。

対外援助は、何よりも貧しい国の最も貧しい人びとに利益をもたらすものでなくてはならない。援助を受ける国には民主的価値観を求め、「公平性のある成長」をめざすことを求めるべきである。貧しい人びとの生活を顧みない援助は、金持ちをさらに富ませて終わる可能性が高い。

富裕国の対外政策は、最貧層に焦点を合わせたものに改められるべきである。それができて初めて、国際貿易や対外援助プログラムでの構造的変化が、最も貧しい12億の人びとの生活の改善につながるのである。

貧困国の意識を変えなくてはならない

ここまでは先進国の政策を変えることが必要不可欠だと論じてきた。しかし、それだけでは足りない。外からの働きかけだけでなく、開発途上国の貧しい人びと自身が、自国で徹底的な構造変革を要求する勇気を発揮しなければならない。

そのような勇気は、価値観の根本的変化が起こるときにのみ湧き上がる。インドの土地所有に関する研究書の中で、ウィスコンシン大学のロバート・フライケンバーグは、貧富の格差がますます広がっていることに触れて次のように述べている。「どんなに援助しようと、どんなに科学や技術が発達しようと、十分に多数の人びとのあいだで根本的な〝意識の覚醒〟あるいは〝回心〟がなければ、貧困拡大の流れを変えることはできない。一人ひとりの心と頭の中でのみ始まる革命的な変化が必要である[27]」

キリスト教宣教が果たせる大きな役割

まさにこの点で、教会は――特に伝道活動を通して――重要な役割を果たすことができる。大切なことは二つある。まず第一は伝道することである。伝道は社会変革の中心だ。キリストにある神との生きた個人的な交わりほど、貧しく抑圧された者のアイデンティティや尊厳や自発性を変えるものはない。「自分の中に世界の創造者が生きている」という気づきは、何世紀にもおよぶ抑圧で萎縮している人びとに自分の価値を気づかせ、エネルギーを与える[28]。

第二に、聖書のメッセージの全体を教えることである。運命論的世界観で貧困をとらえようとする宗教があることは第7章で述べた。たとえばヒンドゥー教では、下位のカーストに属する人びと（たいてい最も貧しい人びとでもある）は前世の罪のためにそこに置かれていると教える。いまの運命を忍耐強く耐えることによってのみ、来世でのより良い生を期待できるというのである。東洋の諸宗教は、歴史と物質世界のリアリティを否定し、それらは幻想であり、そこから自分を切り離すべきだと説く。

それに対して聖書的信仰は、造られた物質世界の善を強調し、歴史の創造者であり主でもある神が、いまこの世界で貧者のための正義を求めていると告げる。宣教師をはじめとする教会の関係者が、この聖書の全体的メッセージを伝えるとき、飢えと貧困と不正に対する闘いで多大な貢献をすることができるのである。[29]

もちろん宣教師は、外国で政治活動に直接たずさわることはできない。しかし、全世界に対し、人間としてあるべき姿を教えることはできるし、教えなければならない。なぜ宣教師たちは、貧しい国の回心者に、新約聖書の使徒書簡［新約聖書の後半を占める手紙形式の21の文書］については熱心に教えるのに、旧約聖書のアモス書のことを教えないのか。

本書第2部で述べたように、聖書は神が貧しい者の側に立つという教えを一貫して強調している。宣教師たちはこの聖書の主題を、重要な教えとして伝えるべきである。「あなたがたに命じておいたことをすべて守るように教えなさい」（マタイ28・20）という主の偉大な命令を受け入れるなら、宣教地の支配階級のエリートに盾突《たてつ》くことになったとしても、被抑圧者の正義を説く聖書の教えを薄めるようなことがあってはならない。

異文化圏に派遣された宣教師は、政治活動に直接携わる必要はない。しかし、神は貧しい被抑圧者の味方だという強烈な聖書のメッセージを、回心してクリスチャンになった人びとに、慎重かつ十分に説明する必要がある。そうすれば、開発途上国の貧しい人びとは、聖書の原則を自分たちの抑圧的社会にどう適用すればよいかを学びとってくれる。その結果は社会構造の変化となって現れるであろう。

政治学の分野で最も権威のある『アメリカン・ポリティカル・サイエンス・レビュー』に掲載され、高く評価されたロバート・ウッドベリー教授の論文は、「回心を迫る」プロテスタント教会の宣教が、アフリカやアジアにおける権力の分散と民主的制度の出現に大きな貢献を果たしたことを示した。[30] 19世紀から20世紀初頭のプロテスタントの宣教師たちは、すべての人が聖書を読めるようにしたいという考えから、大衆教育、新聞の普及、信教の自由、自主的な団体の設立などを推進した。これらすべてのことが、エリートによる富や政治権力の独占を防いだ。ウッドベリーは、洗練された統計分析を用いて、回心を迫るプロテスタントの宣教が「ヨーロッパ以外の国に見られる民主的体制の約半数をもたらした」ことを示した。クリスチャンは、福音には権力を分散させ、より良い政治的・経済的制度を促進する力があることを再認識する必要がある。

ここまで、富裕国の対外政策を変えることと、貧困国で聖書的価値観に根ざした意識変革を進めることの大切さを見てきた。クリスチャンにはこの両方を推進することが求められている。それ以外にも必要なことがある。ここからは、さらに具体的な経済政策の議論になるが、大きく分けて四つのことを論じておきたい。

① 市場経済が抱えている欠陥を是正する。
② 国際貿易をより公正なものにする。

③神の被造物を大切にし、貧しい人びとや孫たちが持続可能な環境を享受できるようにする。
④飢餓の被害を食い止め、貧しい人びとが自ら生活を支える力を獲得するための経済援助を行う。

市場経済の改革——提言①

富の創出において、市場経済は他のどんなシステムよりも大きな成功を収めた。貧しい人びとを助けたいと願う人なら、現時点で知られている経済システムの中では、国家が統制する計画経済ではなく、市場志向の経済システムを支持するだろう。

だがそれは、市場改革の名のもとに行われるすべてのことを無批判に受け入れるという意味ではない。また、政府によるあらゆる経済介入を否定するリバタリアンの見解を支持するという意味でもない。それが意味するのは、生産資源の大部分が個人所有され、価格と賃金が（中央の政府官僚機構によってではなく）需要と供給によって決まる分散型経済システムを支持するということである。

しかし、第8章で見たように、現在の市場経済には明らかな欠陥がある。[31] この節では、それを是正するための以下の方策を述べる。

- 貧しい人びとに、経済に参加するための基本的資本を与える。
- 政府による介入の種類と量を適切な状態に保つ。
- 経済を評価する新しい方法を確立する。
- 「良い生活」を再定義する。

貧しい人びとに資本を与える——方策❶

市場経済を手放しで称賛し、グローバル市場の中でまともな生活を送るのに必要な資本を最貧層に提供することを怠るような、乱暴な議論は終わらせなくてはならない。需要と供給のメカニズムは、子どもを飢えさせないための食料と社会的地位を誇示するための贅沢品を区別することができない。ただ金のある者に都合よく働くだけである。

貧しい人びとの購買力を強化するために何が必要かはわかっている。彼らに必要なものは資本だ。世界で最も貧しい12億人は、自分の体以外の資本を持っていない。そのため、彼らと彼らの子どもたちは栄養不良と飢えに苦しんでいる。まともな生活に必要な資本を与えるための資源の再配分を行わずに市場経済のメカニズムを支持することは、正義の神に対する冒瀆的な反抗だ。

今日、富の分配は聖書にまったく反する方法で行われている。神は、すべての家族が基本的な資本(土地、お金、知識)を持ち、自分で自分の道を切り開き、胸を張って社会に参加することを望んでいる[32](第4章参照)。

聖書が教える経済の正義を実現させ、市場経済を健全に機能させたいのであれば、世界の多くの人びとが資本をほとんど(あるいはまったく)持っていないという恐るべき不公正を根本から変えなくてはならない。最も貧しい10億人以上は資本をまったく持っていない。さらにもう20億人は、持ってはいてもごくわずかでしかない。これが、所得額上位20%の人びとが世界全体の所得の83%を得て、貧しい20%はわずか1%しか得ていないという、罪深い経済格差の原因である[33]。2014年のオックスファムの報告書によると、最も裕福な1%の人びとが保有する資産は、世界人口の半分が保有する資産の合計の65

倍にも上る。世界で最も裕福な85人は、35億人の合計よりも多くの富を持っている。[34]

クリスチャンは、民間の自発的努力と政府の効果的な政策の両方を通して、貧しい人びとに経済的な力を賦与することを訴えなければならない。[35] それは、とりもなおさず、貧しい人びとがより多くの資本を持てるようにする政策の推進を意味する。

貧しい人びとはどのような資本を必要としているのだろう？　それは状況によって異なる。農業社会においては土地所有制度の改革が不可欠だ。産業の情報化が進んだ社会では、教育機会の平等が貧しい人びとに力を与えるための基本的手段となる。[36] 家を買ったり、小さなビジネスを始めたり、引退後に備えたりするために使えるスキームも重要である。

貧しい人びとに自分で稼ぐための資本を提供することは、民間組織の自主的な活動や民主的政府の政策によって実現することができる。

起業を支援するマイクロファイナンス

過去数十年で、マイクロファイナンス（貧しい人びとに対する低利で少額の融資）は実験段階を終え、大規模な世界的取り組みへと発展した。バングラデシュの経済学者であるムハマド・ユヌスは、その先駆者の一人だ。彼は牛や鋤《すき》、小型灌漑ポンプなどを購入するための50ドル、75ドル、１２０ドルといった少額ローンを提供することで、貧しい家族を貧困から救えることを発見した。ユヌスが設立したグラミン銀行は、最終的に何百万もの小口融資を行い、２００６年にノーベル平和賞を受賞した。

オポチュニティ・インターナショナルが先頭に立って多くのキリスト教団体がマイクロファイナンスを導入し、この人気のあるアプローチに何億ドルもの投資を行った。キヴァ（Kiva）は急速に成長している新しいマイクロファイナンス組織で、返済金を利用して貧しい人びとに次の融資を行っている。[37] ２０１４年時点で、少額融資を受けた人の数は約2億人に達した。

とはいえ、マイクロファイナンスは世界の貧困を一掃する打ち出の小槌ではない。実際、最近の詳細な研究では、マイクロファイナンスは従来考えられていたほどには貧困の大幅な減少につながらない可能性も示唆されている。[38] マイクロファイナンスは貧困層が小規模なビジネスを起こして安定的な収入を得るための資本を提供するものだが、借り手の収入が大幅に増加する効果は見られないという慎重な調査結果も発表されている。外交・国際政治を扱う『フォーリン・アフェアーズ』の記事は、「マイクロローンによる起業件数の増加は限定的であり、貧困率に測定しうる低下は見られない」とまで述べている。[39] だが、さすがにその評価は悲観的すぎると思われる。[40] すぐれた開発スペシャリストが引き続きマイクロローンを推奨している。[41]

１０００ドル無条件給付という驚くべき発想

しかし、貧しい人びとの資本獲得を助ける方法は少額融資だけではない。初期評価では驚くほど成功しているとされる新しいアプローチの一つが、インターネット・バンキングを利用して行う、貧しい人びとへの無条件現金給付という方法である。現在の技術は、個人の携帯電話の口座に直接お金を送金することができるし、受け取った側も携帯電話でお金を払うことができる。世界銀行の報告によると、現在、携帯電話の電波は世界の貧困層の90％に届いており、安価な携帯電話が貧困層のあいだで急速に普及しているという。[42]

クリスチャン経済学者のポール・ニーハウスが立ち上げたギブ・ダイレクトリー（GiveDirectly）は、この方法を採用している。東アフリカの貧しいコミュニティでわらぶき屋根の家（家族が貧しいことを示している）に住む世帯を選び、各世帯に1回限りの1000ドルの給付を行う。使用条件などは一切付けず、受給者は好きなことにお金を使うことができる。

正直なところ、私は眉に唾をつけながらこの話を聞いた。お金が無駄になってしまうのではないかと危惧した。しかし、ギブ・ダイレクトリーが高度なランダム化手法を用いて、給付を受けた人と受けなかった人の対照群を比較したところ、驚くべき結果が出た。アルコールやタバコのようなものへの支出は増加しなかった一方で、子どもが何も食べられなかった日数が33％減り、土地、農業投入資材、家畜、住宅への投資が116％増加したことがわかった。[43] シンプルな戦略をとっているため、ギブ・ダイレクトリーは運営のための間接費がほとんどかからない。寄付金の92％が実際に貧しい受給者に届いているのである。

ギブ・ウェル（GiveWell）は、慈善団体を評価する著名な組織だ。評価した全団体のうち、ギブ・ウェルが推薦するのはわずか1％にすぎない。その厳格な評価において、ギブ・ダイレクトリーは高評価の第1位となっている。

この新しい戦略が最終的にどれほど重要なものになるか、判断するのはまだ早い。それは10年後、20年後に明らかになるだろう。しかし、現時点で利用可能な、最も洗練された評価手法での1位評価だ。現時点での証拠はどれも、ギブ・ダイレクトリーの方法が有望であることを示している（そしてその証拠は増え続けている）。[44] 今後、多くの組織がこの戦略を採用すると思われるので、その結果を注意深く検証していくことが重要になるだろう。

ギブ・ダイレクトリーを立ち上げた若いイノベーターたちは、「社会起業家《ソーシャル・アントレプレナー》」と呼ばれる人びとが増えてきていることを示している。社会起業家は、ビジネスの世界の規律（成果の厳密な評価、市場への適応、テクノロジーや事業プロセスにおけるイノベーション、リスクテイク）を利用して、社会問題を解決しようとする人びとである。[45]

彼らのゴールは、自社の利益ではなく公共の善である。社会起業家精神を学ぶ学生たちは、めざすべき模範としてグラミン銀行のムハマド・ユヌスの名前を挙げることが多く、貧しい人びとに力を与えるためにさまざまな革新的組織を立ち上げている。

貧困層に資本を提供するための重要な方法として、より良い教育とより良い医療の提供を挙げることができる。ケニアでの入念な調査が、良好な健康はすぐれた資本であることを示した。

ケニアでは、多くの子どもの腸内に回虫が寄生しており、食べ物の栄養を十分に吸収できない原因になっている。回虫が子どもたちから健康な身体と心を奪っているのだ。回虫駆除に要する費用は、子ども1人当たり年間わずか1・36ドルである。回虫駆除の長期的効果について、処置を1年間受けた子どもと2年間受けた子どもについて調べた研究で、2年間受けた子どものほうが栄養状態が良いことがわかった。その経済効果については、2年間の治療を受けた子どもたちの成人後の所得（平均3269ドル）は、1年間だけ治療を受けた子どもより年間20％多かった。[46]民間団体も政府のプログラムも、貧しい子どもたちにこのようなかたちで資本を提供することができる。[47]

政府が必要かつ適切な介入を行う――方策❷

グローバルな市場経済に参加するための資本を持たない何十億もの人びとが存在する不公平を解消す

るためには、民間の努力だけでなく、効果的な政府のプログラムが絶対に必要だ。たとえマイクロローンや現金給付がうまく機能しても、公正な法制度、信頼できるインフラ（道路や通信システムなど）、効果的なマクロ経済政策、教育や医療のための公的システムがなければ、小規模な起業家は生き残ることができない。[48]

つまり、教育や医療のような基本的なサービスをすべての人、特に社会の最も貧しいメンバーに保証するためには、資源を持っている人に課税しなければならないということだ。政府のプログラムの中には、悲惨なほど効果のないものもある。そういうものは一刻も早く廃止すべきだ。政府による経済への介入を一切認めないリバタリアンの見解も、基本的な市場の枠組みを廃止しようとする国家主義的アプローチも、両方とも拒否しなければならない。

米国のペル・グラント（Pell Grants）［低所得家庭の大学生に支給される給付型奨学金］や給付付き勤労所得税額控除（ＥＩＴＣ）［低所得の労働者の勤労意欲を高めることを目的として設計された制度］は、うまく機能している政府による再分配プログラムの例だ。

ペル・グラントは長期にわたって生活保護に依存してしまう人が生まれる弊害を避けるために設計されている。勉学に失敗して退学した場合は、1学期とか2学期で打ち切られる。最終目的は、教育という生涯にわたる資本を奨学生に与えることにある。

ＥＩＴＣは、まじめに働いているのに暮らしていけないほど低賃金の仕事にしか就けない労働者に対し、所得を補助する制度だ。[49] 共和党のレーガン大統領は、ＥＩＴＣを「議会が生んだ最高の反貧困政策、最高の家族支援《プロ・ファミリー》政策、雇用創出政策だ」と述べた。そう言えるのは、責任ある労働に報い、市場経済の枠組みの中で機能する政策だからである。

市場経済において、たとえ最低限でも正義を実現したければ、貧しい人に自分で稼ぐための資本を提供する官民双方のプログラムが必要不可欠である。それを怠るのは、土地もお金も教育も与えずに文字の読めない奴隷を解放するようなものである。[50]

自由放任ではない官民の協力

貧困を撲滅する上で、役に立つ政府の活動は何で、役に立たない活動は何か? 共産主義の歴史は、経済と政治の権力を一カ所に集めると全体主義に陥ることを明確に物語っている。そのような中央集権的権力は避けなければならない。しかし今日、大企業とそれを支配するエリートたちが、大きな政治力を行使していることは明らかだ。権力の集中が進むと、必然的に民主主義が脅かされる。

あらゆる政府の介入を否定するリバタリアンの考えも、20世紀の経済史のナンセンスでしかない。米国で、大方の高齢者が貧困を免れているのは、まさにリバタリアンが否定する政府による社会保障やメディケア〔高齢者向け医療保険制度〕のおかげだ。多くの反貧困プログラムが失敗し、思い切った改革が必要なのは事実だ。しかし、ペル・グラントやEITCなど、うまく機能しているものもある。

アジアの虎〔香港、韓国、シンガポール、台湾〕から学ぶべき教訓は、政府がじゃまをしなければ市場の魔法ですべてうまくいくということではない。韓国、台湾、その他多くのアジア諸国の「経済の奇跡」では、政府が大きな役割を果たした。エコノミストのマイケル・トダロは、「自由市場や放任主義経済の勝利ではなく、官民の協力こそが、韓国、台湾、シンガポールのサクセスストーリーの真の教訓である」と述べている。[51]

韓国経済の奇跡は、政府主導の土地改革から始まった。1952年から54年にかけて、自分の土地を所有する農民の割合は50%から94%に急増した。[52] 台湾でも同様のことが起こった。両国とも保健医療、教育、職業訓練に多額の投資をした結果、国民は最新技術を活用する力を身につけた。労働生産性は年

10%も上昇したが、そのおよそ半分は教育と職業訓練への投資による効果だった[53]。韓国も台湾も、経済成長を牽引したのは政府の政策であった。

貧困層の境遇を改善する経済成長をめざす

政府が何をしたかだけでなく、どのような方法で経済に介入したかも重要な点だ。韓国でも台湾でも、政府は市場に逆らうのではなく、市場に働きかけた。民間の企業活動と輸出の拡大を奨励する一方で、自国の企業を国際競争から守る延命措置を時間をかけて廃止していった。市場メカニズムを活かした政策が効果をあげたことがわかる[54]。

韓国とブラジル（2003年まで）の対比が目を引く。両国とも1960年以降、急速な経済成長を遂げた。韓国政府は貧困層のための医療や教育に多額の投資を行ったが、ブラジル政府はそうではなかった（2003年まで）。その結果、ブラジルでは、何千万人もが貧困から抜け出せず、国の経済成長の恩恵を受けることができなかった。対照的に韓国では、最貧層の経済状態が大きく改善した（それによって経済成長も加速した）。国内の貧富の差を見ると、1998年時点で、韓国では上位5分の1の富裕層の所得は、下位5分の1の貧困層の約4・5倍だったが、ブラジルではそれが30対1以上に開いていた[55]。

アマルティア・センは、ブラジルのパターンを「的外れの豊かさ」と呼び、韓国のそれを「参加型成長」と呼んだ。韓国政府が公衆衛生と教育への投資を大幅に拡大したことが、驚くほど異なる結果をもたらしたのである。

しかし、そのブラジルでも、2003年にルイス・イナシオ・ルーラ・ダ・シルヴァが大統領に選出されたことで状況が変わった［2011年退任］。詳しく見れば、その数十年前から、労働組合や市民社会の諸機関がゆっくりと力をつけていく過程で権力の分権化は始まっていた。[56]

ダ・シルヴァ大統領は長年の組合活動家として、政府の多額の資源を貧しいブラジル人のエンパワーメントのために再配分すると決意した。「ゼロ・ハンガー」と呼ばれるプログラムを立ち上げ、ブラジル人全員が1日3食きちんと食べられることをめざした。彼が始めた学校給食プログラムは、3600万人以上の生徒たちに栄養価の高い食事を提供し、食材を提供した8万の小規模農家の収入を増加させた。農村の貧困率は低下し、学校への出席率が向上した。

ダ・シルヴァの「ボルサ・ファミリア」(家族の財布)プログラムは、最も貧しい家庭を対象に、条件付きの現金給付を行った。条件は、たとえば妊婦は定期健康診断を受け、親は子どもを学校に通わせて予防接種を受けさせるといったことであった。

ダ・シルヴァは、ブラジルの貧困層のために予算を配分しただけでなく、市場経済の維持にも努めた。その結果、経済は急速に成長した。2004年以降、貧困家庭の所得は、富裕層の家庭の所得の7倍の速さで増加した。04年から09年にかけて、ブラジルの極度の貧困は、総人口の10%から2%にまで減少した。09年までに、ブラジルの所得格差は50年ぶりの低水準にまで緩和された。[57] 市場経済の活力と適切な政府プログラムの組みあわせが、経済を成長させ、貧困層に経済的な力を与えたのである。

世界銀行は、「一般的に、開発途上国の市場に、国民(特に最も貧しい人びと)に適切な教育(特に初等教育)や保健衛生、栄養、家族計画のサービスを提供することを期待することはできない」と論じている。[58] 端的に、「政府の関与なしに、子どもの死亡率と初等教育の大幅な改善を達成した国はない」とも述べている。[59] 政府は市場が機能している分野には政府は手を出さず、機能していない分野で多くのことをなすべきだというのが世界銀行の考え方だ。

何よりも必要なのは次のことだ。教育、健康、栄養、家族計画、貧困緩和に投資すること。質の高い社会的・物理的インフラと、行政・規制・法制度を構築すること。公共支出のための財源を確保すること。そして、安定的なマクロ経済基盤——それなしにはほとんど何も成し得ない——を提供することである。持続可能な開発のためには、環境保護のための政府の介入も必要である。[60]

ノーベル経済学賞を受賞したアマルティア・センは、豊かな国の例を挙げて、貧困克服のために国の政策が果たす重要な役割を強調している。

豊かな国の過去を見ると、教育、医療、土地改革などの面で注目に値する公共政策が行われていたことがわかる。そうした政策によって社会参加の機会がもたらされ、多数の人びとが経済の拡大に貢献できるようになったのである。[61]

経済が成長さえすれば、無条件に貧困層の境遇が改善されるわけではない。経済の拡大によって貧しい人びとが利益を得るためには、政府の適切な介入が不可欠である。最近の歴史は、貧しい人びとに力を与える参加型の公正な経済成長にとって、政府と民間企業は互いに不可欠なパートナーであることを示している。

教皇フランシスコは、少数の人びとが極端に裕福になる一方で貧しい人びとがないがしろにされている市場経済の不正を正すために、政府が適切な役割を果たすべきだと主張している。

少数の人びとの所得が爆発的に増加している一方で、多数の人びとは、裕福な人びとが享受する繁栄からますます遠ざけられている。この不均衡は、市場経済と投機的金融を無条件に擁護するイデオロギーの産物である。いまやこのイデオロギーは、国民にとっての共通の利益を守るために国が行使しようとする一切のコントロールを拒否している。新たな専制が始まっている。[62]

経済を評価する新しい方法を見出す――方策❸

大規模な石油流出事故が発生して、後始末に10億ドル、あるいは300億ドルの費用がかかったとき、社会は以前より良くなったと言えるだろうか？　あるいは、金持ちが複雑な離婚手続きを進めるために高い弁護士を雇ったとき、社会はより良くなったと言えるだろうか？　もちろんそんなことはない。

だが、GDP（国内総生産）ついての一般的理解に従えば、より良くなったことになる。多くの人の頭の中で、GDPは経済の進歩を測る尺度ということになっており、経済が成長すれば――GDPが増大すれば――社会は良くなったと考えられているからだ。ばかげた考えと言うしかない。政治家はGDPを経済や社会の豊かさの指標として使うが、第8章で見たように、GDPはそれを測る指標としては欠点が多い。[63]

そもそも、GDPは経済取引（お金が動く活動）のみを測定している。家族や地域社会での無給の仕事はまったくカウントされない。もし、子を持つ父親か母親が有給の仕事を辞め、家で育児に専念すると決めたら、GDPは減少する。逆に、夫婦が離婚して、弁護士にお金を払ったり、一緒に住んでいた家を売って別々に2軒の家を買ったり、お金を払って育児サービスを利用したりすると、GDPは上昇する。

地域社会を良くするためのボランティア活動もGDPには計上されない。

GDPは多くのマイナスをプラスにカウントしている。犯罪は、弁護士、警察、裁判、刑務所のための費用、そしてさまざまな犯罪防止装置の製造や販売によって、間接的にGDPを押し上げる。テレビやビデオが親や祖父母の読み聞かせに取って代わると、GDPは上がる。タバコの広告がだれかを中毒性のある喫煙習慣にひっぱりこんだら、GDPは上がる。ギャンブル、アルコール、ポルノもGDPを押し上げる。環境汚染はGDPを2度引き上げる。1度は工場で、製造工程で環境汚染を引き起こす製品が生産されたとき、もう1度は有害物質の除去に国が何十億ドルもの費用をかけたときだ。

さらに、GDPは現在の経済活動のレベルが持続可能かどうかについても何も示さない。石炭を大量に燃やして経済活動を増加させれば、直近のGDPは上昇するが、それは大気の二酸化炭素濃度を増やし、やがて経済の活力を奪う壊滅的な気候変動をもたらすことになる。[64]

GPIという新たな指標

明らかに、私たちには社会と経済の幸福度《ウエルビーイング》を測る、より良い指標が必要だ。さしあたり、リディファイニング・プログレス（Redefining Progress）［進歩の再定義］という組織が作成したGPI（Genuine Progress Indicator：純進歩指数）が良い手がかりになる。[65] GPIは、GDPが無視している20以上の項目を測定し、計算に入れている。

自宅で子どもや祖父母の世話をしている親の行動も、地域のボランティア活動も、GPIでは計算に入れられており、いずれもGPIを押し上げる。逆に、破壊的なものはGPIを引き下げる。犯罪に起因する費用や、健康、農業、海岸、建物に損害を与える環境汚染などがそれに該当する。従業員が割増賃金なしに長時間労働をすると、それもまたＧＰＩを引き下げる。
民間企業が再生不可能な資源を使ったら、それは現在の企業会計でもコストとして計上されるが、国が使った場合、ＧＤＰはそれを生産としてプラスに計上している。ＧＰＩはそれを改め、国が再生不可能な資源を使った場合も、民間企業の会計と同じ方法で、それをコストとして計上する。
ＧＰＩの算出は現在、世界の総生産量の53％を占める17カ国（米国、ドイツ、インド、中国を含む）で行われている。いくつかの国、欧州連合（ＥＵ）、米国のいくつかの州が、経済的幸福度を調べる際にＧＰＩを考慮に入れている。
ＧＤＰとＧＰＩの両方の増加（または減少）を長期的に比較すると、驚くべき実態が明らかになる。１９５０年以降、ごく短い中断や例外を除いて、ほとんどの国のＧＤＰは上昇を続けているが、ＧＰＩのほうは、最初はＧＤＰの増加とともに上昇したものの、その後は横ばい、あるいは低下しているのである。米国では、78年ごろまではＧＤＰもＧＰＩもともに順調に上昇した。その後もＧＤＰは上昇を続けたが、ＧＰＩで測られる全体的な生活の質の向上は続かなかった。[66]
中国では、78年ごろから97年まで、ＧＤＰもＧＰＩも上昇した。97年以降、ＧＤＰは飛躍的に上昇し続けているが、ＧＰＩは汚染、非再生可能資源の枯渇、犯罪、家庭崩壊などの増加によって上昇が止まっている。[67]
世界全体で同様のパターンが見てとれる。ＧＤＰはかつてないほど高まっているのに、１９７８年以降、世界全体の経済的福祉は改善されていない。「持続可能で望ましい未来を実現させたいなら、生産と消費（ＧＤＰ）の最大化を追うことをやめ、真の人間の幸福（ＧＰＩまたはそれに類するもの）の向上に向けて、政策の焦点を急いでシフトさせる必要がある」。それは、「環境保護、完全雇用、社会的公平性、品質と耐久性にすぐれた製品」の追求を意味する。[68]

リディファイニング・プログレスの活動家たちが、経済活動の詳細をすべて正しく把握しているかどうかはわからない。[69] だが、彼らの調査結果をすべて受け入れるわけにはいかないという人でも、彼らが根本的な問題を提起しているということには同意するはずだ。実際、過去20年間、世界銀行やヨーロッパのほとんどの国を含む多くの人びとが、社会的・経済的成長を測るためのより良い方法の開発に取り組んでいる。[70]

「経済成長」の本質を問う

この種の新しい分析手法は、環境保護主義者と保守主義者を結びつける可能性がある。環境保護主義者は、制約のない市場経済が環境を破壊することを非難しており、保守主義者は、経済成長の追求（より多くの消費の追求）が家族やコミュニティを破壊することを憂慮しているからである。

リディファイニング・プログレスは、「経済成長」の本質について根本的な問題を提起した。しかし、問題は彼らが示している以上に深いところにある。18世紀の啓蒙主義の時代には、人間中心の疑似科学的な現実認識が、歴史的な神中心の認識に取って代わった。自律的な個人が神に代わって倫理の源泉となり、科学的方法が真理に至る唯一の道となった。自然主義の科学者カール・セーガンによれば、世界には自然だけが存在する。

悲しいことに、この新しい見解は、歴史的なキリスト教信仰が課していた経済成長の限界を打ち壊してしまった。神を中心とする聖書的な世界観では、個人、家族、そして神の良き創造が、お金や無制限の物質的消費よりも重要である。しかし、科学的方法は、家族の愛や喜びを測ることができない。測れるのは銀行口座の残高、車、店で売られている商品だけだ。現代人は、神が経済の主でもあるという聖書の真理が経済生活に課していた制限を脇に追いやってしまった。その結果、経済成長に夢中になり、家族やコミュニティの生活、そして環境を荒廃させたのである。

いまもイエスが私たちに問いかけている。私たちは神を礼拝し、生活の全領域で神の考えを受け入れるのか？　経済成長や便利な製品より、家族とのきずなが大事だと認めるのか？　それとも、物質的な世界や科学技術が生み出すものを絶対視するのか？

ＧＰＩ的な尺度が精緻化され、社会的・経済的幸福度をもっと正確に測定されるようになったとしても、この根本的な問いに答えることはできない。しかし、マモンではなく神を選ぼうとする真摯な思いのある人にとって、このような尺度は役に立つ助けになるだろう。

「良い生活」を再定義する――方策❹

生きることの充実感が、所有する物によって得られると考えるのは、偶像崇拝的なナンセンスだ。永続する真の喜びは、神、隣人、自分自身、そして自然との正しい関係から生まれる。私たちは生きるために相当な量の物質を必要としている。しかし，物質的な富に幸福を求めることは，神学においては異端であり，環境においては破壊的だ。富を求めて生きはじめると、心は頑なになり、貧しい人びとの叫びに耳をふさぐようになる。

「足るを知る神学」を確立する

私たちは「良い生活《グッド・ライフ》」を再定義し、「足るを知る神学《セオロジー・オブ・イナフ》」を確立しなければならない。箴言の言葉が精神に深く浸透するまで、瞑想しなければならない。「富を得ようとして労するな。分別をもって、やめておくがよい」（箴言23・4）

また、よりシンプルなライフスタイルを開発しなければならない。従業員を企業の利益と給料の最大化に追い立てるのではなく、子育て、レジャー、コミュニティ活動を選ぶことを認める企業経営が必要だ。過剰な消費を抑制するマクロ経済政策と広告宣伝が必要だ。無制限の経済成長は経済の世界のバベルの塔であって、聖書を信じる者の目標ではない。

先進国は消費を減らし、環境汚染を減らすべきだ。しかし、それには悩ましい問題もある。経済学者レスター・サローが指摘しているように、現在の経済構造においては、物質的消費を抑えて環境汚染の防止を強化することは経済成長を鈍化させ、失業率の上昇につながる可能性がある。富裕層よりも貧困層（国内でも外国でも）のほうが深刻な打撃を受ける可能性があるのだ。汚染防止の強化は、貧困層が必要とする商品の価格を引き上げるかもしれない。さらに、良好な自然環境は、収入を維持できてレジャーを楽しむお金に困らない富裕層の生活だけを改善するかもしれない。[71]

この指摘に異議を唱える経済学者はほとんどいない。しかし、だからといって、貧しい人びとを助けるためには環境汚染には目をつぶるしかないということではない。サローの指摘が教える障害の大きさと複雑さにひるむことなく、それを克服するために努力しなくてはならない。

消費を増やせば幸福度が高まるという考えが蔓延していることが、ジレンマの根底にある。実際には、経済学者の中にも、経済成長や富の蓄積は幸福を保証するものではないことを理解している人はいる。その一人、リチャード・イースタリンは、人間は周囲との比較で幸福度を測る傾向があると指摘する。だれもが人より多く所有しようとするが、だれもが同じように所有量を増やすので、人より多く持つことで得られる幸福感をだれも味わうことができず、欲求不満に陥ることになる。「はた目には、経済成長がますます豊かな社会を生み出しているように見えるが、中にいる人間にとっては、豊かさは見果てぬ夢、のどから手が出るほど欲しいのに決してつかむことはできない」とイースタリンは論じている。[72]

経済は〝成長〟しているが、地球の資源は枯渇し、環境は傷つけられ、幸せには手が届かない。クリスチャンにとって、それは驚くべきことではない。私たちは、だれもが人と競いあっている競争経済《ラット・レース》から最初に降りるべきだ。物質的豊かさが究極の幸福をもたらすものではないことを知っている私たちは、率先して簡素なライフスタイルに挑戦すべきだ。幸福は物を所有することで得られるのではないことを身をもって証言するのである。

環境負荷の小さい経済へと移行する

その上で、この方向に進んでいくとき、サローの警告に注意する必要がある。相当な人口が消費量を減らせば、生産の必要も減る。生産技術が発達した現代では、需要が減少すれば、それ以上に必要な労働力も減少する。職を失った労働者がほかの仕事に就けるようにするためには、長期的な構造変化が必要である。必要な変化の規模は大きいので、ゆっくり徐々に変えていかなければならない。したがって私の提案には、すぐ着手すべきものと、遠い将来を見込んだものの両方が含まれる。

短期的には、私たちが簡素なライフスタイルを選択すれば、消費財の購入に使われないお金が増えることになる。これを多くの人が貯蓄に回してしまうと、深刻な失業が発生する可能性がある。しかし、節約したお金を、貧しい国の開発を推進している組織に寄付すれば、雇用が大きく減ることはない。援助を受けた人びとは、富を生み出すための資本調達と、適度な暮らしの物質的ニーズを満たすために、そのお金を使うことになる。お金の多くは、先進国の企業からの物を買うために使われて、先進国に戻ってくることになる。先進国が消費を減らし、貧しい国への分かちあいを増やせば、開発途上国で地域に根ざした開発が進み、消費財や資産の公平な分配が促進される。

シンプルライフの実行という実際的なアプローチと同時に、より深い次元で経済の優先順位を見直す意識改革に取り組む必要がある。富む者が王侯貴族のように暮らす一方で10億以上の人びとが貧困の中で暮らしているという現状を、神の恵みによって奇跡的に終わらせることができ、分配の正義が実現したとしても、再び、それまでと同じような経済成長を追求すべきではない。地球の資源は有限であり、破壊された環境はもとに戻ることがないからだ。

資源浪費的な商品やサービスに対する需要を、地球に与える負荷が小さいものに転換していかなければならない。多くの人が芸術（演劇、音楽、その他のクリエイティブな表現活動）を楽しむことにもっとお金を使うようになれば、物質的な財の生産ではなく、芸術的創作活動に従事するインセンティブが生まれる。労働時間を減らして、地域社会でボランティア活動をしたり、家族との時間を増やしたり、建設的な趣味を楽しんだりすることもできる。[73]

やがて大きな変化が訪れるだろう。クリスチャンは、聖書が教える喜びと幸福の源泉に立ち返ることによって、「良い生活」を再定義する取り組みの先頭に立ちたいものだ。[74]

私は悲観論者ではない。現代のテクノロジーと市場経済を賢く使えば、貧しい人びとに新たな希望を与えることができると考えている。市場経済の枠組みの中で、環境に大災害をもたらすことなく、世界のほとんどの人びとが物質的に十分なレベルの生活を享受することも可能だ。しかし、そのためには、貧しい人びとに資本を与え、政府が適切な役割を果たし、社会が「人はパンのみで生きるにあらず」という昔ながらの信仰を再発見しなければならない（マタイ4・4、ルカ4・4）。

公平で公正な国際貿易――提言②

国際貿易の不公平さが貧しい国をいかに苦しめているかを第8章で見た。最近の試算によると、自由貿易の制限は、貧しい国々から年間2910億ドルを奪っている。[75] 先進国は、開発途上国からの輸入品に対する貿易障壁を抜本的に削減あるいは撤廃すべきである。

貿易障壁は、貧しい国だけでなく、裕福な国の平均的住民をも傷つける。貿易障壁がなければ、多くの輸入品をより安く買うことができる。貿易障壁によって米国人は毎年数百億ドルのコストを負担している。1家庭当たり数百ドルだ。[76] 途上国に利益があることは言うまでもない。貿易障壁がなければ、輸出の増加によって生産量も所得も増加させることができ、経済状態が改善される可能性がある。

農業補助金を廃止する

富裕国は農業分野の補助金を廃止すべきだ。残念ながら、これは言うは易く行うは難しである。第一に、富裕国の強力な利害関係者が、補助金を守るために懸命にロビー活動を行っているからである。第二に、そうした補助金は実際に、一部の食品の国際価格を引き下げているからだ。補助金の全面的な削減を急ぎすぎると、世界の食料供給体系に衝撃を与え、悪い影響を与える可能性がある。第三に、富裕国が農業補助金を廃止しても、開発途上国の所得が自動的に増えるわけではない。多くの途上国では、農業の生産量を急速に拡大するためのインフラや技術が不足している。[77] したがって、補助金の削減は世界市場が歩調を合わせて調整できるような方法で進められる必要がある。
著名な経済学者であるジョセフ・スティグリッツは、農業補助金を三つの種類に分けて廃止に向けた方策を論じている。[78]
まず第一に、おもに開発途上国だけが生産している産品については、富裕国が設けている貿易障壁は早急に撤廃すべきだとしている。これにより、先進工業国の側での消費者価格の上昇を最小限に抑えながら、途上国が得る所得を増加させることができる。綿花はこのカテゴリーに入る。米国とEUが実施している綿花への補助金を撤廃すれば、西アフリカの綿花の輸出は年間2億5000万ドル増加する。[79]
第二に、穀物（小麦、大豆、トウモロコシなど）の価格を押し下げてきた補助金は、ゆるやかに削減していくべきである。現在、多くの開発途上国は重要な食料源であるこれらの穀物を輸入に依存しているので、自国での生産を拡大するための時間が必要である。
第三に、環境保護と自然災害から農民を守るための豊かな国の補助金は、再設計されなければならない。たとえば、現在の米国の農作物保険は、納税者全体で年間90億ドルの負担となっているが、農民が受け取る1人当たりの補助金の額には上限が定められておらず、おまけに農民には環境保全策を採用する義務も課されていない。[80]
すべての品目のすべての貿易を自由化した場合、世界全体でどれほどの利益が生じるかを予測した研究で、利益の半分以上が農産物の障壁撤廃から得られるという結果が出た。[81] 開発途上国の貧困層の75％は農村部に住んでおり、ほとんどが農業で生計を立てているので、農産物の貿易自由化は最も貧しい人びとに恩恵を与えることになる。さらに、貧困撲滅の効果という点では、農業部門での経済成長はほかの部門での成長と比べ、少なくとも2倍の効果がある。[82]

富裕国は、開発途上国に生産優位がある商品に対する関税や輸入割当も廃止しなければならない。米国が衣料品の輸入に対して設けている関税と輸入割当に関する複雑なルールが撤廃されていたら、アフリカの衣料品輸出量は5倍になっていたと指摘する研究もあるほどだ。[83]

自由化がもたらす短期的な犠牲を乗り越える

農業補助金を廃止し、開発途上国からの輸入品に対する関税や割当を撤廃するだけでは十分ではない。すべての貿易をより自由で公正なものにするために努力するべきだ。最近の分析によると、ドーハ・ラウンドでのバリ会議（2013年）で協議された7項目の広範な提案が実行されれば、世界の輸出は2兆ドル増加し、3400万人以上の雇用が生まれる可能性がある。[84]

残念ながら、ドーハ・ラウンドの貿易交渉が成功する保証はなに一つない。過去20年間、どの年もドーハ・ラウンドは大きな進展を遂げることができなかった。貧しい人びとの利益のために、富裕国の議会は、自国にとっては辛くとも賢明な決断を下さなければならない。[85]

そのような動きに対して、富裕国では、強い利害を有する勢力が、自分たちの利益を守るために反撃してくるだろう。これまでのところその努力は成功しており、農業分野のロビー活動に使われる1ドルは、彼らにとって2000ドルの価値のある政策の実現につながっている。[86]

富裕国の市民が貿易障壁の撤廃を求めて政治家に働きかけるほど強い意思を持ったとき、はじめて実質的な変化が生じるだろう。それは私たち一人ひとりにかかっている。私たちは国会議員や大統領候補者に、貧しい国に対する貿易障壁の撤廃を要求しなければならない。

貿易障壁の撤廃は、障壁に守られている企業の従業員が不利益を被るので、政治的に容易なことではない。経済規模全体から見れば少数かもしれないが、職を失う人も出るだろう（失業は特に低所得層で発生する）。この問題を解決するのが雇用調整支援と呼ばれる政策である。[87] 失業者を助ける政府のプログラムで、失業中の所得補償と再就職支援を組みあわせたものだ。

裕福な北の先進国で生じる比較的ささやかな犠牲によって、南の開発途上国に大きな利益がもたらされるはずだ。長期的には、先進国は雇用を失うことさえないとエコノミストも予想している。開発途上国の人びとが、増えた所得で先進工業国の製品を買いはじめると、売上が増えた企業は新たな人手が必要になり、失業していた労働者を新たに雇用することになるからだ。短期的には、貿易障壁の撤廃にはコストがかかるが、富裕国の有権者は、海の向こうの飢えた人びとと国内経済の都合のどちらを重視するかが問われている。

開発途上国の労働条件を改善する

輸入規制を撤廃しても、途上国の貧困層がその恩恵を享受できるとは限らない。途上国の統治エリートが農民から農地を奪い、多国籍企業と組んで輸出用作物を栽培すれば、富裕層が恩恵を独り占めすることになる。統治エリートが労働組合を弾圧し、労働者の賃金を抑え込めば、金持ちだけが恩恵を受けることになる。

では、最も貧しい人びとが利益を得られるようなかたちで貿易障壁を取り除くにはどうすればよいのだろう？　民主的な制度を奨励し、市民社会を強化し、自由で強力な労働組合を育成するために、外交政策や経済援助を利用することである。労働条件の改善は特に重要だ。

明るいニュースは、貿易の拡大が開発途上国と先進国の両方で賃金の上昇につながることが、研究によって次々に示されていることである。最終的には、賃金だけでなくさまざまな労働条件の改善につながるという研究もある。[88]

労働者を守るために適切な基準が定められる必要がある。基準には国際、国内、企業、そして個人消費者の四つのレベルがあるが、国際的な労働基準は特に重要である。それがなければ労働条件が劣悪な国ほど競争上は有利になってしまう。[89]

国際的な労働基準としては、国際労働機関（ＩＬＯ）の条約に含まれる次の項目が出発点になるだろう。

- 結社の権利と自由
- 労働組合の結成と団体交渉の権利
- 強制労働の禁止
- 賃金と安全衛生に関する基準
- 児童労働の最低年齢制限[90]

ほとんどの国がこれらの基準を承認しているが、国際的な強制メカニズムがないため、しばしば無視されている。なんらかのメカニズムが必要である。[91]

先進国にはもっと多くのことができる。すでに、米国が貿易交渉において労働者の権利をほとんど無視してきたことを示したが、これを改めさせなくてはならない。先進国の貿易政策においては、労働組合を結成する権利と労働条件の向上が、問題意識と行動の中心となるべきである。それは貧困国と富裕国の両方の労働者を助けることにつながる。

企業も重要な役割を果たすことができ、だれもがそのあと押しをすることができる。大企業の中には、労働者の権利向上と環境保護をグローバルな行動規範に織り込んでいるところもある。ビジネスパーソンは会社に働きかけてそのような改善をめざすことができる。消費者も、投書や電話、どこで何を買うかについての良心的な意思決定などで、企業に対して影響力を発揮することができる。[92] 貧困層が貿易拡大による恩恵を受けるためには、世界中の国で公正な労働慣行が実施されることが不可欠である。

多国籍企業の監視を強化する

多国籍企業に正義を求めることなど、ユートピア的な夢物語だと思う人がいるかもしれない。多国籍企業は強大な力を持っている（国の経済規模のランキングに企業を含めれば、上位１００カ国の中に29の多国籍企業が含まれる）。[93]

どの国も、単独では多国籍企業の行動をしばることはできない。多国籍企業はいつでも、もっと有利な条件を提供してくれる他の国に事業を移転させることができるからだ。

ここ数十年、多国籍企業は、あらゆるものの生産を、労働者の賃金が安く、労働組合が弱く、環境や安全衛生面の規制がゆるい（もしくは存在しない）国に外部委託《アウトソーシング》する傾向を強めてきた。ナイキやアップルのような有名ブランドの開発途上国の生産工場で、労働者が低賃金で、劣悪な作業環境で、長時間労働をさせられているというケースが何度も繰り返し報じられた。

多国籍企業を規制する最もわかりやすい方法の一つは、国際貿易協定を通じたものだ。残念なことに、労働者の利益や環境保護の立場を代表する人びとは、貿易協定の交渉において限られた役割しか与えられていない。１９９０年代初頭、米国には国際貿易交渉のために三つの主要な諮問委員会があり、全部で111名の委員がいた。しかし、そのうち92名が個別の企業の代表者、16名が業界団体の代表者だった。労働組合を代表していたのは2人、環境保護団体を代表していたのは1人だけだった。[94]

この状況を変えなくてはならない。労働者と環境の代表者に、すべての国際貿易交渉でもっと重要な役割が与えられなければならない。先進国の市民としては、政治家がそのような人物を代表に任命することを要求することができる。

多国籍企業に変化を促すもう一つの方法は、株の取得を通じたものである。「倫理的投資《エシカル・インベストメント》」を選択し、タバコやアルコール関連の企業、労働者や環境に対して不適切な行動をしている企業への投資を避ける人が増えている。[95]

株主総会に出席して不当な企業行動に抗議したり、変更を要求する株主も多い。「企業の社会的責任に関するインターフェイス・センター」（ICCR）は株主行動を主導してきた長い歴史があり、多国籍企業に公正な行動を求めるための方法について、すぐれた情報を提供している。[96]

市民の意識と行動が企業を変える

多国籍企業に悪しき慣行を正すよう圧力をかける効果的な方法が、さまざまな市民団体によるボイコット、抗議、メディアキャンペーンである。ナイキとネスレという二つの巨大多国籍企業の反応は、このような活動が大きな変化を引き起こせることを示している。

何十年ものあいだ、ナイキはシューズのすべてを、賃金が安く労働環境が劣悪な、組合の弱い貧しい国の工場で製造してきた。1990年代半ばのある年、ナイキは、バスケットボールのマイケル・ジョーダンに対し、広告出演料だけで、インドネシアの1万8000人の工場労働者の総賃金と同じ額を支払っていた。[97] 工場労働者の一人が賃金や待遇の改善を要求するために組合を組織しようとしたところ、解雇され、インドネシア軍によって7日間拘束された。[98]

97年の監査によって、ベトナムでナイキのシューズを製造している労働者は、最低基準以下の賃金で働かされ、危険な化学物質にさらされ、セクハラを受けていたことも明らかになった。[99]

そんな実態を知った活動家たちは大規模なキャンペーンを開始した。大学生が抗議やボイコットを主導した。99年には、45の人権団体がナイキに手紙を送り、ナイキの製造工場での低賃金と人権侵害を終わらせることを要求した。ナイキは当初、製造委託先の企業が所有し運営している工場の労働条件については、自分たちには責任がないと答えた。しかし、抗議活動はナイキの企業イメージと収益にダメージを与え始めた。

ナイキは供給業者の労働慣行にも責任を持つことを決めた。98年5月、ナイキのCEO（最高経営責任者）フィル・ナイトは、全米プレスクラブで行ったスピーチで、「〝ナイキ〟は奴隷賃金、強制的時間外労働、強権的虐待の同義語になってしまった」と認めた。[100]

2000年、ナイトは、責任あるビジネス慣行を推進するためにアナン国連事務総長の提唱で始まった「国連グローバル・コンパクト」に出席した唯一の米国人経営者だった。ナイキは、競合他社にも「労働基準を守るための財政負担を共有させる」ために、世界的基準の義務化を求めた。[101] 当初は工場労働者の労働条件に対する責任を認めなかったナイキが、一転して悪条件を是正する責任を受け入れるに至った経緯が『ハーバード・ビジネス・レビュー』誌に、紹介されている。[102]

これですべての問題が解決するわけではない。しかし、さまざまな市民団体による精力的な抗議活動によって、ナイキはサプライチェーン［原材料や部品の調達から製造、輸送、販売までの事業全体に関わる自社および取引企業の全体］の労働条件を改善した。継続的な市民の抗議行動は、巨大な多国籍企業をも変えることができるのである。

スイスの巨大多国籍企業ネスレの事例を第8章で紹介した。同社は、世界中の貧しい母親たちに巧みに働きかけ、健康的で安価な母乳育児をやめさせ、問題の多い粉ミルクを買うように仕向けてきた。世界的なボイコット運動(1974年)がネスレに圧力をかけ、行動を改めさせることに成功した。ネスレにはまだ問題があるが、2013年、ボイコット運動の火付け役となった本を出版した人物が、ネスレのCEOに、同社が良い方向に進んでいることに対して謝意を表明している。[103]

同じような展開が、13年にバングラデシュで発生したラナ・プラザ工場の崩落事故でも起こった。衣料品工場で低賃金で働かされていた1129人が死亡したことに対して怒りの声が上がった。世界的な世論の高まりで、欧米の多国籍企業は、工場の安全性やその他の労働条件について、それなりの責任を負うことに同意せざるを得なくなった。[104]

市民グループは抗議、ボイコット、政策提言などによって、多国籍企業に不当な慣行を正すよう圧力をかけることができる。クリスチャンも、多国籍企業に公正な労働・安全・環境慣行を求めて活動している団体とともに声を挙げるべきである。[105]

持続可能な地球環境——提言③

人間は環境をひどく汚染してしまった。すべての人がその影響を受けているが、特に貧しい人びとが深刻な危険に直面している(第8章参照)。この状況に対し、私たちに何ができるだろう?

環境を改善するための有望な手段はたくさんある。しかし、どれもお金がかかる。そのため私たちは、いまのやり方を続ける誘惑に負け、都市を汚染しつづけ、森林や湖を破壊しつづけ、壊滅的な大災害が起こる可能性を高めている。

個人も政府も、子どもも大人も、教会も企業も、環境の健全性を回復するために行動しなくてはならない。あらゆるレベルで、できることがある。家庭では三つのＲ——削減《リデュース》、再使用《リユース》、リサイクル（この順で優先的に取り組むことが大切）——を実行することで環境を改善することができる。教会では聖書の原則である節度、忍耐、正義、自制を教えることができる。これらは持続可能な社会にとって重要な徳目だ。企業は環境保全のためのコストを負担しなくてはならない。政治家は勇気を持って環境保護のために必要な政策を実行しなければならない[106]。

進むべき方向は明らかだ。私たちは子や孫が、持続可能なまともな暮らしができることを望んでおり、それを可能にする意思決定をしたいと思っている。彼らが地球の素晴らしさを喜べるような未来を望んでいる。そのためには、考え方、価値観、行動を変えて環境の悪化に歯止めをかけなければならない。

マイカーではなくバスや電車を利用することなら個人の選択の問題かもしれないが、すぐれた公共交通機関の整備ということになれば個人や家族だけの力では実現できない。政府の行動が必要である。

公平なルールと国際基準の必要性

政府が働いて全員に同じルールを適用するのでなければ、汚染防止や環境保全にコストをかける企業は、汚染を垂れ流す競合他社に比べて競争上不利な立場に立たされてしまう。市場メカニズムは環境コストを正しく反映するようにはできていないので、汚染防止を義務づける法律によって、すべての企業を平等な競争の場に立たせなくてはならない。

これは企業間にだけ当てはまる話ではなく、国家間にも当てはまる。環境破壊に国境はない。いずれか一国が環境汚染を減らすために投資しても、他国も歩調を合わせるのでなければ、無神経で利己的な国のただ乗りを認めることになってしまう。

そこで国際基準が必要不可欠となる。国連のような世界的な機関を強化しなければできないこともある。強大な権力を一つの世界的機関に集中させることは賢明な方法ではないとしても（堕落した世界では、権力の集中は例外なく危険である）、密接に関係しあう各国の利害を調整しようというときに、世界的機関を無視できるはずもない。したがって、環境危機を回避するためには、国のレベルでできる限りのことを行うことと、慎重に抑制と均衡《チェック・アンド・バランス》を効かせた上で世界的機関を働かせることが必要である。

希望が持てる展開があるとすれば、科学者だけでなく、ビジネスリーダーたちも、気候変動と戦うためには積極的に行動しなければならないという結論に達したことだ。2007年には、シェル石油、ゼネラル・エレクトリック（GE）、デュポンを含む150のグローバル企業が、「気候変動に取り組むための包括的で法的拘束力のある国連の枠組みを求める呼びかけ」に参加した[107]。13年、ウォルマートの社長兼CEOは、オバマ大統領の再生可能エネルギーと環境保全の取り組みを称賛し、環境保護庁が同社を再生可能エネルギー利用の1位に認定したことに言及した[108]。14年6月にオバマ大統領は、30年までに米国の発電所からの炭素汚染を、05年比で30％削減するという大胆な計画を発表した

以上は良いニュースだ。悪いニュースは、炭素排出量を大幅に削減する提案に対しては、多数の国に根強い反対意見が存在するということだ。最高の科学者たちが悲惨な結末を警告しているにもかかわらず、拘束力のある世界的な合意は形成されていないのである。実際、「今世紀の最初の10年間、炭素排出量はそれ以前の30年間の2倍のペースで増加している」[109]。

孫たちに住みよい世界を引き継きたいのであれば、今すぐ行動しなければならない。科学者たちは、壊滅的な気候変動を回避するためには、温室効果ガスの排出量を十分に削減し、世界の気温上昇を産業革命以前と比べて2℃以内に抑えなければならないと言っている。

二酸化炭素の排出量を減らす方法はたくさんある。まず、再生可能エネルギーの使用（太陽、風、水のエネルギーを使った発電）を大幅に拡大する必要がある。交通システム、自動車、電化製品、建物をより効率的にすることによって、エネルギーの使用量を減らす必要がある。

あらゆるレベルで行動変容を

そのためには、家庭、教会、政府など、あらゆるレベルでの行動変容が必要となる。

徒歩、自転車、自動車の相乗り、公共交通機関を利用しやすい暮らし方をめざし、マイカーの利用を減らすことができる。家を引っ越すときも、その点を考慮して住む場所を選ぶことができる。新しい車を買うときは、燃費が良くて排気ガスによる汚染も少なく、ニーズにマッチし、自分にも他者にも危険の少ない車を選ぶべきだ。

クリスチャンの経営者は、従業員に公共交通機関の利用や車の相乗り通勤を奨励し、駐車場利用料金の支給を止め、社用車を購入するときは燃費の良いモデルを選ぶべきだ。

教会は会員に対し、ふだんの活動や礼拝のために教会に来るとき、公共交通機関を使うことを奨励したり、相乗りプログラムを実施する必要がある。教会、教派、キリスト教団体は、メンバーに対し、乗り物に何を使うかは道徳の問題であることを教える必要がある。

クリスチャン個人、キリスト教団体、教派や教団は、政府に対して、交通運輸の分野で個人が正しい行動を取りやすくなる政策を実施するよう働きかけるべきである。次のような政策が考えられる。

- 歩行者や自転車にやさしい街をつくる。
- 公共交通機関へのアクセスを容易にし、利用しやすくし、手ごろな料金に抑える。
- 自動車の企業別平均燃費基準（ＣＡＦＥ）〔車種別燃費ではなく、全車種の出荷台数を加味したメーカ全体の平均燃費〕を大幅に引き上げることで、新型乗用車の燃費向上を求める。
- 燃料電池などの有望な代替テクノロジーの研究開発を支援する。
- 温室効果ガスの排出量を大幅に削減する政策を早急に実施する。

炭素税が果たす重要な役割

二酸化炭素の排出量を削減するために、政府はさまざまな政策を実施することができる。「キャップ・アンド・トレード」〔温室効果ガスの排出権取引制度〕や炭素税〔化石燃料の使用に対し、炭素含有量に応じて課される税金〕がその一例だ。おそらく炭素税は最良の方法であり、市場メカニズムとの折りあいもよい。巨大石油会社のエクソン・モービルのＣＥＯでさえ、温室効果ガスの排出に対する炭素税を支持すると述べている。[110]

厳密な計算は難しいだろうが、化石燃料を使うことでただちに生じる環境汚染のコストと、地球温暖化によって将来的に生じるコストを含めて、化石燃料の本当の価格《コスト》を決めるべきだ。石炭は炭素を最も多く排出するので、石炭にかかる炭素税は最も高く、次に石油、その次にガスという順になる。太陽光や風力などの再生可能エネルギーは、二酸化炭素の排出がないため、炭素税はかからない。

こうすることで、エネルギーは環境コストを反映した価格で市場で取り引きされることになる。炭素税を税収中立（税収増加分に等しい額を他の減税によって相殺する）なものにすれば、化石燃料の削減に努めた企業は、炭素税を課されないだけでなく、減税される可能性も手にすることになる。

真に効果をあげるためには、炭素税はかなり重くする必要がある。多くの経済学者が、米国のガソリン価格は2倍にすべきだと提案している。これを実施するのは政治的に難しいだろうが、消費者に税収の中立性という側面を正しく伝えることができれば不可能ではない。米国はいま、大幅な炭素税を制定すべきである（ただし導入は、個人や企業に調整の時間を与えるために、数年かけて段階的に行うべきである）。

何十年ものあいだ、米国は最大の炭素排出国だったのだから、世界に先駆けて意味のあるレベルの炭素税を導入するべきである。この問題を引き起こしたのは北米と西ヨーロッパなのだ。

壊滅的な地球温暖化を回避するためには、もちろんすべての国が協調行動を取る必要がある（最近、中国が米国を抜いて最大の炭素排出国となった）。しかし、問題を生み出したのは私たちであることを認め、率先して行動することは、すべての国（特に中国、インド、ブラジルのような新興工業国）を説得し、壊滅的な地球温暖化を回避するための世界的な合意に参加を呼びかける上で役立つだろう。

世の中には不吉な予言を言い立てる人がいて、温室効果ガスの排出量を抑え、気温の上昇を産業革命前と比べて2℃以内に抑えようとしたら、経済が壊滅してしまう、と力説する。しかし、それは間違っている。気候変動に関する政府間パネル（IPCC）は、最新かつ最良の情報を提供しているとだれもが認める世界的な機関だが、そのIPCCの報告書によると、気温が2℃以上上昇するのを避けるために対策を講じても、経済成長は0・14％鈍化するだけである。典型的な年間成長率3～4％に比べれば、ほんのわずかな鈍化にすぎない。[13] 孫や貧しい人びとのために、そんなささやかな犠牲さえ払えないというのだろうか。

貧困を撲滅しなければ環境は守れない

環境を守るためには、世界に蔓延する貧困に終止符を打つための効果的なプログラムに、もっと真剣に投資しなければならない。貧困は環境の劣化を助長するので、貧しい人びとをエンパワーすることなく地球の環境を守ることはできない（第8章参照）。生きるのに必死な貧しい人びとは、熱帯雨林を伐採し、耕作限界地を荒廃させる。地球環境を維持するためには、廃棄物をリサイクルしたり、炭素税を徴収するだけでは足りないことを理解しなければならない。

絶望的貧困状態にある人びとは、わが子に食べさせるために、環境破壊につながる行動へと追い込まれている。富裕国は、ためこんだ富の一部を貧困撲滅のために使わなければならない。正義を確立することなしに、環境の完全性を保つことはできない。

貧困撲滅のための海外援助――提言④

米国の海外援助に関する議論を複雑にしていることが二つある。第一に、多くの人が、米国はすでに連邦予算の大きな割合を海外援助に費やしていると考えており、大幅な削減を望んでいること。第二に、海外援助のほとんどが無駄あるいは逆効果だという、厳しい批判が多数存在することである。

規模についての誤解

各種世論調査によって、ほとんどの米国人が、過去何十年間も一貫して、米国は連邦予算の20～25％

を海外援助に充てていると考えていることがわかっている。『ワシントン・ポスト』紙が報じた1995年11月の世論調査では、回答者は米国が連邦予算の28％（回答者の平均値）を海外援助に費やしていると認識しており、妥当な率は13％（中央値）だと提案している。実際には、政府開発援助（ＯＤＡ）が連邦予算に占める割合は０・５％で、回答者が考えていた数字の52分の1にすぎない。[112]

2001年のメリーランド大学の世論調査でも同様の結果が出ている。「ほとんどの市民は、米国は年間予算の約24％を海外援助に費やしていると考えている」。[113] 最近の数字も同様だ。信頼すべきカイザー・ファミリー財団による13年の世論調査では、米国人は連邦予算の28％を海外援助に使っていると考えていることが判明している。[114]

実際には、米国が外国への経済援助に費やしている額は連邦予算の1％未満にすぎない。ほとんどの人が認識している20～28％よりはるかに少なく、妥当と考えている10～13％よりもはるかに少ない。

対外経済援助が経済全体に占める割合で見ると、米国は先進国の中で最も財布のヒモが固い国の一つだ（365ページの**図表16**参照）。[115] 援助額は国民総所得（ＧＮＩ）のわずか0・19％にすぎない。ノルウェーは1・07％、スウェーデンは1・02％、イギリスは0・72％である。[116] 国の経済規模を考えると、政府による経済開発援助の面で、米国は先進国の中でも最もケチな国の一つなのである（ただし、米国は世界最大の経済大国なので、たとえＧＮＩの0・2％でも金額では世界最大の拠出者ではある）。

海外援助の規模について押さえておくべきもう一つの事実は、米国の宗教諸機関は世界の貧困と闘うために毎年数十億ドル（おそらく75億ドル以上）を拠出しているということだ。[117] 世界的に、民間ＮＧＯ（非政府機関）による開発援助の量と割合は劇的に増加しており、1992年には開発援助全体の5％であったものが、2008年には27％にまで増加している。[118] 米国は、世界全体の民間による貢献の3分の2近くを占めている。[119] その点では、米国は言われているよりも、貧しい国を助けることにおいて気前がよい。しかし、できることと実行していることを比べるなら、十分に与えているとは言えない。

効果がないという誤解

次に、海外援助は大部分が無駄あるいは逆効果だという主張について述べておこう。ウィリアム・イースタリーは『傲慢な援助』（東洋経済新報社）の中で、欧米諸国が過去50年間に貧しい国々に与えた2・3兆ドルの対外援助の多くが無駄になっていると主張している。援助国の専門家と被援助国のエリートが、トップダウンのアプローチで業務に当たっているが、彼らには地元の真のニーズがわかっていないとしている。[120]

開発途上国に蔓延する腐敗により、莫大な援助金が不適切に処理されてしまっている。[121] アセモグルとロビンソンも『なぜ国家は衰退するのか』の中で、「援助の10％、せいぜい20％程度しか援助の対象に届いていないと推定される」という否定的な研究結果を引用している。[122] 残りは非効率的な運営間接費、汚職、無能によって食い尽くされていると論じている。

しかし、過去の対外援助を厳しく批判する人びとも、貧しい国への援助をやめるべきだとは言っていない。[123] やめるのではなく、腐敗や非効率によって援助が無駄にならないように、方法を改善する努力をするべきだと言っているのである。

大きな国際的官僚組織が現地国政府の大きな官僚組織を通じて援助を行うのではなく、イースタリーが「サーチャー」［機会探索者］と呼ぶ、現地の事情をふまえて何が確実に機能するかを注意深く探る人とともに働くべきである。何が本当の成功をもたらすかを徹底的に分析することが重要だ。[124] アセモグルと

図表16 GNI（国民総所得）に占める純ODA支出の割合, 2013年

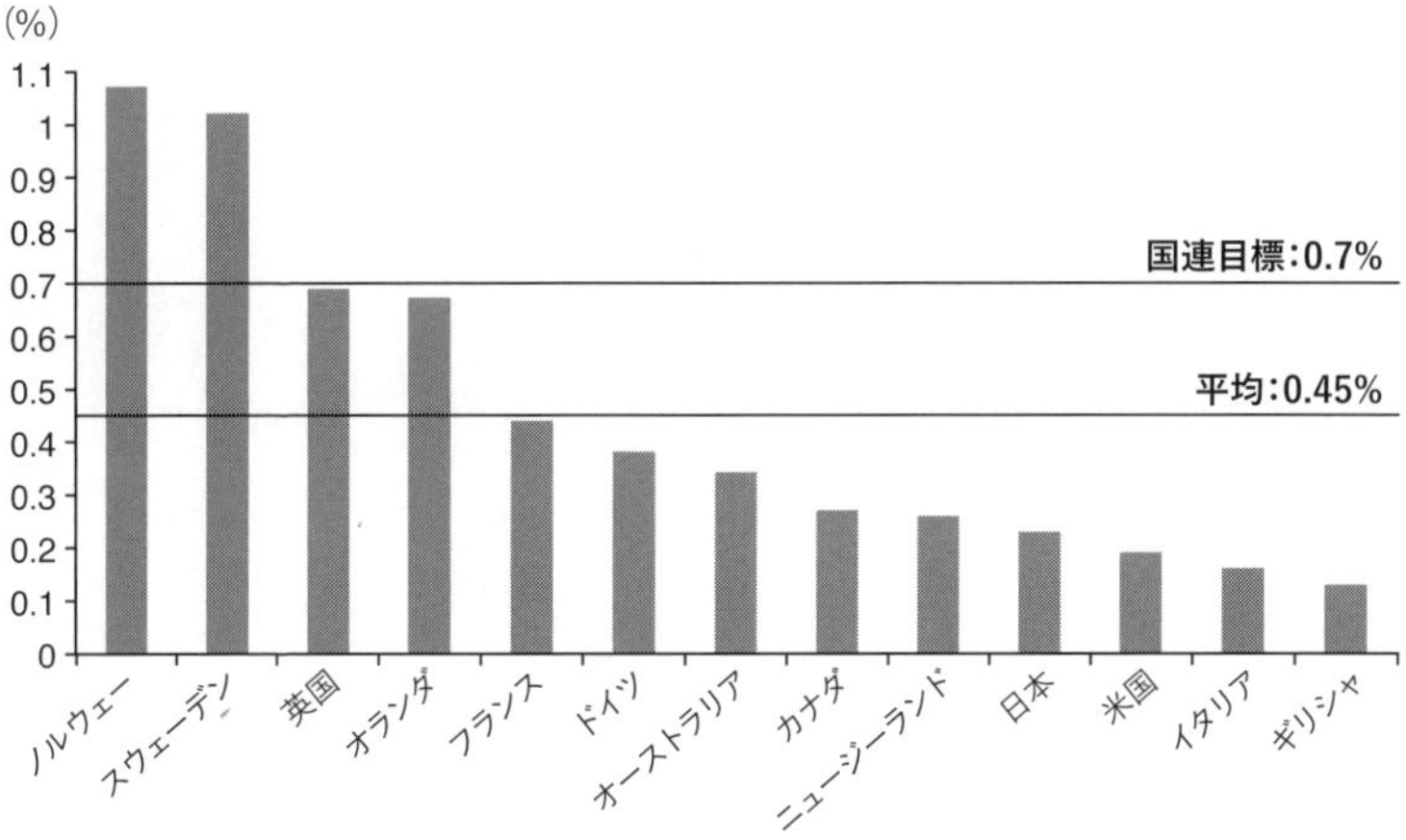

出所：OECD, 2014（原注116参照）

ロビンソンは、権力の分散化と民主主義を促進し、汚職を減らすような支援を行うことの重要性を強調している。[125]

多くの開発援助が無駄になり、効果を挙げていないのは事実だが、それを厳しく批判する人びとは、一方で援助がもたらした貧困削減と健康改善を見落としている。実際、援助は大きな成功を収めている。1967年には、天然痘のために世界で200万人が死亡したが、81年までに天然痘は完全に消滅した。なぜか？　死の感染症を根絶するために、政府、資金提供者、保健衛生の研究者による大規模な協調プログラムがあったからだ。数百万ドルの米国の対外援助が天然痘の撲滅に役立てられた。[126]

アフリカで何百万人ものエイズ患者の命を救ったのは、治療のために数十億ドルを拠出したジョージ・W・ブッシュの「エイズ救済のための大統領緊急計画」が功を奏したからだ。米国の支援で推進された予防接種プログラムは、毎年200万人以上の子どもの命を救っている。[127]

2001年から10年にかけて、先進国は対外援助を大幅に拡大した（275％増！）。サハラ以南のアフリカ諸国への援助は、2000年の120億ドルから、10年には420億ドルまで増えた。その10年間で人間開発指数（HDI）が最も大きく向上した10カ国のうち9カ国はサハラ以南のアフリカであり、まさに多額の開発援助を受けた国々であった。[128] 米国は食料の分野では最大の援助提供国だ。1961年に食料援助プログラムが始まって以来、30億の人びとが援助を受けている。[129]

海外援助に求められる九つの改善

海外援助は何十億もの人びとを助け、何千万もの命を救ってきた。それは継続し、増やすべきであって、削減すべきではない。しかし、改善の余地があるし、改善しなくてはならない。そのために必要な九つの提案をしたい。

①貧しい人びとの生存ニーズを最重視する

経済援助の目的は、最も弱く傷つきやすい立場にある人びとが基本的ニーズを満たせるようにすることである。貧困層の多くは農村部に住んでいるので（現在では都市部のスラムに住む貧困層の増加が目立つが）、持続可能な活動によって農村の開発をめざす必要がある。それは通常、土地所有制度の改革、農業改良事業（信用供与、種苗改良、肥料の投入など）、農村公共事業（灌漑水路の建設など）、農業研究、適切な技術の導入、農業開発を補完する軽工業やインフラ開発を意味する。

特に重要なのは、農村地域に基本的な保健衛生、教育、安全で栄養価の高い食料を行き渡らせることだ。[130] なぜ重要かといえば、第一に正義を実現するためであり、第二に特に効果的だからである。さらに、人口の急激な増加を避ける上でも重要だ。米国政府の「未来への糧《フィード・ザ・フューチャー》」イニシアティブは、「農業部門の成長は、他の部門の成長に比べて、貧困削減の面で少なくとも2倍の効果がある」と報告している。[131]

世界銀行の研究は、「すべての開発途上国において、貧困層の生活を改善し、女性に教育と雇用機会を提供した政策は、同時に出生率を低下させていることが多い。出生率を先進国の水準まで引き下げるには、貧困層の福祉の改善が必要不可欠だと思われる」と結論づけている。[132]

クリスチャンにとって、この結論は特に驚くようなものではない。聖書にあるとおり、神が歴史を通じて貧しい人びとや虐げられている人びとを解放するために働いているとすれば、効果的な開発戦略は貧しい人びとに正義をもたらすものであるというのは当然のことだ。

特に貧しい人びとに手を差し伸べる開発は、「救命ボート」理論に対して決定的な答えを提示する。この理論は、農村開発を促進する国際援助は、目先の数百万人を救うことによって将来はるかに多い人口を破滅に追いやる愚かな政策だ、と主張する。だが、農村開発はそのような結果を招いてはいない。持続可能な農業生産のための開発援助は、農村の暮らしを改善し、多数の人びと（特に女性）に教育と医療を提供することによって人口増加を遅らせている。正義と有効性は手を携えて進むのである。

悲しいことに、米国の経済援助の多くは、本当に貧しい人びとには行き渡っていない。援助の多くは、米国が政治的・安全保障的に強い関心を持っている国に集中している。他の援助供与国でも同じことが言える。[133] 2006年から12年にかけて、米国から最も多額の経済援助を受けた国は、アフガニスタン（217億ドル）、イスラエル（187億ドル）、エジプト（116億ドル）の3カ国であった。[134]

アフガニスタン（米国と巨大な政治的利害関係がある）は確かに貧しいが、人口は10億ドルしか受け取っていないバングラデシュよりも少ない。米国の経済援助額が2番目に多いイスラエルは、小さいけれど富裕国だ。エジプトとエチオピアは人口はほぼ同じだが、エジプトの1人当たり所得はエチオピアの7倍だ。[135] エジプトははるかに豊かであるにもかかわらず、エチオピアの2倍以上の経済開発援助を受けている。エジプトは親イスラエルだからである。国家間の政治的なつながりが、貧しい人びとの必要を踏みつぶしているのである。

② 計画と実施の透明性を保つ

できるだけ地元の組織を通じて援助を行うこと。関係する政府機関については、不正や腐敗のない、効果的で透明性の高い運営を行うことが大切だ。地元で生まれたNGOに権限を与えることは、市民社会を強化して権力を分散させることにつながる。地方の政府機関を強化することも、地元の政府機関とNGOがプログラムの計画と実施を主体的に推進することにつながり、権力を分散させる効果がある。[136] 同時に、国の政府機関を透明で効果的なものにしていくことも不可欠である。持続可能な開発のためには、国民に必要なサービスや公共財を効率よく提供する政府機構が必要だからである。

③ 貧しい人びとをエンパワーする

開発援助は、力のない者に力を与える援助でなければならない。貧しい人びとをエンパワーするには、多くの場合、土地改革が必要だ。また、ゲイリー・ホーゲンが『イナゴ効果を断つ』［イナゴの害のように貧者を苦しめる抑圧や犯罪を抑止しなければ貧困はなくならないと訴える書[137]］で力強く論じているように、権力者による抑圧を許している政治的腐敗を終わらせなくてはならない。人権侵害に終止符を打たなくてはならない。貧しい人びとが組合などの組織を結成して、社会を形成していく上で影響力を発揮できるようにすることも必要だ。

明らかに、貧困層が力を持つことは、いま権力を握っている抑圧的な腐敗エリート――村、州、国、そして世界のエリート――の地位を脅かす。しかし、貧困層が力をたくわえ、自らの手で自らの運命を切り開くことができるようになって、はじめて依存ではなく正義がもたらされるのである。政府から政府への援助は、貧しい人びとに力を与える開発戦略（土地改革、人権、私有財産権、そして開かれた民主的プロセスの重視など）に合意した国に向けて行われるべきである。

④ 援助提供国の政治的・経済的利害と切り離す

短期的な経済的・政治的配慮が、対外援助の有効性を妨げてきた[138]。援助国にとって地政学的関心のある国に対して援助が行われていることがあまりにも多い。開発援助は、目の前の政治的・経済的関心のためではなく、飢餓と貧困なき地球社会という長期目標のために行われなくてはならない。

大きな問題の一つは、米国の援助のかなりの部分が〝ひも付き〟だということである。特に食料援助の分野でそれが顕著だ。受け取ったお金で米国の商品やサービスを買うことが、援助の条件になっているのである[139]。

２０１２年、米国は約20億ドルの食料援助を行って何百万人もの命を救った。しかし、農業経営者のロビー活動によって、「平和のための米国食料援助《アメリカン・フード・フォー・ピース》」プログラムが提供する食料のほとんどは米国内で生産された食料でなくてはならないという条件がつけられている。だが、たいていの場合、被援助国の国内で生産された作物を購入することも十分可能である。国内で生産された農産物を買えば、途上国の農業支援にもつながるし、価格も平均で30%安く抑えられる。つまり、同じ予算でもっと多くの食料が買えて、もっと多くの命を救うことができるのである。

問題はまだある。米国の海運業者によるロビー活動によって、米国の食料援助の半分は米国の船舶で輸送されることが義務づけられているのである。そのため、援助食料1ドルにつき60セントの輸送量がかかり、現地到着までの日数も余計にかかっている。米国の輸送船でなくてはならないという条件のために、現地到着が6カ月遅れたケースもあった。

このような〝ひも付き援助〟を終わらせても、米国経済の大勢に影響はない。食料援助に使われている農産物は、食料輸出量全体の1％にも満たないからだ。援助食料の船舶輸送量も、総輸送量のごくわずかでしかない。米国の食料援助の効果を高め、より多くの命を救うために、米国市民はこの種の〝ひも付き援助〟をやめるよう議員に要求すべきだ。[140]

⑤持続可能性に配慮する

世界の土壌、水、森林をこれ以上破壊しつづけてはならない。たとえば、先進工業国で見られる資本集約型農業は、開発途上国で推進すべきモデルではないことが多い。農業支援では、現地の実情に合った適切な技術を使い、地球生態系の保全に配慮した労働集約的なアプローチを採用すべきである。[141]

⑥開発途上国の自己決定権を尊重する[142]

米国の対外援助プログラムでは対象国の主体性が尊重されていない。ほとんどの場合、米国から派遣された少数の〝専門家〟が、現地コミュニティに何が必要かを判断し、援助の相当量が議会の特別勘定割当や大統領主導で決定されている。[143] 開発途上国は、それを受け入れるか、不要だと言って断るか、どちらかを選ぶしかない。

援助する側の開発機関は、計画立案から始まる援助の全段階に現地の関係者《アクター》を関与させるべきである。その観点から、特別勘定割当や大統領指令による援助は、大幅に減らすべきだ。「米国政府は、すべての住民（貧しい人びと、社会から取り残された人びと、女性や少女を含む）が開発の優先順位と予算配分を決めるプロセスに参加できるように、開発途上国主導の努力を積極的に推進し、それに投資すべきだ」[144]。支援は、受け入れ国の政府や市民団体を通じて行うべきである。「現地の人びとが支援を活かすための能力を確保し、取り組むべき課題を設定する」ことを標準とすべきである[145]。だが、オバマ政権時代の「未来への糧」イニシアティブは国家主導で進められた。

⑦ 軍事援助を開発援助とは別に計上する

開発途上国支援の予算を定める対外援助法には、軍事援助と経済援助の両方が記載されており、それが米国民を混乱させている場合がある[146]。軍事援助は開発援助とは別に予算計上すべきである。

⑧ 女性と子どもを重視する

貧困は、男性よりも女性に深刻な影響を与えている。女性が貧しいのは、農業改良普及事業から取り残されているからだ。女性農民は、世界で生産される食料の50％以上、アフリカでは80％、アジアでは60％を供給している。それなのに、女性に提供されている農業改良普及サービスは全体の5％にすぎない。また、女性農民が法的所有権を持っている農地は世界の農地のわずか2％にすぎない。

開発援助が女性農民にもっと意識を向ければ、女性たちとその子どもたちの両方が恩恵を受けるだろう。ゲイツ財団が言うように、「女性は男性に比べて、増えた収入を食費や医療費に充てる可能性が高い」からだ。[147]

女性を助けることが、子どもの栄養失調と早すぎる死を減らす効果があるのはそのためだ。最近の研究で、受胎から始まる最初の1000日間が、子どもの生涯の幸福にとって最も重要であることが判明した。そのために何をすべきかもわかっている。妊婦は必要不可欠な栄養素を摂取しなければならない。新生児の母親は、6カ月間は赤ちゃんを母乳だけで育てなくてはならない。幼児には、回虫退治や下痢性疾患の治療が必要であり、ビタミンやミネラルの補給も必要だ。最近の研究で、これらの重要な施策パッケージによって、栄養失調を36%減らせることも判明している。その費用は子ども1人当たりわずか100ドルで足りる。女性とその赤ちゃんに焦点を当てることで、世界の貧困を大幅に減らすことができるのである。

女性を支援することは人口増加の抑制にもつながる。女性の地位向上が人口増加を遅らせるための最良の方法であることを、データが明確に示している。「女子を教育することは、男子を教育することに比べて、子どもの数を減らす可能性が3倍高い」。[148]教育を受けた女性は、学校を卒業するまで結婚や出産を遅らせ、出産する子どもの数を減らすことが多いからだ。貧しい国では、女性の学校教育の年数が1年増えるごとに、乳幼児死亡率は5~10%低下する。[149]

図表17はそのことを鮮明に示している。[150]女性の教育レベルが低い国では、乳幼児死亡率と出生率も高い。教育と、乳幼児死亡率や人口増加率には密接な関係があるのだ。一般的に女性が子どもの世話をすることが多いので、女性が衛生や家族計画について学ぶことで、より良い結果につながる。

図表17　女性の教育水準と乳幼児死亡率および合計特殊出生率の相関

(%)

国	調査年	5歳未満死亡率（出生1000人当たりの死亡数）				合計特殊出生率（出産年齢女性1人当たりの出産数）			
		教育なし	初等教育	中等および高等教育	全体	教育なし	初等教育	中等および高等教育	全体
バングラデシュ	2007	93	73	52	74	3.0	2.9	2.5	2.7
エジプト	2008	44	38	26	33	3.4	3.2	3.0	3.0
エチオピア	2005	139	111	54	132	6.1	5.1	2.0	5.4
ガーナ	2008	103	88	67	85	6.0	4.9	3.0	4.0
インド	2005/06	106	78	49	85	3.6	2.6	2.1	2.7
インドネシア	2007	94	60	38	51	2.4	2.8	2.6	2.6
リベリア	2009	164	162	131	158	7.1	6.2	3.9	5.9
マリ	2006	223	176	102	215	7.0	6.3	3.8	6.6
ニジェール	2006	222	209	92	218	7.2	7.0	4.8	7.0
ナイジェリア	2008	210	159	107	171	7.3	6.5	4.2	5.7
ルワンダ	2007/08	174	127	43	135	6.1	5.7	3.8	5.5
ウガンダ	2006	164	145	91	144	7.7	7.2	4.4	6.7
ザンビア	2007	144	146	105	137	8.2	7.1	3.9	6.2

注：数字は調査年以前の10年間の状況.
出所：*Human Development Report 2013*, p.89.（原注150参照）.

⑨軍事支援を削減する

２０１２年、米国は経済支援に３１２億ドル、軍事支援に１７２億ドルを支出した[151]。軍事支援に向けられた１７２億ドルは、長期的な経済開発に向けられるべきである。貧しい国々に、これ以上たくさんの戦車や弾丸は必要ない。彼らが勝利すべき戦いは貧困との戦いであり、効果的に戦うためにより多くの開発援助を必要としているのである。

国際援助の方法を改善することは、飢餓、貧困、不公正を減らすのに役立つ。だが、いったいいくら援助に回す必要があるのだろう？　世界は重大な選択に直面している。私たちは、世界の貧困削減に向けて前進してきた。しかし、それを継続するためには多額の資金が必要だ。

先に見たように、米国政府が海外開発援助に費やす予算は、総予算の1％にも満たない。第二次世界大戦後の米国は、はるかに寛大だった。1947年から52年までのあいだに、米国はマーシャル・プランの下で、西側ヨーロッパに230億ドル注入した（2014年のドル換算で約1020億ドル）[152]。今日の西ヨーロッパの繁栄を見れば、それが世界で最も成功した援助プログラムの一つであったことが理解できる。

今日の10億を超える貧しい人びとの窮状は、戦争で荒廃した1940年代後半のヨーロッパの人びとの窮状よりも絶望的だ。だが、私たちの富は当時よりはるかに増加しているにもかかわらず、貧しい人びとに与える富の割合は少なくなっている。国際援助のための支出を削減すべきだという政治家の主張も頻繁に耳にする。

冷戦が終わり、ソ連が崩壊したのち、世界の軍事費が劇的に減少すると期待された一時期があった。実際、1987年から98年にかけて大幅な削減が行われた。しかし、同時多発テロがあった2001年9月11日以降、〝テロとの戦い〟が米国の軍事費を大幅に増加させた。13年度、米国は6400億ドルを軍事費に費やした。これは世界の軍事費の実に37％に相当する[153]。そして、米国政府が対外援助のために支出した金額の29倍以上だ。これが米国民が望むバランスなのだろうか。

現在の世界の軍事費は年間1兆7470億ドルであり、世界で最も貧しい10億人の年収合計の約4倍である[154]。アイゼンハワー大統領が何年も前に語った言葉はいまもそのまま通用する。「つくられたすべての銃、進水するすべての軍艦、発射されるすべてのミサイルは、最終的には、食べる物がなく飢えている人びとや、着る物がなく震えている人びとからの略奪を意味する」[155]

国の予算は、教会や家族の予算と同じように、基本的な価値観や優先順位を反映している。私たちはどのような国家的価値観を対外援助や軍事予算に反映させようとしているのだろう？　クリスチャンは、国家予算は貧しい人びとに対する思いやりを反映したものであるべきだと訴え、政治家や同胞市民を説得するために行動しなくてはならない。

より良い世界をめざして連帯する

この章で述べた課題はあまりにも大きく見える。同じ関心を持つほかの市民と力を合わせるとき、はじめて、必要な構造変革を効果的に進めることができる。政策の変更を求めて働いているクリスチャンの組織は数多いが、ここではその中から三つを紹介することにしよう。

ブレッド・フォー・ザ・ワールド（Bread for the World）

貧しい国の飢えを救うためにロビー活動を展開している、全米にネットワークを持つクリスチャンの市民運動団体である。連邦議会の全選挙区に会員がいて、その多くで草の根の地域グループが組織されている。貧困と飢餓に影響を与える政治動向や立法措置に関する最新情報を発信し、会員に対し、電話や手紙や訪問によって政治家に働きかけることを呼びかけている。

ＢＦＷはクリスチャンの団体であることを明確に掲げている。各地の集会では、最初に祈りと聖書の学びの時を持つことが奨励されており、ワシントンＤＣの本部では毎週金曜日の朝に礼拝がささげられる。創設者のアーサー・サイモンをはじめ歴代の会長には聖職経験者が多い。理事会や職員を含め、組織のあらゆるレベルに、カトリック、正教会、福音派、および主流派プロテスタントのスタッフを加えることを意識している。

地域活動を進めるボランティアのリーダーが全国に約2500人いる。1974年に設立され、現在5万人の会員（団体会員として2500の教会を含む）を擁するまでに成長し、その会費と寄付によって組織運営に必要な費用の大部分をまかなっている。5万人の〝ロビイスト〟が各地で活動することで、飢餓に苦しむ人びとのための政策に影響を与えている。長年にわたり、米国と開発途上国の両方で、貧しい人や飢えた人に利益をもたらす多くの法律の制定を促進してきた。

BFWのクリスチャン活動家は現状を変革している。1999年から2000年にかけて、ほかの多くの組織や著名人（たとえばロックミュージシャンのボノ）と協力して、巨額な債務に苦しむ国々（特にアフリカ諸国）のための債務救済運動を成功させた。多くのアフリカ諸国は、欧米諸国への巨額の債務返済のため、教育、医療、貧困削減のための支出を大幅に削減せざるを得ない状況だった。あるアフリカの国の大統領は「借金を返すために子どもたちを飢えさせなければならないのか？」と嘆いた。そこでBFWや何千もの活動家が米国政府に働きかけた。ほかの多くの国でも同じことが起こった。

その結果、20カ国（および世界銀行とIMF）が、実質的に返済不能な債務690億ドルを放棄した。貧しい国々は教育や貧困削減のために年間約40億ドルの資金を得ることができ、「アフリカ全体で2000万人の子どもが学校に通えるようになり、33カ国で、より多くの食料、より良い住宅、より良い医療を手に入れた」のである。[156]

世界銀行のジム・ヨン・キム元総裁は、過去10年のアフリカ諸国の目覚ましい経済発展は、この債務免除プログラムとエイズ対策の成果だと述べた。債務免除協定では、それによって生まれた資金の使い道の検討に市民の組織を参加させるという条件が付けられたため、民主的なプロセスが促進された。[157]

２００３年、ＢＦＷは強力にロビー活動を行い、貧困削減のための新たな国際支援策として「ミレニアム・チャレンジ会計《アカウント》」を設けることを議会に求めた。その結果、貧困解消を目的とする開発援助が20億ドル増額された（前年比33％増）。これは、開発途上国の飢餓、貧困、疾病と闘うための予算としては、過去数十年で最大の増額であった。11年、米国議会において、国内と国際の両方で反貧困プログラムの予算を大幅に削減しようとする動きがあった。このときもＢＦＷが中心となって、多くの組織（たとえば米国カトリック司教会議、ソジャナーズ、救世軍、次に述べるＣＳＡなど）を糾合して削減を阻止するために行動した。努力の甲斐あって、反貧困プログラムのための数百億ドルが守られた。[158]

私たちは政治家に声を届け、貧困削減のためのプログラムを承認し、拡大し、保護するために彼らの背中を押すことができる。よく組織された市民の行動は確かな結果を生むのである。

クリスチャンズ・フォー・ソーシャル・アクション（Christians for Social Action）

信仰・伝道と社会変革を結びつけるために活動している団体。貧困や人種差別など社会正義に関わる問題について情報を提供し、行動を呼びかけている［１９７８年にロナルド・Ｊ・サイダーによってEvangelicals for Social Actionとして発足。２０２０年に名称をＣＳＡに変更した］。

ＣＳＡは社会構造に変化をもたらそうとする運動の中心には、祈りと聖霊の力がなくてはならないと信じるクリスチャンのネットワークである。神は貧しい人びとの神であると信じているので、貧しく抑圧されている人びとに力を与えるために活動している。[159]

ジュビリーＵＳＡネットワーク（Jubilee USA Network）

米国の75以上の組織、４００の信仰共同体、50のグローバルパートナーからなる連合組織。ヨベルの年《ジュビリー》の精神に則り、「世界で最も弱い立場にある人びとに奉仕し、守り、社会参加を促進する」経済の実現をめざして活動している。[160]

このほかにも、公共政策を変えるためのロビー活動をしている組織は数えきれないほど存在する。いくつか名前を挙げておこう（巻末の「関連団体」も参照のこと）。

「企業の社会的責任に関するインターフェイス・センター」（ＩＣＣＲ）は、多国籍企業が貧しい人びと、環境、社会に与えている影響を理解するための情報を提供している。何十年にもわたり、株主の議決権の行使、入念な調査研究、市民の圧力などによって、企業に責任ある行動を求め続けている。[161]

「ネットワーク」（Network）は、平和と正義の実現をめざすカトリックのシスターたちが設立し運営している団体。女性、家族、住宅、移民、民主主義などの分野で発信しているほか、学習や組織化やロビー活動に役立つ資料や情報を提供している。

「連邦法に関するフレンド委員会」（ＦＣＮＬ）は、１９４３年にフレンド派（クエーカー）のクリスチャンが立ち上げた団体で、経済正義、犯罪司法、銃規制、移民・難民、アメリカ先住民、環境・エネルギー、中東・イラン問題、核兵器、戦争・軍備、平和構築などの問題について、ワシントンＤＣで専門的なロビー活動を行っている。

「米国カトリック教会社会開発・世界平和局」は、貧困と正義に関わる問題について幅広く活動し、有益な情報と資料を提供している。

自由と正義の鐘を鳴り響かせよ

この章で私は、経済構造の改革を呼びかけた。共産主義経済が崩壊し、民主的資本主義に内在する欠陥を軽視する慢心の危機にさらされているいま、私たちは、経済というものを徹底的に聖書の視点から検討しなおさなければならない。貧しい人びとを重視する経済学の構築に挑む、聖書信仰に立つ経済学者が求められている。

神学と倫理を専門とする私には、現代の「ヨベルの年」がどのようなものなのか、不完全な考えしか提示できない。しかし、「ヨベルの年」の中心にあるのは、すべての人に生計を立てるのに必要な資本が与えられるような社会と経済の構造であり、そのような構造を神が求めているという事実だ。

私たちは、相互依存を深める世界で、この聖書の原則が貫徹される新たなモデルを見出さなくてはならない。ヨベルの年の現代的モデルを構想し、発展させ、そして実現させることに献身する、新しい世代の経済学者や政治学者の登場を期待し、祈りたい。

歴史あるフィラデルフィアの街に置かれた「自由の鐘」は、世界の貧しい人びとと資源を分かちあうために働く市民の力強い象徴となり得る。この鐘に刻まれた「国中に自由を鳴り響かせよ」という宣言は、ヨベルの年についての聖書の言葉から取られている（レビ記25・10）。それは、負債を抱えて奴隷状態にあるヘブル人に自由を与え、暮らしを支えるのに必要な土地を与えることを約束する言葉だ。

今日、何十億もの人びとが、その機会を強く願っている。聖書の神はいまも、すべての人に公正な暮らしを営む機会が与えられるような、制度化されたメカニズムを求めている。「自由の鐘」に刻まれたヨベルの年の碑文《ひぶん》は、国際経済における正義を高らかに呼び求めている。クリスチャンは、昔の言葉を今日の現実に変えるために自らを献げ、構造改革のために行動する勇気を持っているだろうか。

理解を深めるための質問

①この章は救急車とトンネルのたとえ話から始まる。あなたは、たとえ話の中のどの登場人物に近いか。
②第9章と第10章では、個人や教会にできることを論じた。それだけで十分だろうか。十分でないなら、ほかに何をすればよいだろう。
③聖書の規範は、現代の世俗社会にも当てはまるか。当てはまるとすれば、どこが当てはまるか。
④この章で論じられている構造変革のための提案について、良い点と弱い点は何か。
⑤貧しい国からの輸入に対する貿易障壁を撤廃したら、何が起こるだろう。なぜそれができないのか。
⑥環境汚染を減らすために何ができるか。
⑦この章の議論をふまえて、なぜ簡素な暮らし（第9章）が重要と言えるのだろう。
⑧貧しい国への開発援助は必要か。必要だとすれば、どうすればもっと効果的な援助ができるか。
⑨軍事費を貧困削減のための費用に振り向けるべきだろうか。この提案には、どのような反論があるだろう。あなたはそれにどう応えるか。
⑩世界の構造的変革のために、神はあなたに何をしてほしいと望んでいるだろう。

おわりに――歴史の転換点に立って

私たちは歴史の大きな転換点に生きている。現在のような富の配分をいつまでも続けていてはならないし、続くはずもない。裕福な国の人びとが、与える心を取り戻して市場経済を変革し、万人が地球の恵みを分かちあわなくてはならない。そうでなければ、拡大する一方の経済格差によって、さらに多くの飢えと死、内戦とテロ、戦争が発生するだろう。

この歴史的転換期にあって、私たちは変化を正しく導く者でありたい。イエスに従うなら、世界を変えることができる。従うとは、イエスのように行動するということである。イエスは貧しく抑圧されている者の中に住み、嘆き悲しむ者のために正義を追求した。

今日、イエスが歩んだ道に従うとは、生活を簡素にすることである。教会を、貧しい者を顧みる神を礼拝する集団にふさわしく変え、分かちあう共同体へと一新することである。そして、すべての人にとって公平な社会システムを構築するために、犠牲を惜しまず献身することである。

私たちはそのような与える心と勇気を持っているだろうか。複雑に相互依存する世界で、分かちあいの新しいモデルを提示できるだろうか。社会正義を求める努力の先頭に立つことができるだろうか。

物質主義は蔓延しているが、私は悲観していない。神は常に、その意思を少数の忠実な者の存在を通して実現されるからである。[1] 富む国の中にも、お金や財産、家や土地よりもイエスを愛するクリスチャンは大勢いる。

もし歴史のこの瞬間に、百万人でもいい、富む国のクリスチャンが立ち上り、世界の貧しい人びとと手を携えるなら、世界の歴史に決定的な影響を及ぼすことができるだろう。聖書の導きに従ってどこにでも行く者となるために、私たちは共に闘わねばならない。富と貧困の時代に求められている十字架を背負い、犠牲を払う勇気を祈り求めなくてはならない。

与える心を持つ者になるために、いつでもできる簡単な祈りがある。一分もあれば足りるが、人生を変える祈りだ。毎日、しばし歩みを止め、イエスにこう語りかけるのだ。「貧しい人びとと分かちあうことができるように、貧しい人びとへのあなたの愛を私にお与えください」

私たちは、主イエスが生きていることを知っている。罪と死に対する動かしがたい勝利がすでに起こったことを知っている。飢えと不公正と抑圧を終わらせることが、宇宙の主権者の意思であることを知っている。イエスの復活は、ときに私たちを打ちのめしそうになる圧倒的な悪の力にもかかわらず、最後の勝利がやがて訪れることの保証である。[2] ゆるがざる岩の上に立ち、私たちは不正に満ちたこの世界で、なしうるあらゆる変革を行おう。復活の王が、その輝かしい再臨のときに、勝利の業を完成されるのだから。

謝辞

初版

本書を原稿段階で読んでくれた多くの友人から批判的コメントを頂戴した。Judy Alexander と John F. Alexander、Arthur Simon、Edgar Stoesz、Richard Taylor、Carol Westphal と Merold Westphal に感謝する。経済学が専門ではない私は、特に経済学者である Carl Gambs と John Mason の二人の助力に感謝している。頑固な私は彼らのアドバイスを受け入れなかった箇所もあるので、彼らに結果の責任はない。しかし、彼らの助力と友情に深く感謝する。

Debbie Reumann と Titus Peachey は長時間にわたってタイピングを手伝ってくれた。前半のいくつかをタイプしてくれた Mrs. Anne Allen には、数年におよぶ卓越した秘書的・管理的業務に感謝する。

最後に、第7章の元となった論考を出版してくれた『ＨＩＳ』誌と、本書の一部を公開講座で発表する機会を与えてくれた Ashland Theological Seminary と Emmanuel School of Religion に感謝したい。

書物の思想は書かれる前に生きられねばならない。その真実は、本書において特にふさわしい。それだけに私は、書いた通りの生き方ができていないことを告白する必要を覚える。私の旅は緒についたばかりだ。わずかでも前進があるとすれば、それは妻の Arbutus Lichti Sider に多くを負っている。簡素な暮らしを求め、惜しみなく与え、熱心に試みる彼女は、いつしか私を旅の同伴者にしていた。それなくしては本書も生まれなかったであろう彼女との生活のゆえに、執筆中の助言のゆえに、そしてその愛のゆえに、心からの感謝を妻に捧げる。

第2版

第1章、第2章、第6章、第9章の改訂にあたっては、Calvin College 経済学助教の Roland Hoksbergen から多大な援助を受けた。彼の助力と忍耐に深く感謝する。経済学者である多くの友人が、初版あるいは第2版の原稿に批判的コメントを寄せてくれた。Robert Chase、Carl Gambs、Donald Hay、Carl Kreider、John Mason、George Monsma、Henry Rempel、John P. Tiemstra。提案をすべてそのまま受け入れたわけではないので、私の最終的な記述に納得してくれないかもしれないが、彼らの助言によってテキストを大きく改善できた。

原稿の整理を手伝ってくれた Robin Songer は、時間のない中で、常と変わらない正確な仕事をしてくれた。

第3版

批判的な提案やデータを提供してくれた多くの人に感謝する。John Mason、Nancy Alexander、Stephen L.S. Smith、Tom Sine、Calvin DeWitt、Roland Hoksbergen、Linwood Geiger、Joe Sheldon、Michael Trueblood、Larry Hollar、Bill Ray、Don Reeves、Gil Heebner、Grant Power、and Philip Shea は資料・文献調査に協力してくれた。デジタルに詳しい同僚の Tom McDaniel は環境整備やデータ処理を助けてくれた。Ketly Pierre は長時間のタイピングで助けてくれた。秘書の Naomi Miller は、原稿整理を手伝ってくれただけでなく、私の多様な職務のパートナーとして、いつものように素晴らしいサポートをしてくれた。Mary Beekley-Peacock は、アップデートやいくつかの章の再入力など、全体的な改訂に関わる素晴らしい仕事をしてくれた。これらすべての友人たちに感謝する。

第4版

本書の発行20周年を記念する第4版の制作に協力してくれた多くの方に特別な感謝の意を表する。研究助手のRon Sageは素晴らしい助けを提供してくれた。経済学者のLinwood Geiger、George Monsmaは、長時間かけて原稿を読み、注意深く問題点を指摘してくれた。W Publishing GroupのDavid Mobergは、忙しい中で本書のために時間を割き、骨の折れる編集作業を献身的に進めてくれた。丁寧に原稿を編集してくれたBlue Water InkのJulie Linkとは、仕事が縁で友人になることもできた。

以下の多くの友人が原稿を批判的な目で読んで、重要な提案をしてくれた。Vinay Samuel、Chris Sugden、David Beckman、Marc Cohen、Dick Hoehn、Don Reeves、Andrew Steer、Tim Dearborn、Jim Wallis、Norman Ewert、Rob Van Drimmelen、Arthur Simon、Robert Hadley、Wesley Balda、Janis Balda、Barbara Bouder、Patricia Boyland、Carol Cool、Catherine Kroeger、Arthur Scotchmer、Sheila Scotchmer、Richard Wright、そしてDaniel Schwartz。

大学院のアシスタントであるDavid Kuguru、Chris Hoppe-Spink、Joan Hoppe-Spinkは、原資料の確認作業を行ってくれた。Evangelicals for Social Actionの仲間であるCliff Benzel、Fred Clark、Dwight Ozard、Heidi Rolland-Unruh、Terry Cooper、Keith Pavlischek、Fred Krueger、Stan LeQuireは、貴重な洞察を提供してくれた。アシスタントのNaomi Millerは、いつも変わらない優雅さと処理能力で、多くのさまざまなタスクを進めてくれた。

私と妻にとって変わらぬ誇りである子どもたち三人には、本書のプロジェクトが彼らにもおよぼす負担をともに担ってくれたことに対し、特別な感謝をささげる。36年間の結婚生活を共に歩んできた妻Arbutusには、言い尽くせぬ感謝の気持ちをささげる。

第5版

第1章と第2章の詳細な改訂はRobin Weinsteinが、第8章と第11章の改訂はHelen Orombiが手伝ってくれた。Jim Ballは環境問題を論じた部分の改訂を手伝ってくれた。Chris KloppとJokotáde Agunloyeは最終段階で協力してくれた。Lin Geiger と George Monsma（長年の友人であり、本書の何度かの改訂で経済学に関するアドバイスを提供してくれた）、新しい友人の Sabina Alkire も有益な提案をしてくれた。Bread for the World の何人かのスタッフにも協力していただいた。

21年以上にわたって事務アシスタントを務めてくれている Naomi Miller は、今回も改訂作業を手伝ってくれただけでなく、私の仕事全般がスムーズに進むよう細やかな配慮をしてくれた。

以上すべての人に感謝する。本書に間違いが残っていたとすれば、私の責任である。

第6版

今回も多くの人の協力と助言があった。経済学者の Roland Hoksbergen、Van Weigel、Bruce Wydick は、第8章と第11章をていねいに見直してくれただけでなく、多くの質問に答えてくれた。Bread for the World の Derek Schwabe も質問に何度も答えてくれた。Jim Ball、JoAnn Flett、Paul Niehaus、Stephen Smith、Adam Taylor も多くの質問に親切に答えてくれた。才能豊かな大学院生アシスタントである David Fuller は、広範な調査を行った上に、何度も原稿をタイプしてくれた。37年間教えている Palmer Seminary at Eastern University は、昔も今も働きやすい環境を提供してくれている。

最後に、第6版の完成と時期を同じくして、妻 Arbutus Lichti Sider との結婚53年を祝えることは感謝に堪えない。彼女の知恵と支えと愛は、イエスの次に貴重な神からの最高の贈り物だ。

これらすべての方に感謝する。不十分な記述や間違いがあれば、もちろん、すべて私の責任である。

解説

福音派における社会意識の勃興——ロナルド・サイダーが果たした役割

後藤敏夫

ロナルド・サイダーはアメリカ福音派の良心です。アメリカで「福音派」という呼称は、近年ジャーナリズムにおいて、政治的な意味合いにおいて原理主義的な白人クリスチャン（宗教右派）を指して使われます。とくに2020年の大統領選挙期間中は、福音派クリスチャンの多数が人工妊娠中絶や同性婚に関して伝統的なキリスト教的価値観や道徳を支持しており、トランプ前大統領の有力な支持基盤であることなどが日本でも頻繁に報じられました。

「福音派」とは、「聖書は誤りなき神の言葉である」という聖書観に堅く立ち、イエス・キリストを個人的な救い主として信じる新生体験、それに基づく福音伝道を強調する教団・教派、信仰者の群れを指します。サイダーも聖書とその根本教理の理解においては福音派に属し、人工妊娠中絶に反対するいわゆる「プロ・ライフ」の立場です。しかし、もっぱら中絶に関するだけのプロ・ライフ派とは違い、サイダーは、聖書を神の言葉と信じるがゆえに、キリストの福音への信仰を戦争や社会の貧困問題にまで徹底し、トータルに生命尊重の生き方をしようとします。

　本書の初版がアメリカの福音派の出版社から出たのは1977年のことです。富む国が経済的繁栄を謳歌する一方で、貧しい国で多くの人びとが飢えと貧困に苦しむという、構造的な経済格差とその倫理的問題を聖書の教えに立脚して指摘し、物質主義と消費文明の価値観に染まっていたキリスト教界に大きなセンセーションを巻き起こしました。

　アメリカ福音派の『クリスチャニティ・トゥデイ』誌は、本書を20世紀において最も影響力を持つ宗教書の一冊に選んでいます。多数の言語に翻訳され（部分訳も含めれば9カ国語）、アメリカでは50万部以上が売れたと言われます。それとともに本書は、宗教右派を中心とする人々から「聖書的検証に耐え得ない粗悪な神学、粗悪な経済学」、「罪意識を操作する」といった強い批判や反発を受けました（そのことについては後述します）。

　初版刊行から40余年、激動し変遷する時代の中で、サイダーは事実や理論の認識に修正と改善を加えつつ改訂を重ね、2015年に改訂第6版を出しました（今回邦訳されたのはその最新版の全訳です）。本書が版を重ねて来た経緯は、サイダーが決してブームに乗った書き手ではなく、彼の著作が主イエス・キリストに従って変容する彼自身の生涯の巡礼の旅から生み出されていることを物語っています。

　サイダーは多くの本を書いていますが、いずれも神学教授の書斎の営みの産物ではなく、彼の生涯にわたるキリスト者としての生き方に重なっています。サイダーの信仰の伝統に今なお流れる簡素な生き方や実直で素朴な霊性が、彼の預言者的メッセージの中核にあるように思われます。

　ロナルド・サイダー（1939年生まれ）は、福音派の中でも少数派に属するアナバプテスト（再浸礼派）

の伝統で信仰を育まれた人で、80歳を超える高齢ですが、つい最近まで神学校の名誉教授として教壇に立ち、現在も「メノナイトの農夫」であることを自認し、精力的に活動しています。宗教改革左派とも言うべきその伝統においては、平和主義と、徹底して主に従うことが大切にされ、サイダーも一貫してその信仰を生きてきました（今日メノナイトの名を持つ教団・教派が、必ずしも彼らの始祖たちの平和主義を徹底しているとは思えない中で）。

サイダーは、福音派の学生伝道団体であるインターバーシティ・クリスチャン・フェローシップ（ＩＶＣＦ）（日本では「キリスト者学生会」ＫＧＫ）での働きを続けながら、１９６０年代の終わりにエール大学で修士（神学）、博士（歴史学）の学位を得ています。サイダーが大学のキャンパスで過ごした60年代後半は、公民権運動、ベトナム反戦運動、カウンターカルチャーの時代で、若き日に強い影響を受けた本の一冊に『マルコムX自伝』（中公文庫）を挙げています。

一般の大学で西洋史を教えることを期待されていましたが、１９６８年、信仰的召命に促されてペンシルベニア州フィラデルフィアのインナーシティ（都心部の、当時は黒人貧民街）に新しく開設されたアナバプテストの伝統に立つメサイア・カレッジで教える道を選びます。本書の初版出版が77年ですから、著者サイダーの心と目には、郊外の豊かな白人の福音派教会を意識しながら、近隣の人種差別や貧困の問題に関わって生きたほぼ10年の黒人貧民街での生活体験が色濃く反映していると思われます。

しかしサイダーは、福音派の社会意識の荒野に叫ぶ孤独な声ではありませんでした。60年代後半の公民権運動、ベトナム反戦運動を経て、福音派の中に社会意識に目覚めた新しい世代（ヤンガー・エヴァンジェリカルズ）が生まれつつありました。

本書初版が世に出る4年前の1973年、約40名の福音主義者がイリノイ州シカゴに集い、「福音派の社会的関心に関するシカゴ宣言」を出します。シカゴの一般紙は、将来の教会史家はこの宣言のことを「教会史における最も重要な出来事」と記すだろう、と報じています。この会議の参加者の中には、カール・ヘンリー、フランク・ゲーベライン、ヴァーノン・グラウンズといった旧い世代の福音主義者、そしてロン・サイダー、ジム・ウォリス、ジョン・パーキンス、リチャード・モウ等のより若い世代の福音主義者がいました。この動きは、サイダーをはじめとする会議関係者による団体、「社会的行動のための福音主義者」（ESA: Evangelicals for Social Action）の設立につながります。

「シカゴ宣言」に表された福音派の良心の声は、その翌年の「第1回ローザンヌ世界宣教会議」に、世界の福音派へのメッセージとして結実しました。1974年、アメリカのビリー・グラハム、イギリスのジョン・ストット等を主催者にして、世界150カ国からの3700人の福音派の指導者たちがスイスのローザンヌに集い、世界宣教のための歴史的会議を行いました。

その会議で採択された「ローザンヌ誓約」の第5項「キリスト者の社会的責任」は福音派における画期的な文書です。そこでキリスト者の使命として、狭い意味での伝道だけでなく、「われわれは、伝道と社会的政治的参与の両方が、ともにキリスト者の務めであることを表明する」と宣言されたのです。

それ以降、世界各地の福音派は、社会や政治の問題に積極的に取り込むようになりました。日本の福音派においても、その実態や内実はともかく、それまでは口にされなかった社会正義や平和といった言葉が普通に語られるようになり、社会的責任ということがほぼ市民権を得たと言えます。

「ローザンヌ宣言」第5項の背景には、社会意識に目覚めたアメリカやヨーロッパの若い福音主義者たちの声だけでなく、アジア、アフリカ、ラテンアメリカの解放の神学が生まれた現場で神学していたいわゆる第三世界（3分の2の世界。低開発国）の福音主義者や、そこで同じ宣教の課題を生きていた欧米からの宣教師の声があり、それを受けとめたジョン・ストットという指導者の存在がありました。第三世界の福音派の神学者たちは、欧米の価値観やイデオロギーに支配されていた福音派の聖書の読み方（神学）や生き方（価値観）に、南半球の生活と宣教の現場から鋭い問題を提起し、地球の南北に生きるキリスト者の間に聖霊の交わりによる神学的な対話が始まりました。

ローザンヌ以降、福音派において、多様な社会問題を扱った雑誌や書物が次々に発行されました。それは個人の研究の成果というよりも、キリスト者の交わりから生み出されたもので、日本の若い福音主義者であった私の目には、あたかも不毛の荒野に、突然のように泉が湧き出し、さまざまな花が咲いたように映りました。

しかし、ローザンヌ以降、福音派全体の社会意識がすぐに開花したわけではありません。アメリカでESAが全国組織として発足したのは1978年で、74年から76年までは「シカゴ宣言」関係者で年に一度の例会があっただけだとサイダーは書いています。

後にESAのスタッフになった人が、70年代初めに福音主義のホイートン大学に入学した際の興味深いエピソードを語っています。ベトナム戦争に反対し、公民権運動を支持する彼を見て、学友たちは彼はクリスチャンではないと判断して、学生寮の部屋に訪ねてきてキリストに導こうとしたというのです。

そういう福音派の社会意識の荒野に本書が与えた衝撃は計り知れません。私の目に荒野に泉が湧き出したように見えたのが70年代終わりから80年代初めであったとすれば、サイダーによる本書の出版は、「シカゴ宣言」から「ローザンヌ誓約」に至る地下水を、アメリカ福音派から世界の福音派に溢れ出る目に見える流れにしたとも言えます。

サイダーはその後も、世界の福音派の中で社会的責任を担う証言者の最前列を歩み、隣人愛を荒野に根づかせるためのネットワークづくりの中心であり続けています。

私は経済学者でも南北問題や地球環境問題の専門家でもないので、本書でサイダーが提示している克明なデータの妥当性や、それに基づく論述の是非は判断できません。しかし、サイダー自身がそうした分野の専門家としてというよりも――専門家の声に耳を傾けつつ絶えず自説を修正しながら――隣人愛に生きるために本書を書き、6版まで改訂を重ねてきました。

私が心打たれるのは、生涯変わることなく持続するサイダーの信仰の息づかいや心の鼓動です。どのような分野で社会的発言や行動をするにせよ、彼は一貫して忠実なキリストの弟子として生きてきました。また、この時代に遣わされた主の預言者として、危機感で人心を煽るようにではなく、主の体である教会に仕える謙遜な姿勢で、決して律法的ではない牧会的とも言える心遣いで語っていることに共感と喜びを感じます。

本書（初版）におけるサイダーの分析や提案に関して「現実を知らない理想主義者」という批判がありました。引用される多くの聖句については「聖書の言葉の誤用」という批判もありました。しかし、そういう批判には――本書を読んで私自身の心がまず最初にそう動くように――見たくない現実や価値観の転換を突きつけられた者の自己保身や自己正当化があるように思えてなりません。「現実を知らない」と批判するならば、（サイダーもそれを望んでいるように）より正確なデータに基づいて、経済や政治について建設的な議論を展開すべきでしょう。

サイダーに対する批判や福音派内における多種多様な神学的議論を思うと、汚れた霊に取り憑かれた子をめぐる律法学者とイエスの弟子たちの議論（マルコ9章）や、生まれつきの盲人のいやしをめぐるパリサイ派の安息日論争（ヨハネ10章）を思い起こします。議論は神学的な正統性をめぐって自己保身的になされますが、肝心の苦しむ子は書斎やセミナーハウスの外に放っておかれたままです。あるいは、長年の苦悩がいやされ、見えるようになった人にはとりわけ関心がありません。

教理や神学の正統性をめぐる議論は大事です。しかし、それでは貧困や施しをめぐるサイダーの主張は聖書の教えとは違うと批判する人々が、その正しい聖書理解に基づいて、キリストの愛をもって貧しい隣人たちに向き合っているでしょうか。「彼がこう言ったのは、貧しい人々のことを心にかけていたからではない」（ヨハネ11・6）ということにならないでしょうか。

福音派が、隣人愛をないがしろにすることにおいてパリサイ派に近いかもしれないという不安を、私は自分自身に対して持ちます。福音派は、自らが正しいと信じる聖書理解によって他者を否定したり、自分たちの正統性を誇示したりするのではなく、「愛の実践を伴う信仰」（ガラテヤ5・6）によって、自分たちの信じる福音を行動によって証しする必要があるのではないでしょうか。

本書において、現在の私にとって重要と思えるのは、隣人愛に生きることにおいて、サイダーが具体的例を挙げて教会共同体の役割を語っていることです（第10章）。

サイダーが言うように、この世を支配する者の霊は、個人の心を罪の奴隷としているだけでなく、闇の世の社会構造を構築しています。パウロが語る「支配と権威」（エペソ6・12）は、欲望を駆り立てる悪の霊による社会の仕組みを指します。聖書全体は、ある意味で、悪魔が構築するバビロンに象徴されるようなこの世の共同体と、そこから召し出されて神の贖いのみこころを生き、そこに諸国の民を招くように世に遣わされる神の民の共同体の二都物語です。

この贖いの物語は、イエスの十字架と復活によって世から脱出する共同体（キリストの体としての教会）を形成する聖霊の新しい創造という神の業において完成します。そのクライマックスが、ヨハネの黙示録に預言されている、（当時で言えば）ローマ帝国というバビロンに対峙する小羊の王国（共同体）であり、歴史の究極的な終末に訪れる「新しいエルサレム」という、キリストの花嫁である聖徒の交わり（共同体）です。その日に至るまで、神の民は、地上を歩まれたイエスと同じように、この世にありながらこの世に属さない、「世にあっては旅人であり寄留者」（ヘブル11・13）としてこの世界を生きます。

しかし、現在の福音派の信仰は、ある人が「お一人さまキリスト教」と言ったように、個人主義化し、教会は罪を赦され天国行きの切符を手にした一人ひとりの待合室になっています。私たちは、愛し合って世に仕える最初期の教会の姿から遠く離れてしまいました。

かつてソージャナーズ・コミュニティ（寄留者共同体）のジム・ウォリスが「この生活共同体に属することで、私たちは背後にスイス銀行を持っているよりも安心を感じている」と語っていました。生活共同体の存続が容易ではないことは、多くのコミューンの歴史が物語っています。サイダーも書いているように、すべてのクリスチャン共同体がコミューンという生活のかたちをとらなければならないとは言えません。しかし、もし私たちの生活の究極の基盤や保証がこの世の経済の仕組みにあるとすれば、突き詰めるところ隣人愛に生きることは難しいことです。「私たちにも生活がある」ということが最後の言葉になってしまうからです。

私たち神の民は、この世から出て行くことはできませんし、逆にそこに遣わされている存在ですが、そこで私たちの生きる軸足がキリストにあって互いに愛し合うことによって世に仕える信仰生活共同体にあることは――世の「支配と権威」（社会構造）とは異なる「国と力と栄え」（神の国）に生きる具体的な構造を持った信仰共同体にあることは――決定的に重要なことだと私には思われます。端的に言えば、お金（マモン）に関する思い煩いを主に委ねられるということです。

福音派における社会意識の勃興ということを振り返って思うとき、それは、イエスやパウロが宣べ伝えた神の国の福音（マルコ1・15、使徒28・31）の再発見ということに結びつきます。ハワード・スナイダーは著書『神の国を生きよ』（あめんどう）で「北アメリカの教会では様々な理由から、神の国についての福音がほとんど語られてこなかった」と書いています。これを、「北アメリカの宣教師によって建てられた日本の福音派の教会では、神の国についての福音がほとんど語られてこなかった」と言い換えることもできます。

同書の「まえがき」には、長く米国上院のチャプレンであった福音派のリチャード・ハルヴァーソンの次ような言葉が引用されています。「私は、福音主義がはなはだ巧妙なかたちをとった世俗化という病気に感染しているのではないかと懸念している。それはハリウッドやマディソン・アベニューで見られるような世俗化である。……私たちは、この世で価値あるものが、数量やお金で換算できるものでしかないように振る舞っている。私たちはいまだに神の国の民になっていないのだ」

私たちは、ハルヴァーソンが上院チャプレンであった80年代初頭から90年代半ばを経て、21世紀を迎えています。その間に福音派における世俗化感染症はさらに拡大して、もはや自らの病にさえ気づかない症状にあるように思えます。

「福音とは何かなどということは改めて教えられるまでもない。自分たちこそが正しく福音を理解している者たちである。問題はどれだけ多くの人々に有効に福音を伝えるかにある」と福音派は考えてきました。そういう中で、さまざまな目先のイベントや、その時々の伝道方法や成功のビジョンを追い求めながら、いつの間にか、教会のビジョンと神の国のビジョンとの間に乖離が生じ、福音主義の真正なルーツからも離れつつあるのに、それに気づかないでいるのではないでしょうか。もっと身近な言い方をすれば、忠実な教会員になることと、神の国の価値との間にずれが生じてきてはいないでしょうか。

2020年にESAは、E（福音派）をC（クリスチャン）に変え、CSA（Christians for Social Action）と名称を改めました。現代社会の課題と活動が狭く福音派におさまらないということもあったでしょうが、それ以上に「福音派」という呼称があまりに政治的色合いで宗教右派に結びつくようになったからだとサイダーは語っています。

1999年、著名な牧師であるジョン・マッカーサーなどを中心にして、社会正義に傾斜する福音派に対して、聖書的福音信仰の立場から苛立ちにも似た非難の声明が出されました。サイダーはそれに対し、福音派として聖書の権威と伝道の重要性を大切にすることには同意した上で、その声明に連なる人々が男性のみであること、また彼らに人種差別に対する悔い改めがなく、むしろそれを擁護していること（そして、おそらくはアメリカの戦争にも沈黙していること）に深い憂慮を示し、社会正義は神の国の福音とその宣教の一部であると語っています。

本書に語られていることは、キリスト教社会倫理の課題ではなく、クリスチャンが何のためにキリストの十字架で罪を赦され救われたのかということ、すなわち、キリストに似た者とされるために「愛の実践を伴う信仰」に生きるという、福音そのものの理解に関わることなのです。

本書の最初の日本語版（原書第2版の抄訳）は1989年に、今回と同じ御立英史さんの訳で『飢えの時代と富むキリスト者』という邦題で聖文舎から出版されました。当時、この本が福音派ではない、いわゆる主流派の出版社から発行されたことに意外の感を抱いたことを記憶しています。

21世紀の世界と日本の教会にとって重要な意味を持つロナルド・サイダーの本を、正確な翻訳と細やかな編集の心遣いをもって手渡して下さったあおぞら書房の御立英史さんに感謝します。私たちの時代が一つの円環を閉じ、新たな信仰的出発に促されている思いがします。

（日本キリスト召団・恵泉四街道教会牧師）

訳者あとがき

本書はRonald J. Sider, *RICH CHRISTIANS IN AN AGE OF HUNGER*, 6th Edition, 2015の全訳です。1977年に初版が発行され、40年以上読み継がれているロングセラーです。米国のキリスト教有力メディア『クリスチャニティ・トゥディ』誌は、本書を「20世紀に出版されたキリスト教書ベスト100」（後半の50年ではベスト10）、「社会正義を訴えるキリスト教書ベスト5」に選んでいます。

第2版の翻訳が『飢えの時代と富むキリスト者』（拙訳、聖文舎刊）として1989年に出版されていますが、絶版になって久しいため、内容も分量も大幅に強化された第6版を底本として、今回新たな翻訳出版の運びとなりました。日本語タイトルは内容に鑑みて『聖書の経済学』としました。

著者については後藤敏夫先生の解説が詳しいのでここでは触れませんが、その生き方から、「行動する神学者」あるいは「現代の預言者」という言葉が思い浮かびます。預言者とは、もちろん未来を言い当てる人のことではなく、聞く者にとって耳の痛い正義を叫ぶ人のことです。

耳の痛い指摘に対し、米国では出版当初から相当な批判がありました。本書にはそうした批判の一部とそれに対する著者の応答が記されています。改訂のたびに、経済学者の知見と助言を取り入れて議論の精度を高める努力をしてきたことが謝辞からもうかがえます。

本書は、第1部が現状報告（貧困国と裕福国）、第2部が聖書の経済原則（本書の中核）、第3部が貧困と格差の原因分析（構造的不公正とその根底にある人間の罪）、そして第4部が現状改革のための行動の呼びかけ（個人、教会、経済政策）というわかりやすい構成になっています。

経済は変化が激しく、2015年に出版された本書のデータの一部（おもに第1部）はすでに古くなっていますが、憂慮すべき趨勢に大きな変化はありません。目に見える事象は変わっても、根底にある社会構造の問題は変わりませんし、聖書の原則は数千年前から不変です。コロナ禍で貧富の格差がさらに拡大し、貧困がいま以上に死に直結する事態となったいま、本書の重要性はいっそう高まったと言えるでしょう。

翻訳を終えたいま、頭と心にいちばん残っているのは、「まじめに働けば人間らしい暮らしができ、所属する共同体の一員として胸を張って生きられる、そのために必要な資源をだれもが手にすることができる経済こそ、聖書が指し示している経済だ」というシンプルな定義と、「神は人間の社会を評価するとき、その社会が最も貧しい人びとをどう扱っているかを見て評価する」という言葉です（いずれも本書3ページ）。後者については、「国の価値は、最も貧しい人びとがどう扱われているかで測られる」と読み替えれば、クリスチャンでなくても同意できる指摘ではないでしょうか。

聖書に、孤児、みなし子、寡婦、やもめ、寄留者（一時滞在の外国人）といった言葉が何度も繰り返し書かれていることにも改めて強い印象を受けました。古代イスラエルの律法が、そうした人びとの境遇に配慮し、なんとか助けようと手を差し伸べるものであったことも理解できました。

その観点から、現在の日本はきわめて問題が多いと言わざるを得ません。だれか特定の人間（政治家や権力者）を非難してすむ話ではなく、私たち一人ひとりの生き方が問われています（もちろん関与の度合いによって責任の大小はありますが)。不正な社会構造の中で生きていながら生き方を改めず、制度を変えるために行動を起こさないすべての人に罪がある、知らなかったという言い訳は許されない、と著者は厳しく指摘しています。

そこまで言い切れるのは、著者が書いている通りの生き方を貫いているからにほかなりません。それがはっきり表れているのが累進的献金のくだりです(266ページ)。献げる人生の徹底ぶりに驚く人が多いのではないでしょうか。この実践を読んで私は、イエスの前から立ち去った金持ちの青年とは自分のことであると思わざるを得ませんでした。

個人の経済をここまで語っていることにも驚かされます。プライバシー尊重の文化の中でも、経済に関する事柄は上位に属する個人情報です。しかし考えてみれば、そこをあいまいにしたままでは真の分かちあいは実現しません。その点で、物質主義と個人主義にからめとられ、分かちあうことを忘れた教会にとって、著者の言葉は耳に痛いことでしょう。

ここで「教会」とは、〝キリスト教国〟である米国の教会のことです。クリスチャンが圧倒的マイノリティであり、教会の経済基盤も米国とは比較にならないほど脆弱な日本の教会に、本書が説く「聖書の経済学」をそのまま適用することはできませんが、原則は変わりません。日本のクリスチャンは、マイノリティであっても、それを理由に差別されたり身体的危害を加えられることはありません。しかし、日本にはそのような状況に押し込められているマイノリティの人びとがいます。見えないのは見ようとしないからだという著者の言葉は、日本にいる私たちにも確かに向けられています。

『飢えの時代と富むキリスト者』出版の数年後のクリスマス・シーズン、私はフィラデルフィアのサイダー博士の家を訪ねて泊めていただきました。インナーシティに住み、簡素な暮らしを実践したことが本書に書かれていますが、実際、その通りの住まいと周辺環境でした。

サイダー博士は二男一女の父親です。泊めてもらった夜、息子さんの一人と娘さんが、近所に住む一人暮らしの高齢の婦人を訪ねるというので、私も同行させてもらいました。自家製のケーキを持参したのは、孤独な暮らしを少しでも慰めたいという思いからだったのでしょう。「病気のジェーン・ブラウンさんの家を訪ねて、夕食の準備を手伝ってあげましょうか」（302ページ）というくだりを訳していて、その訪問のことを思い出しました。フィラデルフィア在住の預言者は心やさしい預言者でした。

余談ですが、『四次元主義の哲学』（春秋社）の著者セオドア・サイダーは、サイダー博士のご子息です。あの晩、一緒に老婦人宅を訪問したのが少年時代の哲学者だったのか、もう一人の息子さんのほうだったのかは残念ながら記憶にありません。

解説を書いてくださった後藤敏夫先生とは、サイダー博士の来日公演会（１９９０年）で出会いました。本書が説く分かちあう人生を実践しておられるだけでなく、社会問題に関して行動するキリスト者の神学と実践にも通じておられ、価値ある解説文を寄せていただきました。翻訳面でも多くのことをご教示いただいたことに感謝します。

知識（聖書と経済学）においても、信仰においても、そして何より生き方において、まったくふさわしくない者が翻訳に乗り出すことに躊躇がありましたが、その思いは断ち切りました。翻訳を終えたいま、著者が人生をかけて書き上げた本書が、一人でも多くの方の手と心に届くことを願っています。

（御立英史）

人名さくいん

タ

ナ

ハ

マ

事項さくいん

さ

た

な

は

ま

外国語さくいん

聖書箇所さくいん

旧約聖書

新約聖書

マタイの福音書

マルコの福音書

ルカの福音書

ヨハネの福音書

使徒言行録

原注

第1章　餓えと貧困に苦しむ人びと

1. "Iracema' s Story," *Christian Century*, November 12, 1975.
2. "Committing to Child Survival: A Promise Renewed 2013 Progress Report," United Nations Children' s Fund (UNICEF), (September 2013), 4.
3. Robert L. Heilbroner, *The Great Ascent: The Struggle for Economic Development in Our Time* (New York: Harper & Row, 1963), 33–36.
4. "Poverty and Equity Data," The World Bank, http://povertydata.worldbank.org/poverty/home/ (最終更新2013.4.12, (最終アクセス2014.4.18). 数字は2010年時点.
5. "PovcalNet: the on-line tool for poverty measurement developed by the Development Research Group of the World Bank," http://iresearch.worldbank.org/PovcalNet/index.htm (更新2013.4.12). 数値は2010年の推計. 世界の貧困人口24億人は世界人口69億人 (2010年) の34.7%に相当する. 世界人口はhttp://www.prb.org/Publications/Datasheets/2010/2010wpds (最終アクセス2014.2.18) より.
6. "Committing to Child Survival: A Promise Renewed 2013 Progress Report," United Nations Children' s Fund (UNICEF), (September 2013), 4.
7. K. von Grebmer, et al, *2013 Global Hunger Index: The Challenge of Hunger: Building Resilience to Achieve Food and Nutrition Security*, (Bonn, Washington, DC, and Dublin: Welthungerhilfe, International Food Policy Research Institute, and Concern Worldwide, 2013), 11.
8. *Poor Economics* (New York: Random House, 2013), xii. 2005年の数字であり, 住居費が計算に入っていないが, 貧困の深刻さが理解できる.
9. Bread for the World Institute (BFWI), *2014 Hunger Report* (Washington, DC: Bread for the World Institute, 2013), 152.
10. BFWI, *2013 Hunger Report*, 34.
11. United Nations Development Program (UNDP), *Human Development Report 2013: The Rise of the South: Human Progress in a Diverse World* (New York: United Nations, 2013), 12.
12. 前掲書, 23.
13. 前掲書, 26.
14. 前掲書, 23.
15. 前掲書, 26.
16. 前掲書, 13.
17. 前掲書, 46.
18. GDPで測った成長率. World Bank national accounts data, およびOECD National Accounts data files. データはWorld Development Indicators online databaseより. http://povertydata.worldbank.org/poverty/home/ (最終アクセス2014.2.27).
19. UNDP, *Human Development Report 2013*, 56.
20. Klaus von Grebmer, et al. *2012 Global Hunger Index* (Bonn/Washington, DC/ Dublin: IFPRI/ Concern Worldwide/Welthungerhilfe and Green Scenery, 2012), 3.

21. BFWI, *2013 Hunger Report*, 194. 2001年の数字は以下より. Food and Agriculture Organization, *The State of Food Insecurity in the World 2003* (Rome: United Nations, 2003), 6.
22. 2001年の数字は以下より. Food and Agriculture Organization, *The State of Food Insecurity in the World 2003* (Rome: United Nations, 2003), 31–32. http://www.fao.org/3/j0083e/j0083e00.htm. 1970年と80年の数字は以下より. BFWI, *Hunger 1995*, 10–15; BFWI, *Hunger 1997*, 15.
23. BFWI, *2013 Hunger Report*, 190, 193.
24. 前掲書, 13.
25. Abhijit V. Banarjee and Esther Duflo, *Poor Economics* (New York: Random House, 2013), 1.
26. World Bank, "How We Classify Countries," http://data.worldbank.org/about/country-classifications (最終アクセス2014.2.27). 金額は概算推計値であり, 後に修正される可能性があることに注意. 国の分類は年に1回決定されると, その後に1人当たりGNI推計値が修正されても固定されたままである. http://data.worldbank.org/news/new-country-classifications. GNI (国民総所得) は居住者 (企業や個人) が国内外で1年間に得た所得の合計. GDP (国内総生産) に居住者が海外で得た所得 (企業収益, 従業員報酬, 投資配当など) を加えたもの. より詳しくは以下を参照. http://data.worldbank.org/indicator/NY.GNP.PCAP.CD/countries.
27. World Development Indicators, "Population Dynamics," http://wdi.worldbank.org/table/2.1 (最終アクセス2014.4.18).
28. World Development Indicators, "GNI per capita, Atlas method (current US$)," http://data.worldbank.org/indicator/NY.GNP.PCAP.CD/countries (最終アクセス2014.2.27).
29. World Bank Health Nutrition and Population Statistics. データは以下より取得. World Development Indicators online database, http://data.worldbank.org/ (最終アクセス2014.2.27).
30. 2010年の推計値. World Development Indicators, "Education Statistics – All Indicators," http://data.worldbank.org/ (最終アクセス2014.2.27).
31. World Development Indicators, "Population Dynamics," http://wdi.worldbank.org/table/2.1 (最終アクセス4.18).
32. World Development Indicators, "GNI per capita, Atlas method (current US$)," http://data.worldbank.org/indicator/NY.GNP.PCAP.CD/countries (最終アクセス2014.2.27).
33. World Development Indicators, "Population Dynamics," http://wdi.worldbank.org/table/2.1 (最終アクセス2014.4.18).
34. World Development Indicators, "GNI per capita, Atlas method (current US$)," http://data.worldbank.org/indicator/NY.GNP.PCAP.CD/countries (最終アクセス2.27).
35. World Development Indicators, "Population Dynamics," http://wdi.worldbank.org/table/2.1 (最終アクセス2014.4.18).
36. World Development Indicators, "GNI per capita, Atlas method (current US$)," http://data.worldbank.org/indicator/NY.GNP.PCAP.CD/countries (最終アクセス2014.2.27).
37. World Bank national accounts dataおよびOECD National Accounts data files. 数字はWorld Development Indicators online databaseののデータを元に著者が算出. http://databank.worldbank.org/data/home.aspx (最終アクセス2014.3.24).
38. World Bank, *World Development Report 1990* (Washington, DC: World Bank, 1990), 8, table I.I.
39. World Bankはこの地域の集計を2009年に停止した.
40. World Bank national accounts dataおよびOECD National Accounts data files. 数字はWorld

Development Indicators online databaseのデータを元に著者が算出. http://databank.worldbank.org/data/home.aspx (最終アクセス2014.3.24).

41. James Brooke, "Brazilians Vote Today for President in a Free and Unpredictable Election," *New York Times*, November 15, 1989.
42. BFWI, *2013 Hunger Report*, 44. それでも2009年, 人口の20%に当たる富裕層上位20%がブラジル全体の所得の58.6%を得たのに対し, 3倍の人数となる下位60%が得た所得は22.4%でしかなかった. World Bank, World Development Indicators: Brazil," http://povertydata.worldbank.org/poverty/country/BRA (最終アクセス2014.4.9).
43. World Bank national accounts dataおよびOECD National Accounts data files. 数字はWorld Development Indicators online databaseのデータを元に著者が算出. http://databank.worldbank.org/data/home.aspx (最終アクセス2014.4.9).
44. World Bank, Development Research Group. データは政府統計機関や世界銀行の国別部門から入手した家計調査データに基づく. http://povertydata.worldbank.org/poverty/home/ (最終アクセス2014.2.27).
45. World Bank, Poverty and Inequality Database,http://databank.worldbank.org/data/home.aspx (最終アクセス2014.3.24).
46. BFWI, *2013 Hunger Report*, 20.
47. BFWI, *2014 Hunger Report*, 153.
48. W. Stanley Mooneyham, *What Do You Say to a Hungry World?* (Waco, TX: Word, 1975), 38–39. 収入や診察料の数字は現在の額ではないが, いまも世界では何億もの人がこのような貧困に苦しんでいる.
49. Lester R. Brown, *In the Human Interest* (New York: Norton, 1974), 55–56.
50. エイズの蔓延も飢餓の一因となっている. 以下を参照のこと. Alex de Wool and Alan Whiteside, "New Variant Famine: AIDS and Food Crisis in Southern Africa," *Lancet* 362 (October 11, 2003) : 1234–37.
51. World Bank, World Development Indicators, http://data.worldbank.org/indicator/SH.DYN.MORT/countries/XM-XD?display=graph (最終アクセス2014.4.9).
52. UNICEF, "Committing to Child Survival," 19.
53. BWFI, *2013 Hunger Report*, 5.
54. K. von Grebmer, et al, 2013 Global Hunger Index, 13.
55. WHO, UNICEF, & World Bank, *State of the World Vaccines and Immunizations*, (Geneva, World Health Organization, 2009),10. 以下よりダウンロード可能. http://whqlibdoc.who.int/publications/2009/9789241563864_eng.pdf?ua=.
56. *Child of the Dark: The Diary of Carolina Maria de Jesus* (New York: Dutton, 1962), 42.
57. Mooneyham, *What Do You Say to a Hungry World?*, 191.
58. Donald Hay, *Economics Today* (Leicester: InterVarsity, 1989), 257.
59. World Bank, World Development Indicators, http://data.worldbank.org/indicator/SE.ADT.LITR.ZS/countries/IN-PK?display=graph. Latest available figure (最終アクセス2014.4.9).
60. UNESCO Institute for Statistics. データは下記より. World Development Indicators online database, http://databank.worldbank.org/data/home.aspx (最終アクセス2014.4.9).
61. "The Millennium Development Goals Report, 2013" United Nations, 17. 以下よりダウンロード可能. http://mdgs.un.org/unsd/mdg/Resources/Static/Products/Progress2013/English2013.pdf.
62. ユネスコ統計研究所 (UIS). 数字はWorld Development Indicators online databaseから得

たデータを元に著者が計算. https://databank.worldbank.org/home.aspx (最終アクセス2014.4.9).
63. "The Millennium Development Goals Report, 2013," 34.
64. World Bank, "2.21 World Development Indicators: Mortality," http://data.worldbank.org/indicator/SP.DYN.IMRT.IN (最終アクセス2014.4.10).
65. 前掲書
66. 前掲書
67. World Bank, "Highlights: World Development Indicators, 2014," 10.
68. WHO (世界保健機関), Global Health Observatory Data Repository, https://apps.who.int/gho/data/node.main (データ抽出2014.6.7).
69. "Committing to Child Survival: A Promise Renewed 2013 Progress Report," UNICEF, September 2013, 4. 下痢は安価で効果的な治療が可能だ. 肺炎はそれよりは治療や予防に費用がかかるが, WHOが計画を立案している. "Immunization Highlights 2008–2009," WHO, November 2010, 13を参照. 以下より入手できる. http://whqlibdoc.who.int/hq/2010/WHO_IVB_10.11_eng.pdf?ua=1.
70. World Health Organization, Global Health Observatory Data Repository, http://apps.who.int/gho/data/node.main (データ取得2014.6.7).
71. Poverty-Environment Partnership, "Linking Poverty Reduction and Water Management," 40 (更新2008.11). https://www.who.int/water_sanitation_health/resources/povertyreduc2.pdf?ua=1. 投資額とそれによって得られる経済的利益は次を参照. G. Hutton and L. Haller, *Evaluation of the Costs and Benefits of Water and Sanitation Improvements at the Global Level* (Geneva: World Health Organization, 2004), 26, 34. https://www.who.int/water_sanitation_health/wsh0404.pdf.
72. "Weight Loss Market in U.S. Up 1.7% to $61 Billion," PRWeb, April 16, 2013, http://www.prweb.com/releases/2013/4/prweb10629316.htm (最終アクセス2014.4.10).
73. BFWI, *2013 Hunger Report*, 5.
74. Mooneyham, *What Do You Say to a Hungry World?*, 191.
75. *2013 Hunger Report*, 5.
76. World Health Organization, *Health Conditions in the Americas* (Pan-American Health Organization, Scientific Publication Series, no. 427, 1982), 102.
77. World Health Organization, "Adults and Children Estimated to be Living with HIV, 2012," http://www.who.int/gho/hiv/epidemic/hiv_001.jpg (最終アクセス2014.4.10).
78. Mead Over and Yuna Sakuma, "A Question of Quality: Why Retention Matters for AIDS Treatment," https://www.cgdev. org/blog/question-quality-why-retention-matters-aids-treatment (最終アクセス2014.4.11). 米国のデータはCDC, "Today' s HIV/AIDS epidemic" (June, 2013) より. アフリカの数字は, Elvin Gengが「エイズ救済のための大統領緊急計画」に提出した発表資料 (October, 2012) からOverとSakumaが推計しや. Gengの資料では, Sydney Rosen and Matthew P. Fox, "Retention in HIV Care between Testing and Treatment in Sub-Saharan Africa: A Systematic Review," PLOS Med 8, no. 7 (2011) : e1001056およびSydney Rosen and Matthew P. Fox, "Patient Retention in Antiretroviral Therapy Programs up to Three Years on Treatment in sub-Saharan Africa, 2007–2009: Systematic Review," *Tropical Medicine & International Health* 2010-Jun:15 Suppl 1:1–15がクレジットされている.
79. World Health Organization, Global Health Observatory Data Repository, http://apps.who.int/

gho/data/node.main.619?lang=en (最終アクセス2014.4.10).
80. 人数は1990 ~ 2012年. World Bank, World Development Indicators (最終アクセス2014.4.10).
81. United Nations, "Millennium Development Goals Report 2013," 36.
82. Opportunity International' s Impact, October, 2003.
83. "Global Report: UNAIDS report on the global AIDS epidemic 2013," (UNAIDS, 2013), 68.
84. 前掲書, 15.
85. 前掲書, 46.
86. "The 2013 DATA Report: Executive Summary," One.org, 2013, 10. Available from http://one-org.s3.amazonaws.com/us/wp-content/uploads/2013/05/ONE_DataReport_2013_Summary.pdf.
87. 前掲書
88. UNICEF, The State of the World' s Children 1995, 21.
89. "Measles Data by WHO Region," World Health Organization, http://apps.who.int/gho/data/view.main.1520_62?lang=en (最終アクセス2014.4.11).
90. WHO, UNICEF, World Bank. State of the world' s vaccines and immunization, 3rd ed. Geneva, World Health Organization, 2009, XIX, XXIV.
91. Lara J Wolfson, et al, "Estimating the costs of achieving the WHO–UNICEF Global Immunization Vision and Strategy, 2006–2015," *Bulletin of the World Health Organization* 86, no. 1 (January 2008), 35. Available from http://www.who.int/bulletin/volumes/86/1/07-045096.pdf?ua=1.
92. Lara J Wolfson, et al, "Estimating the cost †…." 35.
93. World Bank, *World Development Report 1993*, 19.
94. Melinda Henry, Global Alliance for Vaccines and Immunization (Gavi) (World Health Organization, March 2001–2002), http://www.who.int/mediacentre/factsheets/fs169/en/.
95. "25 Years: The MECTIZAN® Donation Program," Merck, http://www.merck.com/about/featured-stories/mectizan1.html#nojs (最終アップデート2012年, (最終アクセス2014.4.11)
96. Bruno de Benoist, "Iodine deficiency in 2007: Global progress since 2003," Food and Nutrition Bulletin 29, no. 3 (2008) : 195. 以下より入手可能. http://www.who.int/nutrition/publications/micronutrients/FNBvol29N3sep08.pdf?ua=1.
97. "Micronutrient Deficiencies," World Health Organization, http://www.who.int/nutrition/topics/idd/en/ (最終アクセス2014.4.11).
98. "The 10 Most Expensive Weapons in the World," 24/7 Wall St., January 9, 2012, http://247wallst.com/special-report/2012/01/09/the-10-most-expensive-weapons-in-the-world/3/ (最終アクセス2014.4.16).
99. "Micronutrients - Iodine, Iron and Vitamin A," UNICEF, http://www.unicef.org/nutrition/index_iodine.html (更新2003.6.3, 最終アクセス2014.4.11).
100. Jennifer Bryce, Oliver Fontaine, Roeland Monasch, and Cesar G. Victoria, "Reducing Deaths from Diarrhea through Oral Rehydration Therapy," Bulletin of the World Health Organization (New York: World Health Organization, 2000), 1250.
101. "Committing to Child Survival: A Promise Renewed Progress Report 2013," UNICEF, 25.
102. "Oral Rehydration Salts ORS," Rehydration Project, http://rehydrate.org/ors/. (更新2013.8, 最終アクセス2014.4.16).
103. UNICEF, The State of the World' s Children 1995, 10, 13.
104. "Polio Eradication & Endgame Strategic Plan 2013–2018," GPEI (World Health Organization,

2013), 1.
105. "Polio Eradication & Endgame Strategic Plan 2013–2018," GPEI (World Health Organization, 2013), 2, 6.
106. "Global Report: UNAIDS report on the global AIDS epidemic 2013," (UNAIDS, 2013), 4.
107. UNAIDS, "Update: How Africa Turned AIDS Around," May 2013, 15.
108. World Health Organization, "Number of Deaths Due to HIV/AIDS," http://www.who.int/gho/hiv/epidemic_status/deaths_text/en/ (最終アクセス2014.4.10).
109. "Global Report: UNAIDS report on the global AIDS epidemic 2013," (UNAIDS, 2013), 48.
110. "Humanitarian Action for Children 2014: Overview," UNICEF, 5. http://www.unicef.org/appeals/files/HAC_Overview_2014_WEB.pdf.
111. "The 10 Most Expensive Weapons in the World," 24/7 Wall St., January 9, 2012, http://247wallst.com/special-report/2012/01/09/the-10-most-expensive-weapons-in-the-world/3/ (最終アクセス2014.4.16).
112. "2011 World Population Data Sheet," Population Reference Bureau, July 2011, http://www.prb.org/pdf11/2011-world-population-data-sheet-presentation.pdf (最終アクセス2014.4.17).
113. United Nations, Department of Economic and Social Affairs, Population Division (2013). *World Population Prospects: The 2012 Revision, Key Findings and Advance Tables*. Working Paper No. ESA/P/WP.227, 2.
114. United Nations, Department of Economic and Social Affairs, Population Division (2013). *World Fertility Report 2012* (United Nations publication), 1.
115. 前掲書, ix, 3.
116. 前掲書, ix.
117. "2011 World Population Data Sheet," Population Reference Bureau, July 2011, http://www.prb.org/pdf11/2011-world-population-data-sheet-presentation.pdf (最終アクセス2014.4.17).
118. World Development Indicators online database. http://databank.worldbank.org/data/home.aspx (最終アクセス2014.4.17).
119. United Nations, Department of Economic and Social Affairs, Population Division (2013). *World Population Prospects: The 2012 Revision*. Working Paper No. ESA/P/WP.227, 1.
120. United Nations, Department of Economic and Social Affairs, Population Division (2013). *World Population Prospects: The 2012 Revision*, DVD Edition.
121. *BFW Newsletter*, July 1976での引用. この号にはハーディンやパドックが提起した「トリアージ」[救援対象者の選別や順位付け]や「救命ボート倫理」(本書60ページ)に対する秀逸な反論が掲載されている.
122. たとえば以下の反論を参照. Amartya Sen, "Population, Delusion and Reality," *New York Review of Books*, September 22, 1994. https://www.nybooks.com/articles/1994/09/22/population-delusion-and-reality/
123. World Development Indicators, http://povertydata.worldbank.org/poverty/home/ (最終アクセス2014.4.17).
124. United Nations, Department of Economic and Social Affairs, Population Division (2013). *World Population Prospects: The 2012 Revision*, DVD Edition. 出生率と死亡率が「変化しなかった場合」の予測人口.
125. "Desertification: The Invisible Front Line," United Nations Convention to Combat Desertification, January 2014, 4.

126. "Desertification, Land Degradation, and Drought, (DLDD) – Some Global Facts and Figures," United Nations Convention to Combat Desertification, June 17, 2012, http://www.unccd.int/Lists/SiteDocumentLibrary/WDCD/DLDD%20Facts.pdf (最終アクセス2014.4.18).
127. Supplement to *Radar News*, January 1975, 3–4.

第2章　裕福な国に住む少数者

1. Hélder Câmara, *Revolution Through Peace* (New York: Harper & Row, 1971), 142.
2. *New York Times*, July 12, 1949. 以下の書籍に引用された. Jules Henry, *Culture Against Man* (New York: Random House, 1963), 19.
3. 広告宣伝費は U.S. Census Bureau, *Statistical Abstract of the United States 2003*, 1274より. 教育予算は U.S. Census Bureau, *Statistical Abstract of the United States 2012*, 220より.
4. "Marketing Fact Pack: 2014 Edition," *Advertising Age*, December 30, 2013, 14. 年度は異なるが2010年に米国が公的高等教育のために支出した額は2890億ドルであった. *Statistical Abstract of United States 2012*, 220.
5. "Marketing Fact Pack: 2014 Edition," *Advertising Age*, December 30, 2013, 15.
6. Richard K. Taylor, "The Imperative of Economic De-Development," *The Other Side* 10, no. 4 (July–August 1974) : 17.
7. Common Sense Media, "Advertising to Children and Teens: Current Practices," Spring 2014, 5.
8. Nielsen, "State of the Media: U.S. Consumer Usage Report," 2012.
9. Common Sense Media, "Advertising to Children and Teens: Current Practices," Spring 2014, 5.
10. Robert Bellah, *The Broken Covenant: American Civil Religion in Time of Trial* (University of Chicago Press, 1992), 134.
11. *Newsweek*, October 28, 1974, 69.
12. John V. Taylor, *Enough Is Enough* (London: SCM Press, 1975), 71.
13. Patrick Kerans, *Sinful Social Structures* (New York: Paulist Press, 1974), 80–81. この点は本書第6章でも論じる.
14. 広告に内在する矛盾については以下に有益な記述がある. Art Gish, *Beyond the Rat Race* Scottdale, PA: Herald Press, 1973), 122–26.
15. UNDP, *Human Development Report 1999*, 3; UNDP, *Human Development Report 2005*, 36.
16. Rob Clark, "World Income Inequality in the Global Era: New Estimates, 1990–2008," *Social Problems* 58, No. 4 (November 2011) : 587–588.
17. Oxfam, "Working For the Few: Political Capture and Economic Inequality," January 20, 2014, 5; cf. Isabel Ortiz and Matthew Cummins, "Global Inequality," 20.
18. 経済学では国の経済力を測る3つの指標がある. GDP (国内総生産) は国内で生産された財・サービスの付加価値の合計 (国外での生産は含まれない). GNP (国民総生産) は国民によって生産された財・サービスの付加価値の合計 (国外での生産も含む). GNI (国民総所得) は国民が国内外で得た所得の合計 (海外への投資から得られる収益を含む). Michael P. Todaro and Stephen C. Smith, *Economic Development*, 8th ed. (New York: Addison Wesley, 2003), 542 [マイケル・P・トダロ, ステファン・C・スミス『トダロとスミスの開発経済学』ピアソン桐原, 2010] を参照. GNPとGNIは非常に似通っている. 世界銀行はGNPの使用を止め, GNIを使用している (https://data.worldbank.org/indicator/NY.GNP.PCAP.CD).
19. World Bank, World Development Indicators, "Size of the Economy," http://wdi.worldbank.org/

table/1.1 (最終アクセス2014.4.21).

20. バングラデシュのヘアカット料金は1996年6月23日に行ったRosalind Hawladerとの個人的コミュニケーションより.
21. World Bank, World Development Indicators, “Size of the Economy,” http://wdi.worldbank.org/table/1.1 (最終アクセス2014.4.21) ; “Table 1: Human Development Index and its Components,” *Human Development Report 2013*, 144–147.
22. 為替レート計算は為替xe.comの通貨コンバータを使用 (2014.4.23).
23. Sue J. Goldie, et al. “Working Paper 1: Priority Research Areas for Basic Science And Product Development for Neglected Diseases,” *Global Health 2035*, November 26, 2013, 7. http://globalhealth2035.org/working-papers.
24. “Percent of consumer expenditures spent on food, alcoholic beverages, and tobacco that were consumed at home, by selected countries, 2012,” USDA, Economic Research Service, http://www.ers.usda.gov/data-products/food-expenditures.aspx#26636 (最終アクセス2014.4.23).
25. “Global and regional food consumption patterns and trends,” World Health Organization, http://www.who.int/nutrition/topics/3_foodconsumption/en/ (最終アクセス2014.4.24).「サハラ砂漠以南」に南アフリカ共和国は含まれていない.
26. “Obesity and Overweight,” U.S. Centers for Disease Control and Prevention, http://www.cdc.gov/nchs/fastats/overwt.htm (更新2013.11.21, 最終アクセス2014.4.23).
27. 2014年の金額は, 労働統計局のConsumer Price Index Inflation Calculatorによるインフレ調整後の数字. https://www.bls.gov/data/inflation_calculator.htm (最終アクセス2014.5.23).
28. “Middle Class? Not on $15,000 a Year,” *Philadelphia Inquirer*, October 28, 1974, 9a. 2014年の金額はインフレ調整後の数字. Arnettが記事に書いた金額は1万5000ドルと1万8000ドルである.
29. *Newsweek*, September 21, 1977, 30–31. 金額はインフレ調整後の2014年の額.
30. 以下に引用された記事. Juliet B. Schor, *The Overworked American* (New York: HarperCollins, 1992), 116. 金額はインフレ調整後の2014年の額.
31. George Stephanopoulos, “EXCLUSIVE – Romney on Debates: Obama Will ÅeSay Things That Aren' t True,'” September 14, 2012, http://abcnews.go.com/blogs/politics/2012/09/exclusive-romney-on-debates-obama-will-say-things-that-arent-true/ (最終アクセス2014.4.25).
32. 1993年の数字はUNICEF, *The State of the World's Children 1995* (New York: Oxford University Press, 1995), 68–69より. 2003年の数字はOECD, Official Development Assistance (ODA) from 2000 to 2003より. 2013年の数字はOECD, “Preliminary Data – Official Development Assistance (ODA) data for 2013” より. http://www.oecd.org/dac/stats/data.htm (最終更新2014.4.8, (最終アクセス2014.4.25).
33. 第11章の注112–115, および2001年2月2日に発表された調査結果を参照. http://www.pipa.org/onlinereports/bfw/finding1.html.
34. John Norris, “Five Myths About Foreign Aid,” *Washington Post*, April 28, 2011, http://www.washingtonpost.com/opinions/five-myths-about-foreign-aid/2011/04/25/AF00z05E_story.html (最終アクセス2014.4.25).
35. Paul A. Laudicina, *World Poverty and Development: A Survey of American Opinion* (Washington, DC: Overseas Development Council, 1973), 21.
36. “The 0.7% ODA/GNI Target - A History,” OECD, http://www.oecd.org/dac/stats/the07odagnitarget-ahistory.htm (最終アクセス2014.4.28).

37. "Aid to Developing Countries Rebounds in 2013 to Reach an All-Time High," OECD, April 8, 2014, http://www.oecd.org/development/aid-to-developing-countries-rebounds-in-2013-to-reach-an-all-time-high.htm (最終アクセス2014.4.25).
38. World Bank, World Development Indicators 2014 (最終アクセス2015.2.16). 成長率は, OECD加盟国のGDP平均成長率.
39. UNDP, *Human Development Report 1994*, 48, およびWorld Bank, *World Development Report 2004*, 184.
40. The Stockholm International Peace Research Institute によれば2003年の世界の軍事支出は9560億ドルであった (2014年のドル換算). 以下も参照のこと. David Fickling, "World Bank Condemns Defense Spending" , *Guardian*, February 14, 2004. http://www.guardian.co.uk/print/0,3858,4858685-103681,00.html.
41. UNDP, *Human Development Report 2013*, 165. 軍事費は購買力平価で調整した2005年のドル価. GDP総額に, GDPに占める軍事費の割合を乗じて算出した. 1日当り所得1.25ドルの12億人の総所得は5475億ドル, 1日当り所得2ドルの12億人の総所得は8760億ドルである. 合計しても1兆4235億ドルで, 軍事費の1兆8000億ドルに及ばない.
42. UNDP, *Human Development Report 1995*, 8.
43. 数字は以下からのデータを元に算出. ストックホルム国際平和研究所 (SIPRI) の*SIPRI Yearbook: Armaments, Disarmament and International Security* およびWorld Development Indicators 2014 online database, https://data.worldbank.org/ (最終アクセス2014.4.28).
44. Michael Renner, "Peacekeeping Budgets Equal Less Than Two Days of Military Spending," World Watch Institute, March 31, 2014, http://vitalsigns.worldwatch.org/vs-trend/peacekeeping-budgets-equal-less-two-days-military-spending (最終アクセス2014.4.28).
45. Garrett Hardin, "Lifeboat Ethics: The Case Against Helping the Poor," *Psychology Today* 8, no. 4 (September 1974) : 38ff. 以下も参照のこと. William and Paul Paddock, *Famine 1975!* (Boston: Little, Brown and Co., 1967). これは1976年に *Time of Famines: America and the World Food Crisis* の書名で再発行されている.
46. Brown, *In the Human Interest*, 113–14.
47. Michael Cromartie, ed., *The Nine Lives of Population Control* (Grand Rapids: Eerdmans, 1995), 101–27を参照.
48. BFWI, *Hunger 95*, 63.
49. 適切な援助は労働集約的開発と中間技術 [現地の環境で継続して使える高度すぎない技術] を推進することが多い. E. F. Schumacher, *Small Is Beautiful* (New York: Harper Touchbooks, 1973), 161–79を参照. [E.F.シューマッハー『スモールイズビューティフル』講談社学術文庫]
50. UNDP, Do You Know That (Quotable Facts from HDR), United Nations Development Programme, 2003, http://www.undp.org/hdr2003/know_that.html (最終アクセス2005.1.1).
51. Robert H. Schuller, *Your Church Has Real Possibilities!* (Glendale, CA: Regal Books, 1974), 117.

第2部　イントロダクション

1. *Post-American*, 1, no.4 (Summer 1972), 1での引用.
2. Paul A. Laudicina, *World Poverty and Development: A Survey of American Opinion* (Washington, D.C.: Overseas Development Council, 1973), 21.

3. Ronald J. Sider, *For They Shall Be Fed* (Dallas: Word, 1997) は, 200ページ近くにわたって, 第3部の議論に関係する聖書のテキストを紹介している. 同書は*Cry Justice: The Bible Speaks on Hunger and Poverty* (New York: Paulist Press; Downers Grove, IL: InterVarsity, 1983) として出版されていたものの改題新版.

第3章　神と貧しい人びと

1. たとえば以下を参照. Enzo Gatti, *Rich Church-Poor Church?* (Maryknoll, NY: Orbis Books, 1974), 43. 解放の神学には概してこの傾向が見られる. 解放の神学の評価については J. Andrew Kirk, *Liberation Theology: An Evangelical View from the Third World* (Atlanta, GA: John Knox Press, 1980), そして, Stanley N. Gundry and Alan F. Johnson, eds., *Tensions in Contemporary Theology* (Chicago: Moody Press, 1976) の8章と9章に収められたHarvie Connによる議論がすぐれている.
2. Ernst Bammel, "ptochos," in Gerhard Kittel and Gerhard Friedrich, eds., *Theological Dictionary of the New Testament* (以後*TDNT*と略記する), trans. Geoffrey W. Bromiley, 10 vols. (Grand Rapids, MI: Eerdmans, 1968), 6:888.
3. A. Gelin, *The Poor of Yahweh* (Collegeville, MN: Liturgical Press, 1964), 19–20.
4. *TDNT*, VI, 885ff. 1度だけ*penes* (ペネス) という語が使われている. これは資産を持たない, つましい職人を意味する (*TDNT*, VI, 37ff). 貧しさと物質的所有に関する聖書の教えについては, Craig L. Blomberg, *Neither Poverty Nor Riches: A Biblical Theology of Material Possessions* Grand Rapids: Eerdmans, 1999) がすぐれている.
5. 貧困を (1) 怠惰, (2) 災厄, (3) 搾取, (4) 自発的選択という原因別に論じたR. C. Sproul, "Who Are the Poor?" *Tabletalk* 3, no. 6 (July 1979) が参考になる.「霊的な貧しさ」については本章注12を参照.
6. 解放の神学者の中には, 出エジプトを, 抑圧された人びとのあいだに解放への信仰を呼び起こす物語としてのみ捉える人たちがいる. だが私は, 出エジプトにおいて神は, 被抑圧者を解放すると同時に, ご自身を啓示する特別な民を召喚した, ということを強調しておきたい. ヤーウェが特定の民を召し出したのは, その民を通して, すべての民に自身の意思を示し, すべての民を救うためだった. その意思の中には, 契約の民には明確に示されたように, 神の民は神に従い, 貧しい者や虐げられている者のための正義を重んじなくてはならない, ということが含まれていた. ヤーウェは出エジプトの際, エジプトにもいたであろう貧しい人びとの解放は行わなかった. だがそれは, 神はイスラエルの貧しい人びとだけを気にかけているという意味ではない. 近東のすべての民に十戒を与えなかったからといって, 神が十戒に普遍的有効性を求めていなかったわけではないのと同じことだ. 歴史の中でご自身を現すことを選んだ神は, 特定の時に, 特定の人びとを通して, ご自身とそのみ心を, 世界のあらゆる人びとに示されたのである.
7. John Bright, *A History of Israel* (Philadelphia: Westminster Press, 1959), 240–41. [ジョン・ブライト『イスラエル史』聖文舎, 1968]
8. 前掲書
9. Roland de Vaux, *Ancient Israel* (New York: McGraw Hill, 1965), 2:72–73. [R・ドゥ・ヴォー『イスラエル古代史——起源からカナン定着まで』1977,『イスラエル古代史 (続)』1989, いずれも日本基督教団出版局]
10. ユダ王国の場合も同様である. エゼキエル書20章, エレミヤ書11:9–10節と比較のこと.
11. 福音を宣べ伝えることと, 貧しい人びとのために正義を求めることは, 教会の全体的使

命を満たすための，どちらも同等に重要な2つの次元である．以下の拙論を参照されたい．“Evangelism, Salvation and Social Justice: Definitions and Interrelationships,” *International Review of Mission*, July 1975, 251ff. (esp. 258). “Evangelism or Social Justice: Eliminating the Options,” *Christianity Today*, 8 October 1976, 26–29. *Good News and Good Works* (Grand Rapids: Baker, 1999). *Cup of Water, Bread of Life* (Grand Rapids Zondervan, 1994).

12. 旧約と新約の中間期以後，「貧しい」という言葉が霊的な意味で使われ始めたが，物質的・経済的な意味での貧困が忘れ去られたことはない．拙稿 “An Evangelical Theology of Liberation,” in Kenneth S. Kantzer and Stanley N. Gundry, eds., *Perspectives on Evangelical Theology* (Grand Rapids: Baker, 1979), 122–24を参照．
13. 黙示録7:16も参照されたい．
14. Richard Batey, *Jesus and the Poor* (New York: Harper & Row, 1972), 7.
15. このパラグラフは，John Schneiderによる批判の一部に同意して，第4版でそれ以前の記述を変更した．John Schneider, *Godly Materialism* (Downers Grove, IL: InterVarsity, 1994), 103–121 (特に107–110) を参照．
16. Martin Hengel, *Property and Riches in the Early Church: Aspects of a Social History of Early Christianity* (Philadelphia: Fortress Press, 1974), 38.［マルティン・ヘンゲル『古代教会における財産と富』教文館，1989］
17. Batey, *Jesus and the Poor*, 6. この記述も，ナザレの周縁性を過剰に評価しているというSchneiderの指摘 (*Godly Materialism*, 110) を受け容れて，以前の版から変更した．
18. 詩篇107:35–41も参照．マタイ5章とルカ6章に見られる，八福の教えの記述の違いについては，本書第5章の「貧しいことは幸いなのか」(163ページ) の節を参照．
19. もちろん，聖書には忠実な者は栄えると書かれており，私はそれを無視するつもりはない．本書5章の「富と繁栄は義人のしるしなのか」(160ページ) の節を参照のこと．
20. Bright, *History of Israel*, 306. 同様の出来事がダニエル書4章 (特に27節) に記されている．
21. ミカ書2:1–3も参照のこと．
22. Joachim Jeremias, *The Parables of Jesus* (London: SCM Press, 1954), 128–30によるものを含め，ここでのイエスの要点はまったく別のところにあるという議論があるが，私はいまでも通常の解釈に従いたい．たとえば以下を参照．*The Interpreter's Bible*, 8:288–92.
23. 前掲書, 290.
24. Clark H. Pinnock, “An Evangelical Theology of Human Liberation,” *Sojourners*, February 1976, 31.
25. “The Bible and the Other Side,” *The Other Side* 11, no. 5 (September–October 1975) : 57.
26. J. A. Motyer, *The Day of the Lion: The Message of Amos* (Downers Grove, IL: InterVarsity, 1974), 129–37に，この聖書テキストの適切な釈義がある．ミカ書6:6–8, ヤコブ書2:14–17も参照．
27. これは神が真の礼拝に関心がないという意味ではない．また，アモス書5:21-24は，「わたし (神) はあなたがたに，物理的形式を伴うものであれ内面のものであれ，わたしに対する礼拝を望んでいるのではなく，貧しく虐げられている者の権利のために全精力を注いで戦ってほしい」と言っているのでもない (Gatti, *Rich Church-Poor Church?*, 17). このような二分法は，偶像崇拝に対する預言者の糾弾の核心を無視することに他ならない．神は礼拝と正義の両方を望んでいる．礼拝に集中する人もいれば，正義に集中する人もいるが，悲しいかな両方を同時に求める人はほとんどいない．
28. たとえばCraig S. Keener, *A Commentary on the Gospel of Matthew* (Grand Rapids:

Eerdmans, 1999), 605–606を参照.

29. G. E. Ladd, *A Theology of the New Testament* (Grand Rapids: Eerdmans, 1974), 133. マタイ25章やＩヨハネ3章などが説く隣人愛の対象はクリスチャンだけに限定されるのかという点については, Stephen C. Mott, *Biblical Ethics and Social Change* (New York: Oxford Univ. Press, 1982), 34–36の秀逸な議論を参照.
30. Todd M. Johnson, ed., *World Christian Database* (Leiden/Boston: Brill. 低所得国と下位中所得国のGDPはWorld Bank, World Development Indicatorsより (最終アクセス2014.5.8)
31. 神が金持ちより貧しい人の救いを強く望んでいるなどということはなく, 私はGattiの「貧しい人びとや抑圧されている人びとは, 救いの言葉を受け取る最も大きな権利を持つ人びとであり, 福音の特権的な受け手である」(*Rich Church-Poor Church?*, 43) という主張にはまったく同意できない. 神は, 抑圧者も被抑圧者も, すべての人が救われることを等しく望んでいる. 救いの言葉を受け取る「権利」を持っている人はいない. だれもが死に値する存在である. イエスやパウロが貧しい人びとにばかり心を向けていると感じるとすれば, それはスラム街ではなく裕福な住宅地での伝道を好む罪深い倒錯のせいである.
32. 第6章参照.
33. 復活については, エピローグの注2に挙げた私の緒論考を参照されたい.

第4章　神が求める経済の正義

1. 本章では拙稿 "Toward a Biblical Perspective on Equality," *Interpretation*, April 1989, 156–69の一部を使用した.
2. Roland de Vaux, *Ancient Israel: Its Life and Institutions*, trans. John McHugh (London: Darton, Longman and Todd, 1961), I, 164を参照.
3. H. Eberhard von Waldow, "Social Responsibility and Social Structure in Early Israel," *CBQ* 32 (1970), 195.
4. Albrecht Alt, "Micah 2. 1–5: Ges Anadasmos in Juda." *Kleine Schriften zur Geschichte des Volkes Israel* (Munich: C.H. Beck, 1959), III, 374.
5. 古代イスラエルを研究したNorman Gottwaldは, イスラエルは「平等, 大家族, 農業と牧畜を経済基盤とする細分化された部族社会であり……古代近東の文化と政治の主要地域で標準となっていた政治的支配形態や階層化された社会構造に対する拒絶と抵抗によって特徴づけられていた」と論じている. *The Tribes of Yahweh: A Sociology of the Religion of Liberated Israel 1250-1050 BCE* (London: SCM Press, 1979), 10.
6. レビ記25章の文献研究は, R. Gnuse, "Jubilee Legislation in Leviticus: Israel' s Vision of Social Reform," *Biblical Theology Bulletin* 15 (1983), 43–48を参照.
7. エゼキエル書47:14もそのことを記している. Mott, *Biblical Ethics and Social Change*, 65–66およびそこに挙げられている文献を参照. また, Stephen Charles Mott, "Egalitarian Aspects of the Biblical Theory of Justice," in the *American Society of Christian Ethics*, Selected Papers 1978, ed. Max Stackhouse (Newton, MA: American Society of Christian Ethics, 1978), 8–26も参照のこと.
8. このテーマではLoren Wilkinson,ed, *Earthkeeping: Christian Stewardship of Natural Resources*, 2nd ed. (Grand Rapids: Eerdmans, 1980), esp. 232–37がすぐれている.
9. そのこととの関連では, Paul G. Schrotenboerのすぐれた論考, "The Return of Jubilee," *International Reformed Bulletin*, Fall 1973の19以下 (特に23–24) を参照.

10. エペソ書2:13–18も参照. Marc H. Tanenbaumは "Holy Year 1975 and Its Origins in the Jewish Jubilee Year," *Jubilaeum* (1974), 64で贖罪の日の重要性を指摘している.
11. レビ記25:10での解放(liberty)という言葉の意味について, Martin Noth, *Leviticus* (Philadelphia: Westminster, 1965), 187には次のように書かれている.「*deror*(デロール), すなわち『解放』という言葉は, 封建制社会の言葉で,『重荷からの解放』を意味するアッカド語の *anduraru*(アンデュラル)に由来する」.
12. レビ記25章の律法について, Roland de Vauxは,「ユートピアの律法であり, 死文化されたままで終わった」というのが研究者の共通見解だと述べている(*Ancient Israel*, 1:177). 他方, Tanenbaum ("Holy Year 1975," 75–76)は, この律法は実行されていたと考えている. レビ記25章以外で, 間違いなくこの律法に言及しているのは, レビ記27:16–25, 民数記36:4, そしてエゼキエル46:17だけだ. もし, イザヤ61:1–2(イエスがこの箇所を引用して自分の使命について語ったことがルカ4:18–19に記されている)もヨベルの年に言及していると示すことができれば, きわめて重大な意味を持つことになる. De Vauxはイザヤ61:1がヨベルの年への言及だという説には懐疑的だ(*Ancient Israel*, 1:176). だが, イザヤ61:1とレビ記25:10で同じ言葉が使われているのも事実である. 以下を参照. John H. Yoder, *Politics of Jesus* (Grand Rapids: Eerdmans, 1972), 64–77. Robert Sloan, *The Acceptable Year of the Lord* (Austin, TX: Scholar Press, 1977). Donald W. Blosser, "Jesus and the Jubilee" (Ph. D. diss., Univ. of St. Andrews, 1979).
13. イスラエルでは土地所有のあり方に重要な意味があったが, そのことに関して, 私の理解はChristopher J. H. Wright, *An Eye for an Eye: The Place of Old Testament Ethics Today* (Downers Grove, IL: InterVarsity, 1983)(特に3章と4章)に多くを負う. Walter Brueggemann, *The Land* (Philadelphia: Fortress Press, 1977)も, イスラエルの土地についての重要な研究成果である.
14. De Vaux, *Ancient Israel*, 1:173–75.
15. レビ記25章によれば, 奴隷は50年ごとに解放される.
16. この命令に背いたイスラエルに対する神の激しい怒りが, エレミヤ書34章に記されている.
17. 現代の聖書注解者の中には, 申命記15:1–11は, 完全な返済免除ではなく1年間の返済猶予を認める規定だと考える者もいる. たとえば以下を参照. C. J. H. Wright, *God's People in God's Land* (Grand Rapids: Eerdmans, 1990), 148. S. R. Driver, *Deuteronomy, International Critical Commentary*, 3d ed. (Edinburgh: T. and T. Clark, 1895), 179–80. しかし, Driverがそう主張するのは, 負債の免除は現実的ではないというのが基本的な理由で, 9節を素直に読めば返済の免除と読めることを認めている. Gerhard von Rad, *Deuteronomy* (Philadelphia: Westminster, 1966), 106も同様である.
18. 律法の履行についてはVaux, *Ancient Israel*, 1:174–75を参照. ヘレニズム時代に律法が実効性を有していたことについては明確な証拠が存在する.
19. 前掲書, 1:171.
20. John Masonは旧約聖書が示唆する各種の「福祉制度」についてすぐれた研究を行っている. 以下を参照のこと. "Biblical Teaching and Assisting the Poor," *Transformation*, 4 (April–June, 1987), 1–14. "Biblical Teaching and the Objectives of Welfare Policy in the United States," in Stanley W. Carlson-Thies and James W. Skillen, eds., *Welfare in America: Christian Perspectives on a Policy in Crisis* (Grand Rapids: Eerdmans, 1996), 145–85.
21. これは非常に複雑な問題であり, 教会の歴史を通じて議論されている問題である. ルター派の中で長く争われた「律法の第三用法」をめぐる論争[新生したクリスチャンも律

法を守ることを強要されるか否かをめぐる論争］はその一例である.
22. De Vaux, *Ancient Israel*, 1:171.
23. 前掲書, 170; Taylor, *Enough Is Enough*, 56–60.
24. Driver, *Deuteronomy*, 178.
25. Benjamin Nelson, *The Idea of Usury: From Tribal Brotherhood to Universal Otherhood*, 2d ed. (Chicago: Univ. of Chicago Press, 1969) は金貸業の歴史を論じた興味深い学術書だ.
26. Bob Goudzwaard, *Capitalism and Progress: A Diagnosis of Western Society* (Grand Rapids: Eerdmans, 1979) がすぐれた議論を展開している.
27. マタイ4:23, 24:14, マルコ1:14–15, ルカ4:43, 16:16を参照. 神の国の預言者的希望と福音についての詳細な議論はSider, *Good News and Good Works*, chapters 3–4を参照.
28. 財布を共有するということの一般的解釈については以下を参照. Batey, *Jesus and the Poor*, 3, 9, 100, note 8. J. A. Ziesler, *Christian Asceticism* (Grand Rapids: Eerdmans, 1973), 45. TDNT 3:796, *Interpreter's Bible*, 8:655, 690, Carl Henry, "Christian Perspective on Private Property," in *God and the Good*, ed. C. Oriebeke and L. Smedes (Grand Rapids: Eerdmans, 1975), 98.
29. Batey, *Jesus and the Poor*, 8も参照のこと.
30. Taylor, *Economics and the Gospel*, 21.
31. 以下を参照. D. Guthrie et al., ed., *The New Bible Commentary Revised* (Grand Rapids: Eerdmans, 1970), 980. Batey, *Jesus and the Poor*, 38.
32. *TDNT*, 3:796.
33. 鍵となる動詞は *epipraskon*（エピプラスコン）と *diemerizon*（ディエメリゾン）(使徒2:45) および *epheron*（エフェロン）(使徒4:34) である. 以下を参照のこと. Interpreter' s Bible, 9:52. Batey, Jesus and the Poor, 33, 105, note 9.
34. Ziesler, *Christian Asceticism*, 110.
35. Batey, *Jesus and the Poor*, 36, 96–97.
36. Keith F. Nickle, *The Collection: A Study of Paul's Strategy, Studies in Biblical Theology*, no. 48 (Naperville, IL: Allenson, 1966), 29および *Interpreter's Bible*, 9:153を参照.
37. Diane MacDonald, "The Shared Life of the Acts Community," *Post-American*, July 1975, 28を参照.
38. この聖書の記述に信憑性があるとする理由については*Interpreter's Bible*, 9:150–52を参照.
39. Nickle, *The Collection*, 68–69を参照.
40. *TDNT*, 3:804ffを参照.
41. 実際, パウロは, 使徒11:27–30に言及されている援助を届けるために, おそらくエルサレムにいた. *Interpreter's Bible*, 9:151を参照.
42. *TDNT*, 3:807–8を参照.
43. ピレモンへの手紙17–20での *koinonos*（コイノノス）の驚くべき用法に注目されたい. そこでは, 奴隷のオネシモ, その主人のピレモン, そしてパウロの3人は同じ信仰をもつパートナー (*koinonoi*)（コイノノイ）である. 共有する交わりが確立していたので, パウロはピレモンに対し, オネシモに負債があるならそれをパウロの負債に付け替えるよう依頼することができた. しかし, パウロとピレモンはキリストにある仲間でもあり, ピレモンにとってパウロは霊の父でもある. それを踏まえてパウロは, だれもピレモンにお金を返す必要はないと暗に述べているのである. キリストにある交わりによって, さもなければオネシモが抱え込んだはずの負債はすべて帳消しにされたのである. TDNT, 3:807を参照.

44. たとえば箴言6:6–11, 10:4–5. 次を参照. Sider, “Towards a Biblical Perspective on Equality,” 特に164. さらにSider, *Fixing the Moral Deficit* (Downers Grove, IL: IVP Books, 2012), 57–59.
45. Hengel, *Property and Riches in the Early Church*, 42–43による引用.
46. 前掲書, 42–44.
47. 前掲書, 45による引用.
48. 2012年8月21日, Huffington Postは, 米国人は毎年1650億ドル相当の食品を廃棄しているとする研究を報じた. 以下を参照. “Food Waste: Americans Throw Away Nearly Half Their Food, $165 Billion Annually, Study Says,” http://www.huffingtonpost.com/2012/08/21/food-waste-americans-throw-away-food-study_n_1819340.html (最終アクセス2014.5.12). アフリカのクリスチャンの合計年収5550億ドルは, Todd M. Johnson, ed. *World Christian Database* (Leiden/Boston: Brill) より (最終アクセス2014.5.12). 2つの数字から29.7%という割合を計算した.
49. U.S. Department of Commerce: Census Bureau, “Total Construction Spending: Religious,” http://research.stlouisfed.org/fred2/graph/?g=BiN (最終アクセス2014.5.21) によると米国の宗教関連団体が支出した建設費の総額は8400億ドル. Pew Research Center' s Religion and Public Life Project, http://religions.pewforum.org/reports (最終アクセス2014,5,21) によれば, 宗教団体の78.4%はキリスト教である. 8400億ドルの78.4%は6590億ドルとなる.
50. Helmut Gollwitzer, *The Rich Christians and Poor Lazarus*, trans. David Cairns (New York: Macmillan, 1970), 5［ヘルムート・ゴルヴィツァー『富めるキリスト者と貧しきラザロ――キリスト教社会倫理の今日の課題』日本基督教団出版局,1973］およびArthur C. Cochrane, *Eating and Drinking with Jesus* (Philadelphia: Westminster Press, 1974) を参照.

第5章　私有財産と富の蓄積

1. *Discernment*, Spring, 1995, 3での引用. 第5章のテーマに関しては, Blomberg, *Neither Poverty Nor Riches* がすぐれた議論を行っている.
2. Carl F. H. Henry, “Christian Perspective on Private Property,” 97. Hengel, *Property and Riches in the Early Church*, 15.
3. 詳しくは以下を参照. Emil Brunner, *Justice and the Social Order*, trans. Mary Hottinger (London: Lutterworth Press, 1945), 42ff., 133ff. E. Clinton Gardner, *Biblical Faith and Social Ethics* (New York: Harper & Row, 1960), 285–91.
4. Adam Smith, *The Wealth of Nations* (1776; reprint ed., New York: Modern Library, 1937).［アダム・スミス『国富論』邦訳多数あり］
5. たとえば以下を参照. Gary North, “Free Market Capitalism,” *Wealth and Poverty: Four Christian Views of Economics*, ed. Robert G. Clouse (Downers Grove, IL: InterVarsity, 1984).
6. Goudzwaard, *Capitalism and Progress* を参照.
7. Henry, “Christian Perspective on Private Property,” 97.
8. Hengel, *Property and Riches in the Early Church*, 12.
9. Walther Eichrodt, “The Question of Property in the Light of the Old Testament,” *Biblical Authority for Today*, ed. Alan Richardson and W. Schweitzer (London: SCM Press, 1951), 261.
10. 前掲書, 271.
11. Dom Helder Câmara, *Revolution Through Peace* (New York: Harper & Row, 1971), 142–43.
12. *TDNT, 6:271. pleonexia* (プレオネクシア)について, Taylor (*Enough Is Enough*, 45) は,「

過剰」とか「際限なく欲しがる」という意味があると示唆している.
13. 教会の戒めに関する議論は拙稿 “Watching Over One Another in Love,” *The Other Side* XI, no. 3 (May–June, 1975) : 13–20, 58–60 (特に59) を参照.
14. この点に関してはZiesler, *Christian Asceticism* の議論が参考になる.
15. 聖書テキストについては, Sider, *Cry Justice*,を参照.「神に従う者は繁栄する」については148–53を,「貧しい者を顧みず虐げる者は罰される」については175–87を参照のこと.
16. Gordon D. Fee, “The New Testament View of Wealth and Possessions,” *New Oxford Review* (May 1981) : 9を参照.「義を行う者――神の律法に従う者――だけが富と家族の祝福を約束される. しかし, 義を行うとは, 特に貧しい人びとや虐げられている人びとを気遣ったり, 彼らのために嘆願することを意味していた」.
17. Taylor, *Enough Is Enough*, chapter 3.
18. Batey, *Jesus and the Poor*, 92には, さらに20の参照箇所が挙げられれている.
19. Ziesler, *Christian Asceticism*, 52. さらに拙稿 “An Evangelical Theology of Liberation,” 122–25も参照.
20. さらに*Biblical Faith and Social Ethics*, 276–77を参照. さらに以下を参照. “Oxford Declaration on Christian Faith and Economics” in Herbert Schlossberg, Vinay Samuel, and Ronald J. Sider, eds., *Christianity and Economics in the Post-Cold War Era* (Grand Rapids: Eerdmans, 1994), 11–32.
21. *Interpreter's Bible*, 7:320. Ｉテモテ6:17–19も参照.
22. A. W. Argyle, Matthew, *The Cambridge Bible Commentary* (Cambridge: Cambridge Univ. Press, 1963), 53. *Interpreter's Bible*, 7:318.

第6章　社会構造の中にある罪

1. Richard K. Taylor, *Economics and the Gospel* (Philadelphia: United Church Press, 1973), 45での引用.
2. “Edison High School――A History of Benign and Malevolent Neglect,” *Oakes Newsletter* 5, no. 4 (14 December 1973) :1–4. “Northeast High Took the Glory Away,” *Sunday Bulletin*, 27 January 1974, sect. 1, 3.
3. Rodney Stark et al., “Sounds of Silence,” *Psychology Today*, April 1970, 38–41, 60–67.
4. 次を参照. Sider, “Evangelicals and Structural Injustice: Why Don' t They Understand It and What Can Be Done?” in Daniel K. Darko and Beth Snodderly, eds., *First the Kingdom of God: Global Voices on Global Mission* (Pasadena, CA: William Carey International University Press, 2014), 257–263.
5. Bright, *History of Israel*, 241, note 84.
6. イザヤ書3:13–17と比較のこと.
7. Schneider, *Godly Materialism*, 113.
8. Ronald J. Sider, “Racism,” *United Evangelical Action*, Spring, 1977, 11.
9. Schneider, *Godly Materialism*, 114.
10. 前掲書, 115.
11. Sider, *Good News and Good Works* for a discussion of “Jesus and Politics” (152–54) を参照.
12. 前掲書
13. この節は, Sider, *Good News and Good Works*, 150–51からの転載. 同書146–54ページも参照.

14. Mott, *Biblical Ethics and Social Change*, 4–6を参照. 悪についての体系的かつ広範な議論(パウロの「支配と権威」の概念についての議論を含む)は, 同書の第1章がすぐれている.
15. 前掲書, 4; *TDNT*, III, 868.
16. Mott, *Biblical Ethics*, 6における引用. もちろん,「コスモス」は神の創造を意味することもある(たとえばヨハネ1:9–10a). その明解な区別についてはRichard Mouw, *Called to Holy Worldliness* (Philadelphia: Fortress, 1980), 75を参照.
17. Clinton E. Arnold, *Powers of Darkness: Principalities and Powers in Paul's Letters* (Downers Grove, IL: InterVarsity, 1992), 203.
18. 以下を参照. Mott, *Biblical Ethics*, 6–10. Arnold, *Powers of Darkness*の特に87–210ページ. そしてWalter Wink による3巻から成る大部の著作, *Naming the Powers* (1984), *Unmasking the Powers* (1986), *Engaging the Powers* (1992) (いずれもFortress Press).
19. John Paul II, *Sollicitudo Rei Socialis* (Dec. 30, 1987), sect. 36. ヨハネ・パウロ2世は,「罪の構造」という倫理的カテゴリーを抜きにしては, 複雑な世界の中で「私たちが直面している現実を深く理解する」ことはできないと述べている.
20. Sider, *Good News and Good Works* を参照. 聖書的なバランスを保つことの大切さを論じた, Sider, *Living Like Jesus* (Grand Rapids: Baker Books, 1999) も参照されたい.

第3部　イントロダクション

1. 米国の貧困の長期的原因については次を参照. Sider, *Just Generosity: A New Vision for Overcoming Poverty in America*, 2nd edition (Grand Rapids: Baker, 2007), 40–50.

第7章　貧困の複雑な原因

1. Lester C. Thurow, *The Future of Capitalism* (New York: Morrow, 1996), 15. [レスター・C・サロー『資本主義の未来』TBSブリタニカ, 1997]
2. こう指摘したからといって, 罪の普遍性を否定するわけではなく, すべての人に福音を伝える必要を否定するものでもない. また, テクノロジーの受容に影響を与える文化的価値観の重要性を軽視するつもりもない.
3. BFWI, *Hunger 1995*, 22.
4. Acemoglu and Robinson, *Why Nations Fail: The Origins of Power, Prosperity and Poverty* (New York: Crown Business, 2012), 68 [ダロン・アセモグル, ジェイムズ・A・ロビンソン『国家はなぜ衰退するのか――権力・繁栄・貧困の起源』早川書房, 2016]. ジョン・フリードマンは「社会的パワー」の欠如が貧困につながると論じている. John Friedmann, *Empowerment: The Politics of Alternative Development* (Cambridge: Blackwell, 1992). パワーという点に関して, アマルティア・センは重要な意思決定を行う自由がないことが貧困の原因だと考えている. Amartya Sen, *Development as Freedom* (New York: Alfred A. Knopf, 1999) [アマルティア・セン『自由と経済開発』日本経済新聞社, 2000]. 自律的決定権の不在は他者による権力濫用の結果であることがきわめて多い.
5. BFWI, *Hunger 1995*, 25.
6. Todaro, *Economic Development*, 1994, 292–95.
7. 前掲書, 608.
8. 前掲書, 296–97.

9. Gary A. Haugen and Victor Boutros, *The Locust Effect: Why the End of Poverty Requires the End of Violence* (Oxford University Press, 2014).
10. "Poverty & Equity Data: Philippines," Poverty and Inequality Database, (最終アクセス2014.2.25) http://povertydata.worldbank.org/poverty/country/PHL.
11. "Property Rights and Resource Governance: Philippines," USAID, January 2011, http://usaidlandtenure.net/philippines (最終アクセス2014.4.18).
12. "Oil and Natural Gas in Sub-Saharan Africa," U.S. Energy Information Administration, August 1, 2013, http://www.eia.gov/pressroom/presentations/howard_08012013.pdf (最終アクセス2014.5.23). Nienke Oomes and Matthias Vocke, "Diamond Smuggling and Taxation in Sub-Saharan Africa," IMF Working Paper, Research Department and African Department, August 2003, 5.
13. World Bank, World Development Indicators 2014, http://databank.worldbank.org (最終アクセス2014.4.28).
14. "Angola," *The World Factbook 2013–14*, (Washington, DC: Central Intelligence Agency, 2013), https://www.cia.gov/library/publications/the-world-factbook/geos/ao.html (最終アクセス2014.4.28) ; "Angola: Oil Wealth Eludes Nation' s Poor," Human Rights Watch, April 13, 2010,http://www.hrw.org/news/2010/04/12/angola-oil-wealth-eludes-nation-s-poor (最終アクセス2014.4.28).
15. "Angola Parliament Approves 2013 Budget in Final Vote," Reuters, February 14, 2013, www.reuters.com/article/2013/02/14/angola-budget-idUSL5N0BECIM20130214 (最終アクセス2014.4.28) ; Colin McClelland, "Angola Approves $69 Billion Budget With $4.1 Billion Deficit," Bloomberg, February 14, 2013,http://www.bloomberg.com/news/2013-02-14/angola-approves-69-billion-budget-with-4-1-billion-deficit.html (最終アクセス2014.4.28).
16. UNDP, *Human Development Report 1994*, 43.
17. Acemoglu and Robinson, *Why Nations Fail*, 3.
18. Hernando de Soto, *The Other Path: The Invisible Revolution in the Third World* (New York; Harper and Row, 1989).
19. "The Facts," Raise the Minimum Wage, (A project of the National Employment Law Project), http://www.raisetheminimumwage.com/facts/entry/amount-with-inflation/ (最終アクセス2014.4. 29).
20. "Federal Minimum Wage," National Employment Law Project, http://www.nelp.org/index.php/site/issues/category/federal_minimum_wage/ (最終アクセス2014.4.29).
21. Sider, *Fixing the Moral Deficit: A Balanced Way to Balance the Budget* (Downers Grove: IVP Books, 2012) を参照.
22. Rana Foroohar, "Time to Talk about the I Word," *Time*, February 10, 2014, 23.
23. *Fixing the Moral Deficit*, 32–38.
24. World Bank, World Development Indicators, 2014: "2.9 Distribution of Income or Consumption," http://wdi.worldbank.org/table/2.9# (最終アクセス2014.4.29).
25. ジニ係数は世帯間の所得分配の不平等さを測る指標. 0から1［または100］で, 値が大きいほどその集団における所得格差が大きい状態であることを示す. 0は完全な平等［全世帯の所得が均一］, 1［または100］は完全な不平等［1世帯が集団の全ての所得を独占］の状態であることを表す.
26. *Why Nations Fail*, 33–40, 120.

27. Mancur Olson, *Power and Prosperity: Outgrowing Communist and Capitalist Dictatorships* (New York: Basic Books, 2000) も参照のこと.
28. Simon Johnson and James Kwak, *13 Bankers: The Wall Street Takeover and the Next Financial Meltdown* (New York: Vintage Books, 2011).［サイモン・ジョンソン, ジェームズ・クワック『国家対巨大銀行――金融の肥大化による新たな危機』ダイヤモンド社, 2011］
29. Joseph E. Stiglitz, et al., *The Stiglitz Report: Reforming the International Monetary and Financial Systems in the Wake of the Global Crisis* (New York: The New Press, 2010), 1.
30. 世界銀行については, 4つある機関に対する米国の影響力（票数配分）の平均値. "Voting Powers," World Bank, http://go.worldbank.org/AXK8ZEAD10 参照（最終アクセス2014.4.29). IMFについては, "IMF Members' Quotas and Voting Power, and IMF Board of Governors," International Monetary Fund, http://www.imf.org/external/np/sec/memdir/members.aspx#U（更新2014.4.29,（最終アクセス2014.4.29).
31. Stiglitz, et al,. *Stiglitz Report*, 121ff.
32. G7は, ロシアの加盟で一時G8となったが, 2014年にロシアはウクライナ政策の問題で参加資格を停止された.
33. 中国人は明らかに銃の製造方法を知っていたが, 製造はしなかった.
34. 植民地主義に対するマルクス主義の考え方は Walter Rodney, *How Europe Undeveloped Africa* London: Bogle-L' Ouverture, 1972）を参照. Rodneyは, ヨーロッパ諸国が文化的に洗練されたアフリカ諸国を発見し, 植民地支配の下で徐々に文化的・社会的・経済的活力を剥奪していったと主張している. もちろん, すべてを階級闘争という視点から説明するマルクス主義的歴史観を無批判に受け入れるのは愚かだが, 決定的な説明要素としての歴史の重要性を否定するのは同じくらい危険なことである. たとえばP. T. Bauerは, *Equality, the Third World, and Economic Delusion* (Cambridge, MA: Harvard University Press, 1981）の中で, 現在の経済的不平等の原因について, 政治的・経済的権力が間違った使われ方をされてきた結果ではなく, 創意工夫, 努力, 資源配分の違いによるものがほとんどであるという, 歴史を無視した主張をしている. 従来的な経済学者によるバランスの取れたBauer批判としては, Amartya SenによるBauerの著書のレビュー, "Just Desserts," *New York Review of Books*, March 4, 1982を参照. クリスチャンの経済学者で世界銀行で働いたこともあるDavid Beckmannは, 開発途上国の貧困の相当部分は植民地時代とその後の搾取の慣行にあるとしている. Beckmann, *Where Faith and Economics Meet* (Minneapolis: Augsburg Press, 1981).
35. *Why Nations Fail*, 271.
36. 前掲書, 199–201, 272–273.
37. 前掲書, 245–250.
38. 前掲書, 254.
39. 前掲書, 116.
40. June Kronholz, "Gabon' s Been Working on Its New Railroad, but Pay Day Is Far Off," *Wall Street Journal*, July 30, 1981, 1ff.
41. Joan Robinsonは, 開発途上国をめぐる貿易構造や土地・労働制度, 国際金融構造などは, すべて植民地時代に築かれた基盤の上に発展したと主張している. Joan Robinson, *Aspects of Development and Underdevelopment* (Cambridge: University Press, 1979).
42. Bread for the World Institute, *Within Reach: Global Development Goals, 2013 Hunger Report,* Washington: Bread for the World Institute, 2012), 3.

43. 前掲書, 12.
44. Pope Francis, *The Joy of the Gospel: Evangelii Gaudium 204* (Washington: U.S. Conference of Catholic Bishops, 2013), 103.
45. Rryant Myers, *Walking with the Poor* (2nd ed.; Maryknoll: Orbis, 2011), chapter 4.
46. それだけが原因ではない. 自然災害やテクノロジーに関する知識不足は罪の結果ではない.
47. Jayakumar Christian, "Powerlessness of the Poor," (Ph.D. dissertation, Fuller Theological Seminary, 1994), 同じくJayakumar Christian, *God of the Empty-Handed: Poverty, Power and the Kingdom of God* (Monrovia: MARC, 1999), さらにMyers, *Walking with the Poor*, 123–131を参照.

第8章　グローバル市場経済と貧困

1. Mooneyham, *What Do You Say to a Hungry World?*, 117, 128.
2. チリとエストニアは他のどの国よりも自由放任志向の傾向が強い.
3. 経済体制の違いについては以下が参考になる. *Transformation*, July–September 1995, 18.
4. もう一つ考えられるのが民主社会主義である. これは, 政治は全体主義ではなく民主制だが, 経済は国家が中央で立案する計画によって運営される社会である.
5. The Food and Agriculture Organization of the United Nations, The State of Food Insecurity in the World 2003 (Rome: Food and Agriculture Organization, 2003), 31.
6. BFWI, *2014 Hunger Report*, 154.
7. 前掲書, 34.
8. UNDP, *Human Development Report 2013*, 2, 13.
9. 11章の注50–61を参照.
10. 中国モデルの複雑な側面を注意深く分析したYasheng Huang, *Capitalism With Chinese Characteristics: Entrepreneurship and the State* (Cambridge University Press, 2008) を参照.
11. World Bank, *World Development Report 2000/01: Attacking Poverty* (New York: World Bank and Oxford University Press, 2001), 63. 国が市場を開くと, 特定の産業や地域が影響を受けて一部の人にマイナスの影響が生じる可能性があることを忘れてはならない. Bread for the World Institute, *2003 Hunger Report: Agriculture in the Global Economy* (Washington, DC: BFWI, 2003), 22を参照.
12. 1970 ~ 90年を対象としたある研究では, 輸出の相対的重要度が低下している37カ国と, 輸出が増加している32カ国を比較した. 実質賃金は, 輸出が増加している国では年平均3%上昇し, 輸出の重要性が低下している国では年平均3%低下した. 前者の国ではGNPに占める輸出の割合が低下しており, 後者の国では増加している. World Bank, *World Development Report 1995*, 5.
13. しかし, マイナスの結果が生じる可能性もある. グローバル企業と手を結んだ地元エリートが, 低賃金労働者による組合結成の動きを抑え込んでしまうと, 賃金上昇の恩恵は人びとに行きわたらない. また, 世界中に不要な商品を拡げてしまうとしたら, それも環境の面から愚かなことである.
14. これはノーベル経済学賞を受賞したPaul Samuelsonが何十年も前に定式化した「要素価格均等化定理」だが, その妥当性は何度もくり返し実証されている.
15. BFWI, *2013 Hunger Report*, 3, 12, 20.
16. 第7章の注42–43, および第11章の注5–16, 51–61を参照.
17. この議論に関しては, 開発経済学が専門のBruce Wydickに負うところが大きい. Wydickか

らは第8章と第11章について助言を受けた.
18. UNDP, *Human Development Report 2005*, 36.
19. 米国の所得格差についてはJoseph E. Stiglitz, *The Price of Inequality* (New York: W.W. Norton, 2012) を参照 (特にchapter 1) [ジョセフ・E・スティグリッツ『世界の99%を貧困にする経済』徳間書店, 2012].
20. Sider, *Fixing the Moral Deficit* (Downers Grove, IL: IVP Books, 2012), 57–59参照.
21. Stiglitz, *The Price of Inequality*, 特にchapter 4.
22. Robert Frank and Philip J. Cook, *Winner Take All Society* (New York: Free Press, 1995) [ロバート・H・フランク, フィリップ・J・クック『ウィナー・テイク・オール――「ひとり勝ち」社会の到来』日本経済新聞社, 1998]. あわせてLester C. Thurow, *The Failure of Capitalism* (New York: Morrow, 1996) も参照.
23. 文化の変化がすべて悪いわけではない. 20の小さな部族と20の異なる言語で構成され, 現代的な時間感覚を持たない小さな貧困国は, グローバル経済に参加することはできないだろう. この国が伝統的文化を保持しようとするなら, それは尊重されるべきだが, この国は自国の経済的貧困を世界のせいにすることはできない.
24. William Leach, *Land of Desire: Merchants, Power and the Rise of a New American Culture* (New York: Vintage, 1994).
25. Juliet B. Schor, *The Overworked American* (New York: Harper Collins, 1992), 120に引用されたRoland Marchrdのコメント.
26.人心を操作する広告の力に関する説得力のある議論として, Peter Ubel, *Free Market Madness: Why Human Nature is at Odds with Economics－and Why it Matters* (Harvard Business Review Press, 2008) を参照.
27. “Marketing Fact Pack: 2014 Edition,” *Advertising Age* (December 20, 2013), 20.
28. Common Sense Media, “Advertising to Children and Teens: Current Practices,” Spring 2014, 7, 9–12.
29. “Marketing Fact Pack: 2014 Edition,” *Advertising Age* (December 20, 2013), 16.
30. 前掲書, 158.
31. 消費主義批判ではWilliam Cavenaugh, *Being Consumed: Economics and Christian Desire* (Grand Rapids, MI: Eerdmans, 2008) がすぐれている.
32. M. Douglas Meeks, *God the Economist* Minneapolis: Fortress, 1989), 39.
33. 共産主義社会のほうが良かったと言っているのではない. 旧ソ連圏の環境破壊は欧米よりはるかに深刻だった.
34. Vaclav Smil and Mao Yushi, “The Economic Costs of China’ s Degradation,” American Academy of Arts & Sciences, 1998, https://www.amacad.org/content/Research/researchproject.aspx?d=961&t=4&s=0 (最終アクセス2014.4.30). より科学的な研究によると, 中国は1999年に土地の劣化だけでGDPの4.1％を失った. Hao, Fang-hua, et al. “Assessment of China’ s Economic Loss Resulting from the Degradation of Agricultural Land in the End of the 20th Century,” *Journal of Environmental Sciences* 16, no. 2 (2004) : 199–203を参照.
35. “India: Green Growth - Overcoming Environment Challenges to Promote Development,” The World Bank, March 6, 2014, http://www.worldbank.org/en/news/feature/2014/03/06/green-growth-overcoming-india-environment-challenges-promote-development?cid=SAR_TTWBSAREN_EXT (最終アクセス2014.4.30).
36. *Human Development Report 2013*, 43.

37. 前掲書, 2.「1980年から2011年にかけて, 世界の商品貿易に占める開発途上国間貿易の割合は8.1%から26.7%に増加し, 特に2000年代の伸びが顕著であった. 同期間に先進国間貿易の割合は約46%から30%弱に減少した」(前掲書, 45). 増加したのは原材料貿易だけではない.「貿易統計の数字から燃料, 金属, 鉱石を除くと, 世界貿易に占める開発途上国間貿易の割合は1980年の6.3%から2011年には26.1%に上昇し, 先進国間貿易の割合は1980年の50.6%から2011年には31.4%に低下したことになる」(前掲書, 126, fn 13).
38. 国際貿易にメリットがあるという理論は, 経済学者のHerman E. Dalyと神学者のJohn B. Cobbが共著で指摘しているとおり「論破不能」である. *For the Common Good: Redirecting the Economy Toward Community, the Environment, and a Sustainable Future*, 2nd ed. (Boston, Beacon Press, 1994), 209. David Coatesも "Free Trade and Fair Trade," in David Coates, ed., *The Oxford Companion to American Politics* (Oxford University Press, 2012), 405で同様のことを述べている.
39. David Coates, "Free Trade and Fair Trade," 407での引用. 同様に, Robert J. Carbaugh, *International Economics* 13th ed. (Mason, OH: South-Western, Cengage Learning, 2011), 22も, 米国の家計所得が7,000 ～ 13,000ドル上昇したと指摘している.
40. *Human Development Report 2013*, 12.
41. *The Economist*, May 5, 2001, 59–62参照. また, Carbaugh, International Economics, 59参照.
42. *Human Development Report 2013*, 70.
43. Carbaugh, *International Economics*, 59.
44. 発展途上国が必ず輸出を拡大できるとは限らない. たとえば, EUの「武器以外の全て」(EBA)［武器以外のすべての製品の輸入関税を無税とし, 輸入割当も行わないとするEU独自の特恵関税制度］や, 米国がアフリカ成長機会法(AGOA)に基づいてアフリカの後発開発途上国と締結した特別貿易協定があるにもかかわらず, 世界の輸出に占めるアフリカのシェアは実際には低下している. Joseph E. Stiglitz and Andrew Charlton, *Fair Trade For All: How Trade Can Promote Development* (Oxford University Press, 2005), 9［ジョセフ・スティグリッツ, アンドリュー・チャールトン『フェアトレード──格差を生まない経済システム』日本経済新聞出版社, 2007］を参照.
45. 前掲書, 13.
46. その要約の一例としてGheddo, *Why Is the Third World Poor?*, 69–100を参照.
47. William Easterlyは, *White Man's Burden*の中で, この時期の歴史に関して興味深い事実を追加している. ヨーロッパの植民地主義者は, 欲しいものは何でも植民地から搾取するというよからぬ動機で行動しただけでなく, 単に無能だったがゆえの行動もしたと指摘しているのだ. アフリカやアジアに到達した彼らは, 自分たちは植民地統治と農業の方法を最もよく知っていると思い込んでいたために, 現地の伝統的な農業技術を, ヨーロッパで有効だった方法で置き換えてしまった. あるいは, 不適切な新しいテクノロジーを植民地に輸入した. この議論については同書278-282ページを参照.
48. James P. Grant, "Can the Churches Promote Development?" *Ecumenical Review* 26 (January 1974), 26.
49. Joseph E. Stiglitz and Andrew Charlton, *The Right to Trade: Rethinking the Aid for Trade Agenda* London, UK: Commonwealth Secretariat, 2013), 3–4. さらにWorld Bank, *World Development Report 1995*, 57参照.
50. Stiglitz and Charlton, *The Right to Trade*, 21. 米国国際貿易委員会の貿易データベースによれば, 2010年から13年にかけて毎年この結果となった. 以下を参照. Interactive Tariff and

Trade DataWeb, http://dataweb.usitc.gov/ (最終アクセス2014.9 22).
51. Dwight H. Perkins, Steven Radelet, and David L. Lindauer, *Economics of Development*, 6th ed. (New York: W.W. Norton & Co., 2006), 750.
52. OECD, "Producer and Consumer Support Estimates" , OECD Agriculture statistics (database). doi: 10.1787/agr-pcse-data-en (最終アクセス2014.9.22). この数字に含まれているのは直接給付金や価格維持政策などの「生産者支援」だけである.
53. See "EWG Farm Subsidies," Environmental Working Group, http://farm.ewg.org/region.php?fips=00000 (最終アクセス2014.9.1).
54. E. Wesley F. Peterson, *A Billion Dollars A Day: The Economics and Politics of Agricultural Subsidies* (Malden, MA: Wiley-Blackwell, 2009), 127; "Farm Income Data Debunks Subsidy Myth," Environmental Working Group, May 2012, 2010, http://www.ewg.org/agmag/2010/05/farm-income-data-debunks-subsidy-myths (最終アクセス2014.9.1).
55. 米国農務省の2012年のCensus of Agricultureによれば, 補助金を受け取っていたのは全米の総数2,109,303の農家のうち, 38%に当たる811,387の農家だけだった. http://www.agcensus.usda.gov/Publications/2012/.
56. Alex Rindler, "Forbes Fat Cats Collect Taxpayer-Funded Farm Subsidies," Environmental Working Group, November 7, 2013, http://www.ewg.org/research/forbes-fat-cats-collect-taxpayer-funded-farm-subsidies (最終アクセス2014.9.1).
57. "The Great Cotton Stitch-Up," A Fairtrade Foundation Report (November 2010), 5.
58. 前掲書 3.
59. 前掲書, 14.
60. http://www.cotton.org/edu/faq/.
61. http://farm.ewg.org/progdetail.php?fips=00000&progcode=cotton.
62. Mike Lavender, "Will Cotton Subsidies Ignite New Trade Disputes?" Environmental Working Group, January 24, 2014, http://www.ewg.org/agmag/2014/01/will-cotton-subsidies-ignite-new-trade-dispute (最終アクセス2014.9.5). 米国は2010年から2013年9月までこの補助金をブラジルに支払っていた. 2014年成立の農業法も, この紛争を解決するものではない.
63. Pietra Rivoli, *The Travels of a T-Shirt in the Global Economy: An Economist Examines the Markets, Power, and Politics of World Trade*, 2nd ed. (Hoboken, NJ: John Wiley & Sons, 2009), 208–209.
64. 前掲書, 92–104.
65. World Trade Organization, "International Trade Statistics 2012: Merchandise Trade," 4.6 Clothing, Table II.69, http://www.wto.org/english/res_e/statis_e/its2012_e/its12_merch_trade_product_e.htm (最終アクセス2014.9.23).
66. 2012年のデータ. Dan Ikenson, "Washington' s Coddling of U.S. Textile Industry Is Hurting Shoppers," *Forbes*, July 23, 2013, http://www.forbes.com/sites/danikenson/2013/07/23/textile-protectionism-in-the-trans-pacific-partnership/ (最終アクセス2014.9.12). こうした貿易障壁の影響には複雑なものがある. Rivoliは以下のような効果を挙げている.「混乱」. ルールが複雑で常に変化するため, 生産者が追いつくのに苦労する.「投資の抑制」. ルールが混乱し, 変化するため, 起業家が新工場を開設したり, 新市場に進出するリスクを取りにくくなる.「選択肢の限定」. どの国からどの生地や糸が来るか, どの国で加工されるかがルールによって決められてしまう (決められない場合もある). その衣料品がどのように生産されたかで, 割当や関税が課されたり課されなかったりする. このため, 米国のアパレルメーカーは生地を調達することが困難になる. とき

には, 互いに矛盾するルールや自縄自縛のルールが定められることもある. Rivoli, *Travels of a T-Shirt*, 150–154を参照.

67. Sanchita B. Saxena, "American Tariffs, Bangladeshi Deaths," *New York Times*, December 11, 2012, http://www.nytimes.com/2012/12/12/opinion/american-tariffs-bangladeshi-deaths.html?_r=0 (最終アクセス.9.23).
68. Pietra Rivoli, *The Travels of a T-Shirt*, 181.
69. Gary Hufbauer and Jeffrey Schott, "Payoff From the World Trade Agenda 2013," Report to the ICC Research Foundation, April 2013, 12.
70. "Bailing Out From Bali," *The Economist*, August 9, 2014, http://www.economist.com/news/finance-and-economics/21611088-indias-scuppering-latest-trade-talks-leaves-no-one-better-bailing-out?zid=301&ah=e8eb01e57f7c9b43a3c864613973b57f (最終アクセス2014.9.27).
71. 以下を参照. World Watch Instituteが毎年発行している *State of the World*の各年度版. Ben Lowe, *Green Revolution: Coming Together to Care for Creation* (Downers Grove, IL: InterVarsity Press, 2009). 近年の環境劣化を概観したものとしてJonathan A. Moo and Robert S. White, *Let Creation Rejoice: Biblical Hope and Ecological Crisis* (Downers Grove, IL: IVP Academic, 2014) を参照. 本書 (*Rich Christians in an Age of Hunger*) の2005年版の149-160ページには, 当時の環境関連データが掲載されている.
72. IPCC, Climate Change 2013, Headline Statements from the Summary for Policy Makers, January 30, 2014; www.climatechange2013.org.
73. Sider, *Just Politics*, 223–224 (n.1) に詳細なエビデンスのリストを掲載した. より最近のIPCC報告 (2014年3月) は以下を参照. http://ipcc-wg2.gov/AR5/images/uploads/WG2AR5_SPM_FINAL.pdf.
74. たとえばWayne Grudem, *Politics According to the Bible* (Grand Rapids: Zondervan, 2010), 371. それへの批判はSider, *Just Politics*, 171-2参照.
75. http://christiansandclimate.org. 次も参照のこと. Katharine Hayhoe and Andrew Farley, *A Climate for Change: Global Warming Facts for Faith-Based Decisions* (New York: Faith Works, 2009).
76. Jim Ball, *Global Warming and the Risen Lord: Christian Discipleship and Climate Change* (Washington: The Evangelical Environmental Network, 2010), 99–128.
77. IPCC, AR4, WG2, Ch 5, 300. 最悪のケースでは13億人が飢えると予測されている (298ページ). だが, それでも農業への影響に関するシミュレーションモデルは, すべて甘すぎる. 有害生物の増加, 受粉媒介動物の減少, 異常気象 (洪水, 暴風雨, 熱波など) の継続, 海面上昇などがモデルに含まれておらず, 数字が控えめに出ているからだ. 以下を参照のこと. National Academy of Sciences (NAS), National Research Council, Advancing the Science of Climate Change (National Academies Press: May 2010) : pp. 229–30. http://books.nap.edu/openbook.php?record_id=12782&page=R1#. また, National Academy of Sciences (NAS), Climate Stabilization Targets: Emissions, Concentrations, and Impacts over Decades to Millennia, Prepublication Copy (National Academies Press, Washington, DC: July 2010). http://www.nap.edu/catalog/12877.htmlも参照. これには以下の記述がある.「さまざまな影響が適切に定量化されていない. 雑草, 害虫, 病原体, 灌漑用水量, オゾン濃度, 洪水発生頻度, 極端な高温といった影響である. さらに, ほとんどの収穫モデル研究は, 多くの地域で増加する可能性のある干ばつ (Wang, 2005; Sheffield and Wood, 2008) や, 年ごとの収量変動の可能性などが考慮されていない. 上記を含むさまざまな要因の正味の効果は把握することが難しいが, す

べて収量を減少させる可能性がある」(p.130). さらに次を参照. United Nations Development Programme (UNDP), Kishan Khoday, “Climate Change and the Right to Development: Himalayan Glacial Melting and the Future of Development on the Tibetan Plateau,” Occasional Paper, (UNDP, May 2007) : pp. 4, 6. http://hdr.undp.org/en/reports/global/hdr2007- 2008/papers/Khoday_Kishan.pdf. 次も参照されたい. IPCC, *Climate Change 2014*, “Summary for Policy Makers,” http://ipcc-wg2.gov/AR5/images/uploads/WG2AR5_SPM_FINAL.pdf.

78. Stern, *Economics of Climate Change*, 63–64; IPCC, Climate change 2014, 15.
79. Ball, *Global Warming*, 104–108.
80. 前掲書, 109; IPCC, *Climate Change 2014*, 20.
81. Ball, *Global Warming*, 115–126; IPCC, *Climate Change 2014*, 20–21.
82. The World Bank, *Turn Down the Heat: Why a 4˚C Warmer World Must Be Avoided* (November 2012,特にp. 2), http://documents.worldbank.org/curated/en/2012/11/17097815/turn-down-heat-4%C2%B0c-warmer-world-must-avoided.
83. IPCC, *Climate Change 2014*, 8, 12, 13, 19.
84. 前掲書, 21.
85. Ball, *Global Warming and the Risen Lord*, 92.
86. 以下を参照のこと. Todaro and Smith, *Economic Development* 2009), 719–720; Jagdish Bhagwati, “Do Multinational Corporations Hurt Poor Countries?” the *American Enterprise*, June 2004, 28–30; “Impact of Multinational Companies on the Host Country,” Triple a LEARNING.
87. Brian Roach, “Corporate Power in a Global Economy,” a teaching module from Tufts University’ s Global Development and Environment Institute参照. https://www.economicsnetwork.ac.uk/sites/default/files/Brian%20Roach/Corporate_Power_in_a_Global_Economy.pdf (最終アクセス2014.5.30).
88. Vincent Trivett, “25 US Mega-Corporations: Where They Rank if They Were Countries,” http://www.businessinsider.com/25-corporations-bigger-tan-countries-2011-6?op=1 (最終アクセス2014.5.30).
89. “Impact of Multinational Companies,” Triple a LEARNING.
90. 前掲書. あわせてDonald Hay, *Economics Today: A Christian Critique* (Grand Rapids: Eerdmans, 1989), 264–66も参照のこと.
91. *New York Times*, “An Indonesian Asset Is Also a Liability,” March 16, 1996, B1, B36.
92. 前掲書
93. Korten, *When Corporations Rule the World*, 129.
94. 開発倫理学者のイヴァン・イリイチは, 特に後発開発途上国における清涼飲料水の蔓延に頭を痛めた. “Outwitting the ‘Developed’ Countries,” *The Political Economy of Development and Underdevelopment*, ed. Charles K. Wilber (New York: Random House, 1979), 436–44参照.
95. UNICEF, *The State of the World’s Children 1990*, 26.
96. UNICEF, *The State of the World’s Children 1995*, 20.
97. UNICEF, *The State of the World’s Children 1982–83*, 3–4.
98. ネスレ・ボイコットの主要な火付け役となった*The Baby Killer* を1974年に出版したMike Muller による “Nestle Baby Milk Scandal has Grown Up But Not Gone Away,” *The Guardian*, February 13, 2013を参照. http://www.theguardian.com/sustainable-business/nestle-baby-milk-scandal-food-industry-standards (最終アクセス2014.5.29).

99. 以下を参照. www.babymilkaction.org/nestlefree（最終アクセス2014.5.29).
100. H. W. Walter, "Marketing in Developing Countries," *Columbia Journal of World Business* (Winter 1974), quoted in Lappe and Collins, *Food First*, 309.
101. Claudia Kennedy, "Light in the Midst of Darkness: Two Views of Global Poverty" March 5, 2004, http://mediamavens.com/Speech_GlobalPoverty.htm. World Vision Canadaの副総裁Linda Trippも同様の推計を行っている. "A Voice for Women," *Transformation*, January–March 1992, 21.
102. "How Africa Can Transform Land Tenure, Revolutionize Agriculture, and End Poverty," International Land Coalition: Africa, December 4, 2013, http://africa.landcoalition.org/how-africa-can-transform-land-tenure-revolutionize-agriculture-and-end-poverty/（最終アクセス2014.6.24).
103. BFWI, *2013 Hunger Report*, 46.
104. Nicholas D. Kristof and Sheryl WuDunn, *Half the Sky: Turning Oppression into Opportunity for Women Worldwide* (New York: Alfred A Knopf, 2009), 98.
105. United Nations Educational, Scientific, and Cultural Organization (UNESCO) Institute for Statistics. Data retrieved from World Bank, World Development Indicators, http://databank.worldbank.org/（最終アクセス2014.6.10).
106. Mara Hvistendahl, *Unnatural Selection: Choosing Boys Over Girls, and the Consequences of a World Full of Men* (New York: Public Affairs, 2011), 5–6［マーラ・ヴィステンドール『女性のいない世界――性比不均衡がもたらす恐怖のシナリオ』講談社, 2012］.
107. UNDP, *Human Development Report 1995*, 35.
108. Hvistendahl, *Unnatural Selection*, 5–6.
109. 前掲書, 19. Hvistendahlは*Unnatural Selection*の中で, 政府によるトップダウンの人口管理（たとえばインドや中国など）の多くを, 1952年にロックフェラー財団が資金の大部分を提供してコロニアル・ウィリアムズバーグで開催された人口管理に関する会議と関連づける, 興味深い議論を行っている. 開発援助と引き換えに露骨な人種差別と優生思想がこれらの国に押し付けられたと, 多くの証拠を挙げて論じたのだ. 世界はさらなる人口増加に耐えられないと考える善意の活動家と, 抑圧的な手段で経済的特権を強化しようとする人種差別主義者は, 上辺だけ見るとわずかな違いしかない. 関連してHvistendahlは, 貧困が男児の出産を望む傾向につながっていることも指摘している. 悲しいことに, 経済が発展するにつれ, 胎児の性別判定技術（超音波検査）と中絶手術の技術も進歩し, 中絶件数が増える傾向がある.
110. "21 million people are now victims of forced labour, ILO says," International Labour Organization, June 1, 2012. https://www.ilo.org/global/about-the-ilo/newsroom/news/WCMS_181961/lang--en/index.htm（最終アクセス2020.10.16).
111. Hvistendahl, *Unnatural Selection*, 184.
112. Tripp, "A Voice for Women," *Transformation*, January–March, 1992, 23.
113. 南アフリカのHDIはVusi Gemede, "Social and Economic Inclusion in Post-Apartheid South Africa," in *2011 Transformation Audit: From Inequality to Inclusive Growth*, Jan Hofmeyr, ed. (Cape Town: Institute for Justice and Reconciliation, 2011), 91より. それを*Human Development Report 2013*のリストに当てはめて順位を求めた.
114. Raúl Segura and Kurt Birson, "The Human Development Index: How Do Puerto Ricans Measure Up?," Center for Puerto Rican Studies (May 2013), 2–3.
115. Richard Wolffe, "On the Road to Nowhere," *Newsweek*, May 3, 2004, 42–43.

116. BFWI, *2013 Hunger Report*, 45.
117. 前掲書
118. BFWI, *Hunger 1996*, 95.
119. BFWI, *2013 Hunger Report*, 40.
120. UNDP, *Human Development Report 2013*, 39–40.
121. *Human Security Report* (Vancouver: Human Security Press, 2013), 24, 90. 紛争件数には国際化した内戦(外国が巻き込まれた内戦)が含まれる.
122. UNDP, *Human Development Report 2009*, 26.
123. Raymond Fisman and Edward Miguel, *Economic Gangsters: Corruption, Violence and the Poverty of Nations* (Princeton: Princeton University Press, 2008), 122–125 [レイモンド・フィスマン, エドワード・ミゲル『悪い奴ほど合理的――腐敗・暴力・貧困の経済学』NTT出版, 2014].
124. BFWI, *Hunger 1996*, 11.
125. Dag Hammarskjöld, *Markings* (New York: Knopf, 1964), xxi.
126. "Bananas," *New Internationalist*, August 1975, 32参照.
127. 実際に支払われたのは125万ドルであった.
128. *Philadelphia Inquirer*, April 10, 1975, 1–2.
129. "Action," *New Internationalist*, August 1975, 32.
130. Carl Oglesby and Richard Schaull, *Containment and Change* (NY: Macmillan, 1967), 104; およびStephen Schlesinger and Stephen Kinzer, *Bitter Fruit: The Untold Story of the American Coup in Guatemala* (Garden City, NY: Doubleday, 1982).
131. Andreas Schotter and Mary Teagarden, "Blood Bananas: Chiquita in Columbia," 1,5; *Thunderbird School of Global Management Case Study* (2010).
132. "America' s World Role: Should We Feel Guilty?" *Philadelphia Inquirer*, July 18, 1974, 7a.
133. この点についてはPatrick Kerans, *Sinful Social Structures* (New York: Paulist Press, 1974), 47–51が有益である.

第4部　イントロダクション

1. 第4部での提案に疑問を感じたら, 2つのことを考えてほしい. まず, 提案は聖書の原則に基づいているか? 次に, 前提となっている社会分析は有効か? もし両方とも答えが「イエス」なら, 提案を実行してほしい. もし「ノー」なら, もっと良い方法を考えて提案してほしい. 貧しい人びとが正当な力をもつ社会が私の願いだ. 自分の考えに足りない点があるなら, より効果的な提案に改めたい.

第9章　分かちあうシンプルライフ

1. Ronald J. Sider, ed., *The Chicago Declaration* (Carol Stream, IL: Creation House, 1974), 2.
2. J. D. Douglas, ed., *Let the Earth Hear His Voice: International Congress on World Evangelization, Lausanne, Switzerland* (Minneapolis: World Wide Publications, 1975), 6, sect. 9.
3. "Creation, Technology, and Human Survival," Plenary Address, WCC' s Fifth Assembly, December 1, 1975. これはElizabeth Seton [1774－1821] が語った「ほかの人が普通に暮らせるように, あなたがたは簡素に暮らしなさい」を言い換えたもの.
4. *New York Times*, June 14, 1973.
5. その一連の説教は, 初期メソジスト派の標準的な教義となった. *The Works of John*

Wesley, 14 vols. (1872; reprinted, Grand Rapids: Zondervan, n.d.), 5:361–77を参照.

6. 前掲書, 365–68.
7. J. Wesley Bready, *England: Before and After Wesley* (London: Hodder and Stoughton, n.d.), 238.
8. 私はこの箇所から, またこれ以外の聖書のどの部分からも, 絶対的な収入の平等が聖書の規範であると結論づけるものではない. Sider, *Fixing the Moral Deficit*, 57–59を参照. とは言え, パウロが劇的な分かち合いを奨励していることは間違いない.
9. Graham Kerrの感動的な証を以下で読むことができる. "From Galloping Gourmet to Serving the Poor," in Sider, *Lifestyle in the Eighties*, 174–82. 最近のものでは下記がある. "The Graham Kerr Story: From Galloping Gourmet to Kingdom Cook," *PRISM*, September–October, 1996, 16–19.
10. Gene M. Daffern, "One Man Can Make a Difference," *These Times*, September 1982, 6–11参照.
11. Doris Longacre, *Living More with Less* (Scottdale, PA: Herald Press, 1980) [ドリス・J・ロングエーカー『積極的シンプルライフ』すぐ書房]. 多くの実践例を集めたものとしては Ronald J. Sider, ed., *Living More Simply: Biblical Principles and Practical Models* (Downers Grove, IL: InterVarsity, 1980), 59–159がある.
12. Ginny Hearn and Walter Hearn, "The Price Is Right," *Right On*, May 1973, 1, 11.
13. Michael Harper, *A New Way of Living* (Plainfield, NJ: Logos International, 1973), 93.
14. その方法を以下で紹介した. "Living More Simply for Evangelism and Justice," in Sider, *Lifestyle in the Eighties*, 32–35.
15. この区別についてJohn Schneider, *Godly Materialism* (Downers Grove, IL: InterVarsity, 1994)が批判的に論じている. そのSchneiderの批判に対する私の応答は "Rich Christians in an Age of Hunger－Revisited," *Christian Scholars' Review*, xxvi:3 (Spring 1997), 328を参照.
16. そのようなすぐれた実践例については以下を参照. Sider, *Cup of Water, Bread of Life* (Grand Rapids: Zondervan, 1994). Sider, *Good News and Good Works: A Theology for the Whole Gospel* Grand Rapids: Baker, 1999). 定期刊行物では *Transformation* と *PRISM* が伝道と社会的正義の統合的取り組みをたびたび取り上げている.
17. David Pimentel and Marcia Pimentel, "Sustainability of meat-based and plant-based diets and the Environment," *American Society for Clinical Nutrition* 78 (suppl), (2003) : 661S–662S.
18. 第9章の注40–42を参照.
19. このポイントについては, John F. Alexanderに負うところが大きい.
20. 考慮すべき点のうち, a, c, d, および f は, Edward R. Dayton, "Where to Go from Here," *Fuller Seminary's Theology News and Notes*, October 1975, 19より.
21. John F. Alexanderがファンドレイジングのために書いた文章. 書かれたのは1976年で, その後リベリアでは多くの変化があったが, 私が挙げた規準の有効性は変わらない.
22. Abhijit V. Banerjee and Esther Duflo, *Poor Economics* (New York: Random House, 2013), 9–21をはじめ, 多くの研究が存在する.
23. Bruce Wydickがその結論を世界銀行のブログに書いている. "Evaluating the Best Ways to Give to the Poor: Guest Post by Bruce Wydick," February 27, 2012. http://blogs.worldbank.org/impactevaluations/evaluating-the-best-ways-to-give-to-the-poor-guest-post-by-bruce-wydick (最終アクセス2013.12.23)
24. 前掲書, 2.
25. 前掲書, 2. See also Bruce Wydick, "Want to Change the World? Sponsor a Child," *Christianity Today*, June 2013: 20–25.

26. Sider, *Cup of Water, Bread of Life* (Grand Rapids: Zondervan, 1994), chapter 7,および Philippa Tyndale, *Don't Look Back: The David Bussau Story* (St. Leonards, New South Wales, Australia: Allen and Unwin, 2004) を参照.
27. "Approach to Microfinance," Opportunity International, http://opportunity.org/what-we-do/microfinance (最終アクセス2014.5.20).
28. Opportunity International 2012 Annual Report (Oak Brook, IL: Opportunity International), 1.
29. Opportunity International 2012 Annual Report, 6.
30. "Approach to Microfinance," Opportunity International.
31. *Impact* (Opportunity Internationalのニュースレター), October 2003.
32. http://oikocreditusa.org/home. Oikocredit USA, 1701 K Street N.W., Suite 1201, Washington, DC, 2006.
33. Amie McPheeが提供してくれた情報 (2014.4.7). 以下も参照のこと. http://www.meda.org/annual-report.
34. Mary Naber, "Christ' s Returns," *Christianity Today*, September 3, 2001, 79ff 参照. さらに, Forum for Sustainable and Responsible Investment (www.ussif.org) およびその隔年発行物を参照.
35. 2つの数字から算出した数字である. 1つは米国民の寄付総額3160億ドル (Giving USA, "2013 Highlights," 1) もう1つは米国の個人所得総額13兆7430億ドル (Bureau of Economic Analysis, "National Data: Table 2.1 Personal Income and Its Disposition"). 寄付総額を所得総額で割れば2.3 %となる.
36. *The State of Church Giving Through 2011*, 17, 21より.
37. 1人当りの平均所得は相当上昇しているのに, 残念ながら, 多くの人びとはその恩恵に与っていない. 米国ではここ30年, 所得の増加分が上位20% (特に上位1%) に集中する傾向がどんどん強まっているためである. Sider, *Fixing the Moral Deficit*, 21–42を参照.
38. John L. and Sylvia Ronsvalle, *The State of Church Giving Through 2011* (Champaign, IL: Empty Tomb, Inc.: 2013), 15-22.
39. Ronsvalle, *The State of Church Giving Through 2011*, 31–32.
40. Christian Smith, Michael O. Emerson, and Patricia Snell, *Passing the Plate* (New York: Oxford University Press, 2008), 3. 私はこの本を原稿段階で読み, *Stingy Christians in an Age of Affluence!* という書名を提案した［直訳すれば『豊かな時代の出し惜しみするクリスチャン』］.
41. 前掲書, 48–49.
42. 前掲書, 13–18. リストは5ページにもわたって掲載されている.
43. Larry Minear, *New Hope for the Hungry* (New York: Friendship Press, 1975), 79.
44. この真理からすばらしい議論を展開しているのがTyler Wigg-Stevenson, *The World is Not Ours to Save: Finding the Freedom to Do Good* (Downers Grove, IL: IVP Books, 2013) である.
45. Sider, *I Am Not a Social Activist: Making Jesus the Agenda* (Scottdale: Herald Press, 2008) を参照.

第10章　教会から始める社会変革

1. ラテン語は*Extra ecclesiam, nulla salus*.
2. Dave Jackson and Neta Jackson, *Living Together in a World Falling Apart* (Carol Stream, IL: Creation House, 1974), 15.
3. Reba Placeについては前掲書, 特に36–39, 230–33を参照. 私は個人的に, 最も古いメン

バーの1人であるVirgil Vogtから最近の情報を知らせてもらっている.

4. Sider, "Spare the Rod and Spoil the Church," *Eternity*, October, 1976を参照.
5. オックスフォード大学で始まった学生グループについてのJohn Wesleyの報告 (1748年). *The Works of John Wesley*, 8:269.
6. Peter Berger, *A Rumor of Angels* (Garden City, NY: Anchor Books, 1970), 34 (および6–37) [ピーター・バーガー『天使のうわさ——現代における神の再発見』ヨルダン社]. あわせてPeter Berger and Thomas Luckman, *The Social Construction of Reality* (Garden City, NY: Doubleday, 1956) [ピーター・L・バーガー, トーマス・ルックマン『現実の社会的構成——知識社会学論考』新曜社] も参照のこと.
7. Berger, *A Rumor of Angels*, 17 [『天使のうわさ』]. 知識社会学は必然的に徹底した相対主義につながるという, 一般に共有されてい考えを否定するBergerの議論は, 同書41ページ以降を参照.
8. Floyd Filson, "The Significance of the Early House Churches," *Journal of Biblical Literature* 58 (1939) :105–12を参照.
9. 本書掲載に当たっての仮名. 私はここの人びとのことをほぼ40年前から知っているが, この20年間, いくつか困難な戦いを経験している (真のクリスチャン共同体であろうとする探求とは別の次元の問題によるもの).
10. Church of the Savior (https://inwardoutward.org/) についての記述は, Gordon Cosby, *Handbook for Mission Groups* (Waco, TX: Word, 1975) を参考にした. Elizabeth O' ConnorがChurch of the Saviorでの体験を元に何冊かの本を書いている. たとえば *Call to Commitment* (New York: Harper & Row, 1963), そして*Journey Inward, Journey Outward* (New York: Harper & Row, 1968) など.
11. Cosby, *Handbook for Mission Groups*, 63.
12. 前掲書, 140.
13. Howard A. Snyder, *The Problem of Wineskins: Church Structure in a Technological Age* (Downers Grove, IL: InterVarsity, 1975), 140–42. 同じくHoward A. Snyder, *Liberating the Church: The Ecology of Church and Kingdom* (Downers Grove, IL: InterVarsity, 1983) も参照.
14. Jackson and Jackson, *Living Together in a World Falling Apart*, 特に36–39, 230–33参照.
15. クリスチャン・コミューンの歴史と関連文献についてはDonald G. Bloesch, *Wellsprings of Renewal: Promise in Christian Communal Life* (Grand Rapids: Eerdmans, 1974) が充実している. Stephen B. Clark, *Building Christian Communities* (Notre Dame, IN: Ave Maria Press, 1972) は, カトリックのカリスマ派によるハンドブック. もう少し最近では, David Janzen, et al., *Fire, Salt and Peace: Intentional Christian Communities Alive in North America* (1996) ; またDavid Janzen, *The Intentional Christian Community Handbook: For Idealists, Hypocrites, and Wannabe Disciples of Jesus* (Brewster, MA: Paraclete Press, 2012) がある.
16. たとえばJonathan Wilson-Hartgrove, *New Monasticism: What It Has to Say to Today's Church,* Grand Rapids, MI: Brazos Press, 2008) を参照. また, フィラデルフィア (ペンシルベニア州) のThe Simple Way Communityを中心となって立ち上げたShane Claiborneの複数の著書も参照のこと.
17. このアイデアは長年の友人であるMalcolm Streetとの会話から生まれた. 私が貧困層支援予算削減に対する抗議活動で逮捕されたとき, 彼から, なぜ教会にも同じぐらい強く言わないのだと迫られた.

第11章　公正な経済をめざす政治行動

1. Sider, "Toward an Evangelical Political Philosophy," in David P. Gushee, ed., *Christians and Politics: Beyond the Culture Wars* (Grand Rapids, Baker, 2000), 79–96; また *Just Politics: A Guide for Christian Engagement* (Grand Rapids: Brazos Press, 2012) 参照.
2. Sider, *Just Politics*, 184–187参照.
3. 異なる考えを理解すべく努めることと忍耐の大切さは, Sider, "A Plea for More Radical Conservatives and More Conserving Radicals," *Transformation*, January–March 1987, 11–16参照.
4. 以下を参照されたい. Sider, *Nonviolent Action: What Christian Ethics Demands but Most Christians Have Never Really Tried* (Grand Rapids: Baker, 2015). Sider and Richard K. Taylor, *Nuclear Holocaust and Christian Hope* (Downers Grove, IL: InterVarsity, 1982). Sider, *Christ and Violence* (Scottdale, PA: Herald Press, 1978).
5. たとえば, 本書第1章の「変化する貧困の『配分』パターン」(22ページ) での議論とそこに付した注を参照.
6. BFWI, *2013 Hunger Report*, 20.
7. 特に Acemoglu and Robinson, *Why Nations Fail* (2012) および Olson, *Power and Prosperity* (2000) を参照.
8. *Why Nations Fail*, 74–75.
9. 前掲書, 43.
10. Olson, *Power and Prosperity*, 特に1–44.
11. Acemoglu and Robinson, *Why Nations Fail*, 特に102–113, 191–212. Olson, *Power and Prosperity*, 30-43.
12. Olson, *Power and Prosperity*, 43.
13. Amartya Sen, *Development as Freedom*, xii and chapter 6, 146ff.
14. Acemoglu and Robinson, *Why Nations Fail*, 429–430［『国家はなぜ崩壊するのか』下巻240-41ページ. 引用に当たり「包括的」を「包摂的」とした］. 最近の研究で, ミレニアム開発目標を達成するためには, すぐれたガバナンスが重要なことが判明している (BFWI, 2014 Hunger Report, 163).
15. たとえば次を参照. Raymond Fisman and Edward Miguel, *Economic Gangsters: Corruption, Violence and the Poverty of Nations* (Princeton: Princeton University Press, 2008).
16. 適切な海外援助は貧困層を助ける. 注123–129を参照.
17. たとえばOgelsby and Shaull, *Containment and Change*, 72–111を参照.
18. Amnesty International, *Report on Torture* (New York: Farrar, Straus, and Giroux, 1975). 特にチリについて報告している243ページ以降. 以下も参照のこと. Fred B. Morris, "Sustained by Faith Under Brazilian Torture," *Christian Century*, January 22, 1975, 56–60. Latin America and Empire Report 10, no. 1, January 1976. BFWI, "Military Aid, the World' s Poor and U.S. Security." 米国はジョージア州フォートベニングにある陸軍軍事学校 (SOA) で他国の軍事関係者を訓練している. 修了生の中には, 独裁者としてパナマに君臨した最高司令官マヌエル・ノリエガがいる. また, 1992年にコロンビアで行われた国際人権法廷で起訴された246人の将校のうち100人がSOAの修了生だった. SOAについては*At the Crossroads: The Future of Foreign Aid* (Silver Spring, MD: BFWI, 1995), 15を参照. より最近のものとしては以下がある. Grace Livingstone, *America's Backyard: The United States and Latin*

America from the Monroe Doctrine to the War on Terror (London: Zed Books, 2009). Lesley Gill, *The School of the Americas: Military Training and Political Violence in the Americas* (Durham, NC: Duke University Press, 2004). SOAは現在, 西半球安全保障協力研究所(WHINSEC)と名称を変更している(https://www.benning.army.mil/tenant/whinsec/). School of the Americas Watchという団体がWHINSECを廃止させるための活動を続けている(https://soaw.org/home/)

19. "School of the Dictators," *New York Times*, September 28, 1996, 22.
20. Penny Lernoux, *Cry of the People* (New York: Penguin, 1982).
21. たとえば以下を参照のこと. Don Eberly, *The Rise of Global Civil Society: Building Communities and Nations From the Bottom Up* (New York: Encounter Books, 2008). 長年にわたり「グローバルな市民組織」の発展に尽力しているDavid C. Kortenの*Getting to the 21st Century: Voluntary Action and the Global Agenda* (West Hartford: Kumarian Press, 1990)［デビッド・コーテン『NGOとボランティアの21世紀』学陽書房, 1995］および*Globalizing Civil Society: Reclaiming Our Right to Power* (New York: Seven Stories Press, 1998).
22. William E. Spriggs and Robert E. Scott, "Economists' Views of Workers' Rights and U.S. Trade Policy," working paper, U.S. Congress Joint Economic Committee, reprinted by the Center for International Business Education and Research (1996), 14, http://www.bmgt.umd.edu/Ciber/wp60.html. I owe this reference to a former student, Fred Clark.
23. "Subjects treated under the Doha Development Agenda," World Trade Organization, http://www.wto.org/english/tratop_e/dda_e/dohasubjects_e.htm (最終アクセス2014.6.28).
24. UNICEF, *The State of the World's Children 1982–83*, 3–4参照.
25. "The Breast vs. the Bottle," *Newsweek*, June 1, 1981, 54.
26. 多国籍企業は悪い影響しかもたらさなかったと言いたいわけではない. ネスレについては注103および8章の注95-99を参照.
27. Robert E. Frykenberg, ed., *Land Tenure and the Peasant in South Asia: An Anthology of Recent Research* (Madison, WI: Land Tenure Center, 1976), 14.
28. Sider, *Good News and Good Works*, 113–18の議論, およびSider, *Cup of Water, Bread of Life*のすべてのストーリーを参照. また, Myers, *Walking With the Poor*, 2nd ed., 特に177–180を参照.
29. 興味深いインドの事例は以下を参照. Saral K. Chatterji, *Religious Values and Economic Development: A Case Study*, Social Research Series, no. 5 (Bangalore: Christian Institute for the Study of Religion and Society, 1967).
30. "The Missionary Roots of Liberal Democracy," *American Political Science Review*, 106, no. 2 (May 2012) : 244–274. 以下も参照のこと. Nathan Nunn' s chapter, "Gender and Missionary Influence in Colonial Africa," in E. Akyeampong, R. Bates, N. Nunn and J. A. Robinson, *Africa's Development in Historical Perspective* (Cambridge University Press, forthcoming).
31. John P. Tiemstraによる秀逸な記事, "The Road to Serfdom Runs Both Directions," *Perspectives: A Journal of Reformed Thought*, November–December, 2013も参照のこと. http://www.perspectivesjournal.org/novemberdecember2013/essay/the-road-to-serfdom-runs-both-directions (最終アクセス2014.6.27).
32. 本書では「資本」という言葉を, たいていの経済学書より広く,「生産的資源」という意味で使っている.

33. Isabel Ortiz and Matthew Cummins, "Global Inequality: Beyond The Bottom Billion," UNICEF Social and Economic Policy Working Paper (April 2011), 12; http://www.unicef.org/socialpolicy/files/Global_Inequality.pdf.
34. Oxfam, "Working For the Few: Political Capture and Economic Inequality," January 20, 2014, 5. 比較として Isabel Ortiz and Matthew Cummins, "Global Inequality," 20.
35. 根本的には，それは再分配を意味する．資源を持っている人びとは，資本を持たない人びとがより多くの資源を獲得するための効果的な方法を見つけなくてはならない．さまざまな方法の中でも，富裕層に課税して，貧困層に真の力を与える効果的な政策に資金を提供するというのは重要な方法だ．しかしその狙いは，生産手段を国が所有することでも，富の均等配分でもなく，貧しい人びとのエンパワーメントである．それができれば権力を分散させる効果がある．
36. 興味深い事例の1つがシンガポールのCentral Provident Fundである．*The Economist*, January 13, 1996, 38参照.
37. "About Us," Kiva, http://www.kiva.org/about（最終アクセス2014.6.13）.
38. Nathan Fiola, "Can Microenterprises Grow Through Finance?," Development Impact, November 13, 2013に紹介されている諸研究を参照．その他にMichael Strong, "Beyond Microfinance," *Carnegie Council for Ethics in International Affairs*, https://www.carnegiecouncil.org/publications/ethics_online/0026.html/:pf_printable（最終アクセス2014.1.4）. Niels Hermes and Robert Lensink, "Microfinance: Its Impact, Outreach and Sustainability," *World Development* (2011), doi: 1016/j.worlddev.2009.10.021.
39. Jake Kendall and Rodger Voorhies, "The Mobile Finance Revolution," *Foreign Affairs*, March/April 2014, 9. Banerjee and Duflo, *Poor Economics*, chap. 9も参照.
40. Nathan Fiola, "Can Microenterprises Grow Through Finance?" を参照.
41. たとえばGordon Conway, *One Billion Hungry: Can We Feed the World?* (Cornell: Cornell University Press, 2012）の特に最終章.
42. Kendall and Voorhies, "The Mobile Finance Revolution," 10.
43. "2012 Annual Report," Give Directly, https://www.givedirectly.org/pdf/2012AnnualReport.pdf, 7（最終アクセス2014.7.2）.
44. 以下を参照. Johannes Haushofer and Jeremy Shapiro, "Policy Brief: Impacts of Unconditional Cash Transfers," October, 24, 2013, http://www.princeton.edu/~joha/publications/Haushofer_Shapiro_Policy_Brief_2013.pdf（最終アクセス2014.7.2）. Bruce Wydick, "Why Shouldn' t we GiveDirectly?," *Prism* (Spring, 2014).
45. David Bornstein and Susan Davis, *Social Entrepreneurship: What Everyone Needs to Know* (Oxford: Oxford University Press, 2010）を参照.
46. Banerjee and Duflo, *Poor Economics*, 57, 401.
47. 民間団体については，Claude Goodが始めたThe Worm Project（www.wormproject.org）を参照.
48. 特定の集団に有利に働く官僚主義的規制は廃止されなくてはならない．Hernando de Soto, *The Other Path: The Invisible Revolution in the Third World* (New York: Harper, 1989）を参照.
49. EITCについてはSider, *Just Generosity: A New Vision for Overcoming Poverty in America*, 2nd ed., (Grand Rapids: Baker, 2007), 126–130を参照.
50. 米国は1860年代に，奴隷解放の名の下でまさにそれを行った.
51. Todaro, *Economic Development* (1994), 590.

52. United Nations, *Human Development Report 1993*, 30.
53. 前掲書, 38.
54. World Bank, *World Development Report 1991*, 5–11に, 市場経済を通して政府が行う介入の規準が手際よくまとめられている.
55. 以下を参照. Jean Dreze and Amartya Sen, *Hunger and Public Action* (New York: Oxford University Press, 1989), 13. 本書7章の図表12.
56. Acemoglu and Robinson, *Why Nations Fail*, 455–460.
57. BFWI, *2013 Hunger Report*, 44.
58. World Bank, *World Development Report 1991*, 6.
59. World Bank, *World Development Report 2004*, 11.
60. World Bank, *World Development Report 1991*, 9. Third Oxford Conference on Christian Faith and Economicsの委員会の1つが行った, 市場がうまく行えることと行えないことについてのすぐれた整理は, "The Market Economy," *Transformation*, July 1995, 12のsection 3 および4を参照.
61. Amartya Sen, *Development as Freedom*, 143. 次も参照のこと. Banerjee and Duflo, *Poor Economics*, 46–58, 81–104, 394–401.
62. Pope Francis, *The Joy of The Gospel* (*Evangelii Gaudium*) (Washington: United States Conference of Catholic Bishops, 2013), 29［教皇フランシスコ『使徒的勧告 福音の喜び』カトリック中央協議会, 2014］.
63. たとえば Joseph E. Stiglitz, Amartya Sen, and Jean-Paul Fitoussi, *Mis-Measuring Our Lives: Why GDP Doesn't Add Up* (New York: The New Press, 2010) を参照.
64. Stiglitz, et al., *Mis-Measuring Our Lives*, 8, 19, および97以降を参照.
65. "If the GDP Is Up Why Is America Down?" *Atlantic Monthly*, October 1995, 59–78を参照. さらに以下を参照. Jason Venetoulis and Cliff Cubb, *The Genuine Progress Indicator 1950–2002* (2004 update) (Oakland: Redefining Progress, 2004). Ida Kabiszewski, et al., "Beyond GDP: Measuring and Achieving Global Genuine Progress," *Ecological Economics* 93 (2013), 57–68とそこに掲載されている多数の文献. そしてRedefining Progress (https://rprogress.org/) による定期的な報告.
66. Kabiszewski, et al., "Global Genuine Progress," 66.
67. 前掲書, 61–62.
68. 前掲書, 67.
69. 批判のいくつかに対する応答は次を参照. Kabiszewski, et al., "Beyond GDP," 58.
70. たとえばUNDP (国連開発計画) のHDI (人間開発指数) は, 開発を測定する指標として所得だけでなく健康や教育に関する数値も取り入れようとしている. *Human Development Report 2013*, 23–34を参照.
71. Lester C. Thurow, *The Zero-Sum Society* (New York: Viking, 1981), 103–7［レスター・C・サロー『ゼロ・サム社会』TBSブリタニカ, 1981］.
72. Richard A. Easterlin, "Does Money Buy Happiness?" *The Public Interest*, no. 3 (Winter 1973) : 10. 以下も参照のこと. Martin Bolt and David G. Myers, "Why Do the Rich Feel So Poor?" in *The Human Connection* (Downers Grove, IL: InterVarsity, 1984). Paul L. Wachtel, *The Poverty of Affluence: A Psychological Portrait of the American Way of Life* (New York: Macmillan, 1983)［ポール・L・ワクテル『「豊かさ」の貧困――消費社会を超えて』TBSブリタニカ, 1985］. David Meyers, "Money and Misery," in *The Consuming Passion: Christianity and the*

Consumer Culture (Downers Grove, IL: InterVarsity, 1998).

73. 具体的な提案については次を参照. Mark and Lisa Scandrette, *Free: Spending Your Time and Money on What Matters Most* (Downers Grove, IVP Books, 2013).
74. Francis Fukuyamaは, 民主的な消費者資本主義は物質的な豊かさを通じて人びとに幸福をもたらすことによって世界を席巻し, 人はパンのみにて生きるにあらずという教えを圧倒するだろうと予測した. Francis Fukuyama, "The End of History," *The National Interest* (Summer 1989), 3–18. クリスチャンは, 生き方を通してこの主張を否定することが求められている.
75. Kym Anderson, et al, "Distortions to World Trade: Impacts on Agricultural Markets and Farm Income," *Review of Agricultural Economics* 28, no. 2 (2006) : 180. OECD, "Aid Statistics" によれば, 2011年のODA総額は1270億ドルであった. http://www.oecd.org/dac/stats/totaldacflowsataglance.htm (最終アクセス2014.9.29)
76. "How to Make the World $600 Billion Poorer," *The Economist*, February 22, 2014, https://www.economist.com/leaders/2014/02/22/how-to-make-the-world-600-billion-poorer (最終アクセス2020.10,16). World Bank, *World Development Report 1987*, 150.
77. 2003年にUNCTAD (国連貿易開発会議) 事務局長は, 「貿易自由化は途上国にとって万能薬ではない. 多くの途上国にとって貿易自由化は相当な調整と社会的コストを伴う. 途上国の能力, 途上国が負うべき義務のレベル, 実施コスト, 途上国が利用可能な財政的・技術的資源の妥当性との間には, 相乗効果と適切な優先順位付けが必要である」と述べた. Stiglitz, "Right to Trade, " 8での引用. したがって, WTOが途上国のキャパシティ構築に関するミレニアム開発目標8に焦点を当てたのは適切なことだと言える.
78. *Fair Trade For All*, 123-124.
79. "The Great Cotton Stitch-Up," 3.
80. "The Case for Farm Subsidy Reform," Environmental Working Group参照. http://www.ewg.org/farming-and-the-environment/the-case-for-farm-subsidy-reform (最終アクセス2014.10.3). 環境保護対策の中には, 農家の自然災害リスクを本質的に低減させるものがある. たとえば, 有機不耕起栽培は, 干ばつの年に従来の不耕起栽培よりも高収量をもたらすことが証明されている. Rodale Instituteが30年にわたって実施した農業実験について以下を参照のこと. http://rodaleinstitute.org/our-work/farming-systems-trial/farming-systems-trial-fst-fast-facts/.
81. たとえばPeterson, *A Billion Dollars a Day*, 121の要約を参照. これには, 開発途上国が設けている貿易障壁の撤廃による利益も含まれる. 次も参照のこと. Antoine Bouët "The Expected Benefits of Trade Liberalization for World Income and Development: Opening the ÅeBlack Box' of Global Trade Modeling," *Food Policy Review 8* (Washington, DC: IFPRI, 2008), 91.
82. "Agriculture and Food Security," USAID, last modified August 11, 2014, http://www.usaid.gov/what-we-do/agriculture-and-food-security (更新2014.8.11, 最終アクセス2014.10.3).
83. David A. Gantz, *Liberalizing International Trade After Doha: Multilateral Plurilateral, Regional and Unilateral Initiatives* (Cambridge University Press, 2013), 55 fn 21.
84. Gary Hufbauer and Jefferey Schott, "Payoff from the World Trade Agenda 2013," 7.
85. たとえば, 交渉プロセスを合理化するために, 米国議会は貿易交渉を促進するための権限を大統領に与えるべきである (歴代の大統領に与えられていた). "How to Make the World $600 Billion Poorer" を参照.

86. E. Wesley Peterson, *A Billion Dollars a Day*, 149.
87. さまざまな貿易調整支援の方法については, Chapter 11 by George R. Neumann in *International Trade and Finance: Readings*, ed. Robert E. Baldwin and David J. Richardson, 2d ed. (Boston: Little, Brown, 1981) を参照. この重要なセーフティネットの必要性についてはRyan Avent, "Better Safety Nets Needed," *The Economist*, February 22, 2011を参照. http://www.economist.com/blogs/freeexchange/2011/02/trade_1 (最終アクセス2014.10.7).
88. "Trade, Growth, and Jobs," OECD Trade and Agriculture Directorate, May 2012, http://www.oecd.org/tad/tradedev/50447052.pdf (最終アクセス2014.10.3).
89. 私は, 労働コストの安さによって貧しい国が持っている比較優位性を無視しているわけでも否定しているわけでもない. 先に指摘したように, この比較優位性を利用することは, 世界規模でより広範な正義を実現するための1つの手段でもある. しかし, 貧困国の労働者が世界貿易の恩恵を公平に受けられるようにするために, 公正な労働法と労働組合が存在することが重要である.
90. Spriggs and Scott, "Economists' Views of Workers' Rights and U.S. Trade Policy," 2.
91. おそらくWTOによる制裁措置を通じて行われることになるだろう.
92. Interfaith Center on Corporate Responsibility, https://www.iccr.orgを参照 (ICCRについては巻末の「関連団体」を参照). 他にも以下のサイトが参考になる. http://www.equalexchange.com; http://www.nosweatapparel.com. http://www.fairtradefederation.org.
93. Brian Roach, "Corporate Power in a Global Economy," A GDAE Teaching Module, Social and Environmental Issues in Economics (Global Development and Environmental Institute, Tufts University, 2007), http://ase.tufts.edu/gdae/education_materials/modules/Corporate_Power_in_a_Global_Economy.pdf (最終アクセス2014.6.3).
94. 前掲書, 28.
95. Thomas M. Anderson, "The 7 Top Funds for Ethical Investing," Kiplinger, July 2010を参照. https://www.kiplinger.com/article/investing/T041-C000-S002-the-7-top-funds-for-ethical-investing.html (最終アクセス2020.10.16). FTSEグループによる倫理的投資株価指数シリーズも参照. http://ethicalinvestment.co.uk/FTSE_4_Good.htm.
96. www.iccr.orgを参照.
97. Korten, *When Corporations Rule the World*, 111. 企業行動を監視するPress for ChangeのJeff Ballingerとの個人的コミュニケーション (1996.5.22). ただし, 18,000人の労働者に支払われていた賃金 (1日当り約2.5ドル) がインドネシアでの一般的な賃金より高かったことも事実である.
98. "An Indonesian Arrest is Also a Liability," *New York Times*, March 16, 1996, B1, B36.
99. Roach, "Corporate Power," 13.
100. Doug Guthrie, "Building Sustainable and Ethical Supply Chains," Business, March 9, 2012での引用. http://www.forbes.com/sites/dougguthrie/2012/03/09/building-sustainable-and-ethical-supply-chains/ (最終アクセス2014.6.3).
101. Simon Zadek, "The Path to Corporate Responsibility," *Harvard Business Review*, December 2004, 8.
102. 前掲書
103. Mike Muller, "Nestlé Baby Milk Scandal has grown up but not gone away," *The Guardian*, February 13, 2013. https://www.theguardian.com/sustainable-business/nestle-baby-milk-scandal-food-industry-standards (最終アクセス2020.10.16).

104. Imara Jones, "Lessons from the Bangladeshi Factory Collapse," Colorlines, May 22, 2014, https://www.colorlines.com/articles/lessons-bangladeshi-factory-collapse (最終アクセス2020.10.16).
105. たとえば次のような団体がある. Fair Labor Association (https://www.fairlabor.org/about-us). Global Reporting Initiative (https://www.globalreporting.org). Multinational Monitor (https://multinationalmonitor.org/). Corporate Accountability International (旧Infact) (https://www.corporateaccountability.org/).
106. 米国ではReligious Partnership for the Environment (www.nrpe.org) が役に立つ資料や情報を提供している. The Evangelical Environmental Network (www.creationcare.org) は聖書の原則を反映した資料を提供して, クリスチャンが環境保護のために行動するのを助けている.
107. Sam Kim, "Multinationals Push for New Greenhouse Gas Emissions Regulations," Center for Effective Government, December 4, 2007. http://www.foreffectivegov.org/node/3548 (最終アクセス2014.6.26).
108. The White House Blog, June 27, 2013. http://www.whitehouse.gov/blog/2013/06/27/business-leaders-support-president-obamas-plan-reduce-carbon-pollution (最終アクセス2014.6.27).
109. Eduardo Porter, "A Paltry Start in Curbing Global Warming," *New York Times*, June 4, 2014, B1, B5.
110. "Opinion Leaders," Carbon Tax Center. http://www.carbontax.org/services/supporters/opinion-leaders/ (最終アクセス2014.6.26). Ben Klayman, "UPDATE 2-Market-based energy policy would aid U.S.-Exxon CEO" Reuters, December 11, 2008. http://www.reuters.com/article/2008/12/11/exxon-tillerson-idUSN1127815320081211 (最終アクセス2014.6.26).
111. Porter, "Paltry Start in Curbing Global Warming," B5.
112. BFWI, *Reality of Aid*, 201. その他の世論調査も, 同様のはなはだしい事実誤認があることを示している. たとえばAt the Crossroads: The Future of Foreign Aid, 14.
113. Catholic Relief organization, "The Power of Perception" (Catholic Relief Organization, 2003), http://www.catholicrelief.org/get_involved/advocacy/grass_roots/handout%205.pdf.
114. "2013 Survey of Americans on the U.S. Role in Global Health," Kaiser Family Foundation, November 7, 2013, http://kff.org/global-health-policy/poll-finding/2013-survey-of-americans-on-the-u-s-role-in-global-health/ (最終アクセス2014.7.24).
115. OECD, "Preliminary Data – Official Development Assistance (ODA) data for 2013." http://www.oecd.org/dac/stats/data.htm (更新2014.4.8, 最終アクセス2014.4.25).
116. BFWI, *2013 Hunger Report*, 60.
117. Don Eberly, *The Rise of Global Civil Society*, 53.
118. BFWI, *2013 Hunger Report*, 67.
119. Eberly, *The Rise of Global Civil Society*, 53に62%とある. 米国が行っている貢献については同書51–58を参照.
120. William Easterly, *The White Man's Burden* (New York: Penguin Books, 2006) [ウィリアム・イースタリー『傲慢な援助』東洋経済新報社, 2009]
121. Eberly, *The Rise of Global Civil Society*, 65–73.
122. Daron Acemoglu and James Robinson, *Why Nations Fail*, 245.
123. Easterly, *White Man's Burden*, 5, 11, 22, 269, 370, 382ff; Acemoglu and Robinson, *Why Nations Fail*, 453–455.

124. Easterly, *White Man's Burden*, 5, 370.
125. *Why Nations Fail*, 453–455.
126. Ernst Loevinsohn, "Making Foreign Aid More Effective," BFW Background Paper, no. 49 (March 1981) ; BFWI, *At the Crossroads: The Future of Foreign Aid*, May 1995, 47.
127. "Facts on International Hunger and Poverty," from Bread for the World' s 2014 Offering of Letters.
128. BFWI, *2013 Hunger Report*, 58.
129. BFWI, "Reforming U.S. Food Aid," Background Paper, No. 227, (January-February 2014), 2.
130. Loevinsohn, "Making Foreign Aid More Effective," 34.
131. BFWI, "Farmers: The Key to Ending Global Hunger," *Development Works*, no. 5 (December 2012). ほかにBFWI, *2013 Hunger Report*, 11も参照.
132. Timothy King, ed., *Population Policies and Economic Development*, published for the World Bank (Baltimore: Johns Hopkins University Press, 1974), 54. 以下も参照のこと. William Rich, *Smaller Families through Social and Economic Progress*, monograph, no. 7 (Washington, DC: Overseas Development Council, 1973), 特に76.
133. Todaro and Smith, *Economic Development* (2009), 731.
134. 金額はDaniel Sylvia, "Is Foreign Aid Actually Aiding?" HardHatters, June 25, 2013より. www.hardhatters.com/2013/06/is-foreign-aid-aiding/ (最終アクセス2014.7.25).
135. BFWI, *2013 Hunger Report*, 182–185.
136. Bread for the Worldは長年にわたって, 米国国際開発庁 (USAID) に対し, 支援対象国の組織と協力して当該国が実施するプログラムを支援するべきだと訴えている. USAIDの新しいLocal Solutionsプログラムはその方向に向かおうとしている.
137. Gary Haugen and Victor Boutros, *The Locust Effect: Why the End of Poverty Requires the End of Violence* (Oxford University Press, 2014).
138. Denis Goulet, *Development Ethics: A Guide to Theory and Practice* (New York: Zed Books, 1995), 158参照.
139. ひも付きの食糧援助については以下を参照. *Bread*, January-February, 2014. BFWI, "Reforming U.S. Food Aid" (Background Paper no 227, January–February, 2014).
140. さらに詳しくはBFWI, *2011 Hunger Report*, 86–88を参照.
141. BFWI, *The Future of Foreign Aid*, 25–33.
142. この節の議論については, Modernizing Foreign Assistance Network (MFAN), *The Way Forward: A Reform Agenda for 2014 and Beyond* を参照. MFAN (http://modernizeaid.net/) は有力諸団体の広範な連合体で, Bread for the Worldも参加している.
143. BFWI, *2011 Hunger Report*, 88–90を参照.
144. *The Way Forward*, 6.
145. 前掲書
146. 多数の開発援助プログラムとその実施政府機関についてはBread for the World, "What' s in the 'Basket' of Poverty-Focused Development Assistance (PFDA) ?," March 2014を参照. http://bread.org/what-we-do/ resources/newsletter/march-2014/fyi-pfda-accounts.html (最終アクセス2014.7.25). 経済開発援助や軍事援助などへの拠出金を定めた法律 (2014年) については次を参照. https://beta.congress.gov/bill/113th-congress/senate-bill/1372 (最終アクセス2014.7.25).
147. BFWI, "Farmers: The Key to Ending Global Hunger," (2012) での引用.

148. Population Action International, “Closing the Gender Gap: Educating Girls,” 1993.
149. 前掲書. 最近の研究では, 女性の教育向上が乳児死亡率を低下させるという点で一致している. Elsie R. Pamuk, et al, “Comparing Relative Effects of Education and Economic Resources on Infant Mortality in Developing Countries,” *Population and Development Review* 37, no 4 (December 2011) :637-644を参照のこと. 同書は, 女性の教育に加えて男性の教育も向上させれば, 乳幼児死亡率の低下にさらに大きな効果があることを示唆している.
150. *Human Development Report 2013*, 89より許可を得て転載. http://hdr.undp.org/en/content/copyright-and-terms-use.
151. “U.S. Overseas Loans and Grants,” USAID, http://gbk.eads.usaidallnet.gov/data/fast-facts.html (最終アクセス2014.7.25).
152. Simon, *Bread for the World*, 113. Simonのテキストにある1975年のドルを, 労働統計局の消費者物価指数によって2014年のドルに調整した.
153. 高く評価されているストックホルム国際平和研究所 (SIPRI) の “SIPRI Fact Sheet,” April 2014, 2より. この金額に何が含まれているかは同書8ページ参照.
154. 世界の軍事支出は “SIPRI Fact Sheet,” 1を参照. 最貧層の10億人の年間所得総額は約4,560億ドル (1日1.25ドル×365日×10億人). 世界の軍事費1兆7470億ドルはその3.8倍である.
155. Simon, *Bread for the World*, 170での引用.
156. Arthur Simon, *The Rising of Bread for the World* (Mahwah, NJ: Paulist Press, 2009), 158.
157. BFWI, *2013 Hunger Report*, 101.
158. Sider, *Fixing the Moral Deficit*, 138-139参照.
159. Christians for Social Action (https://christiansforsocialaction.org/).
160. Jubilee USA Network (https://www.jubileeusa.org/).
161. Interfaith Center on Corporate Responsibility (https://www.iccr.org/).

おわりに

1. Robert Bellahは「人口の2%が新しいビジョンを抱けば文化の質は変化する」と述べている. “Civil Religion,” *Psychology Today*, January 1976, 64.
2. Sider, “A Case for Easter,” *HIS*, April 1972, pp. 27–31を参照. より広範な議論を以下でも行っている. Sider, “The Historian, the Miraculous and Post-Newtonian Man,” *Scottish Journal of Theology* 25 (1972) :309–19. Sider, “The Pauline Conception of the Resurrection Body in 1 Cor 15:35–54,” *New Testament Studies* 21 (1975) : 428–39, Sider, “St. Paul’ s Understanding of the Nature and Significance of the Resurrection in 1 Cor 15:1–19,” Novum Testamentum 19 (1977) :1–18. Sider, “Jesus’ Resurrection and the Search for Peace and Justice,” *Christian Century*, 3 November 1982, pp. 1103–08. 卓越した研究成果として以下を参照のこと. N.T. Wright, *Surprised by Hope: Rethinking Heaven, the Resurrection, and the Mission of the Church* (New York: HarperOne, 2008) [N·T·ライト『驚くべき希望』あめんどう, 2018] .

参考文献・引用文献

経済・社会・歴史

Acemoglu, Daron and James Robinson. *Why Nations Fail: The Origins of Power, Prosperity, and Poverty*. New York: Crown Business, 2012.［ダロン・アセモグル，ジェイムズ・A・ロビンソン『国家はなぜ衰退するのか』早川書房，2016］

Ball, Jim. *Global Warming and the Risen Lord: Christian Discipleship and Climate Change*. Washington, D.C.: Evangelical Environmental Network, 2010.

Banerjee, Abhijit Vinayak. *Making Aid Work*. Cambridge: MIT Press, 2007.

Banerjee, Abhijit Vinayak and Esther Duflo. *Poor Economics: A Radical Rethinking of the Way to Fight Global Poverty*. New York: PublicAffairs, 2011.

Bauer, P. T. *Equality, the Third World, and Economic Delusion*. Cambridge, MA: Harvard Univ. Press, 1981.

Beisner, Calvin E. *Prospects for Growth: A Biblical View of Population, Resources, and the Future*. Westchester: Crossway Books, 1990.

Bello, Walden. *Dark Victory: The United States, Structural Adjustment, and Global Poverty*. Oakland, CA: Pluto Press, 1994.

Benne, Robert. *The Ethic of Democratic Capitalism: A Moral Reassessment*. Philadelphia: Fortress Press, 1981.

Berger, Peter. *Pyramids of Sacrifice*. New York: Basic Books, 1975.

Birch, Bruce C., and Larry L. Rasmussen. *The Predicament of the Prosperous*. Philadelphia: Westminster Press, 1978.

Bornstein, David and Susan Davis. *Social Entrepreneurship: What Everyone Needs to Know*. Oxford University Press, 2010.［デービッド・ボーンステイン，スーザン・デイヴィス『社会起業家になりたいと思ったら読む本』ダイヤモンド社，2012］

Brandt, Willy, et al. *North-South: A Program for Survival*. Cambridge, MA: MIT Press, 1980.

Bread for the World Institute. *2013 Hunger Report*, *2014 Hunger Report*. Bread for the World Institute, 2013, 2014. すぐれた年次報告書．［PDF ダウンロード可能］

Byron, William, ed. *The Causes of World Hunger*. New York: Paulist Press, 1982.

Carlson-Thies, Stanley W., et al. *Welfare in America: Christian Perspectives on a Policy in Crisis*. Grand Rapids, MI: Eerdmans, 1996.

Câmara, Dom Hélder. *Revolution Through Peace*. New York: Harper & Row, 1971. Chinweizu. The West and the Rest of Us. New York: Random House, 1975.

Christian Aid, *Banking on the Poor: The Ethics of Third World Debt*. London: Christian Aid, 1988.

Cobb, John. *For the Common Good: Redirecting the Economy Toward Community, the Environment and a Sustainable Future*. Boston: Beacon Press, 1989.

Conway, Gordon. *One Billion Hungry: Can We Feed the World?* Ithaca: Cornell University Press, 2012.

Corbett, Steve and Brian Fikkert. *When Helping Hurts: How to Alleviate Poverty Without Hurting the Poor . . . and Yourself.* 2nd ed. Chicago, IL: Moody Publishers, 2012.

Cromartie, Michael, ed. *The Nine Lives of Population Control*. Washington, DC: Ethics and Public Policy Center, 1995.

Davis, Shelton H. *Victims of the Miracle: Development and the Indians of Brazil*. Cambridge: At the University Press, 1977.

De Jesús, Carolina María. *Child of the Dark*. Trans. David St. Clair. New York: Signet Books, 1962. ブラジルの都市の貧困を伝える衝撃的な記録 .

Dreze, Jean, and Amartya Sen. *Hunger and Public Action*. New York: Oxford Univ. Press, 1989.

Duchrow, Ulrich. *Alternatives to Global Capitalism*. Utrecht: International Books, 1995.

Duchrow, Ulrich. *Global Economy: A Confessional Issue for the Churches?* Geneva: WCC Publications, 1987.

Easterly, William. *The White Man's Burden: Why the West's Efforts to Aid the Rest Have Done So Much Ill and So Little Good*. New York: Penguin Books, 2006. (ウィリアム・イースタリー『傲慢な援助』東洋経済新報社 , 2009)

Eberly, Don. *The Rise of Global Civil Society: Building Communities and Nations from the Ground Up*. New York: Encounter Books, 2008.

Fisman, Raymond and Edward Miguel. *Economic Gangsters: Corruption, Violence, and the Poverty of Nations*. Princeton University Press, 2008. (レイモンド・フィスマン , エドワード・ミゲル『悪い奴ほど合理的』NTT 出版)

Food and Agriculture Organization. *The State of Food Insecurity in the World 2013*. Rome: United Nations, 2013. すぐれた年次報告書 .［PDF ダウンロード可能］

Freudenberger, C. Dean, and Paul M. Minus Jr. *Christian Responsibility in a Hungry World*. Nashville: Abingdon Press, 1976.

Gay, Craig M. *With Liberty and Justice for Whom? The Recent Evangelical Debate over Capitalism*. Grand Rapids, MI: Eerdmans, 1991.

George, Susan. *Debt and Hunger*. Minneapolis: American Lutheran Church Hunger Program, 1987.

Gheddo, Piero. *Why Is the Third World Poor?* Maryknoll, NY: Orbis Books, 1973.

Gilder, George. *Wealth and Poverty*. NY: Basic Books, 1981.［ジョージ・ギルダー『富と貧困』NHK 出版協会 , 1981］

Goudzwaard, Bob. *Aid for the Overdeveloped West*. Toronto: Wedge, 1975.

———. *Capitalism and Progress: A Diagnosis of Western Society*. Trans. Josina Van Nuis Zylstra. Grand Rapids, MI: Eerdmans, 1979.

Goudzwaard, Bob, and Harry de Lange. *Beyond Poverty and Affluence: Toward an Economy of Care*. Grand Rapids, MI: Eerdmans, 1995.

Griffiths, Brian. *Morality and the Market Place: Christian Alternatives to Capitalism and Socialism*. London: Hodder and Stoughton, 1982.［ブライアン・グリフィス『道徳と市場経済』すぐ書房 , 1984］

———. *The Creation of Wealth: A Christian's Case for Capitalism*. Downers Grove, IL: InterVarsity, 1984.［ブライアン・グリフィス『富の創造』すぐ書房 , 1990］

Grudem, Wayne and Barry Asmus. *The Poverty of Nations: A Sustainable Solution*. Wheaton, IL: Crossway, 2013.

Hall, Tony. *Changing the Face of Hunger: One Man's Story of How Liberals, Conservatives, Republicans, Democrats, and People of Faith are Joining Forces in a New Movement to Help the Hungry, the Poor, and the Oppressed*. Nashville, TN: Thomas Nelson, 2006.

Halteman, James. *The Clashing Worlds of Economics and Faith*. Scottdale: Herald Press, 1995.
———. *Market Capitalism & Christianity*. Grand Rapids, MI: Baker Book House, 1988.
Hawken, Paul. *The Ecology of Commerce: A Declaration of Sustainability*. New York: Harper Business, 1993.［ポール・ホーケン『サステナビリティ革命』ジャパンタイムズ, 1995］
Hay, Donald. *Economics Today: A Christian Critique*. Grand Rapids, MI: Eerdmans, 1989.
Jegen, Mary Evelyn, and Charles K. Wilbur, eds. *Growth with Equity*. New York: Paulist Press, 1979.
Korten, David C. *When Corporations Rule the World*. West Hartford: Kumarian Press Inc., 1996.［デビッド・コーテン『グローバル経済という怪物』シュプリンガー・フェアラーク東京, 1997］
Lutz, Charles P., ed. *Farming the Lord's Land: Christian Perspectives on American Agriculture*. Minneapolis: Augsburg, 1980.
Kutzner, Patricia. *Who's Involved with Hunger: An Organization Guide for Education and Advocacy*. Washington, DC: World Hunger Education Service/BFWI, 1995.
McGinnis, James B. *Bread and Justice: Toward a New International Economic Order*. New York: Paulist Press, 1979.
Millett, Richard. *Guardians of the Dynasty: A History of the U.S. Created Guardia Nacional de Nicaragua and the Somoza Family*. Maryknoll, NY: Orbis Books, 1977.
Morgan, Elizabeth, Van Weigel and Eric DeBaufre. *Global Poverty and Personal Responsibility*. New York: Paulist, 1989.
Myrdal, Gunnar. *The Challenge of World Poverty*. New York: Random House, 1971.
Nelson, Jack A. *Hunger for Justice: The Politics of Food and Faith*. Maryknoll, NY: Orbis Books, 1981.
Olsen, Gregg M. *Power and Prosperity: A Comparative Introduction*. Oxford University Press, 2011.
Rau, Bill. *Feast to Famine: The Course of Africa's Underdevelopment*. Washington, DC: Africa Faith and Justice Network, 1985.
Rich, William. *Smaller Families Through Social and Economic Progress*. Washington, DC: Overseas Development Council, 1973.
Rodney, Walter. *How Europe Underdeveloped Africa*. London: Bogle-L'Ouverture, 1972.
Sachs, Jeffrey D., ed. *Developing Country Debt and the World Economy*. Chicago: University of Chicago Press, 1989.
Sachs. Jeffrey D. *The End of Poverty: Economic Possibilities for Our Time*. New York: Penguin, 2005.［ジェフリー・サックス『貧困の終焉——2025 年までに世界を変える』早川書房, 2006］
Schlossberg, Herbert, Vinay Samuel, and Ronald J. Sider, eds., *Christianity and Economics in the Post-Cold War Era: The Oxford Declaration and Beyond*. Grand Rapids, MI: Eerdmans, 1994.
Schor, Juliet B. *The Overworked American: The Unexpected Decline of Leisure*. New York: BasicBooks, 1992.［ジュリエット・B・ショアー『働きすぎのアメリカ人』窓社, 1993］
Schumacher, E.F. *Small Is Beautiful: Economics as If People Mattered*. New York: Harper & Row, 1973.［E・F・シューマッハー『スモールイズビューティフル』講談社学術文庫, 1986］
Sen, Amartya. *Development as Freedom*. New York: Alfred A Knopf, Inc., 1999.［アマルティア・セン『自由と経済開発』日本経済新聞社, 2000］
Simon, Arthur. *Bread for the World*. Grand Rapids, MI: Eerdmans; New York: Paulist Press, 1975.
———. *The Rising of Bread for the World: An Outcry of Citizens Against Hunger*. Mahwah, NJ: Paulist Press, 2009.

Simon, Julian L. *Population and Development in Poor Countries*. Princeton: Princeton University Press, 1992.

Sivard, Ruth Leger. *World Military and Social Expenditures*. Leesburg, VA: World Priorities. 各国の軍事費と社会的支出の比較を，一般に入手できるようにした最初の本．1974 年から 1996 年まで発行された年次刊行物［www.ruthsivard.com で 1996 年版 PDF ダウンロード可能］．

Skillen, James W. *International Politics and the Demand for Global Justice*. Sioux Center, IA: Dordt College Press, 1981.

Smith, Christian and Michael O. Emerson with Patricia Snell. *Passing the Plate: Why American Christians Don't Give Away More Money*. Oxford University Press, 2008.

Spykman, Gordon, et al. *Let My People Live: Faith and Struggle in Central America*. Grand Rapids, MI: Eerdmans, 1988.

Stackhouse, Max L., et al. *On Moral Business: Classical and Contemporary Resources for Ethics in Economic Life*. Grand Rapids, MI: Eerdmans, 1995.

Stiglitz, Joseph E. *The Price of Inequality: How Today's Divided Society Endangers Our Future*. New York: W. W. Norton & Company, Inc., 2012.［ジョセフ・E・スティグリッツ『世界の 99% を貧困にする経済』徳間書店，2012］

Stiglitz, Joseph E. *The Stiglitz Report: Reforming the International Monetary and Financial Systems in the Wake of the Global Crisis*. New York: The New Press, 2010.

Stiglitz, Joseph E., Amartya Sen, and Jean-Paul Fitoussi. *Mismeasuring Our Lives: Why GDP Doesn't Add Up*. New York: The New Press: 2010.［ジョセフ・E・スティグリッツ，アマティア・セン，ジャンポール・フィトゥシ『暮らしの質を測る』金融財政事情研究会，2012］

Tamari, Meir. *With All Your Possessions: Jewish Ethics and Economic Life*. New York: The Free Press, 1987.

Taylor, John V. *Enough Is Enough*. London: SCM Press, 1975.

Thurow, Lester C. *The Future of Capitalism: How Today's Economic Forces Shape Tomorrow's World*. New York: William Morrow and Company, 1996［レスター・C. サロー『資本主義の未来』TBS ブリタニカ，1997］．

Todaro, Michael P. and Stephen C. Smith. *Economic Development.* 12th Edition. Boston: Addison Wesley, 2014.［マイケル・P・トダロ，ステファン・C・スミス『トダロとスミスの開発経済学』ピアソン桐原，2010（原著第 10 版の翻訳）］

UNICEF. *The State of the World's Children 2014*. New York: UNICEF, 2014. 重要な年次刊行物．［ユニセフ『世界子供白書 2014』日本ユニセフ協会（日本語版も PDF ダウンロード可能）］

United Nations Development Program. *Human Development Report 2013*. New York: UNDP, 2013. 重要な年次報告書［『人間開発報告書 2013』国連開発計画駐日代表事務所（日本語版も PDF ダウンロード可能）］．

Wilkinson, Loren, ed. *Earthkeeping: Christian Stewardship of Natural Resources*. Grand Rapids, MI: Eerdmans, 1980.

Williams, Robert G. *Export Agriculture and the Crisis in Central America*. Chapel Hill: University of North Carolina Press, 1986.

World Bank. *Globalization, Growth and Poverty*. Washington: World Bank, 2003.

World Bank. *World Development Indicators 2014*. Washington: World Bank, 2014. 年次報告書．

World Bank. *World Development Report 2014*. New York: Oxford Univ. Press, 2014. 年次報告書［『世界開発報告 2014』世界銀行日本，2016 年版まで日本語版も PDF ダウンロード可能］．

World Bank. *Mainstreaming the Environment*. Washington, DC: World Bank, 1995.

World Hunger Program, Brown University. *Hunger in History: Food Shortage, Poverty, and Deprivation*. New York: Basil Blackwell, 1990.

Worldwatch Institute. *State of the World 2013*. Washington: Worldwatch Institute. 年次報告書 .

ライフスタイル

Alexander, John. *Your Money or Your Life: A New Look at Jesus' View of Wealth and Power*. San Francisco: Harper and Row, 1986.

Bascom, Tim. *The Comfort Trap: Spiritual Dangers of the Convenience Culture*. Downers Grove, IL: InterVarsity Press, 1993.

Conn, Harvie M. *Bible Studies on World Evangelization and the Simple Lifestyle*. Phillipsburg, NJ: Presbyterian and Reformed Publishing, 1981.

Eller, Vernard. *The Simple Life: The Christian Stance Toward Possessions*. Grand Rapids, MI: Eerdmans, 1973. 過度の律法主義に対するこの本の警告は重要だが , 全体的論調としては , 世俗的な富を求める人間の弱さを合理化し肯定している .

Ewald, Ellen Buchman. *Recipes for a Small Plane*t. New York: Ballantine Books, 1973. 肉類を使わない美味しい料理レシピ .

Foster, Richard J. *Freedom of Simplicity*. New York: Harper & Row, 1981.

Fuller, Millard. *The Theology of the Hammer*. Macon, GA: Smyth & Helwys, 1994.

Greenway, Roger S., ed. *Discipling the City: A Comprehensive Approach to Urban Mission*. 2nd ed. Grand Rapids, MI: Baker Book House, 1992.

Jones, Ellis. *The Better World Shopping Guide*. Gabriola, B.C.: New Society Publishers, 2012.

Irwin, Kevin W., et al. *Preserving the Creation: Environmental Theology and Ethics*. Washington, DC: Georgetown University Press, 1994.

Kerr, Graham. *The Graham Kerr Step-by-Step Cookbook*. Elgin, IL: David C. Cook, 1982.

Lappé, Frances Moore. *Diet for a Small Planet*. Rev. ed. New York: Ballantine, 1975. ［フランシス・ムア・ラッペ『小さな惑星の緑の食卓』講談社 , 1982］

Longacre, Doris Janzen. *More-with-Less Cookbook*. Scottdale, PA: Herald Press, 1976. 25th Anniversary ed., 2000.

———. *Living More with Less*. Scottdale, PA: Herald Press, 1980. ［ドリス・J・ロングエーカー『積極的シンプルライフ』すぐ書房 , 1988］

McGinnis, James, and Kathleen McGinnis. *Parenting for Peace and Justice*. Maryknoll, NY: Orbis Books, 1981.

Ronsvalle, John L., and Sylvia Ronsvalle. *The State of Church Giving Through 2011*. Champaign: Empty Tomb Inc., 2013. 重要な年次刊行物 .

Schlabach, Joetta Handrich. *Extending the Table: Recipes and Stories from Afghanistan to Zambia*. Rev. Ed. Scottdale: Herald Press, 2014.

Schneider, John. *Godly Materialism: Rethinking Money & Possessions*. Downers Grove, IL: InterVarsity Press, 1994.

Shannon-Thornberry, Milo. *The Alternate Celebrations Catalogue*. Washington, DC: Alternatives, 1982.

Hollister, Benjamin, Rosalyn Will and Alice Tepper Marlin. *Shopping for a Better World*. Sierra Club Books, 1994.

Sider, Ronald J., ed. *Lifestyle in the Eighties: An Evangelical Commitment to Simple Lifestyle*. Philadelphia: Westminster, 1982.
———. *Living More Simply: Biblical Principles and Practical Models*. Downers Grove, IL: InterVarsity Press, 1980.
Sine, Tom. *Why Settle for More and Miss the Best?* Waco, TX: Word, 1987.
Wuthnow, Robert. *God and Mammon in America*. New York: The Free Press, 1994.

キリスト教・聖書・教会論

Armerding, Carl E., ed. *Evangelicals and Liberation*. Nutley, NJ: Presbyterian and Reformed, 1977.
Banks, Robert J. *Paul's Idea of Community*. Grand Rapids, MI: Eerdmans, 1980.
Batey, Richard. *Jesus and the Poor: The Poverty Program of the First Christians*. New York: Harper & Row, 1972.
Baum, Gregory. *The Priority of Labor: A Commentary on Laborem Exercens; Encyclical Letter of Pope John Paul II*. New York: Paulist, 1982.
Beckman, David and Arthur Simon. *Grace at the Table: Ending Hunger in God's World*. Mahwah, NJ: Paulist Press, 1999.
Beisner, E. Calvin. *Prosperity and Poverty: The Compassionate Use of Resources in a World of Scarcity*. Westchester, IL: Crossway, 1988.
Bloomberg, Craig. *Neither Poverty Nor Riches: A Biblical Theology of Material Possessions*. Grand Rapids: Eerdmans, 1999.
Boerma, Conrad. *The Rich, the Poor—and the Bible*. Philadelphia: Westminster, 1979.
Brueggemann, Walter. *The Land*. Philadelphia: Fortress Press, 1977.
Byron, William J. *Toward Stewardship: An Interim Ethic of Poverty, Pollution and Power*. New York: Paulist Press, 1975.
Carroll, M. Daniel. *Christians at the Border: Immigration, The Church and the Bible*. Grand Rapids, Baker, 2008.
Cannon, Mae Elise. *Social Justice Handbook: Small Steps for a Better World*. Downers Grove: InterVarsity Press, 2009.
Cesaretti, C.A., and Stephen Cummins, eds. *Let the Earth Bless the Lord: A Christian Perspective on Land Use*. New York: Seabury Press, 1981.
Cosby, Gordon. *Handbook for Mission Groups*. Waco, TX: Word Books, 1975.
Cone, James H. *God of the Oppressed*. New York: Seabury Press, 1975.
Dayton, Donald W. *Discovering an Evangelical Heritage*. NY: Harper & Row, 1976.
De Santa Ana, Julio. *Good News to the Poor: The Challenge of the Poor in the History of the Church*. Geneva: WCC Publications, 1977.
Economic Justice for All: Pastoral Letter on Catholic Social Teaching and the U.S. Economy. Washington, DC: National Conference of Catholic Bishops, 1986.［アメリカ・カトリック司教協議会『万人に経済正義を』中央出版社 , 1988］
Escobar, Samuel. *The New Global Mission: The Gospel From Everywhere to Everyone*. Downers Grove: InterVarsity Press, 2003.
———. *Changing Tides: Latin America And World Mission Today*. Maryknoll, NY: Orbis, 2002.
Escobar, Samuel, and John Driver. *Christian Mission and Social Justice*. Scottdale, PA: Herald Press,

1978.
Finn, Daniel R., and Pemberton L. Prentiss. *Toward a Christian Economic Ethic: Stewardship and Social Power*. Minneapolis: Winston, 1985.
Gill, Athol. *Life on the Road: The Gospel Basis for a Messianic Lifestyle*. Homebush West (Australia) : Anzea Publishers, 1989.
Gollwitzer, Helmut. *The Rich Christians and Poor Lazarus*. Trans. David Cairns. New York: Macmillan, 1970. ［H・ゴルヴィツアー『富めるキリスト者と貧しきラザロ』日本基督教団出版局 , 1973］
Gremillion, John, ed. *The Gospel of Peace and Justice: Catholic Social Teaching Since Pope John*. Maryknoll, NY: Orbis Books, 1976.
Grigg, Viv. *Cry of the Urban Poor*. Monrovia, CA: Mission Advanced Research and Communication Center, 1992.
Haugen, Gary. *Good News About Injustice*. Downers Grove: InterVarsity Press, 1999.
Hendricks, Jr., Obery M. *The Politics of Jesus*. New York: Doubleday, 2006.
Hengel, Martin. *Poverty and Riches in the Early Church: Aspects of a Social History of Early Christianity*. Philadelphia: Fortress Press, 1974. ［マルティン・ヘンゲル『古代教会における財産と富』教文館 , 1989］
Johnson, Luke T. *Sharing Possessions*. Philadelphia: Fortress Press, 1981.
Keith-Lucas, Alan. *The Poor You Have Always with You: Concepts of Aid to the Poor in the Western World from Biblical Times to the Present*. St. Davids, PA: North American Association of Christians in Social Work, 1989.
Keller, Timothy J. *Ministries of Mercy: the Call of the Jericho Road*. Second ed. Phillipsburg, N.J.: RoR Publishing, 1997.
Kerans, Patrick. *Sinful Social Structures*. New York: Paulist Press, 1974.
Kirk, Andrew. *Liberation Theology: An Evangelical View from the Third World*. Atlanta: John Knox Press, 1979.
Kraybill, Donald B. *The Upside Down Kingdom*. Scottdale, PA: Herald Press, 1978.
Kreider, Carl. *The Rich and the Poor: A Christian Perspective on Global Economics*. Scottdale, PA: Herald Press, 1987.
Lernoux, Penny. *Cry of the People*. Garden City, NY: Doubleday, 1980.
Ludwig, Thomas E. et al. *Inflation, Poortalk and the Gospel*. Valley Forge, PA: Judson Press, 1981.
Lyon, Jo Anne. *The Ultimate Blessing: Rediscovering The Power of God's Presence*. Indianapolis: Wesleyan Publishing House, 2003.
Meeks, M. Douglas. *God the Economist: The Doctrine of God and Political Economy*. Minneapolis: Fortress, 1989.
Mott, Stephen C. *Biblical Ethics and Social Change*. New York: Oxford, 1982.
Novak, Michael. *Will It Liberate? Questions About Liberation Theology*. New York: Paulist, 1986.
Owensby, Walter L. *Economics for Prophets: A Primer on Concepts, Realities, and Values in Our Economic System*. Grand Rapids, MI: Eerdmans, 1988.
Padilla, C. Rene. *Mission Between the Times*. Grand Rapids, MI: Eerdmans, 1985.
Perkins, John. *With Justice for All*. Glendale, CA: Regal, 1982.
Pilgrim, Walter E. *Good News to the Poor: Wealth and Poverty in Luke–Acts*. Minneapolis: Augsburg, 1981.
Preston, Ronald H. *Religion and the Ambiguities of Capitalism*. London: SCM Press, 1991.

Ronsvalle, John and Sylvia. *Behind the Stained Glass Window: Money Dynamics in the Church*. Grand Rapids, MI: Baker, 1996.

Samuel, Vinay. *The Meaning and Cost of Discipleship*. Bombay: Bombay Urban Industrial League for Development, 1981.

Samuel, Vinay and Albrecht Hauser, eds. *Proclaiming Christ in Christ's Way: Studies in Integral Evangelism*. Oxford: Regnum Books, 1989.

Samuel, Vinay and Chris Sugden, eds. *Evangelism and the Poor: A Third World Study Guide*. Oxford: Regnum, 1982.

Scott, Waldron. *Bring Forth Justice*. Grand Rapids, MI: Eerdmans, 1980.

Seccombe, David Peter. *Possessions and the Poor in Luke–Acts*. Studien zum Neuen Testament und seiner Umwelt, 1982.

Sider, Ronald J., ed. *Cry Justice: The Bible Speaks on Hunger and Poverty*. Downers Grove, IL: InterVarsity Press; New York: Paulist Press, 1980. (1997 年版は以下の書名で出版されている . *For They Shall Be Fed*. Dallas: Word.)

———. *Good News and Good Works: A Theology for the Whole Gospel*. Grand Rapids: Baker, 1999.

———. *Cup of Water, Bread of Life*. Grand Rapids, MI: Zondervan, 1994.

———. *Just Politics: a Guide for Christian Engagement*. Grand Rapids: Baker, 2012.

———. *Living Like Jesus*. Grand Rapids, Baker, 1999.

Sine, Tom. *The Mustard Seed Conspiracy*. Waco, TX: Word, 1981.

Slade, Peter, Charles Marsh and Peter Goodwin Heltzel, eds. *Mobilizing for the Common Good: The Lived Theology of John M. Perkins*. Jackson, MS: University Press of Mississippi, 2013.

Stearns, Richard. *The Hole in Our Gospel*. Nashville: Nelson, 2009.

Sugden, Chris. *Seeking the Asian Face of Jesus*. Oxford: Regnum, 1997.

Taylor, Richard K. *Economics and the Gospel*. Philadelphia: United Church Press, 1973.

Tizon, Al. *Transformation After Lausanne: Radical Evangelical Mission in Global- Local Perspective*. Oxford: Regnum, 2008.

———. *Missional Preaching: Engage, Embrace, Transform*. Valley Forge, PA: Judson Press, 2012.

Villafane, Eldin. *The Liberating Spirit: Toward an Hispanic American Pentecostal Social Ethic*. Grand Rapids, MI: Eerdmans, 1993.

Wallis, Jim. *Agenda for Biblical People*. New York: Harper & Row, 1976.

———. *The Call to Conversion: Recovering the Gospel for These Times*. New York: Harper & Row, 1981.

———. *The (Un) Common Good: How the Gospel Brings Hope to a World Divided*. Grand Rapids: Baker, 2014.

Westphal, Carol. "Covenant Parenting for Peace and Justice." Office of Family Life, Reformed Church of America. (Write RCA Distribution Center, 18525 Torrence Avenue, Lansing, IL 60438.)

White, John. *The Golden Cow: Materialism in the Twentieth-Century Church*. Downers Grove, IL: InterVarsity Press, 1979.

Woodley, Randy. *Living in Color: Embracing God's Passion for Diversity*. Grand Rapids, MI: Chosen Books, 2001.

Wright, Christopher J. H. *An Eye for An Eye: The Place of Old Testament Ethics Today*. Downers Grove, IL: InterVarsity, 1983.

———. *God's People in God's Land: Family, Land and Property in the Old Testament*. Grand Rapids, MI: Eerdmans, 1990.

Ziesler, J. A. *Christian Asceticism*. Grand Rapids, MI: Eerdmans, 1973.

開発論

Batchelor, Peter. *People in Rural Development*. Exeter: Paternoster, 1981.

Freire, Paulo. *Pedagogy of the Oppressed*. Trans. Myra B. Ramos. New York: Herder and Herder, 1970.［パウロ・フレイレ『被抑圧者の教育学』亜紀書房 , 2018］

Goulet, Denis. *A New Moral Order*. Maryknoll, NY: Orbis Books, 1974.

Myers, Bryant L. *The Changing Shape of World Mission*. Monrovia, CA: Mission Advanced Research and Communication Center, 1993.

———. *Exploring World Missions*. Monrovia, Ca. World Vision, 2003.

———. *Walking with the Poor. Principles and Practice of Transformational Development*. Maryknoll: Orbis, 1999. Revised edition, 2011.

Perkins, John M. *Beyond Charity: The Call to Christian Community Development*. Grand Rapids, MI: Baker Book House, 1993.

Perkins, John M., ed. *Restoring At-Risk Communities*. Grand Rapids, MI: Baker, 1995.

Samuel, Vinay and Chris Sugden. *The Church in Response to Human Need*. Monrovia, CA: Missions Advanced Research Communication Center, 1983.

Sider, Ronald J., ed. *Evangelicals and Development: Toward a Theology of Social Change*. Philadelphia: Westminster, 1982.

Sinclair, Maurice. *The Green Finger of God*. Exeter: Paternoster, 1980.

Yamamori, Tetsunao, et al. *Serving with the Poor in Asia*. Monrovia: MARC, 1995.

定期刊行物・オンライン情報

Multinational Monitor. www.multinationalmonitor.org. 大企業の活動 (特に開発途上国における活動).

The New Internationalist. www.newint.org. 開発問題に関する影響力のある定期発行物 .

Sojourners Magazine. www.sojo.net/magazine. 経済正義 , ディサイプルシップ , 共同体の生活など .

Transformation: An International Journal of Holistic Mission Studies. https://journals.sagepub.com/home/trn. 世界の福音派の動きを報じる論文審査付き季刊誌 . 発行は Oxford Center for Mission Studies (www.ocms.ac.uk).

キリスト教系メディア

Christian Century : https://www.christiancentury.org.

Commonweal : https://www.commonwealmagazine.org.

Christianity Today : https://www.christianitytoday.com.

Engage : https://engagemagazine.net.

Relevant : https://relevantmagazine.com.

World : https://world.wng.org.

関連団体

* American Enterprise Institute. www.aei.org. 幅広い公共政策に影響力を持つ保守系シンクタンク.
* American Friends Service Committee. www.afsc.org. 開発援助に取り組むクエーカーの組織.
* Amnesty International. www.amnesty.org. 人権問題に取り組む国際団体.
* Bread for the World. www.bread.org. 効果的なロビー活動を行っているクリスチャンの団体.
* Catholic Relief Services. www.crs.org. 救援や開発に取り組むカトリックの主要組織.
* Christian Community Development Association. www.ccda.org.
* Christians for Social Action (CSA) www.christiansforsocialaction.org.
* Church World Service (CWS). www.cwsglobal.org. 救援,開発,難民支援,グローバル教育を行う.
* Compassion International. www.compassion.com.
* Corporate Accountability International. www.corporateaccountability.org. 旧名称Infact.
* Crop Hunger Walk. www.crophungerwalk.org.
* ECHO (Educational Concerns for Hunger Organizations). www.echonet. org. 農業宣教師や開発プロジェクト従事者に向けて,農業情報,種子,研修などを提供.
* Environmental Defense Fund. www.edf.org.
* Evangelical Environmental Network. www.creationcare.org.
* Evangelicals for Social Action→ Christians for Social Actionに名称変更.
* Fair Labor Association. www.fairlabor.org.
* Food and Agricultural Organization (FAO). www.fao.org. (国連食糧農業機関)
* Friends Committee on National Legislation (FCNL). www.fcnl.org. ロビー活動と情報発信.
* Global Reporting Initiative (GRI). www.globalreporting.org.
* Habitat for Humanity. www.habitat.org.
* Interfaith Center on Corporate Responsibility (ICCR). www.iccr.org. 詳しくは本書第11章を参照.
* Mennonite Central Committee (MCC). www.mcc.org. 長期的視点から救援と開発に注力しているメノナイトの大きな組織.MCCのワシントン事務所 (www.mcc.org/get-involved/advocacy/washington) はニュースレター Washington Memoを発行している.
* Mennonite Economic Development Associates (MEDA). www.meda.org.
* Micah Network. www.micahnetwork.org.
* National Cooperative Business Association CLUSA International (NCBA CLUSA). www.ncbaclusa.coop. [CLUSA:Cooperative League of the USA]
* Network. www.networklobby.org. カトリックのシスターがスタッフを務める市民団体.
* OPPORTUNITY International. www.opportunity.org. マイクロ起業に対する支援活動.
* World Concern. www.worldconcern.org.
* World Food Programme (WFP). www.wfp.org. 国連食糧計画. [2020年ノーベル平和賞受賞]
* World Council of Churches (WCC). www.oikoumene.org. 世界教会協議会. 書籍,パンフレット,ニュースレター等を通じて飢餓と開発に関する情報を発信.
* World Relief. www.worldrelief.org. 国際的な救援と開発. 全米福音同盟(NAE) が母体.
* World Vision. www.worldvision.org.

[著者]
ロナルド・J・サイダー（Ronald J. Sider）

1939年生まれ。神学者。イェール大学で神学（修士）、歴史学（博士）を学ぶ。パーマー神学校（旧イースタン・バプテスト神学校）で40年以上にわたり神学、ホリスティック・ミニストリー、公共政策を講じた。
キリスト者が大同団結して人種差別、軍国主義、社会的不平等、性差別などの克服を訴えた1973年の「シカゴ宣言」で、中心的な役割を果たした。以来、長年にわたり、社会正義を追求するキリスト者の運動を思想と実践の両面で支え続けている。米国フィラデルフィア在住。
著書多数。代表作である本書は、「20世紀で最も重要なキリスト教書100選」「社会正義を説くキリスト教書ベスト5」（クリスチャニテイ・トゥデイ誌）に選ばれ、9カ国語で出版されている。邦訳は本書のほかに『イエスは戦争について何を教えたか』（あおぞら書房）、『平和つくりの道』（いのちのことば社）がある。

[解説]
後藤敏夫（ごとう・としお）

聖書神学舎卒業。麻溝台キリスト教会、大韓イエス東京福音教会協力牧師、キリスト教朝顔教会牧師などを経て、現在、日本キリスト召団・恵泉四街道教会牧師。著書に『終末を生きる神の民』『神の秘められた計画』（以上、いのちのことば社）、訳書にヘンリ・ナウエン『イエスの御名で』、ハワード・A・スナイダー『神の国を生きよ』（以上、あめんどう）、ジム・ウォリス『よみがえれ、平和よ！』（新教出版、共訳）などがある。

[訳者]
御立英史（みたち・えいじ）

翻訳者・編集者。おもな訳書に、ロナルド・J・サイダー『イエスは戦争について何を教えたか』（あおぞら書房）、ヨハン・ガルトゥング『日本人のための平和論』（ダイヤモンド社）などがある。

聖書の経済学
格差と貧困の時代に求められる公正

2021年 5月25日　第1刷発行

著者…………ロナルド・J・サイダー
解説…………後藤敏夫
訳者…………御立英史

発行所………あおぞら書房
〒244-0804 横浜市戸塚区前田町 214-1 GMH 2-121
http://www.blueskypress.jp
メール：info@blueskypress.jp
電話：045-878-7627　FAX：045-345-4943

装丁…………倉田明典
図版・組版……アオゾラ・クリエイト
印刷・製本……モリモト印刷

ISBN 978-4-909040-05-3
2021 Printed in Japan

ロナルド・J・サイダーの本

イエスは戦争について何を教えたか
暴力の時代に敵を愛するということ

IF JESUS IS LORD
Loving Our Enemies in an Age of Violence

ロナルド・J・サイダー＝著
後藤敏夫＝解説
御立英史＝訳

あおぞら書房
ISBN978-4-909040-04-6
定価（本体2600円＋税）
四六判・並製・408ページ・さくいん付

［目次］

キリスト教は戦争を肯定しているのか？ 愛を説くイエスの教えを信奉する人びとが、なぜ戦争に走り、罪なき人びとを殺すのか？ 旧約の残酷な神とイエスの愛はどうつながるのか？ イエスは政治的権威に服従せよと教えたのか、抵抗せよと説いたのか？ 非暴力で戦争や犯罪は防げるのか？

旧約時代の律法と預言者、最初期のキリスト教会の実践、教父たちの主張、宗教改革者たちの思想、現代の神学および歴史学の成果、正戦論と平和主義の対話、キリスト教と国家権力の関係、イエスの言動のうち暴力肯定とも取れる部分の解釈など、およそキリスト教と戦争の関係を考える上で、はずせない論点を網羅した労作。

自国ファーストの排他的風潮が国々を覆いつつあるいま、社会問題と向き合う敬虔な神学者サイダーが、古くて新しいキリスト教最大の問題に聖書の光を当てる。